プログレッシブ民法

[債権各論 II]

清水 元 [著]

成文堂

は　し　が　き

　この度,『プログレッシブ民法』の債権各論IIを上梓する運びになった。先に刊行した契約法の体系書である『プログレッシブ民法［債権各論I］』の続刊に当たる。
　本書の基本的なスタンスは，通説的見解と判例の現在の到達点をできるかぎり客観的に示すとともに，民法学のさらなる深化を試みようとするものである。
　債権法の進展は著しいものがある。国際化の波の中で，フランス，ドイツは民法改正を実現させ，統一的な EU 法へと準備を進めている。わが国における債権法を中心とした民法改正の動きもこうした世界的趨勢とは無縁ではない。とりわけ，契約法および不法行為法の領域では，判例数の爆発的な増加と新たな理論構築の試みが相次いでいることも背景にあると思われる。本書でもささやかながら，新たな思考パラダイムを提示している。
　その第一は，不当利得法の構造に関するものである。不当利得法はかつての衡平説から類型論へと進化を遂げ，より精緻で豊かな理論的内容を与えてきた。のみならず，他の法制度との有機的関連を明晰なものたらしめたことは不朽の功績と言ってよいであろう。しかし，他面でそれはドイツ法的ドグマに依拠したことから，複雑で晦渋をきわめる議論として民法研究者にとってすら難解なものとなっているように感じられる。とりわけ法規の文言との乖離は著しい。本書では，そうした類型論の功罪に目を据えつつ，新たな視点を提示している。その試みが成功したかどうかは，読者の判断に委ねよう。
　第二が不法行為法に関することはいうまでもない。不法行為法は民法典制定当時の個人主義的不法行為像から企業社会におけるそれへと質的な転換が求められる領域であろう。不法行為とは自由社会のなかで突発的に生じる《例外》現象であったが，時代と社会の進展は，不法行為の発生が高い蓋然性をもつものへと変容していったのである。そこでは，個人を主体とする損害賠償責任というよりは，事業者を主体とするそれ，個人責任であっても職業人・専門家の責任が中核として立ち現れてくるところに，現代の不法行為

像の特徴が認められよう。本書では，そうしたことから，不法行為法の二元的構成を試みている。

　本書の叙述の基本的スタイルは，次のようなものである。

　第一に，本書はロースクールの学生を対象としたものであるが，内容的には法学部の学生であっても読んで十分に理解できるよう，平明な叙述を心がけた。具体例にそくして問題の所在を明らかにするとともに，理解の便宜として図表を利用しているのもそのためである。

　第二に，本書では判例の紹介にかなりのスペースを割いている。判例をどう読むべきかは一つの問題であるが，ともすれば平板で公式的なものになりがちな解釈論よりも，社会の動きと問題状況を具体的に捉えている判例こそ重要であると考えるからである。その意味で，最新の重要判例をできるかぎり多く取り上げて紹介し，判例の現在までの到達点を示したつもりである。

　第三に，学説についても，通説的見解を中心に叙述するよう心がけ，多数の学説を羅列することは避けている。通説を重視するのは，それが現時点での学界での最大公約数的な共通の知見を示すものと考えるからである。しかしそれは金科玉条として受け入れられるべきものではない。解釈理論もまた，判例と同様に動態的に存在するのであり，時代と社会の変化によって変わりうるのである。理論を変えるものは背後にある市民社会であり，民法学はそれを透視するものでなければならない。法社会学者のエアリッヒは，「法発展の原因は判例や学説の中にあるのではない。それは常に社会の中にあるのだ。」と述べている。本書であえて通説的見解に異論を唱え，自説を唱えているのも，その道具としての現実的妥当性を検証しようとするためにほかならない。

　債権各論に関する教科書は汗牛充棟といってよいほど多い。本書を刊行しようと考えたときに筆者の念頭にあったのは，同工異曲のものではなく，少しでも学界に寄与できるようなオリジナルな知見を示せるようなものでなければならないということであった。筆者なりの提言と解釈論を展開しているところも少なくない。あるいは思わぬ勘違いを冒しているところもあるかもしれない。あえて議論を誘発する触媒としての機能を果たすことができれば望外の幸せである。読者諸賢の忌憚ない意見や批判をいただき，より充実し

たものになればと願っている。

　本書の刊行には成文堂代表取締役の阿部耕一氏ならびに編集部の篠崎雄彦氏の多大な助言と助力をいただいた。また，中央大学大学院博士課程の宮坂友造君には，校正および貴重なアドヴァイスをいただく等大変お世話になった。ここに，心より感謝の礼を捧げたい。

　最後になるが，本シリーズの刊行を筆者に強く勧めて下さったのは成文堂編集部長の土子三男氏であった。氏とは30年以上のつきあいであったが，極めて残念ながら今年5月に逝去された。あまりにも早い死であった。生前の氏との友情を偲び，ここにご冥福を祈りたい。

　2014年8月

清　水　　元

付記

　校了後の2014年12月13日，清水元先生が急逝されました。本書は，先生のご遺志にもとづき，また，ご遺族のお許しを得て発行するものです。清水先生のご冥福を心よりお祈り申し上げますとともに，これまでプログレッシブ民法を支えてくださった読者の皆様に厚く御礼申し上げます。

　2015年1月

成文堂編集部

目　次

はしがき

第1章　事務管理 …………………………………………………… 1

1　序　説 ……………………………………………………………… 1
1　事務管理の意義 ………………………………………………… 1
2　事務管理の具体的諸相 ………………………………………… 2
3　事務管理・不当利得・不法行為等との関係 ………………… 3

2　事務管理の成立要件 …………………………………………… 6
1　他人の事務 ……………………………………………………… 6
2　事務管理意思 …………………………………………………… 7
3　義務がないこと ………………………………………………… 8
4　本人の意思，利益に反しないこと …………………………… 10

3　事務管理の効果 ………………………………………………… 12
1　違法性の阻却 …………………………………………………… 12
2　事務管理者の義務 ……………………………………………… 12
3　本人の義務 ……………………………………………………… 14
4　第三者との関係 ………………………………………………… 16

4　不真正事務管理（準事務管理） ……………………………… 19
1　総　説 …………………………………………………………… 19
2　準事務管理の要件 ……………………………………………… 21
3　準事務管理の効果 ……………………………………………… 22

第2章　不当利得 …………………………………………………… 25

1　序　説 ……………………………………………………………… 25
1　不当利得の意義 ………………………………………………… 25
2　不当利得返還請求権の諸類型 ………………………………… 29

(1)　給付利得　*29*
　　　(2)　侵害利得　*29*
　　　(3)　求償利得　*29*
　　　(4)　支出利得（費用利得）　*29*
　　3　不当利得と他の制度との関係 ………………………………………*30*
　　　(1)　契約上の請求権との関係　*30*
　　　(2)　物権的請求権との関係　*30*
　　　(3)　事務管理との関係　*31*
　　　(4)　不法行為による損害賠償請求権との関係　*31*

2　給付利得 …………………………………………………………*33*

　　1　給付の意義 ………………………………………………………*33*
　　2　給付利得の類型 …………………………………………………*33*
　　3　給付利得の効果 …………………………………………………*36*
　　　(1)　序　説　*36*
　　　(2)　一方的債権関係　*36*
　　　(3)　交換型契約の無効・取消し　*41*
　　　　(a)　原物返還　*41*　　(b)　価額返還　*44*　　(c)　代償請求権　*53*
　　　　(d)　果実・収益の返還　*54*　　(e)　費用償還請求権　*57*
　　　(4)　利用型契約の無効・取消し　*58*
　　4　特殊な給付利得 …………………………………………………*58*
　　　(1)　目的不到達　*58*
　　　(2)　非債弁済　*61*
　　　　(a)　序　説　*61*　　(b)　狭義の非債弁済　*62*
　　　　(c)　期限前弁済　*68*
　　　(3)　不法原因給付　*69*
　　　　(a)　序　説　*69*　　(b)　不法原因給付の要件　*70*
　　　　(c)　不法原因給付の効果　*81*
　　5　三者間給付利得 …………………………………………………*81*
　　　(1)　序　説　*81*
　　　(2)　連鎖型　*81*
　　　(3)　介在型　*82*
　　　　(a)　第三者弁済　*82*　　(b)　保証人の弁済　*84*
　　　　(c)　第三者への弁済　*85*　　(d)　債権譲渡　*85*
　　　　(e)　第三者のためにする契約　*87*　　(f)　指　図　*88*

3　侵害利得 …………………………………………………………*92*

1　侵害利得の意義 …………………………………………………… *92*
　　2　侵害利得の要件 …………………………………………………… *92*
　　3　侵害利得の対象 …………………………………………………… *94*
　　　(1)　序　説　*94*
　　　(2)　金銭の返還　*95*
　　4　侵害利得の態様 ………………………………………………… *101*
　　　(1)　序　説　*101*
　　　(2)　他人物の処分　*102*
　　　(3)　他人物の費消　*103*
　　　(4)　他人の権利の使用・収益　*103*
　　　(5)　法律上の規定と不当利得　*106*
　　　(6)　執行行為による他人の権利の侵害　*108*
　　　　　(a)　給付判決にもとづく強制競売　*108*　　(b)　仮処分　*109*
　　　　　(c)　公正証書による強制執行　*109*　　(d)　調停証書　*110*
　　　　　(e)　民事執行　*110*　　(f)　不当配当　*112*
　　5　侵害利得の効果 ………………………………………………… *113*
　④　**求償利得** ……………………………………………………………… *119*
　　1　序　説 …………………………………………………………… *119*
　　2　求償権との関係 ………………………………………………… *119*
　　3　求償利得の要件 ………………………………………………… *121*
　⑤　**費用利得** ……………………………………………………………… *122*
　　1　序　説 …………………………………………………………… *122*
　　2　費用利得の補充性 ……………………………………………… *122*
　　3　費用利得の適用領域 …………………………………………… *123*
　⑥　**転用物訴権** …………………………………………………………… *126*
　　1　序　説 …………………………………………………………… *126*
　　2　転用物訴権の効果 ……………………………………………… *130*

第3章　不法行為 …………………………………………………… *137*

　①　**序　説** ………………………………………………………………… *137*
　　1　不法行為とはなにか …………………………………………… *137*

2　刑事責任と民事責任 …………………………………………… *139*
　　3　不法行為制度の市民法的基礎 ………………………………… *142*
　　4　不法行為制度の現代的変容 …………………………………… *143*
　　5　損害賠償請求権の発生原因としての不法行為と債務不履行 ……… *145*
　　6　損害賠償責任と保険との関係 ………………………………… *147*
２　一般的不法行為の成立要件 …………………………………… *151*
　　1　序　説 ………………………………………………………… *151*
　　2　故意・過失 …………………………………………………… *152*
　　　(1)　故意・過失の意義　*152*
　　　(2)　過失の判断基準　*155*
　　　(3)　過失の推定　*158*
　　3　責任無能力 …………………………………………………… *160*
　　　(1)　総　説　*160*
　　　　(a)　責任能力の意義　*160*　　(b)　責任能力制度の適用範囲　*161*
　　　(2)　未成年者　*162*
　　　(3)　精神障害者　*163*
　　4　権利侵害 ……………………………………………………… *164*
　　　(1)　「権利侵害」から「違法性」へ　*164*
　　　(2)　被侵害利益の種類　*168*
　　　　(a)　序　説　*168*　　(b)　所有権の侵害　*168*
　　　　(c)　用益物権の侵害　*169*　　(d)　占有権の侵害　*169*
　　　　(e)　担保物権の侵害　*171*　　(f)　知的財産権の侵害　*172*
　　　　(g)　債権侵害　*173*　　(h)　一般経済活動への干渉　*173*
　　　　(i)　人格的利益の侵害　*175*　　(j)　身分権の侵害　*199*
　　　　(k)　生活妨害（公害）　*201*
　　　(3)　責任阻却事由　*211*
　　　　(a)　総　説　*211*　　(b)　正当防衛　*212*　　(c)　緊急避難　*213*
　　　　(d)　正当業務行為　*215*　　(e)　社会的相当行為　*215*
　　　　(f)　被害者の同意　*217*　　(g)　自力救済　*217*
　　　　(h)　事務管理　*218*
　　5　因果関係 ……………………………………………………… *219*
　　　(1)　総　説　*219*
　　　(2)　事実的因果関係　*223*
　　　　(a)　事実的因果関係の意義　*223*　　(b)　因果関係の証明　*223*

(3) 保護範囲（相当因果関係）　*226*
　6　特殊の不法行為 ……………………………………………………*229*
　　(1) 総　説　*229*
　　(2) 監督義務者の責任　*230*
　　　(a) 意　義　*230*　　(b) 要　件　*233*
　　(3) 使用者責任　*234*
　　　(a) 意　義　*234*　　(b) 使用者責任の要件　*236*
　　　(c) 使用者責任の効果　*246*
　　　(d) 隣接する制度との関連・異同　*249*

3　共同不法行為 …………………………………………………………*250*
　1　序　説 ……………………………………………………………*250*
　2　共同不法行為の諸類型 …………………………………………*251*
　3　複合的不法行為 …………………………………………………*258*
　4　競合的不法行為 …………………………………………………*259*
　5　共同不法行為の効果 ……………………………………………*263*

4　不法行為の効果 ………………………………………………………*269*
　1　序　説 ……………………………………………………………*269*
　2　金銭賠償 …………………………………………………………*270*
　　(1) 総　説　*270*
　　　(a) 効果論としての賠償額の画定　*270*
　　　(b) 賠償額算定の性格　*270*　　(c) 定期金賠償　*272*
　　(2) 財産的損害　*273*
　　(3) 生命侵害　*274*
　　(4) 身体侵害　*278*
　　(5) 弁護士費用　*283*
　　(6) 精神的損害（慰謝料）　*284*
　3　賠償額の縮減 ……………………………………………………*288*
　　(1) 損益相殺　*288*
　　(2) 過失相殺　*292*
　　　(a) 総　説　*292*　　(b) 過失相殺における「過失」　*293*
　　　(c) 「被害者」側の過失　*296*　　(d) 過失相殺の効果　*299*
　　　(e) 過失相殺の類推適用　*300*
　4　特定的救済 ………………………………………………………*305*

(1) 名誉毀損等における救済手段　*305*
(2) 差止請求　*308*

5　損害賠償請求権の主体 …………………………………………………… *314*

(1) 総　説　*314*
(2) 生命侵害による損害　*315*
　(a) 財産的損害　*315*　　(b) 精神的損害　*318*
(3) 生命侵害以外の人身侵害　*322*
(4) 企業損害（間接損害）　*324*

6　損害賠償請求権の法的性質 ……………………………………………… *326*

(1) 総　説　*326*
(2) 相続性　*326*
(3) 譲渡性　*328*
(4) 相殺禁止　*329*
(5) 賠償者代位　*331*
(6) 損害賠償請求権の消滅時効　*332*
　(a) 総　説　*332*　　(b) 消滅時効　*332*　　(c) 除斥期間　*338*

5　特別法による不法行為 …………………………………………………… *342*

1　失火責任法 ……………………………………………………………… *342*
2　運行供用者責任 ………………………………………………………… *343*

(1) 総　説　*343*
(2) 運用供用者　*344*
(3) 「他人」性　*346*

3　製造物責任法 …………………………………………………………… *348*
4　国家賠償法 ……………………………………………………………… *352*

事項索引 ………………………………………………………………………… *359*
判例索引 ………………………………………………………………………… *362*

【補論目次】

補論 1　契約上の義務は第三者に対する事務管理となるか ……………… 4
補論 2　契約の無効・取消しと事務管理 ……………………………………… 5
補論 3　給付利得の要件構成 ………………………………………………… 34
補論 4　費用償還請求権と第三者 …………………………………………… 131
補論 5　類型論の再検証 ……………………………………………………… 132
補論 6　不法行為法の総則的構造 …………………………………………… 138
補論 7　責任保険制度 ………………………………………………………… 145
補論 8　不法行為における法主体の問題 …………………………………… 148
補論 9　一般不法行為と特殊不法行為との関係 …………………………… 149
補論10　セクシャル・ハラスメント ………………………………………… 177
補論11　事実の摘示と意見表明・論評の区別 ……………………………… 188
補論12　違法性論の転換 ……………………………………………………… 210
補論13　「出入り」は事業？ ………………………………………………… 244
補論14　懲罰的損害賠償 ……………………………………………………… 273
補論15　西原理論——死傷損害説 …………………………………………… 277
補論16　一律請求・包括請求 ………………………………………………… 287
補論17　過失相殺の理論的位置 ……………………………………………… 304
補論18　死者の名誉 …………………………………………………………… 323

凡　例

[文献]

幾代通『不法行為法（補訂版）』（有斐閣）［1993］
潮見佳男『不法行為法Ⅰ（法律学の森）（第2版）』（信山社）［2011］
潮見佳男『不法行為法Ⅱ（法律学の森）（第2版）』（信山社）［2011］
内田貴『民法Ⅳ　債権各論（第3版）』（東京大学出版会）［2011］
近江幸治『民法講義6　事務管理・不当利得・不法行為』（成文堂）［2007］
大村敦志『基本民法Ⅱ　債権各論』（有斐閣）［2005］
加藤雅信『事務管理・不当利得』（三省堂）［1999］
加藤雅信『事務管理・不当利得・不法行為（新民法大系）（第2版）』（有斐閣）［2005］
川井健『民法概論4　債権各論（補訂版）』（有斐閣）［2010］
北川善太郎『民法講要　債権各論（第3版）』（有斐閣）［2003］
澤井裕『テキストブック事務管理・不当利得・不法行為（第3版）』（有斐閣）［2001］
四宮和夫『事務管理・不当利得・不法行為(上)(中)(下)』（青林書院新社）［1983］
鈴木禄彌『債権法講義（4訂版）』（創文社）［2001］
平井宜雄『債権各論Ⅱ　不法行為（法律学講座双書）』（弘文堂）［1994］
平野浩之『民法総合6　不法行為法（第3版）』（信山社）［2003］
広中俊雄『債権各論講義（第6版）』（有斐閣）［1994］
藤岡康宏『民法講義Ⅴ　不法行為法』（信山社）［2013］
松坂佐一『民法提要　債権各論（第5版）』（有斐閣）［1993］
水本浩『民法セミナー7　債権各論（下）』（有斐閣）［1985］
前田達明『不法行為法』（青林書院新社）［1980］
森島昭夫『不法行為法講義』（有斐閣）［1987］
吉村良一『不法行為法（第4版）』［2010］
我妻栄『債権各論(下1)（民法講義 V₄）』（岩波書店）［1972］
我妻栄『事務管理・不当利得・不法行為』（日本評論社）［1937（初出）］

『注釈民法(18)』（有斐閣）［1976］
『新版・注釈民法(18)』（有斐閣）［1991］

*判例については，なるべく原文の記載どおり忠実に引用したが，読みやすくするため最低限の変更を加えた。濁点を入れ，促音の「つ」を「っ」に，句読点を加えた。また，条文および年月日は漢数字を算用数字に改めた。判決文中の［　］内の言葉は，筆者が補ったものである。

*判例および出典の引用は次のようにした。

大判	→	大審院判決
大連判	→	大審院連合部判決
最判	→	最高裁判所判決
最大判	→	最高裁判所大法廷判決
地判	→	地方裁判所判決
高判	→	高等裁判所判決
支判	→	支部判決
民録	→	大審院民事判決録
民集	→	大審院民事判例集，最高裁民事判例集
判決全集	→	大審院判決全集
裁判集民事	→	最高裁裁判集（民事）
刑録	→	大審院刑事判決録
刑集	→	大審院刑事判例集，最高裁刑事判例集
高民集	→	高等裁判所民事判例集
下民集	→	下級裁判所民事裁判例集

第1章 事務管理

1 序　説

1 事務管理の意義

　社会生活において，人はしばしば，契約上の合意や法律上の規定にもとづかずに他人の事務を処理することがある。民法はこれにつき，「義務なくして他人のために事務の管理」をする場合に債権関係 *obligations* が発生するものとした。¹⁾

　人間が共同体の中で生活していた時代には，財貨やサーヴィスの調達はその社会での伝統あるいは慣習によって実現されていたのであって，契約を通してではなかった。「身分から契約へ」というメインのことばは，事務管理が広汎な社会的機能を果たしていたことを暗に物語たるものである。近代社会では人間は共同体的紐帯を喪失してアトム化し，人と人とは「アカの他人」となり，他人の事務は契約を通してのみ実現されることになっていったのである。契約によらない他人の事務処理は，それが見返り（対価）を期待しない無償性のゆえに美しい。そこから，事務管理の基礎を「人類扶助」に

---

　1) 事務管理はローマ法における不在者の財産管理に起源があるといわれており，準契約 *quasi-contrat* と呼ばれたが，ポチエが積極的にこの観念をフランス法において導入したといわれる。フランス民法は契約外債務を法律にもとづくものと人の行為にもとづくものに分けており，後者が不法行為 *délit* または準不法行為 *quasi-délit* であるが，前者には，準契約たる事務管理 *gestion d'affaire* と非債弁済 *paiement de l'indu* が含まれる。一般不当利得の規定は存在しない。事務管理が準契約と呼ばれる理由はその構造が委任に類似していることによるものであろう（ドイツ民法でも事務管理を委託なき事務管理 *Geschäftsführung ohne Auftrag* と呼ぶ）。ちなみに加藤7頁は，事務管理成立の要件としての「本人のためにする意思」=「茫漠とした申込み」，「本人の意思に反しないこと」=「茫漠とした承諾」という契約成立とのアナロジーを指摘する。もっとも，現在のフランス民法学説はむしろ準契約の観念が不正確・無意味であるとして否定的である（高木多喜男・新版注釈民法(18)108頁）。なお，ドイツ民法は事務管理を委任規定のすぐ後に置いていたが，ボアソナードは，事務管理制度を不当利得原理の基礎の上に存する制度として理解していた（旧民法財産編361条以下）。現行法はこれを改め不当利得とは異なる独立の債権発生原因として事務管理を規定したのである。

求める理論が生まれてくる（コーラー）。たしかに，それは消防や警察，福祉等，本来は社会のなすべき仕事を，徳義心ある善良な隣人（良きサマリア人）がいわば肩代わりするものであり，私人間では例外的なものといってよいであろう。しかし，それらのすべてを社会や国家が担うことはできない。そこに事務管理の現実的機能があるに違いない。現実の社会で機能する事務管理は，好意や愛情，義理だけではなく，あるいは，人間関係の新たな構築や円滑化のための打算として行われることもあるかもしれない。また，事務管理は契約の外にあって契約の機能を補完し，あるいは親族間の相互扶助関係を補完する役割を果たしていることも軽視すべきではない。

とはいえ，事務管理制度は，他人の領域に「嘴をつっこむ」ことを認めるものであり，いわば，「大きなお世話」であって，本来的には法律関係を生じさせるべきものではない。委任等の契約によらず「お節介な」行為であっても，それが他人に利益を生じさせたならば，不当利得の一般規定による保護で十分であるともいえる。しかし，一方で，他人（本人）の意思に反しないものであるかぎり，好意と親切はそれなりの法的保護を与えてもよいと考えられようし，他方で，コミュニティにおける相互扶助と円満な人間関係を促進させることからしても，それを期待することが許されよう。

❷ 事務管理の具体的諸相

事務管理の具体例として，人命救助や隣家の住人の留守中の飼い犬の世話，居宅の修繕や雪下ろしをしてやる等の行為があげられているが，民法典の中に事務管理制度を具体化した制度が組み込まれていることに注意しなければならない。不在者の財産管理（25条以下）や委託なき保証（462条），第三者弁済（474条）も事務管理であり，判例は連帯債務者の負担部分を越える分についての弁済は事務管理であるという。無権代理行為（113条以下）もまた，利

　2）　四宮(上)10頁は，事務管理の類型化を図っており，①財産管理型，②無効取消型，③救助型に分け，さらに①を義務履行型，保存型，改良型，処分型，取得型，義務負担型に分類する。
　3）　大判昭15年11月15日法律新聞4646号9頁，大判昭9年9月29日法律新聞3756号7頁。
　4）　大判大正5年3月17日民録22輯476頁は，連帯債務者中内部関係において負担部分のない者が弁済したときは，他の者に対する事務管理となるという。これに対して，水本・民法セミナー債権各論(下)4頁は，負担部分を越える額についての弁済についての連帯債務者間の黙示的な委任契約の可能性を示唆する。

他行為であるかぎり，事務管理となりうる。占有者の必要費用償還請求権の制度（196条）もまた，事務管理制度の具体化といえる。委任契約の不存在や，無効または取り消された場合における事実上の事務処理も事務管理関係である。さらにまた，身分関係あるいは経済的に一体をなす事実関係（夫婦，親子等）も，その基礎に事務管理を観念することができる。これらの制度は，かならずしも民法697条の要件の具備を要求するものではないが，事務管理としての特質を有しているといえよう。なお，共同不法行為者の一人が支払った損害賠償金について他の加害者に対して求償を求めることができるとする裁判例があるが，他の加害者の「意思に反しない」ことは問題とならないかぎりで，事務管理というよりは不当利得として律せられるべきである。

3　事務管理・不当利得・不法行為等との関係

民法は事務管理，不当利得，不法行為の3種の法定債権関係を規定している。それらの相互の関係は以下の通りである。

事務管理は義務なくして他人の事務を処理するものであり，後述のように，通常この「義務」とは本人に対する義務を指す。本人との間に契約関係が存在する場合には履行義務があり，事務管理規定は適用を排除される。また，事務管理が成立するときは，他人の事務は違法性を阻却するから，不法行為との競合もありえない。これに対して，事務管理と不当利得との関係は問題

5）　大判昭和17年8月6日民集21巻850頁。

6）　民法196条1項は，占有者に対する回復請求に対する反動的請求権として必要費用の償還請求権を規定している。必要費用は，その支出効果の現存が擬制されている（出費の節約）点において不当利得法の特則であるが，同時に事務管理としての面をもっている。ただし，目的物の修理保全が回復権者の意思に反するとき（車を修理したが，所有者は廃車処分をする予定であった等）であっても，また，悪意占有者も支出が自己の利益のためであっても，支出額の全額につき償還請求権が肯定される点で事務管理の枠を超える。

7）　衣斐成司「事務管理における本人の利益」法学雑誌30巻3＝4号［1984］530頁。

8）　大阪地判昭和43年12月19日判例タイムズ232号202頁は，連帯債務者の一人による共同免責は求償権を生じる（442条）のに対して，不真正連帯債務については，特別の規定が存せず，事務管理の問題となるという。

9）　法はしばしば事務管理を命じることがある。水難救護法は遭難船舶発見者に報告義務を課し（2条），船員法は船舶衝突のときの救助義務を規定する（13条，124条以下）。また，遺失物法は拾得者に返還義務，警察署長への提出義務を課している（4条）。さらに消防法は，火災発見者の通報義務を規定している（24条）等。しかし，事務管理義務とは言語矛盾ではない。義務がないというのは，本人に対する義務を負担していないことを意味するものだからである。

である。委託なしに他人の事務を処理することによって，相手方（本人）に利益を生じさせたならば，不当利得が問題となるが，他方で，本人に利益を生じない場合でも，事務管理によって有益な費用の償還請求権が発生するという意味で，事務管理の成立は妨げない。ただし，後述のように，「出費の節約」の理論によるとき，両者の区分は不明確になる。

> **補論 1** 　契約上の義務は第三者に対する事務管理となるか
>
> 　本文でも述べたように，事務管理における「義務なくして」とは，本人に対する契約上の義務等のないことを意味するものであるが，第三者との契約によって給付義務を負う場合に，それが同時に本人に対する事務管理となるか問題となることがある。ドイツの有名な裁判例に次のようなものがある。すなわち，警察との間で契約にもとづき交通法規違反の車両を牽引したレッカー業者は，牽引費用を車の所有者に対して事務管理を理由として費用償還請求できるか問題となった事例である。これは一方でいわゆる転用物訴権の問題と類似している。契約上の給付によって契約外の第三者に対する請求を認める結果になるからである。転用物訴権についての詳細は不当利得の章で論じるが，ここでは，次の2点を確認しておく必要があろう。第1は，転用物訴権と異なるのは，「利益」ではなく，「費用」が問題となることである。レッカー移動された車の所有者は牽引によって利得を得たのではない。事務管理は本人のためになすものであって，本人に利益を生じることは重要ではない。そうだとすると，転用物訴権とは別個の価値判断が可能かもしれない。第2に，転用物訴権においては，契約の相手方の無資力が要件とされているが，事務管理では問題とされていない。しかも相手方無資力の危険は契約当事者のみが負担すべきものであって，第三者に転嫁すべきものではない（信用危険の法理）という点では，両者は共通するのではないかと考えられる。しかも，利益であれ，費用であれ，それが第三者との契約にもとづく給付という形をとるときは，具体的数額は個別・具体的な契約において生じる主観的・相対的な価額である。業者が警察に対して有するであろうレッカー代金は時価よりも大でも小でもありうる。しかしながら，事務管理が本来利他行為であるゆえに推奨されるべきものであるならば，こうした場合を事務管理として肯定するときは，他人のための管理者の職業上の能力および救助手段を投下するための誘因ともなりうる，との指摘もある（副田隆重「事務管理法の機能とその適用範囲」(下)判例タイムズ522号［1984］140頁）。しかし，信用危険の点からすれば，本来の契約相手方の支払能力が問

題とならないかぎり，本人に対する請求は認めるべきではない（レッカー車の例では，警察がレッカー業者との契約によって負担した債務ないしはその履行として支払った額は，車両所有者への損害賠償請求権を取得するにとどまるということである）。そのうえ，第三者と本人との間で対価的調整が取られている場合や無償で引き受けている場合には，不当な結果を生じることを指摘しておかなければならない。かくて，私見としては現段階ではこうした場面での事務管理の成立には，なお懐疑的にならざるをえない。

補論2　契約の無効・取消しと事務管理

　契約関係が無効または取り消された場合の清算関係は，次章で述べる給付利得制度の問題であるが，事務管理の問題にもなりうる。とりわけ，委任，雇用，請負等サーヴィス給付を目的とする契約の無効・取消しの場合に，それを知らずに給付をした者について，事務管理が成立すると考えられる。これについても，ドイツに有名な判例である「飛行機事件」があり，次のような事例であった（飛行機事件についての紹介と詳細な分析については，川角由和・不当利得とはなにか［2004］120頁以下）。

　未成年者Aは航空券をもたずに国際線の旅客機に不正に搭乗したが，目的地で発見されて本国まで送還された。航空会社が往復運賃の支払をAに請求した。往路の費用については，契約が不存在であるにもかかわらず「目的地への到着」という給付利得を得ており，航空代金相当額の支払を請求することはできるであろう。これに反して，復路費用は問題である。「本国への送還」はAについて生じた利得というよりは，まさに他人の事務の管理と考えるに相応しいと考えられるからである。ここでは，利益ではなく，端的に「送還」費用を問題とすれば足りるように思われる。

　ところが，契約関係の解消から生じる場面における事務管理法の適用は，給付利得制度と抵触する結果をもたらす，との批判がある。すなわち，償還義務の現存利益への限定や，非債弁済や不法原因給付等の規定による利得返還請求権の否定（705条以下）を潜脱してしまうというのである。そのうえ，こうした場合に，事務管理意思や本人の意思は問題とならない。しかし他方で，不当利得制度による効果論が十分に成熟していない現状に鑑みると，結論は留保せざるをえない。

6　第1章　事務管理

2　事務管理の成立要件

1　他人の事務

　事務管理とは広く生活にとって必要な一切の仕事を含み，他人のための事務の管理は，不在の隣人の犬の世話や，家屋の修繕など事実行為であると，家屋修理のために第三者たる工務店と契約を結ぶ等の法律行為であるとを問わない。
　事務管理は，管理行為のみならず処分行為でもよい。ただし，本人に対して効力を生じるためには，その承認が必要である。[1]

【判例1】大判大正7年7月10日民録24輯1432頁
　活動写真［映画］興行権等の買主三人のうち，一人が契約解除の意思を表示するとともに，他の二人の事務管理者として売買契約解除の意思を表示した事案につき，大審院は次のように判示した。
　「他人ノ事務管理者ハ，管理行為ノ他仍ホ必要アル場合ニ於テ本人ノ為メニ其意思ニ反セザル限リハ処分行為ヲモ為スコトヲ得ベキモノナレバ，契約解除ノ意思表示ヲ為スコトヲ得サルニ非ザルモ，爾後管理者ノ為シタル契約解除ノ意思表示ガ本人ニ対シ其効力ヲ生ズルニハ其承認ヲ必要トスルコト言ヲ待タザルヲ以テ，買主ガ自己ノ為メニ売買契約解除ノ意思ヲ表示シ併テ自己ト共同ニテ買主ト為リタル他ノ者ノ事務管理者トシテ其者ノ為メニ売買契約解除ノ意思ヲ表示スルモ其者ノ追認ナキ限リハ，之ヲ以テ買主ノ全員ヨリ為シタル契約ノ解除アリト断ズルコトヲ得ズ」

　事務管理は「他人のため」(客観的他人の事務)であれば，それが同時に「自己のため」(客観的自己の事務)であってもよい。たとえば，共有者が平等に負担すべき共有物の管理費用を一人が立て替えた場合も事務管理となる(【判例2】)。[2] しかし，判例は扶養義務については否定したものがある。[3]

---

1) 大判明治32年12月25日民録5輯11巻118頁。
2) 前掲大判大正5年3月17日。
3) 大判大正5年2月29日民録22輯172頁。ただし，大判昭和3年1月30日民集7巻12頁は，私生児を戸主である養父のもとに置いて実家に帰った養女に対して，養父からの扶養料を立替金の

【判例2】大判大正8年6月26日民録25輯1154頁
　山林の共有者が全員協議のうえ造林することになったが，その山林には入会権が付いていた。造林には入会権の買収費その他の諸費用が必要となった。そこで共有者の一人Xがこれを立て替えて支払い，他の者に対して返済を求めた。しかし他の者はXが勝手にやったものであるとしてこれに応じなかった。
　「本件ノ如ク共有者協議ノ結果各自ノ負担ニ帰スベキ費用ノ全部ヲ其内共有者ノ一人ニ於テ支払ヲ為スハ自己ノ事務ヲ処理スルト同時ニ他ノ共有者ノ負担部分ニ付テハ即チ義務ナクシテ他人ノ為メニ事務ヲ管理シタルモノニ外ナラザルニヨリ原審ガ本件Xノ費用支払ノ行為ヲ以テ事務管理トナシタルハ至当ナリ」

　これに対して，たとえば，隣家の屋根を修理するために材料を購入する行為のように，購入契約それ自体は他人の事務とも自分の事務ともいえない**中性の事務**である場合でも良いかは争われている。通説は中性の事務であっても，他人のための意思があれば良いという。これに対して，反対説は，他人のためにする意思が純粋に行為者の内心の意思にだけにとどまっている場合には事務管理は成立しないと主張する（広中，四宮）。
　たしかに，材料の購入契約時に事務管理が発生すると，事務管理者は以後，管理継続義務（700条），通知義務（699条）を負担することになるから，意を翻して修理作業を開始しないときは債務不履行責任を問われることになる。それは妥当ではあるまい。したがって，中性の事務は，「他人の事務」ではないと解すべきである。

2 事務管理意思

　事務管理が成立するためには，他人のためにする意思が必要である。他人は特定している必要はなく（迷い込んできた犬を飼い主が誰か分かるまで世話をする），また，本人についての錯誤（Aのためにする意思であったが，本人はBであった）の場合でもよい。他人のためにする意思は客観的に判定される場合が多いであろう。
　他人の債務を自己の債務と誤信した場合はどうかは争いがある。通説は，

償還を事務管理として請求しうるとする。

「他人のため」とは，管理者の主観的な意思ではなく，社会通念上本人の利益になると認められることをいうと説く。厳格にいえば，事務管理は成立せず，一般不当利得の規定にしたがって処理をすれば足りるとも考えられようが，自己の事務であれば，いつでも中止できることになり，他人を害するおそれがある。通説が妥当であろう。

　管理者は能力を有することを要するか。通説は不要と解している（ただし，意思能力は必要であるとする）。その理由は，事務管理行為が留守中の隣人の犬の世話や荷物の預かりなどの事実行為であるときは無効・取消しは問題となりえないこと，事務管理として他人の家屋の修繕のために第三者と契約を結ぶことはあるが，その契約それ自体は事務管理なのではなく，事務管理を行う手段にすぎないことにある。これに対して，少数説は，事務管理者は能力者であることを要すると解している。その理由は，第一に，事務管理の成立によって管理者には通知義務（699条）のみならず，管理継続義務（700条）が生じるから，制限能力者に過酷な結果となるおそれがあること，第二に，管理者が制限能力者であればその法律行為は取り消すことができるから，不要とすると，その結果として管理者としての義務違反による責任は免れないことをあげる。

　おもうに，制限能力者の通知義務・管理継続義務の負担は実質的にさほど重いものではない。制限能力者は，後見人等の保護監督者を通して活動することができ，そうした者を介して事務管理の継続をすることは十分に可能である。また，義務違反による損害賠償責任の問題も杞憂である。制限能力取消制度には制限能力者を損害賠償責任から解放するという法的価値判断が折り込まれている（親権者等の監督義務者の責任は別として）と考えられる。さらに，制限能力者であっても費用償還請求権が与えられるべきであり，通説に与したいと考える。

3　義務がないこと

　民法697条は「義務なく」と規定しているが，立法論的には問題がある。ドイツ民法は「権限なく」と規定し，これに同調する学説（我妻）もあるが，むしろ，「義務」とは私法上の義務（通常は契約上の履行義務）が存在しないこ

とを意味すると解すべきものと思われる。契約が結ばれても無効であったり，取り消されれば，事務管理が成立することがあろう。契約上の義務があると誤信していた場合も同様である。判例には，無効な信託契約によって不動産の管理をした信託会社につき，事務管理を認めたものがある。また，公法上の義務の存在は事務管理であることを妨げるものではない。たとえば，医師は正当な理由なく治療行為を拒絶することができない（医師法19条1項）が，そうした診療契約によらない治療行為は事務管理である。特殊な事例として次のような判例がある。

【判例3】最判昭和49年9月26日民集28巻6号1331頁
　AとY₁との間に締結された本件曳船契約に基づいて，A所有の弁天丸は，Y₁所有の第二三洋丸を曳船し，日本の玉野市へ向けロサンゼルス港を出港した。第二三洋丸は，アメリカ合衆国法人であるY₂所有の大型浚渫船とその付属品を積荷していた。ところが，被曳船第二三洋丸は浸水し，このまま放置したのでは航行不能ないしは沈没を免れえない状態にたちいたった。そこで，弁天丸は急拠ハワイのホノルル港へ向かって転進し，弁天丸備付けのポンプを第二三洋丸に送り込み，排水作業を行った。その後，本件海難事故に関してAY間に救助料の支払について紛争が生じた。商法（旧）800条は救助行為が義務なくしてされた場合に海難救助料を請求することができる旨規定していたが，1910年に結ばれた海難救助契約ではこれを積極的に規定していないことから請求の可否をめぐって争われた。

　「ところで，海難救助条約は，救助料請求権発生の要件として救助が義務なくしてされたことを積極的に規定せず，その4条において，曳船が曳船契約の履行と認められない特別の労務をしたときでないかぎり，被曳船又はその積荷の救援救助について報酬を請求することができないとするにとどまるのであるが，これは，最も多くの問題を生ずる曳船行為について争を避けるため，特に規定を設けたものにすぎないのであって，救助料請求権が発生するために救援救助行為が義務なくしてされたものであることを要する点においては，同条約は，わが商法800条と全く同一の立場をとるものと解せられる。

　おもうに，曳船の所有者は，通常生ずるとはいえない異常な事態が生じたため，曳航作業自体に予想を超える労力あるいは費用を要する場合でも，自船に

---
4) 大判昭和15年3月9日判決全集7輯13号3頁。

急迫な危険が存在しないかぎり，曳船を途中で放棄することはできないものというべく，原則として，被曳船のおちいった危険に対しても信義則上相当と認められる程度の適切な処置をとるべき契約上の義務を負担するものと解するのが相当である。したがって，曳船所有者は，右義務の範囲内にあるかぎり，被曳船所有者又はその契約上の利益を享受しうる立場にある積荷の所有者に対して海難救助条約に基づく救助料を請求することはできず，このような場合には，曳船の船長及海員もまた右救助料を請求することができないと解せられる。」

4 本人の意思，利益に反しないこと

民法697条は，「本人の利益に適合する方法によって，その事務の管理をしなければならない」と規定するのみで，文言上は，本人の意思および利益の存在を要件としていない。それゆえ，本人の意思または利益に反する場合であっても，事務管理は一応は成立し，ただその効果としては管理継続義務は生ぜず，また，本人が利益を得ているかぎりで有益費用の償還を請求できるにとどまる（702条3項）という見解がある。しかし通説は，本人の意思に反し，あるいは本人のために不利である場合には，事務管理は成立しないとする。本人の意思に反するときは，管理を継続してはならない（700条）ことを理由とする。しかし，本人の意思に反するか否かは必ずしも明らかではない。追認があれば，その時点で事務管理が成立するとした判例があるが，その場合にはむしろ委任契約が成立するとみるべきではないか。そこで，本人の意思に反する場合であっても事務管理が成立し，本人の意思を管理者が知るまでは事務管理継続義務を負うべきであり，それゆえ管理者が本人の意思に反することを知っている場合にかぎって事務管理が成立しないと考えるべきであろう。

管理者の管理行為が本人の意思又は利益に反するような場合であっても，本人の意思が強行法規や公序良俗に反するなど社会公共の利益に反するときには，事務管理が成立する場合がある。

---

5) 事務管理が本人の意思に反しまたは本人に不利であることが明らかであるか否かは，事務管理をした当時の事情によって決する。大判昭和8年4月24日民集12巻1008頁。
6) 大判昭和17年8月6日民集21巻850頁。
7) フランス法ではそのように解されている。新版注釈民法(18)［1991］115頁（高木多喜男執筆）。

【判例4】名古屋高判平成20年6月4日判例時報2011号120頁
　本件は，株式会社Aが愛知県豊田市内の土地に大量の産業廃棄物を過剰保管したことから，X（豊田市）がA社およびその実質的オーナーであるとされるYに対して，廃棄物処理法に基づく廃棄物の撤去等を命ずる措置命令を発したところ，Yが本件措置命令を遵守しなかったため，Xが過剰保管廃棄物の処理等を行ったが，その際廃棄物の環境に及ぼす影響を確認するために廃棄物実態調査および周辺環境調査等（本件調査）を行い，その費用を支出したとして，Yに対し，事務管理に基づく費用償還を求めた。
　「民法は，義務なく他人のために事務を管理する行為について，社会生活における相互扶助の下，他人の合理的な利益を図ろうとする行為であることに照らして，これを適法な行為とするものであることからして，管理者の管理行為が本人の意思又は利益に反するような場合であっても，本人の意思が強行法規や公序良俗に反するなど社会公共の利益に反するときには，このような本人の意思又は利益を考慮すべきではなく（なお，この点は，民法702条3項においても同様に解される。），当該管理行為につき事務管理が成立すると解するのが相当である。」

8）　鉱業権の公売を落札した者に代わって鉱業権移転登録の登録税を立替払いをした事案につき，大判大正8年4月18日民録25輯574頁。

3 事務管理の効果

1 違法性の阻却

　事務管理が成立すれば，他人の私的領域に権限なく干渉したにもかかわらず違法性は阻却され，したがって，不法行為は成立しない。ただし，管理の仕方が不適切で本人に損害を与えた場合は債務不履行責任を負う（通説）。判例には，共有者の1人が他の共有者の同意を得ることなく自己の持分とともに他の持分を売却するのは不法行為となるが，後日他の共有者がその売買行為を承認したときには，事務管理が成立するとしたものがある。[1]

　これとは反対に，事務管理が成立しないときは，管理者はそれによって本人に生じた損害の賠償をしなければならないが，これに関して，ドイツ民法は，帰責事由がない場合でも事務の管理から生じた損害を賠償する義務を負う（678条）と定める。わが民法の解釈としても同様に解すべきであろう。

2 事務管理者の義務

　ⅰ）管理者は管理開始後は，遅滞なく本人に通知しなければならない。ただし，本人がこれを知っている場合は通知を要しない（699条）。

　ⅱ）管理者は事務の性質にしたがい，もっとも本人の利益に適合する方法によって，事務の管理をしなければならない。また，管理は原則として善管注意をもってしなければならないと解される。ただし，**緊急事務管理**，すなわち本人の身体・名誉または財産に対する急迫な危害を免れさせるために事務管理をしたときは，善管注意義務が軽減され，悪意または重過失がないかぎり，これによって生じた損害の賠償責任を負わない（698条）。急迫な危害がないにもかかわらずあると誤信した場合は問題がある。前述のように，本人の意思に反していても，それを知るまでは事務管理が成立すると解するべきであり，698条が管理人の責任を軽減している緊急事務管理の趣旨からす

　1）　大判大正7年12月19日民録24輯2367頁。
　2）　ここにいう「悪意」とは、民法の通常の用語法である知不知の意味ではなく、むしろ日常用語的な意味での「害意」と解すべきである。同旨、加藤24頁以下。

3 事務管理の効果　13

れば，急迫な危害が客観的に存在することを要するとするのは酷に過ぎよう。悪意または重大な過失に基かないかぎり，管理人が主観的にかかる危害が存在すると信じたことをもって足りる，と解すべきであろう。

iii）管理者は，事務管理の継続が本人の意思に反し，または本人に不利であることが明らかである場合を除き，本人またはその相続人，法定代理人が管理をすることができるまで，事務管理を継続しなければならない。いったん管理を始めた以上は，途中で勝手にこれを中止してはかえって本人に損害を生じさせるおそれがあるからである。

iv）管理者は委任の規定にしたがい（701条），本人に対して報告義務を負う。すなわち，本人の請求があるときは，いつでも事務管理の状況を報告し，事務管理が終了したときは遅滞なくその顛末を報告しなければならない（645条）。

v）管理者は受取物の引渡義務を負い，本人のために自己の名をもって取得した権利を本人に移転しなければならない（646条）。また，管理者が本人に引き渡すべき金銭を消費した場合には，その消費した日以後の利息を支払わなければならず，損害があるときはその賠償をしなければならない。なおこの損害賠償義務については，金銭債務の不履行に関する419条の例外であり，遅延利息を超える損害について賠償すべきことを規定したものと考えるべきであろう。

vi）管理者が本人のために有益な債務を負担した場合には，**代弁済請求権**が発生する（702条2項）。たとえば，本人Aのために管理者Bが第三者Cとの間で契約を締結した場合には，Bは，Aに対して直接Cに「債務を弁済すること」を請求でき，また，債務が弁済期にないときは，Aに対して相当の

3）新潟地判昭和33年3月17日下民集9巻3号415頁。
4）大判大正15年9月28日刑集5巻387頁は，「引取の義務がなくても，病者を自宅に引取り同居させた以上は，病者が保護を受ける必要がなくなり，またこれを保護する者があるまでは，法律上これを保護する義務がある。」として，遺棄致死罪を認めた。
5）代弁済請求権は管理人の本人に対する権利であるから，そのことは，第三者が本人に弁済を請求できることを意味するものではない。設例でいえば，CはAに対して請求権を有するものではなく，ただ，Bに対する契約上の債権を被保全債権として代弁済請求権を代位行使することができる（423条）にとどまる。この場合，Bの無資力が要件となるが，けっきょくはAがCに弁済することになるから，Bの他債権者に対する優先的効果を発揮することができる点に注意すべきである。

担保を提供させることができる。

【判例5】大判大正6年3月31日民録23輯619頁

　AはXの代理人として，Yから買い受けた船舶の引渡しを受けて代金を支払う権限を授与された。ところが，Yは，Aに対して代金の増額を請求し，これを受諾しなければ売買契約を解除するとの態度を示した。解除された場合には，XはYより違約金4万円を得るが，船舶の転売の利益を失い，しかも，転売先に違約金5万円を支払わなければならない。こうした事情から，Aは増額請求を承諾して，増加額を支払った。Xは，Aにはこの増加分については権限がないため，Yは不当利得をしたとしてその返還を請求。YはAの承諾とその支払は事務管理であると主張して，受領は不当利得にはなならないと抗弁した。

　「AガYニ対シ［……］売買代金ノ増額ヲ承諾シタルハXノ為ニ其事務ヲ管理シタルモノト謂フ可シ［。］管理者ガ本人ノ名ヲ以テ有益ナル債務ヲ負担シタル場合ニ於テ，本人ハ管理者ニ代リ其債務ヲ弁済セザルベカラザルヨリ推論スルトキハ，管理者ガ本人ノ名ヲ以テ債務ヲ負担シタル場合ニハ本人ハ之ヲ自己ノ債務トシテ弁済セザル可カラザルコト当然ノ論理ナレバ，AガXノ名ヲ以テ代金ノ増額ヲ承諾シ之ヲ支払フベキ債務ヲ負担シタルコトガ果シテ事務管理ナリトセバXガ其債務ヲ弁済スベキハ当然ナレバ，Yヨリ其弁済トシテ受クルノ原因ナシト謂フ可カラズ［。］AガYノ金ヲ以テ之ヲ弁済シタルハYノ債務ヲ履行シタルニ外ナラザレバYハXノ受領シタル代金増加額ヲ不当利得トシテ返還ヲ請求スルヲ得ザル可ベシ。」

3 本人の義務

　ⅰ）事務管理は契約にもとづくものでないから，報酬請求権は認められないが[6]，事務管理に要した費用の償還請求権が認められる。民法702条は「有益な費用」と規定するが，これは「有益費」ではなく，必要費の意味と考えられる。たとえば，不在の隣家の屋根を修理するために要した費用は，

6）　ただし，遺失物拾得者の報奨金（遺失物法27条）や，漂流物・沈没品の拾得者（水難救護法24条2項，27条2項），艱難に遭遇した船舶または積荷を救助した者の報酬請求権（商法800条）等，特別法上管理者について報酬請求権を認められる場合がある。また，商法512条も，商人がその営業の範囲内において他人のために行為をしたときは，相当な報酬を請求できるものと規定しており，最判昭和50年12月26日民集29巻11号1890頁は，これにもとづき，売主または買主の一方のみから仲介の委託を受けた宅地建物取引業者が同条の報酬請求権を取得するためには，「客観的にみて右当事者のためにする意思」をもって仲介行為をしたことを要すると判示する。

物の保存すなわち，物の客観的価値を維持するための費用であり，必要費（196条1項）であるが，事務管理における「有益な費用」である。これに反して，多額の材料によって増改築行為をした場合には，物の改良すなわち，物の客観的価値を高めるという意味で「有益費」といえるが，事務管理における「有益な費用」とはいえず，償還は認められない（この場合は，不当利得の問題となる）。

「有益な費用」は物に関するのみならず，用益に関しても償還が問題となる。すなわち，管理者が本人のために「有益な」債務を負担した場合，たとえば，隣人の屋根の修理を工務店に依頼した場合，それによって生じた修理代金債務を直接支払うよう本人に請求することができる（**代弁済請求権**，702条2項）。

ⅱ）ただし，有益な費用の範囲は事務管理が本人の意思に反する場合，償還の範囲は，「本人が現に利益を受けている限度」に減縮される（702条3項）。この規定の意義については，学説が分かれている。すなわち，本人の意思に反する場合には事務管理は成立せず，不当利得の問題となるにすぎないから本条はこれを注意的に規定したものである，との説と，本人の意思に反する場合でも事務管理は一応成立し，ただ，償還の範囲が本条によって減縮されていると説く立場が対立する。前述したように，後者が正当である。

ⅲ）利息の償還は認められるか。判例はこれを肯定する[7]。これに対して，利息の支払義務を認める委任に関する民法650条1項は準用されておらず（701条），実質的にも，報酬請求権を肯定することにつながるおそれがあり，否定されるべきであるとの説が有力である。もっとも費用償還請求権が発生すれば，その遅滞について責任を負うのは当然であり，遅滞による損害賠償責任（419条1項）が生じる。

ⅳ）他人の事務を管理する者が自己の過失なくして損害を被った場合に，本人に対してその賠償を求めることができるか。委任にはこれを認める規定がある（650条3項）が事務管理には準用されていないため，多数説は否定するが[8]，これに反対する説も有力である。

---

7) 事務管理として他人のために株金の払込みをした場合には，支出の時から立替金に対して利息を支払うべき規定は存しない。大判明治41年6月15日民録14輯723頁。

この問題はいくつかの場面に分けて考えることができる。第1は、損害が費用として評価される場合がある。たとえば、川で溺れている人を救助する際に衣服を汚損させた場合の損害賠償は、「有益な費用」として償還の対象と考えられ、また、他人が強盗に襲われている場面で防衛行為をしたところ、怪我を負わされたような場合も、その治療費等を広く「有益な費用」と捉えることが可能である。これに対して救助者が死亡した場合には、もはや「費用」による処理をこえるものといわざるをえない。それはまさに私人間の利益調整という範囲をこえた社会の仕事である。[9]

第2に、事務管理を必要とする事態が本人の過失によって招来された場合には、損害賠償を認めるのが妥当である。

第3に、事務管理を必要とする事態が管理者によって招来された場合には、損害賠償請求を認めるべきではない（むしろ「事務管理」をしないことそれ自体が不法行為となりうる）。

第4は、事務管理を必要とする事態が、本人、管理者いずれの過失にもよらずに生じる場合がある。これは交通事故における自己犠牲の問題として深刻な議論がなされている。たとえば、Aが車で走行中に、道路に飛び出してきた幼児を轢かないようにするため、急ハンドルを切って道路脇の街路樹に激突して大怪我をしたような場合である。このような自己犠牲に対する救済は公的補償によるべきものと考えられるが、そうした制度が存在しない場合には、一定限度で補償を認めるべきであろう。[10]

4 第三者との関係

管理者が、事務処理のために第三者と契約を締結した場合、本人と第三者との間にどのような関係が生じるか。

第1に、管理者が・自・己・の・名・に・お・い・て第三者と契約をした場合、契約は管理者と第三者との間で効力が生じる。事務管理者が買い入れた物の所有権は当然に事務管理者に帰属する。[11] 事務管理者はこれを本人に移転する義務を負う

---

8) スイス債務法422条1項は、裁判官の裁量により損害賠償をなすべき旨規定する。
9) 広中俊雄「人名救助と救助者の損害」民法論集177頁以下［初出，1966］。
10) 四宮（上）15頁。
11) 大判大正3年4月24日刑録20輯615頁。

(701条，646条1項) にとどまる。事務管理者が第三者に建物の修理を請け負わせた場合も，給付請求権は事務管理者に帰属する。ただし，この場合，事務管理者は本人に対して代弁済請求権 (650条2項，702条2項) を行使して，直接買主に対して売買代金ないし請負代金を支払うよう請求することができる。

　第2に，管理者が・本・人・の・名・に・お・い・て第三者と契約をした場合がある。通説は無権代理になるという。しかし，これは顕名主義 (99条，100条) に反する。事務管理者Bが本人Aの名で第三者Cとの間で契約を結んだ場合，CがBをA本人と信じた場合，BC間で効力が生じる。ただし，「人についての錯誤」が要素錯誤 (95条) となる場合，すなわち，CがAが相手方でなければ契約を結ばなかったであろうという事情がある場合にかぎって，BC間の契約は無効となる。その場合には，AC間にも効力は生じないが，Aが追認すれば，AC間に契約が成立すると解すべきである (追完)。これに対して，CがBを代理人と考えている場合は，無権代理が成立すると考えるのが妥当である (100条但書参照)。

　第3に，事務管理者が・本・人・の・代・理・人・と・し・て契約をした場合がある。この場合は明らかに無権代理であるから，本人の追認がないかぎり相手方との間に直接の法律効果は生じない (間接代理が認められるにとどまる)。通説であり，判例もこれを否定する。[12]

【判例6】最判昭和36年11月30日民集15巻10号2629頁
　　Xは，Yらの先代Aより，Aの事務管理者であるBを通じて本件建物の贈与を受けたと主張して，所有権移転登記手続を求めた。
　　「事務管理は，事務管理者と本人との間の法律関係を謂うのであって，管理者が第三者となした法律行為の効果が本人に及ぶ関係は事務管理関係の問題ではない。従って，事務管理者が本人の名で第三者との間に法律行為をしても，その行為の効果は，当然には本人に及ぶ筋合のものではなく，そのような効果の発生するためには，代理その他別個の法律関係が伴うことを必要とするものである。」

---

12)　戦前のものとして，大判明治37年5月12日民録10輯666頁。

これに対して，法律効果が事務管理者と第三者との間で生じるとする少数説がある[13]。一般論としては，他人の領域に対する過度の介入を招く点で妥当ではないといえる。しかし，緊急事務管理が成立する場合（698条）には例外として代理権を肯定してよい。かりに，本人との間で法律効果が生じないとしても，事務管理が成立するかぎり，事務管理者は代弁済請求権を有しているから，たとえば，売買契約では，事務管理者は相手方たる買主に直接売買代金を支払うよう本人に求めることができる反面，本人が対価たる目的物の所有権を取得できないのは不当だといえる。もっとも，この場合でも，本人は事務管理人に対する目的物の所有権移転請求権（請負契約であれば，給付請求権の譲渡請求権）を理由に相手方買主への弁済を拒絶することができるし，相手方が事務管理者に代位して履行請求をすることができる場合でも，同様に履行拒絶権を主張することができる（533条）[14]。

---

13) 事務管理者に代理権を認める異説として，於保不二雄・財産管理権論序説［1984］19頁以下，平田春二「事務管理の成立と不法干渉との限界」谷口還暦2［1971］23頁以下，三宅正男「事務管理者の本人に対する効力」谷口還暦2［1972］364頁以下，四宮（上）37頁等。

14) 加藤38頁は，ＢＣ間の契約と代弁済請求権には内容的な連関があるので，この場合には代位権を認めるべきであるとする。ちなみに私見も，被保全債権と被代位債権と緊密な牽連性が存在するときは無資力要件を外してよいと考える（プログレッシブ民法［債権総論］補論12）ので，これに左祖したい。

4 不真正事務管理（準事務管理）

1 総説

　他人の事務と知りながら，自己の利益を図る目的で他人の事務を管理したとき，どのように処理すべきかは，いわゆる**不真正事務管理**あるいは**準事務管理**として大いに争われてきた問題である。

　他人の領域に無断で介入する行為については，ドイツ法やスイス法に特別の規定があるが[1]，わが民法には規定がない。しかし，これに対する法的処理として不法行為法および不当利得法に依拠することには限界がある。次のような場合を考えてみよう。

> 　Aは，長年空き地のまま放置されている隣地にその所有者であるBに無断で薔薇園を開設した。季節ごとに多数の観光客が訪れ，年商数千万円の収益がある。ある日，近くまで来たBは事態に驚き，薔薇園の閉鎖と収益の引渡しをAに求める。Bの請求は正当だろうか。

　薔薇園の閉鎖に異論はないであろう（物権的請求権の問題である）が，収益返還については問題が多い。不法行為的処理では，本人（被害者）の被った損害（709条），すなわちここでは，「得べかりし利益」の喪失が問題となるが，数千万円の収益がAの逸失利益とはいえないであろう[2]。また，不当利得法的処理によれば，隣地の有する客観的収益額が償還額ということになるだろう。ところが，数千万円の収益については，客観的収益額，すなわち，AがBに代わって同じような事業を展開したからといって，それだけの利益を得たとはかぎらない。それは他人の事務を処理した者の才覚と労力によるものだからである。そこで，こうした侵害者の行為を積極的に評価する見解も唱えら

　1）　ドイツ民法は，管理によって得たものの引渡義務，事務処理および顛末報告義務等の事務管理規定を準用すべきものと規定する一方で，管理者は支出した費用の償還請求権も認めている（687条）。スイス債務法423条も同様の規定を置く。

　2）　これに関して，特許法102条は無断使用者が得た利益を損害額として推定しており，同様に，実用新案法（29条），意匠法（39条），商標法（38条），著作権法（114条）にも同様の規定がある。

れた。時効と同様に,「権利の上に眠る者は保護しない」との法格言が援用され,他方で,無断盗用であっても管理者の特殊な才能によって異常な利益を上げれば,そこにはそれなりの経済的価値があり,それを肯定してもよいとするのである。³⁾そうでなければ本人は管理者の才能・労働の結果を不当に利得するものだという。しかし,侵害者の行為を労働や能力によって正当化することは,侵害行為を助長するもので承認しがたい(「盗人に追銭」)。近時の学説も大勢は批判的である。しかし,その法的構成は多岐に分かれている。第1が広義における事務管理とみてよいと考える説がある(**事務管理肯定説**)。これは「他人のために」という意思は必要ではなく,社会通念上客観的に本人の利益となれば足りるとするものである。すなわち,管理者の意思いかんにかかわらず,管理行為が利益を生じるならば事務管理が成立するとする立場,⁴⁾本人が準事務管理者の行為を追認することによって事務管理が成立するとする**追認説**がある。⁵⁾これに対して,近時では**介入権説**,すなわち商法の競業避止義務違反の場合の介入権(会社法594条2項参照)にそくして被害者に認められる特殊な救済方法とする説⁶⁾や**制裁説**,すなわち他人の権利に対する不法行為的侵害の制裁として捉えるべきであって,権利者は自己の被った損害を問題とすることなく,侵害者が侵害行為によって取得した利得の吐き出しを請求しうるとする説⁷⁾が主張されている。

　思うに,準事務管理の問題は他人による不法な財産領域への侵害へのサンクションとして評価されるべきものである。その意味で不法行為と同一の法的価値判断が与えられなければならない。事務管理説は不法な侵害を黙認するものであって承認しがたい。また,追認説は追認が管理者の侵害行為を宥

---

　3)　かつての学説も多数であった。鳩山和夫・日本債権法各論(下)[1920]777頁,末川博「事務管理」『所有権・契約その他の研究』[1939]222頁以下,同・債権各論[1939]506頁以下。我妻栄・事務管理・不当利得・不法行為(現代法学全集)[1940]111頁(ただし,我妻博士はこの後改説している)。
　4)　小池隆一・準契約及事務管理の研究[1962]201頁以下。
　5)　我妻=有泉・民法Ⅱ債権法386頁,加藤・大系Ⅴ29頁,我妻(編)判例コンメンタールⅥ8頁(四宮執筆),ただし,四宮博士はその後の体系書ではこれに触れておられず,改説したとみるべきであろう。
　6)　平田春二「所謂準事務管理について」名大法政論集3巻2号[1955]60頁以下。
　7)　川村泰啓・商品交換法の体系(上)[1967]113頁,広中365頁,好美清光「準事務管理の再評価」谷口還暦3[1972]371頁,四宮(上)45頁等。

恕し，適法な事務管理に転化することを意味するものであり不当である。他面，制裁説や不法行為説のような管理者の「利得の吐き出し」の効果を与えるだけでは十分ではない。そうでなければ，違法な侵害行為を行った者が顛末報告義務（701条，645条）を課せられる適法な事務管理者よりも責任が軽微であるという矛盾を生じさせることになる。

　そこで，私見としては，第1に追認は可能であるが，それによって準事務管理が事務管理に転換することを意味するものではないと考える。追認がなされたとしても，それはかならずしも準事務管理者の行為を全面的に許容すると考えるべきではない。追認の趣旨がどのようなものであるかは本人の意思解釈によるというべきである。第2に，そうした追認がないかぎり，利得の吐出しを認めるべきものと考える。そしてのみならず，事務管理の規定を類推して，事務管理上の一定の効果を与えるべきものと考える。

2　準事務管理の要件

　事務管理は，自己の利益のために他人の事務を管理するものでなければならない。自己の利益とともに他人の事務を管理する場合は事務管理である。また，準事務管理は他人の事務と知りながら管理したものでなければならず，過失により他人の事務を自己の事務と誤信した場合は，準事務管理にはならないと解すべきである。このような場合も準事務管理に含める学説がある[9]。過失によるにせよ不法な管理者の責任が不法行為者の責任よりも軽いのは不当であるというのがその理由である。しかし，準事務管理者が獲得した利益をすべて吐き出さなければならないのは，まさにかれの他人の財産領域への積極的な侵犯という「悪性」によるものであって，不法行為における損害発生の要件としての「故意」，「過失」と同列に論じるべきものではなく，管理者の努力，才能の成果のすべてを剝奪することを正当化するには十分ではないと思われる。

　8）　追認は本人の利益返還請求中に含まれるとする学説もある（木村常信「事務管理・債権者代位権と法定代理」『民法異説の研究』[1972]）が，本人の意思の不当な擬制というべきである。前掲（註1）大判大正7年12月19日。

　9）　平田・前掲論文（註6）。同・注釈民法(18) [1991] 329頁以下。

3 準事務管理の効果

　第1に，本人は，管理者に対して，管理行為によって得た金銭その他の物の引渡しを請求することができる（701条，646条，647条）。

　第2に，管理者の通知義務（699条）はむろん，本来の事務管理者の負う管理継続義務（700条）についても問題とならない。

　第3に，管理者は顛末報告義務を負う。ただし，それは委任や本来の事務管理とは異なって，管理者からその獲得した利益を返還させるための手段的なものである点に注意しなければならない。ここから，報告義務は収益の算定に必要かつ十分なものに限られることになる[10]。

　第4に，管理者の支出した費用については償還請求権を認めるべきである（702条）。ここでいう費用とは報酬とは異なる。「薔薇園」の経営のための人員の雇用に伴う人件費や広告費は管理者の仕事の対価ではなく，収益を産むために有益な費用と考えられる。

10）　好美・前掲論文416頁以下。

【文献案内】

　事務管理法は，古くから不当利得や転用物訴権との関連に関する優れた学説史的研究がなされてきたところであり，その代表として，磯村博士の一連の業績がある（①磯村哲「不当利得・事務管理・転用物訴権の関連と分化(1)-(2)」法学論叢50巻4号，6号［1944］，②磯村哲「仏法理論における不当利得法の形成―続・不当利得・事務管理・転用物訴権の関連と分化(1)-(2)」法学論叢52巻3号，4号［1946］）が，これに対して法解釈学的研究としては，法定債権関係の中でも，不法行為法や不当利得法に比し地味な領域であり，従来，研究もさほど活発なものではなかった。古くは，③戒能通孝「民法における親切と不親切」法律時報34巻2号（特集・不当利得・事務管理法の諸問題）［1962］，④佐藤正滋「事務管理法の比較法的研究」（同），および平田春二教授の一連の業績（⑤「所謂準事務管理について」法政論集7号［1955］，⑥「不法行為責任における事務管理法理の一適用―傷害の場合の損害賠償請求権の帰属をめぐって―」『近代法と現代法』［1973］）⑦衣斐成司「事務管理に於ける本人の利益」大阪市大法学雑誌30-3＝4［1984］ほか，比較法的研究として，⑧小池隆一・準契約及事務管理の研究［1962］，⑨小林規威・英国準契約法［1960］等があったが，1972年になって谷口知平博士還暦記念論文集『不当利得・事務管理の研究』（全3巻）が出て，重要な事務管理法文献が集められている。とりわけ，⑩三宅正男「事務管理者の行為の本人に対する効力」谷口還暦(1)，⑪平田春二「事務管理の成立と不法干渉との限界」，⑫四宮和夫「委任と事務管理」谷口還暦(2)，⑬須永醇「事務管理と意思能力・行為能力」および⑭好美清光「準事務管理の再評価―不当利得法等の研究を通じて」⑮高木多喜男「フランスにおけ処分行為と事務管理の成立」谷口還暦(3)が参照すべき重要な研究である。とりわけ⑩は事務管理法の視点から不当利得および転用物訴権の問題に深く切り込んだ労作であり，また，⑭は難問とされる準事務管理に関して比較法的考察を踏まえた画期的な業績である。近時では，学説においてこの制度の現実的機能を再検討する動きが現れてきており，注目すべきものがある。その代表として，⑯平田健治「事務管理法の構造・機能の再検討」(1)～(3)民商法雑誌89巻5号，6号，90巻1号［1984］および，⑰平田健治「求償利得における，他人の事務処理活動に対するコントロール原理としての事務管理法の位置づけ―三種の法定債権相互の関係についての一視点―」阪大法学57巻4号［2007］，⑱副田隆重「事務管理法の機能とその適用範囲」(上)(下)判例タイムズ514号，522号［1984］，⑲一木孝之「事務管理者に生じた経済的不利益等の塡補をめぐる史的素描―『事務処理法としての不利益塡補責任』考察のための基礎的作業として―」早稲田法学84巻3号［2009］がある。

第2章 不当利得

1 序説

1 不当利得の意義

(1) 不当利得とは，法律上の原因がないのに一方から他方へ財産的移動が生じた場合に，その移動した財産を返還させる制度であり，民法はこれを，「法律上の原因なく他人の財産または労務によって利益を受け，そのために他人に損失を生じる」と規定している（703条，704条）。

民法は受益者―損失者間の法律関係を不当利得として，契約，事務管理，不法行為とならぶ独立の債権関係 obligations としている。ところが，他の債権発生原因と異なり，不当利得という観念は文言上も抽象的で，具体的なイメージや明確な法律像を示すことは容易ではない。それは在来不当利得制度が抽象的・一般的な定義を与えられてきたことによるところが大きい。すなわち，不当利得とは，利得移動が形式的・一般的には正当であっても実質的・個別的には正当化されない場合に，衡平の理念によって調整する制度であるというのである。このように不当利得制度を統一的に理解する立場は**衡平説**と呼ばれている。衡平説は，民法703条，704条の文言にもっとも忠実なものであるが，これに対しては，実質と形式の対比は，ドイツにおける所有権移転のあり方をモデルにしたものにすぎないと批判されている。すなわち，ドイツ法においては，売買契約が無効の場合に，買主への所有権移転効果は失われず，物権行為を介して財貨が売主のもとに取り戻されるため，売買契約による所有権移転効果は，形式的に正当であっても実質的には不当であるという説明が適合的である。ところが，わが国の有因的構成では，売買契約の無効は所有権移転の遡及的失効を生ずる（121条参照）から，衡平説の説明はかならずしも説得的でない（売買の無効は所有権移転の効果を生じさせないから，形式的には正当である）。また，「衡平説」は不当利得制度を，「何人も他人の損

失において利得してはならない」(Jure naturae aequum est neminem cum alterius detrimento et injuria fieri locupletionrem) という一般的衡平原理に基礎づけているが，それは不当利得法を全民法秩序の最上位に立った高次の価値を体現するものであるという誤解を招くものである。不当利得制度は衡平の原則と無縁ではないにせよ，契約や事務管理，不法行為と同一レヴェルに置かれた債権発生原因の一つにすぎないのであって，その現実的基礎は具体的な「法律上の原因の欠如」の中にこそ求めなければならない。さらに，不当利得法の適用を一般的衡平原則に還元することは，具体的な問題解決の裁判官への白紙委任に堕する怖れも大きい。

では，不当利得は，具体的にはどのような場面で生じるのであろうか。

たとえば，売買契約が締結されて商品が引き渡され，代金も支払われたとしよう。ところが，その後になって売買が無効であることが判明したり，あるいは当事者の一方の詐欺や強迫または無能力によって取り消されることがある。その場合には，商品は売主に戻されなければならず，代金も買主のもとに返還されるべきことになるだろう。これを法的に見れば，売買契約が否定されているにもかかわらず，商品が買主に，代金が売主の下にとどまっていることは，契約という「法律上の原因」を欠いているがゆえに正当視されえない。商品は買主のもとでは「利益」，反対にいえば，売主の「損失」となっていることになる。代金についても同様である。そこで，売主，買主双方とも，相手方に対して給付したものの返還請求権（不当利得返還請求権）が生じることになるのである。これはいわば，双務契約の巻戻しの関係と考えることができる。

あるいは，AがBの植木を無断で持ち出してCの土地に植えたとしよう。この場合，付合原則によって，植木はCの土地所有権に吸収されてしまう（242条本文）。しかし，Cの植木の取得を正当視することができないことは明らかである。ここでは，Aの植木所有権の喪失（＝損失）において，Cの所有権の拡張という利益が生じていることになる。そのため，AのCに対する不当利得返還請求権が生じることになる（248条参照）。

さらに，AがBに対して貸金債務を負っている場合に，第三者のCがAの承諾なしにBに返済した場合，Aは債務を免れるという利益を得たことにな

る（Aの承諾ないし委託があれば，それが法律上の原因である）。そこで，CはAに対して不当利得返還請求権を取得することになる。

　このように，不当利得の原因はさまざまである。そこで，こうした不当利得の発生場面を類型的に捉えようとする立場（**類型論**）が生まれてくる。これが個々の論者によってニュアンスの違いがあるといえ，現在の通説的見解といってよい。本書の立場も基本的に類型論に依拠するものである。

　(2)　不当利得制度の淵源はローマ法における condictio に遡るが，そこでは，非債弁済や目的不到達，不法原因給付や，家子や奴隷の締結した契約から受益した家長の責任追及手段としての転用物訴権 actio in rem verso 等が個別的に認められていたにすぎず，統一的な不当利得制度は存在していなかった。1804年に制定されたフランス民法典においても，非債弁済の規定が事務管理規定とともに準契約 quasi-contrat として認められるにとどまっており，統一的な不当利得の規定は存在せず，個別の規定が法典中に散在するにとどまった。しかし，いわゆる1892年のブウディエ判決を契機として，一般的不当利得（原因なき利得 enrichissement sans cause と呼ばれる）の観念が発展していったのである。ボアソナードによる旧民法も，独立した債権発生原因と

---

1)　類型論は現在の通説的見解といえるが，その内部は区々に分かれており，帰一するところを知らない。わが国の類型論は川村教授がドイツの学説理論に依拠する形で構成されたのを嚆矢とするが，そのモデルとなったフォン・ケメラーの類型は 6 種類である（「給付利得」，「他人の財貨からの利得」，「求償利得」，「費用償還」，「詐害行為取消権」，「他人の損害を生じさせる無償の利得」）のに対して，教授は「契約関係の場で機能する不当利得」と「所有関係の場で機能する不当利得」に大別する。以後の学説はこれの変容と発展として位置づけることができよう。すなわち，「給付利得」と「非給付利得」とするもの（好美），「給付利得」と「他人の財貨からの利得」ないし「侵害利得」とするもの（鈴木，広中），さらに第 3 の「求償利得」の類型を付加するもの（広中，四宮，なお，四宮教授は，「運動法型不当利得」と「財貨帰属型不当利得」，「負担帰属型不当利得」とされる），「給付利得」，「侵害利得」，「支出利得」の 3 類型とするもの（藤原），「矯正法的不当利得」，「帰属法的不当利得」，「両性的不当利得」とするもの（加藤，ただし，加藤教授はみずからの立場を類型論とは異なった「箱庭説」と称して，不当利得制度の統一的把握を試みる）等があり，しかも，そのそれぞれの具体的中身も一致を見ない。

2)　554条，555条（附合），566条，570条，571条，574条，577条（加工），548条（果実），1241条（受領能力なき債権者への弁済），1312条（無能力取消），1376条以下（非債弁済），1381条（費用償還），1634条（売主の担保責任），1673条（買戻），1926条，1947条（寄託），1874条（消費貸借），1890条（使用貸借），1990条（委任），861条（遺産分割における持戻）1433条，1437条（夫婦共有財産），2080条（質権），2175条（第三取得者）等。

3)　Cass. req. 15 juin 1892. D. P. 1892. I, 596; S. 1893. I, 281. 事案は，農地賃貸借が解除され，小作人が賃料支払に替えて収穫物を地主に提供し退出したところ，小作人に対して化学肥料を売却した者から未済代金を地主に請求したものである。破毀院はこれを認めた。

しての統一的な不当利得制度を規定し，かつ，具体的な不当利得の場面として，事務管理とならんで，非債弁済や添付，費用支出等を上げている。もっとも，これらは「例示的な場面にすぎない」とされたため，独立した「類型」として意識されることなく，現行法への移行に際して，「明文ヲ以テ規定スル必要ナシ」と断じられ（民法修正案理由書），抽象的一般的な第一項のみが修正されたうえ，現行民法703条に結実したのである。しかし，フランス法においては本来，無効・取消し・解除にともなう原状回復の問題は不当利得制度の中で扱われることなく，非債弁済 répétition de l'indu および返還 restitution の問題として規律されており，むしろ，「給付利得」と「その他の利得」という類型的処理は，フランス法においてはすでに別個の法制度によって与えられていたのではないかと考えられる。しかし，自然法思想にもとづく抽象的・一般的制度としての不当利得という観念は拡大され，給付利得をもそこに包含されるという理解が一般化していったのである。こうした背景の中で，統一的な不当利得制度の原理としての衡平説が生み出されることになる。

昭和40年代に至って，ドイツの類型論に依拠する類型論が登場する。その代表者である川村教授は，「不当利得一般という制度は存在しない。現実にあるのは，つねに個々の法律関係の場で生じた不当利得である。それは，た

---

4) 財産編361条
① 何人モ有意ト無意ト錯誤ト故意トヲ問ハス正当ノ原因ナクシテ他人ノ財産ニ付イ利ヲ得タル者ハ其不当ノ利得ノ取戻ヲ受ク
② 此規定ハ下ノ区別ニ従ヒ主トシテ左ノ諸件ニ之ヲ適用ス
　第一　他人ノ事務ノ管理
　第二　負担ナクシテ弁済シタル物及ヒ虚妄若クハ不法ノ原因ノ為メ又ハ成就セス若クハ消滅シタル原因ノ為メニ供与シタル物ノ領受
　第三　遺贈其他遺言ノ負担シタル相続ノ受諾
　第四　他人ノ物ノ添附ヨリ又ハ他人ノ労力ヨリ生スル所有物ノ増加
　第五　他人ノ物ノ占有者カ不法ニ収取シタル果実，産出物其他ノ利益及ヒ之ニ反シテ占有者カ其占有物ニ加ヘタル改良但第百九十四条乃至第百九十八条ニ規定シタル区別ニ従フ

5) その代表は我妻栄『事務管理・不当利得・不法行為』[1937] である。現行法制定後の学説史については，衣斐成司「不当利得学説史［明治期～昭和前期］」水本＝平井(編)『日本民法学史・各論』[1997] 311頁以下。

6) 類型論はヴィルブルクに始まり，フォン・ケメラーが定着させ，さらにレーザーの事実的契約説によってほぼその完成をみた。フォン・ケメラーの理論については，磯村哲教授による紹介（「紹介・カェメラー『不当利得』」法学論叢63巻3号 [1957年] 124頁）がある。

とえば，契約の無効・取消・不存在にともなって生ずる不当利得であり，或いは裸の所有・非所有の対抗関係の場で生じる不当利得である。」と述べられる[7]。現在の通説的立場である類型論はこれを出発点として，給付利得とその他の利得の類型的処理として定着していったのである。それは不当利得理論に透明性を与え，精密化させた点できわめて有効で，実り豊かな成果をもたらすものであった。しかしなお，民法703条の解釈として妥当なものであったかどうかは，検討の余地があることは後にみる通りである。

2 不当利得返還請求権の諸類型

(1) 給付利得

債務があると誤信して弁済する（広義の非債弁済）場合や，契約にもとづいて給付行為がなされたが，契約が無効や不成立であったり，取り消され（121条），あるいは，解除された場合（545条1項）や，結納が授受されたが婚姻に至らなかった場合のように給付行為の目的が不到達であったり，弁済により債務が消滅したときの債権証書の返還（487条）のような目的消滅の場合のように，出捐された（給付）の返還を規律するものである。給付利得は主として契約法を補完する意味から，財貨運動法 *Recht der Güterbewegung* と呼ばれる。

(2) 侵害利得

上の植木の例のように，ある者の行為または人の行為によらない「事件」によって他人の財貨から利得の移動が生じている場合である。所有権を中心とする財貨帰属保障制度を補完する点で，財貨帰属法 *Recht der Güterzuweisung* と呼ばれる。

(3) 求償利得

委託なき保証人（462条）や第三者が他人の債務を弁済することによって，本来の債務者が債務を免れた場合に，その償還を求めるものである。

(4) 支出利得（費用利得）

他人の物を修理したり，改良を施した場合に，その費用の償還を求めるも

---

[7] 川村泰啓「一つの中間的考察」判例時報380号［1964］38頁。

のである（196条参照）。

3 不当利得と他の制度との関係

(1) 契約上の請求権との関係

契約は「法律上の原因」であるから，契約にもとづく請求権と不当利得返還請求権は両立しない。たとえば，売買契約の売主が代金を受領しているにもかかわらず，目的物を給付しないことは債務不履行であるから，相手方に対して履行請求権があり，不当利得ではない。これに反して，契約が無効あるいは取り消されたときは，「法律上の原因」が不存在となり，不当利得となる。ここにおいて**不当利得返還請求権の補充性**を語ることができる。なお，契約解除が契約の遡及的無効を導く（直接効果説）立場では不当利得の問題となるから，民法545条１項本文はその特則ということになる。

(2) 物権的請求権との関係

物権的請求権との関連は問題である。わが国では不当利得返還請求権の役割を物権的請求権が担うことがあるからである。ドイツ法においては，所有権は売買契約によっては移転せず，物権行為を介して移転し，また，所有権は売買契約の無効によってもなお買主の下にとどまっているため，買主の所有権の保有が「利得」となり，不当利得返還請求権を介して復帰するのに対し，わが民法では，無効により所有権移転効果そのものが否定され，また，取消しの遡及効によって所有権が遡及的に復帰するため，その返還請求権は不当利得返還請求権ではなく，物権的返還請求権になる。しかし，それは多くの問題を生じさせている。

第１に，取引安全の保護の問題がある。ＡＢ間の売買契約が無効または取り消された場合，不当利得返還請求権は債権 *créance* であるからＢに対してしか行使できず，したがって，Ｂからの転得者は—悪意であっても—保護されることになる。これに対して，物権的請求権は対世的に貫徹し，転得者にも追及できるから，善意無過失の第三者の保護は限られている（192条，94条２項，96条３項等）。もっとも，近時の民法94条２項の類推適用の拡大によって両者の差はかなり狭められている。また，不当利得返還請求権は債権として10年の消滅時効に服する（167条１項）のに対して，物権的請求権は時効に

権らない。

　第2に，無効または取り消された契約に基づいて給付された物について生じた果実ないし使用利益の処遇の問題がある。すなわち，不当利得法的処理にしたがえば，無効な売買契約によって給付された物の取戻請求権の範囲は物の使用利益・果実におよぶのに対して，物権的請求権においては，善意占有者は果実収取権を有する（189条1項）（後述）。

　第3に，契約が無効または取り消された場合に，買主が目的物に必要費・有益費を支出した場合，売主はこれを利得として返還しなければならない。ところが，物権的請求権の行使の場合には，民法196条の規律があり，矛盾が生じる。すなわち，同条によれば，占有者は果実を取得していないかぎりで必要費の償還を求めることができ，また，悪意占有者も有益費の償還請求権もあるものの，裁判所による期限許与に服する。

(3)　事務管理との関係

　義務なくして他人の事務を管理することによって，他人に利益が生じた場合に，事務管理と不当利得は競合するか。判例は競合説を採る[8]。事務管理は他人に利益を生じさせることは必要ではなく，たとえ事務管理によって本人に利益が生じなくとも，支出した「有益な費用」の償還を求めることができるが，反面で，利益が生じれば，それを移転しなければならない（701条による647条の準用）。また，民法702条3項は，「本人の意思に反する事務管理」をした場合に本人に生じた利益を「現存利益」の範囲で償還することを認めている。そのかぎりで，事務管理法は不当利得法の特則としての地位に立ち，それゆえ事務管理が成立する場合には，不当利得法の適用は排除されると考えるべきである。

(4)　不法行為による損害賠償請求権との関係

　不法行為は人の行為であるが，不当利得は人の行為とはかぎらず，「事件」（**法律事実**という）の場合を含む。不法行為による損害と不当利得における損失は類似する観念であるが，次の点で異なっている。第1に，損害は加害者の有責行為によって他人に生じた不利益であるのに対して，損失は有責行為

---

[8]　大判昭和15年3月9日判決全集7輯13号3頁。

を要件としない。第2に，損害は加害者の財産から塡補され，それによって加害者の財産は減少するが，これに対して，損失は利得に対応するものであって，損失の塡補は利得が生じる前と同一の経済状態に復帰するにすぎない。通説は競合説に立つ。たとえば，金銭の盗取者に対して，被害者は不法行為にもとづく返還請求権と不当利得返還請求権が競合するという。後述するように，金銭は占有とともに移転するから，原則として金銭についての物権的請求権の成立する余地はなく，不当利得返還請求権のみが成立するが，不法行為はそのかぎりで成立しないといわなければならない。損害賠償とは，物の滅失・毀損に代わって塡補するものであり，金銭が回復されるかぎり，損害は存在しないものというべきである。これとは別に，被害者が盗取者の捜索等の費用を出捐したような場合に不法行為が成立することはいうまでもない。

2 給付利得

1 給付の意義

「給付」の意義については議論のあるところであるが，ここでは，意思にもとづく一方から他方への出捐行為と考える。したがって，Aが無断で他人Bの植木を自己の土地上に植えて付合させた場合や，マンションの管理人が自己の燃料と誤ってマンションの集中暖房に使用したような場合は，「給付」ではない（後述の侵害利得になる）。

給付される財産的利益は，所有権その他の物権，債権であるが，のみならず，登記や占有もまたこれに含まれると解されている。しかし，登記や占有については疑問がある。占有物所有者からの返還請求権が物権的請求権であるかぎりにおいて，占有者が返還「債務」を負うわけではない。ただし，他人物の賃貸借や転貸借のように，賃貸借（または転貸借）終了後に賃貸人（または転貸人）には目的物の返還請求権が与えられるべきであり，その場合の返還請求権は不当利得返還請求権でありうる。登記についても同様である。登記名義が真実の実体関係と一致しない場合には，権利者は登記抹消請求権ないし登記移転請求権を有するのであって，登記の「不当利得」を論じる意味はない。

2 給付利得の類型

(1) 第1に，契約にもとづいて給付がなされたが，契約そのものが不成立または無効であったり，契約が取り消された場合，給付されたものは，「法律上の原因」を欠くことになる。解除についても同様であるが，民法は特別規定を設けている（545条）。ただし，合意解除ないし解除契約または解除条

---

1) 解除に関する通説・判例である直接効果説によれば，解除権の行使によって契約は遡及的に無効となるから，原状回復請求権の法的性質は給付利得返還請求権であり（ただし，物の返還については不当利得返還請求権ではなく物権的返還請求権となるかは，後述のように議論が分かれる），ただ，特則として545条が適用されることになると捉えることになる。これに反して，解除の非遡及効を採る間接効果説ないし折衷説では，解除によって原状回復を目的とする新たな債権関係が発生すると捉えることになるから，不当利得との関連は切断されていることになる。

件付契約における条件成就の場合について，判例・学説は，効力発生について特別の合意がなされていないかぎり，不当利得法の適用があるとする[2]。しかし，後に検討するように，その妥当性は疑わしい[3]。

(2) 第2に広義の**非債弁済**があげられる。たとえば，SがGに対する貸金債務が存在していないにもかかわらず債務者と誤信して支払い，あるいは，DがGの債務者と誤信してSの債務を弁済をしたような場合である。

(3) 第3に，**目的不到達**の場合がある。すなわち，出捐がある目的のためになされたにもかかわらず，それが達成できなかった場合であり，たとえば，婚姻不成立の場合の結納金の返還があげられる。

(4) 第4は，給付の目的が消滅した場合がある。債務が弁済消滅した場合の債権証書の保有や，月極めの報酬を半年分前払いしたが，中途で退職した場合の勤務しなかった期間に相当する部分（我妻）等があげられる。

> **補論3** 給付利得の要件構成
>
> 　伝統的な衡平説によれば，不当利得の要件として，民法703条の文言にしたがって，①利得，②損失，③利得と損失の因果関係，④法律上の原因の不存在，があげられる。これに対して，類型論の立場では，これらの要件はすべての不当利得に共通するものではなく，それぞれの類型に応じて考えられるべきものである。かつての通説たる衡平説によれば，受益はあるべき財産状態と現在の財産状態の差として捉えられてきた（いわゆる「**総体差額説**」）。しかし，このような理論は悪意の不当利得については妥当しない。類型論の立場からすれば，受益とは，給付によって取得したものと捉えれば足りる。そして，利得と損失は別個の要件のというよりは両者は表裏一体の関係にあり，給付という社会的過程の両端（広中）にすぎない。利得は給付されたものそれ自体であり，給付者がそれによって損失をこうむり，同時に給付受領者が利得を得るのである。実行された無効または取り消された売買契約については，目的物・代金が利得すなわち損失であり，サーヴィス供給契約については，実行されたサーヴィスそのものが利得すなわち損失である。また，因果関係とは，給付利得における利得債務者・利得債権者という当事者関係を規定するものにほかならない。因果関係が重要な意味をもつのはむしろ，二当事者間ではなく多当事者が登場す

---

2) 最判昭和32年12月24日民集11巻14号2322頁。
3) 山中康雄・解除の効果（総合判例研究叢書民法(10)）[1958] 263頁。

る場面なのである。

　ところで，こうした要件構成は，些かこじつけの感があることは否めない。それは，同条がそもそも給付利得を予定した規定ではなかったためなのである。同条は侵害利得を想定した規定であるとの指摘もある（笠井＝片山）が，沿革的には，ボアソナードによる旧民法財産編361条を原型とするものである。ボアソナードは，フランス民法典には明文の規定はないものの，学説理論の成果をもとに，統一的な不当利得制度を設計したのであったが，同条1項は，「何人ニテモ有意ト無意ト又錯誤ト故意ヲ問ハズ正当ノ原因ナクシテ他人ノ財産ニ付キ利ヲ得タル者ハ其不当ノ利得ノ取戻ヲ受ク」と規定し，また，第2項で個別の不当利得を列挙している。ところが，その中に，契約の無効・取消しにおける原状回復関係を指示するものを見いだすことはできない。それは，母法たるフランス法においては，「給付」利得，すなわち，契約の無効・取消しによって生じる原状回復関係は，不当利得ではなく，非債弁済 *répétition de l'indu* 法理として論じられていたためなのである（par ex. *Duprantier, L'erreur du solvens comme condition de la répétition de l'ndu, 1978, n°223, p. 265.*）。現在のフランスの代表的な体系書においても，「非債弁済」と「不当利得」は準契約として両者を並置しており，別個の制度として捉えられている（*Ph. Malaurie, Droit Civil: Les obligations, 1993-1994, p. 519 et s.; H. L. et J. Mazeaud, Leçon de droit civil, Les obligations, par Chabas, p. 799 et s.*）。もっとも，近時では，契約無効の効果として，あるいは返還 *restitution* の法理として議論がなされるにいたっている。たとえば，Maria Malaurie は返還に関するテーズにおいて，物の滅失の場合，不当利得では返還義務は消滅するが，これに対して，返還においては物の価額ないし代替物を請求できる。すなわち，不当利得とは不当な利益の償還であって原状回復の理念を有するものではない，と主張する（*Maria Malaurie, Les restitutions en droit civil, 1991, n° 52.*）。このように，民法703条の前身が旧民法であったという沿革をふまえるならば，それが給付利得の法理と調和しないのは当然なのである。そもそも，ドイツ民法が一般不当利得を「給付その他の方法により」と規定したことが類型論の出発点であった。しかし，不当利得法の理論的な分析視角としての類型論的処理の妥当性はともかくとして，日本の民法にはそのような解釈論の基礎を欠いているように思われる。のみならず，後述するように，同条項の適用は要件論のみならず，効果論に関しても不当な結果を生じさせている。そうであるとするならば，給付利得は，同条の文言とは異なった要件構成がなされなければならない。すなわち，①法律上の原因の欠如たとえば，契約の不成立ないし無効または取消し，②給付の実

3 給付利得の効果

(1) 序説

給付がそれを基礎づける法律関係を欠く場合，給付受領者はそれを出捐者に返還しなければならないのが原則である。民法は善意者と悪意者を区別し，前者については，返還の範囲を縮減して，「利益の存する限度」において返還すればよい（703条）とし，後者についてのみ，受けた利益に利息を付して返還しなければならず，さらに損害があるときはその賠償責任も負う（704条）としている。しかし，このような異別的取扱いは，本来侵害利得について妥当するものであり，給付利得については，悪意者の加重責任はほとんど問題にならない。とりわけ双務契約に関しては，同条の適用をめぐって在来議論が多く，学説判例はその解釈に腐心してきたが，なお，議論は現在においても収束を見ない。

(2) 一方的債権関係

① 片務契約の無効・取消しの場合，給付利得が一方にのみ成立することはいうまでもない。たとえば，贈与では，贈与者の受贈者に対する給付物返還請求権としてのみ現れ，金銭消費貸借契約では，貸主の借主に対する金銭返還請求権としてのみ現れる。しかしここでも，給付されたものが有体物であれば，返還請求権はつねに物権的返還請求権であり，不当利得返還債権が生じないことは，売買契約における場合と同様である。したがって，契約が無効または取り消されると，特定物のときは，受領者は不法占有者として原物を返還しなければならない。ただし，給付物が消費物または不特定物であれば，「同種」，「同量」，「同等」のものの給付利得返還請求権が成立する。判例も，名板借人に対し株式取引の委託をなし，証拠金代用として株式を差入れた者から委託契約の無効を理由として株券の返還を求めた場合，名板借人が株券を他に売却処分したとしても，特殊の事情のない限り同種同量の他の株式の返還を命ずべきで，売却代金に相当する対価金額を不当利得として

---

4) 大判昭和16年10月25日民集20巻1313頁。

返還を命ずべきではない、という。

　受領したものが債権である場合は、当該債権そのものが返還の対象である。債権譲渡契約の無効・取消しの場合は、譲渡通知がすでに債務者になされ、あるいは債務者の承諾がなされていたときは、損失者（譲渡人）は利得者（譲受人）からの無効・取消しの意思表示を債務者側に通知することを求める請求権を取得すると解すべきであろう。

　株券については、判例は、株券譲渡契約が取り消された場合に、会社が利益配当をしたときは、株券譲受人に対して、受領した配当金につき不当利得返還請求権が成立するという。

　②　原物返還が不可能であるときに価値賠償が認められるべきかは問題である。民法703条は返還義務を「利益の存する限度」（現存利益）に限定しているから、これとの緊張が生じるからである。これには、いくつかの場面に分けて考えるべきである。

　ⅰ）第1に、AがBに有体物を贈与し、あるいは無償で貸与した場合、給付されたものが滅失すれば703条にもとづき受領者は返還義務を免れる。この場合に滅失・損傷が受領者の故意・過失等にもとづくか否かは重要ではない。契約が有効であると信頼した者に対して目的物の取り扱い方を責めることはできない。抑もここでは、言葉の正確な意味における帰責事由を語ることはできない。ただし、受領者が契約無効・取消しを理由とする給付物返還請求訴訟の敗訴判決が確定したときは、以後の目的物の占有は悪意占有となるから、起訴時に遡って原物返還にくわえて果実等を返還しなければならず（189条2項、190条の類推適用）、滅失・損傷については帰責事由を要件として価額賠償を課せられる。

　これに反して、受領者がわの詐欺・強迫による場合は、民法704条が適用されるから、返還義務は免れず、価値賠償をしなければならない。

5）　大判昭和18年12月22日法律新聞4890号3頁。
6）　大判昭和8年3月3日民集12巻309頁。
7）　大判昭和15年12月20日民集19巻2215頁は、転付命令によって取得した債権を不当利得として返還請求する場合には、利得者が損失者に対して、債権譲渡の意思表示をなすとともに第三債務者に対する譲渡通知をなすべきことを求めるべきであると判示する。
8）　大判昭和17年5月23日法律新聞4778号5頁。

ⅱ）数個の債務の代物弁済として数筆の土地が給付されたが，債務の一部が存在しなかった場合，どの土地が不当利得となるか特定しえないから，価値賠償になる[9]。

③ 給付されたものが金銭である場合には困難な問題が生じる。金銭を贈与し，あるいは消費貸借契約が結ばれた場合に，善意の受領者がこれを費消したときは利益は消失しており，返還義務を免れる（703条）といってよいであろうか。金銭はその高度の抽象性から履行不能はないから利得は消滅しないはずである。判例も，金銭の利益は現存するものと推定されるといい[10]，現存しないことの証明は不当利得返還請求権の消滅を主張する者の責任であるという[11]。

通説は，受領者が金銭を生活費や債務の弁済に充てた場合には，「出費の節約」があるから，利益は現存しているという[12]。しかし，浪費した場合[13]にはこの理論は妥当しない。では，この場合には免責されないのだろうか。

ところで，失踪宣告取消しに関する民法32条2項，制限行為能力取消しに関する民法121条は「現に利益を受けている」限度で返還義務を認めており，民法703条の特則と解されている（したがって，無能力者は悪意であっても返還義務が縮減される）。立法者の見解は返還義務について差異を設ける趣旨であった。すなわち，無能力者は浪費の場合にも返還を免れるとする趣旨であり，そのため703条の文言にいう「現ニ」が121条に明示されたのである[14]。これとは異

---

9) 大判昭和16年2月19日法律新聞4690号6頁。
10) 大判明治39年10月11日民録12輯1236頁，大判大正8年5月12日民録25輯855頁。
11) 大判昭和5年10月15日法律新聞3199号13頁，大判昭和8年11月21日民集12巻2666頁。
12) 121条但書の「現存利益」に関して，大判大正5年6月10日民録22輯1149頁，大判昭和5年10月23日民集9巻993頁，大判昭和7年10月26日民集11巻1920頁。
13) ここでいう「浪費」は，ギャンブルや海外旅行等にかぎられない。広く「より良い暮らし」のために支出した場合（「ふだんは鰯を食べていた人が鯛を買った」（穂積））を含むというべきである。なぜならば，この出費は，「『受ケタル利益』の中だけからしか支出のしようのないもの」，「利得者の固有財産から分別された状態において在る」（川村「『所有』関係の場で機能する不当利得制度」(八)判例評論129号1頁）ものだからである。
14) 起草者自身は，703条に関して，少なくとも金銭は，たといそれが浪費行為であっても，なんらかの「利用行為」があるのであって，利得は「現存」するのであって，現存しないのは無能力者にかぎる，というのがの共通認識であった。この点を明確化するため，民法703条と同121条の文言は当初原案では同一であったところ，「現」の文字が削除されて，「其利益ノ存スル限度」に改められたのである。梅謙次郎・民法要義(三)854頁。なお，川角由和「民法七〇三条・七〇四条・七〇五条・七〇八条（不当利得）」『広中俊雄＝星野英一(編)・民法典の百年Ⅲ[1998]』469頁。

なって，703条については，浪費であっても返還義務を免れないと解すべきなのであろうか。大審院は，遺族扶助料の過払いを受けた事案につき，「金銭ノ不当利得ノ場合ニハ反証ノ存セサル限一応其ノ利益ハ現ニ存スルモノト認ム」べきであり，「其ノ金銭ヲ得タルガ為ニ喪失ヲ免レテ残存スル他ノ財産アルトキハ之ヲ以テ民法第七百三条ノ現ニ存スル利益ナリトス」として，「出費の節約」理論に依りながらも，取得し得た金銭が「現ニ存セザルノミナラズ之ヲ得タルニ因リテ喪失ヲ免レテ残存スル財産モナク其ノ他之ヲ得ザリシトセバ他ノ財産を費消スベカリシ事情ノ毫モ存セザルコト明ラカ」として利得返還請求を退けた¹⁵⁾。

これに対して，学説には，現存利益の認定を利得当事者相互の過責の考量にかからせる見解がある¹⁶⁾。これによれば，①利得債務者にのみ過責がある場合は免責されないが，②利得債権者にのみ過責がある場合は免責される，そして，③利得当事者双方に過責がある場合は両者を衡量し，④利得当事者のいずれにも過責が存在しない場合は折半して分担すべきであるという。

また，原則として免責されないが，ただし，例外として本判決の基礎を社会政策的な配慮に求めるものがある¹⁷⁾。

思うに，自己の金銭と信じた善意の利得者の浪費を責めることはできない。贈与契約が無効または取り消された場合に，受贈者は有効と信じて費消した金銭の返還を求められることは不当である。利得者は利得を返還すべきであるとはいえても，「利得を生じさせた出来事（贈与）がなかったときよりも貧しく」なってはならない¹⁸⁾。無効な贈与契約によって受領した金銭が盗難にあ

---

15) 大判昭和8年2月23日法律新聞3531号8頁。
16) 谷口知平・不当利得の研究［1949］249頁以下。
17) 藤原149頁。
18) 谷口・前掲書348頁以下に，次のようなスヴォボダの美しい文章が引用されているので，ここに孫引きをさせていただく。「厳格に規律ある生活を営み，決して狭い家を離れたことなく，第二の天性となっている節約性の故に常ならぬ支出を嫌う質朴な市民が，慈善目的のために富籤を買ったところ，富籤に当籤したといって多額の当籤金を受領したので，幸運を喜びその金で外国旅行を試み大部分を消費して帰った後，当籤の誤が発見され取戻の請求をされたとする。吾人は，消費金銭の全範囲に於ける利得を云為し得るであろうか。……全部の旅費の償還を命ずるならば，彼の幸運は正しく反対に変ってしまう。僅かの貯蓄を投げ出さねばならぬのみならず，執行を免れるためには，大なる借財をせねばならぬ。平穏安楽に送っていた生活は苦しいものとなる。その様な支出を負担する如きは，思いもよらなかったであろう。思いがけない利得のみが彼に於いて，その決心を熟せしめたのである。……」

った場合も同様であろう。私は以下のように考える。

目的物が有体物である場合には，悪意占有者が滅失または損傷すれば，その損害の全部を賠償しなければならないのに対して，善意占有者は，「現に利益を受けている」限度でのみ賠償するにとどまる（191条）。故意または過失による毀損の場合でも同様である。自己の物と信じている物を毀損することを責めることはできないからである。金銭についても同条の趣旨が類推されるべきである。すなわち，善意の利得者は「出費の節約」が肯定されるかぎりで償還を免れないが，「浪費」であるときは，有体物の毀損と同視して返還を免れるものと解すべきなのである。ただし，贈与等の無効・取消しの結果として金銭の返還が請求されたときは，189条2項を類推適用して，起訴の時に遡って悪意の利得者とみなされ，受領した金銭がそれ以後消費されたとしても返還は免れないと解すべきであろう。

以上は自主占有に関する規律であり，財貨移転を目的とする一方的債権関係にのみ妥当する。これに反して，財貨利用を目的とする一方的債権関係については，他主占有に関する規律が適用されなければならない。賃貸借契約が無効・取消しあるいは解除されたが，目的物が滅失・損傷した場合には，それが占有者の帰責事由によらないときは免責される（483条参照）が，これに反して，金銭貸借契約が無効または取り消された場合，受領した金銭が生活費としてであれ，浪費であれ，全額が返還されなければならない[19]。その理由は，金銭については滅失・損傷は観念できないというよりは，受領者において返還が予定されているというべきだからである。

近時においても次のような判決がある。

【判例7】最判平成3年11月19日民集45巻8号1209頁

YはXとの間で普通預金契約を締結していたが，被裏書人として所持していた額面1,700万円の本件約束手形に取立委任裏書をしてこれをXに交付し，その取立てを委任するとともに，本件約束手形が支払われたときは，その金額相当額をYの普通預金の口座に寄託する旨を約した。本件約束手形は不渡りとな

---

19) ただし，AがBに金銭を貸与したつもりであったが，Bは贈与と信じてこれを費消したような場合（金銭消費貸借契約の無効ないし不成立），Bの金銭占有は自主占有というべきであり，本文で示したように，民法191条に準じて返還義務が縮減される。

ったが，確認手続における過誤により決済されて，Xは普通預金口座に入金があったものと誤解し，Yの払戻請求に応じて同額を支払った（YはそれをAに交付したと主張している）。Xはその後過誤に気付き，Yに対し払戻金の返還を請求した。本件約束手形に順次裏書をしたA，BらとYとは，当時経済的に密接な一体の関係にあったが，Aが営んでいた事業は倒産し，Aは所在不明となった。

「前記事実関係によれば，本件約束手形は不渡りとなりその取立金相当額の普通預金口座への寄託はなかったのであるから，右取立金に相当する金額の払戻しを受けたことにより，YはXの損失において法律上の原因なしに同額の利得をしたものである。」

「原審が仮定的に判断するように，Yが本件払戻金を直ちにAに交付し，当該金銭を喪失したとのYの主張事実が真実である場合においても，このことによってYが利得した利益の全部又は一部を失ったということはできない。すなわち，善意で不当利得をした者の返還義務の範囲が利益の存する限度に減縮されるのは，利得に法律上の原因があると信じて利益を失った者に不当利得がなかった場合以上の不利益を与えるべきでないとする趣旨に出たものであるから，利得者が利得に法律上の原因がないことを認識した後の利益の消滅は，返還義務の範囲を減少させる理由とはならないと解すべきところ，本件においては，[……]Yは本件利得に法律上の原因がないことを知った時になお本件払戻金と同額の利益を有していたというべきである。」

(3) 交換型契約の無効・取消し
(a) 原物返還

ⅰ）特定物売買については，まず，わが国の意思主義的構成との関連が検討されなければならない。すなわち，売買契約における所有権の移転は意思表示のみによって生じ（176条），かつ，通説的見解によれば，それは特約なきかぎり契約成立時であると解されている[20]。そして，契約が無効あるいは取り消されると，所有権移転効果が遡及的に失われる結果として，売主の目的物返還請求権は，不当利得返還請求権ではなく，物権的請求権 rei vindicatio であることになる。有力説は，契約法が適用される場合は，（一般法としての）所有権法は排除されると主張するが[21]，これに対しては物権変動の意思主

---

20) これに対する批判的言説として，清水・プログレッシブ民法［物権法］44頁参照。

義を前提としたわが民法の構成からは所有権にもとづく請求を排除することはできない，との批判がある[22]。確かに，有効な売買契約においては，契約の成立と所有権移転効果を別個のものとする合意が可能であり（所有権留保条項がその典型であろう），それは176条の「意思表示」の解釈に依る。それによって引渡請求権は債権的請求権でも物権的請求権でもありうる。これに反して，給付利得においては，そもそもそうした当事者意思を語ることはできない。遡及的な所有権復帰効果を否定できない以上，不当利得返還請求権を介して所有権が売主のもとに復帰することは論理的に不可能であり，そのかぎりで民法703条は適用の余地がないのである[23]。したがって，請求権競合はありえないのである。通説は，この場合において両者の間の同時履行関係を認めているが，物権的請求権の構成の下では，目的物の引渡請求権と代金返還請求権との間の対価的牽連は認められず，同時履行の抗弁権の実質的基礎は失われている（留置権?!）。そこで，有力な学説は，このような給付利得を民法703条の規律に服させるため，「占有の不当利得」理論を提示することになった。すなわち，契約の無効・取消しの結果として，買主は所有権移転効果を否定されるが，目的物が買主の下にとどまっているかぎり，そこには「占有」の不当利得があると構成したのである[24]。

しかし，後述のように，私は給付利得については原則として民法703条ではなく，双務契約の巻戻しとしての解除法理が類推されるべきであると考える。したがって，売主，買主双方についての原状回復回復義務が生じ，それ

---

21) 広中409頁。
22) 藤原130頁。しかし，藤原教授は不当利得返還請求権の成立を否定せず，競合論を採られる。
23) ただし，他人物売買においてその契約自体が無効または取り消されたときは，売主の買主に対する給付返還請求権は不当利得返還請求権になり，買主の代金返還請求権と同時履行の関係に立つ（解除された場合でも同様である（546条））。ちなみに，民法571条が他人物売買について533条を準用していない理由は次の点に存する。すなわち，引渡しを受けた買主は真実の所有者からの追奪請求（＝物権的請求権の行使）に対しては，原則として抗弁することができず（194条参照），無条件で返還しなければならない。そうすると，買主が解除権を行使して（561条），売主に対して既払い代金の返還を請求する場合に，売主が同時履行の抗弁権を行使することができることになると，代金返還請求権は宙に浮いてしまう結果になる。別の見方からすれば，みずから他人物を売却しながら，責任を追及されたときに同時履行の抗弁権を行使することは信義に悖る行為であるということもできるであろう。
24) 我妻栄「法律行為の無効・取消に関する一考察―民法における所有物返還請求権と不当利得との関係―」民法研究Ⅱ165頁以下（初出［1931］）。

らは牽連関係に立つ（546条）。

　ⅱ）給付された金銭が消費された場合をめぐっては，民法703条の「利益の存する」の文言との緊張が生じる。次のような場合を考えてみよう。

> 【設例1】　ＡＢ間で200万円で新車の売買契約が成立し，引き渡されたが，契約は無効であった。この場合，ＡはＢに対して給付した車の返還請求権を取得し，他方でＢは支払った代金をＡの利得として返還請求権を取得する。ところが，Ａが受領した代金を消費してしまった。

　この場合に703条を機械的に適用すると，Ａは車の返還を請求しうるが，費消した代金全額の返還を免れてしまう。この結果を回避するために，かつての通説は，「**出費の節約**」の理論に依拠する仕方で処理をしてきた。すなわち，Ａは車の代金を取得しなければ，生活財等の購入や債務の弁済等のために「他のサイフ」から出捐したはずであるから，利得はなお現存しているというのである。しかしこの理論はＡが本来出費を予定していないことがら（賭け事や予定外の贅沢品の購入，海外旅行の旅費等）に出費したときには破綻する。この点は一見すると，前述の一方的債権関係における金銭の消費における処理の仕方とは異なっている。ここでは，対価的牽連性の保障が貫徹されなければならない点に特徴があり，金銭の費消は，それが出費の節約であると浪費であると考慮されるべきではない。「受けた利益」そのものが返還されなければ，対価的均衡を失することになるのである。

　ところで，民法121条但書は無能力取消しの場合にも，無能力者の返還義務は「現存利益」に限定されている。双務契約に関する限り，同条は無能力者の保護を対価的牽連性の貫徹に優先させているという意味において特別規定であると考えるべきであり，そうだとすれば，703条においてこれと同様の法的結果を導くことは，その独自性が否定され，あきらかに論理矛盾である。それゆえ，「利益の存する限度」とは，「現存」利益ではなく，「受ケタル利益」それ自体にほかならないと解されなければならない。しかし，この

---

　25)　民法703条は，その原案において，「其利益ノ現存スル限度ニ於テ之ヲ返還スル義務ヲ負フ」とされていたが，それでは，無能力者の場合と区別ができないとの指摘があり，「現」の文字が削除された。法典議事速記録第百十五回［明治28年9月18日］商事法務版156頁。

ような構成は，703条の文言から乖離した晦渋なものであることは否めない。後述のように，私は給付利得は解除法理によってのみ，こうした難点を回避することができると考える。これによれば，原状回復は原物返還が不能であるときは価額返還によることになり，無理なく同一の目的に達することができる。

　(b)　**価額返還**

　1）給付目的物が有体物である場合は原物返還が原則であるが，民法703条は返還の範囲を「利益の存する限度」に限定している。そこで，同条を適用するときは，原物返還が不可能である場合（とりわけ特定物），給付請求権は消滅する（483条参照）。しかし，これは実行された各給付の返還請求権は独立していることを認めるものであり，対価的牽連関係を破壊することになる[26]。

　2）こうした不合理は，目的物の滅失・毀損の場合に端的に現れる。次の設例をみよう。

> 【設例2】　ＡＢ間で200万円で新車の売買契約が成立したが，契約は無効であった。ＡはＢに対して給付した車の返還請求権を取得し，他方でＢは支払った代金をＡの利得として返還請求権を取得するが，Ｂの下で車が破損し，または，車がＢの下から盗まれて所在不明である。

　Ｂは受領した代金の全額を返還請求できるが，他方で，毀損した車を―修理を施すことなく―Ａに返還すればよく，あるいは行方不明であれば返還を免れる（483条）（ただし，現実の占有者に対する物権的返還請求権がＡに移転するかは別論である）のであろうか。このように返還義務を減縮ないし否定することは相互の対価的牽連関係を破壊するものである。そこで，学説の多数は価額返還義務を認めている。しかし，民法703条からこうした結論を導くことは容易ではない。なお，ここで，車の毀滅がＢの故意または過失に基づくか否かは重要ではない。なぜならば，買主Ｂは有効と信じて取得した物について，どのような取扱いをするかは自由であって，善管注意義務（400条）はおろか，

---

[26]　二請求権対立説と呼ばれるが，現在この説に立つ者はいない。

自己のためにする注意義務（659条）すらなく，言葉の本来の意味における「責めに帰すべき事由」を語ることはできない（191条参照）からである。

　3）そこで，目的物が受領者の下で滅失・盗失した場合には，買主は「利得の消滅」により返還義務を免れ，他方で，売主は給付した目的物の価格を「利得の消滅」として，返還すべき代金相当額から控除しうる，と説く理論（**差額説**）が生れる。これは双方の返還義務の差額を利得として捉えるもので，【設例2】においては，同額相殺されて，いずれの側にも返還請求権は生じない。その結果，目的物毀滅の危険は買主が負担することになり，実質的に危険負担における債務者主義（536条1項）と同一の帰結となる。これによって双務契約における対価的牽連性が保障されるようにみえる。しかしこの理論は，約定価格と客観的市場価格の間にギャップがある場合には妥当するであろうか（こうしたギャップはしばしば錯誤無効や詐欺取消しの主張の原因となっている）。次の設例をみよう。

【設例3】　ＡＢ間で200万円で新車の売買契約が成立したが，契約は無効であった。ＡはＢに対して給付した車の返還請求権を取得し，他方でＢは支払った代金をＡの利得として返還請求権を取得するが，Ｂの下で車が破損した。
　①車の客観的価額が300万円であった場合
　②車の客観的価額は100万円であった場合

　目的物たる車の客観的価額が200万円であるならば，清算すべき利得は存在しないが，客観的に300万円であれば（①の場合），有利な買い物をしたＢは100万円の利得を得，逆に客観的価額が100万円であれば（②の場合），有利な売却をしたＡが100万円の利得を得たことになり，それぞれ利得返還義務が生じることになる。

　しかし，当事者の一方（売主）のみが給付し，代金未済のままそれが受領者（買主）の下で滅失したときは，①の場合，差額説では買主のみが返還義務を免れ，売主は契約無効のゆえに代金を請求できないことになり，対価的牽連性は貫徹されえない（代金を支払わなかった買主に有利な結果となる）。たしかに，双務契約が異時履行関係，すなわち先渡し後払いの関係にある場合，売

主がそうした信用リスクを負うことはかならずしも不当とはいえないという価値判断はありうるかもしれない。しかし，買主の代金債務の弁済期到来後の場合にはそれは妥当せず，等しく売主が危険を負担することは不当である。

さらに，善意悪意の効果上の振分けにも不合理なものとなる。悪意の場合には利息その他の損害の賠償責任を差額説から導くことができない（広中）が，その点は擱くとしても，次のような場面でも対価的均衡は崩れているからである。

> 【設例 4】　ＡＢ間で200万円で新車の売買契約が成立したが，契約は無効であった。しかし，両当事者ともそれを知っていた。

ＡＢ双方とも，「悪意」であるとするならば，Ａは代金に利息をつけて返還しなければならず，他方で，Ｂは使用利益相当分の損害額を付して目的物を返還しなければならないはずである。ところが，それは同時履行関係にある相互の対価的給付について債務不履行による損害賠償債務を認めたに等しい。同時履行関係にある債務は履行遅滞に陥らないとする原則（415条参照）とも矛盾するうえ，利息と使用利益がつねに等価値である保障はない（575条参照）。さらに，ＡＢ間の売買契約が，Ｂの強迫を理由として取り消された場合でも，給付された目的物と金銭の保有について，当事者双方とも，「悪意」であり，それゆえ，被害者たるＡもまた，受領した代金に利息を付して返還しなければならない結果を導くことになる。

4）差額説のもつ対価的牽連性の契機をより自覚的に捉えて構成したものが，**事実的双務契約説**（レーザー）である。この理論は，無効・取消しを実

27）異時履行の特約がある場合は，先履行義務者は後履行義務者の履行の資力に信用を与えたので，滅失毀損のリスクも負担しているはずであるという（信用危険の理論）。しかし現在では双務契約締結後の相手方の信用悪化については不安の抗弁権を肯定する立場が多数であり，また，滅失毀損の場合のリスク負担まで合意されているとはいいがたい。

28）この点については，清水元「果実取得権と不当利得」中央大学ロージャーナル 8 巻 4 号［2012］43頁。

29）川村教授はこの点に鑑みて，給付利得ではなく，侵害利得として捉え，かつ，詐欺者・強迫者の給付を不法原因給付（708条）として返還を否定されている。川村泰啓「不当利得返還請求権の諸類型」（二）判例評論77号［1965］2頁。しかし，給付の不均衡は，詐欺・強迫に限られるわけではない。合意の瑕疵一般について言いうることである。

行された双務契約の「巻き戻し」と捉えた上で，双務関係の論理を適用する。原物返還が可能である場合には，履行上の牽連関係たる同時履行の抗弁権（533条）が適用され，給付目的物が受領者の下で滅失した場合には，価額返還義務が生じるという。したがって，目的物の価額が約定価額と一致している場合には差額説の下での解決と同様に，同額相殺されて，両債権が消滅するから，対価的牽連性が保障される。市場価値と約定価額との間に差が存在する場合でも，客観的市場価値を基準とするかぎり，同様の結果が得られる。無効・取消しの場合の多くは対価的契機の基礎である当事者意思を欠いており，約定価額を基準とすることはできない。客観的価額とのギャップの存在は，しばしば要素錯誤となり，あるいは詐欺・強迫等の取消原因となる。たとえば，客観的価額が200万円のものを100万円で売却した場合の意思形成過程に，錯誤あるいは相手方（買主）の詐欺・強迫が介在していれば，給付された目的物と100万円の代価は等価ではないからである。事実的双務契約説はこの点を見据えたものとして評価できよう。しかも，契約当事者の一方（売主）のみが給付した場合でも，代金を支払わなかった買主は価額返還義務を負うことから，差額説の難点も克服している。[30]

　こうした点から事実的双務契約説は学説の現在の到達点となっている。しかしながら，反対給付の消失において「利得の消滅」＝「現存利益」を語ることは，差額説と同様に，民法典の規定との文言上の齟齬が残る。そればかりではない。価額返還請求権が生じる根拠は明らかではない。むしろ，この説が説くように双務関係の法理に従うべきものとするならば，危険負担における債務者主義（536条１項）が適用されるはずであり，その結果，目的物の滅失により，買主は返還義務を免れ，他方で，売主は代金返還義務を免れるとするのが論理的である。しかし，その結論は妥当ではない。無効・取り消された売買契約が実質的には有効になったと等しい結果になるからである。

　そこで，類型論を採る論者は，この場合に，修正された債権者主義（534条１項）を適用することを提案する。[31] すなわち，債権者主義によれば，有効な売買契約においては，合意後の滅失等の危険は買主が負担し，売主は目的物

---

30)　川村・前掲論文５頁。
31)　藤原正則「不当利得」『基本講座民法２（債権法）』[2012] 387頁。

引渡義務を免れるが,代金請求権は失わない。しかし,このような結果に対しては立法論的な批判が強く,限定的に解釈すべきものとされている[32]。そこで,多数説的見解は,売買目的物が引き渡され,あるいは登記された時点で危険が買主に移転すると主張する。引渡し・登記前の目的物の滅失は売主が危険を負担し,代金債権が消滅すると説く。この法理を給付利得の場合に平行移動するならば,目的物が買主の下で滅失しているため,買主は現物返還義務を免れるが,代金返還請求権は失わないことになるという。たしかに,これに従えば,売主の詐欺の場合(【設例3】の②),買主は支払った代金全額の返還を受けることができる。しかし,これは一面的といわざるをえない。これとは逆に,買主の詐欺の場合(【設例3】の①),詐欺を働いた買主は,価額返還義務を免れるのみならず,代金の返還を請求できることになり明らかに不当である。結局のところ,修正された債権者主義によっても,また債務者主義によっても妥当な結論を導くことはできない。危険負担の法理は,両給付が対価的均衡を欠いている場合には妥当性をもたないのである。そのため,不法行為ないし契約締結上の過失による損害賠償等で利益調整をしなければならないことになる[33]。

5)思うに,「他人の給付 durch die Leistung eines anderen またはその他の仕方により in sonstiger Weise」と規定するドイツ民法(812条)とは異なって,わが民法は「他人の財産又は労務によって」と規定しており,給付利得を同条に関連づけなければならない必然性は存しない。双務契約の無効・取消しの法構造は,解除と同様に双務契約の巻き戻しとして捉えられるべきことが現在の学説の共通認識であることをふまえるならば,「不当利得」ではなく,「原状回復」の法理にそくして捉えるべきように考えられる[34]。少

---

32) 清水・プログレッシブ民法[債権各論Ⅰ]59頁。
33) 藤原168頁。
34) 前述のように給付利得については,フランス法において,伝統的に給付利得は不当利得ではなく,契約無効・取消しの法理を介して処理されており,ボアソナードにかかる旧民法も,フランス民法とは異なって不当利得に関する統一的規定を置いたものの,財産編361条の利得類型には契約の無効・取消しによる給付の巻き戻しを含めていない。現民法703条は,系譜的には旧民法財産編361条を引き継ぐものであり,それゆえに本文のような理解も沿革に反するものではないと考えられる。梅謙次郎・民法要義においても不当利得の典型例としての給付利得の言及はなく(『民法要義巻之三債権編』863頁以下),岡松三太郎『民法理由(下)』443頁以下にはじめて給付利得の言及が現れる。

なくともそれによって、「現存利益」あるいは「利得の消滅」をめぐる複雑で晦渋な解釈論から解放されよう。すなわち、給付利得については、端的に双務契約の規定が、それゆえ解除規定が類推適用され、民法703条および704条は適用されないと解すべきである。原状回復という観点からは、契約解除と双務契約の無効・取消しによる給付の返還とは軌を一にするものだからである。これによれば、原物返還のときは目的物の返還と代金返還とが同時履行の関係に立ち（546条）、返還不能のときは価額返還がなされ、それとの同時履行ないし相殺が問題となる。のみならず、解除法理によるときは、類型論的処理、とりわけ事実的双務契約説に比してよりシンプルで透明な問題解決が得られるように思われる。以下に敷衍しよう。

（i） 無効原因が当事者の一方の側の意思無能力である場合には、民法121条が類推適用されなければならない。すなわち、売主が意思無能力のときは、代金返還義務については現存利益への縮減があるが、買主は現存利益による縮減は認められず、目的物の滅失の場合には、価額返還義務を負うべきである（545条1項本文）。これに対して、買主が意思無能力のときは、目的物の滅失により返還義務を免れ（121条但書）、他方で受領した代金の返還請求権が認められるべきである（545条1項本文）。売主の側の「現存利益」への縮減は認められない。すなわち、ここでは対価的牽連性の保障は、能力者保護制度に優先される。

（ii） 制限能力を理由とする法律行為の取消しについては、民法121条の特則があり、対価的牽連性はここでもそのかぎりで修正されているから、（i）と同じ帰結になる。

（iii） 錯誤無効については、解除法理（545条1項）に準じて原状回復がなされるべきであり、目的物の滅失のときは、解除法理により価額返還義務が生じると解すべきである。

---

35) 沢井＝清水・新版注釈民法(13)［2010＝補訂版］571頁参照。
36) 類型論の立場からは、契約の瑕疵原因によって清算ルールを修正することは、個別ケースによって無限のカズイスティークに陥る可能性があるとの批判が予想される。契約の清算は価値中立的に行い、詐欺・強迫は不法行為による損害賠償請求で補完すればよいということであろう。しかし、類型論においても、下位類型を立てることは意味がないものではなく、不当利得法による一元的処理を目指すことが重要ではないかと考える。ただし、このことは下位類型の下でさらなる利益衡量による調整を否定するものではない。

(iv) 詐欺・強迫を理由とする意思表示の取消しの場合も、双務契約の巻戻しとして原則として解除法理が類推されるべきである。原物返還が不可能であれば価額を返還することになる。客観的価額と約定価額が一致していれば、双方の債務が同額相殺されて消滅するが、通常は価額のギャップがある。詐欺・強迫の多くは給付されたもの相互の間に対価性を基礎づける当事者意思に瑕疵があり、対価的不均衡こそ詐欺・強迫の要素となっている。そこで、①売主の詐欺・強迫により、客観的価額が10万円の商品を100万円で売却したときは、買主は10万円の価額返還を、売主は100万円の代金を返還することになり、また、②買主の詐欺・強迫により、客観的価額が100万円の商品を10万円で買い受けた場合には、買主は100万円の価額返還を、売主は10万円の代金を返還をすることになる。いずれも利得返還請求権の枠の中で処理されることになり、類型論におけるような詐欺者・強迫者への不法行為的救済を要しないことになる。

ただ、こうした結果は、制限行為能力の場合の処理と均衡を失するものではないかとの疑問が生じる。買主＝制限行為能力者の下で目的物が滅失したときは、原物はおろか価額返還も免れる（121条）反面、支払った代価は全額返還請求できるのに対して、詐欺・強迫の被害者たる買主は、代価の返還請求はできるものの、目的物の価額返還義務を免れないからである。それゆえ、詐欺・強迫者の価額返還請求は不法原因給付として扱うべきだとの見解（川村）は顧慮に値する。しかし、私見としては、むしろ被害者の代金返還義務または価額返還義務は自然債務となると解することで十分であると考える。

(v) 以上をまとめれば次のようになる。

無効・取消し原因は、①契約の一方当事者の側に非難可能性があるもの（詐欺・強迫）、②一方当事者に非難可能性はないが、相手方が法律上とくに保護されるべき地位にあるもの（無能力）、③当事者双方ともに非難可能性の

---

37) この場合、約定価格と客観的市場価格のいずれが基準となるのかは問題である。しかし、錯誤がしばしば2つの価格とのギャップを要素とすることからすれば、基準となるのは客観的価格でなければならない。もっとも、錯誤の要素が価格差にないような場合（商品を取り違えたが価格は同じ場合）には、約定価格を基準とすべきであるとの見解も主張されている。たとえば、松岡久和「不当利得法の全体像―給付利得法の位置づけを中心に」ジュリスト1428号［2011］4頁以下は、無効が法技術的な無効の場合など価格決定の合意に瑕疵がないときは、合意価格の支払をしなければならないと説く。

ないもの（錯誤，虚偽表示，心裡留保）という価値的序列があり，それに応じて法的処理が異なってくるということである。すなわち，①については，解除法理によって処理されるが，一定の制限が課せられ，被害者の債務は自然債務となる。②についても，解除法理に服するが，民法121条によって制約が課せられる結果，制限行為能力者の返還代金額は現存利益に限られる。そして，③については解除法理にしたがい，価額返還が認められる。

(vi) 原物返還の場合には，無効・取消しの場合に対価的均衡を欠いているがゆえに，同時履行関係を否定する考え方もありうる。しかし，民法546条は一部不払を理由とする契約解除のように対価的均衡を欠いている場合にも適用され，また，不履行当事者からの抗弁権の行使も許されることからすれば，あえて否定するまでもない。判例も同時履行関係を認めている。

【判例8】最判昭和28年6月16日民集7巻6号629頁
　　旧法時代の事例であるが，未成年者の所有する不動産を親権者たる母が売却したが，親族会の同意を得ていなかったため，取り消された。原状回復請求に対して，相手方は同時履行の抗弁権を主張。
　　「取消による原状回復に付き同時履行の抗弁が有効に主張され得るか否かは問題の存する処であるけれども，未成年者の取消については原審のいう如く契約解除による原状回復義務に関する民法546条に準じ同法533条の準用あるものと解するを相当とする。蓋公平の観念上解除の場合と区別すべき理由がないからである。未成年者の取消は特に未成年者の利益を保護する為めのものであるから，未成年者に対しては相手方は同時履行の抗弁を主張し得ないものであるとする考え方もないではない。しかし未成年者は随意に一方的に取消し得るのであり，しかも現存利益だけの返還をすればいいのであるから，これによって十分の保護を受けて居るのである。これに反し相手方は取消されるか否か全く未成年者の意思に任されて居り非常に不利益な位地にあるのであるから，それ以上更に先履行の不利益を与えて迄未成年者に不公平な利益を与える必要ありとはいえない。（右は専ら未成年者の取消に関するものであり，他の原因による取消については何等判断を示すものではない）［。］」

　　詐欺者・強迫者が売主の場合，その者の給付を不法原因給付とすれば，同時履行の抗弁権は否定されるが，そこまでリジッドに解する必要はない。積

極的な請求を退ければ十分である。すなわち，自然債務として相手方（被害者）の請求に対して抗弁権を行使することを許すべきである。判例も大審院は同時履行の抗弁権を否定していたが[38]，最高裁はこれを認めた（【判例10】）。

【判例9】最判昭和47年9月7日民集26巻7号1327頁

　　Aは本件土地所有者であるXに対して，「土地を売ってその代金を金融に回わし，その利息収入によって気楽に暮した方がよい。金融については協力する。」旨申し向けたところ，XはAの言に動かされ，XA間で，Aが土地売却代金を預って他に融資し，利殖の途を講ずることに意見が一致しAを代理人としてYとの間で本件土地二筆を代金850万円で売却した。土地(一)については所有権移転登記請求権の仮登記等が，土地(二)についてはXの前主からの中間省略登記による所有権移転登記がなされた。ところがAの真意は，売却代金の一部を自己のYに対する借金の返済に利用することにあり，そのためにXを欺罔して締結させようと企てたのものであり，Yもまた事情を知っていた。まもなくAに騙されたことを知ったXは売買契約を取り消す旨の意思表示をなし，土地(一)の仮登記抹消および土地(二)の所有権移転登記手続を求めて本訴を提起した。Yは反訴として，土地(一)の本登記，土地(二)につき，残代金と引換えに明渡しを求めた。

　　[判旨]「右のような事実関係のもとにおいては，右売買契約は，Aの詐欺を理由とするXの取消の意思表示により有効に取消されたのであるから，原状に回復するため，Yは，Xに対し，本件(一)の土地について右仮登記の抹消登記手続を，本件(二)の土地についてXへ所有権移転登記手続をそれぞれなすべき義務があり，また，Xは，Yに対し，右100万円の返還義務を負うものであるところ，X，Yの右各義務は，民法533条の類推適用により同時履行の関係にあると解すべきであって，Yは，Xから100万円の支払を受けるのと引き換えに右各登記手続をなすべき義務があるとした原審の判断は，正当としてこれを是認することができる。」

　(vii)　**取消後に受領者側の帰責事由にもとづいて滅失した場合**は，別個に考えるべきである。取り消した後は，特定物であれば，受領者は返還までは善管注意義務をもって目的物を保管しなければならない（400条）から，目的物にかわる価額返還義務（＝損害賠償債務（415条後段））を負担するというべきで

38）　大判昭和2年12月26日法律新聞2806号15頁。

あろうか。買主が詐欺者・強迫者の場合は妥当であろう。これに対して、買主が詐欺・強迫の被害者である場合は疑問である（【設例3】の②）。双方の利益考量からすると、目的物の滅失損傷よりも詐欺・強迫のほうがより非難可能性が大きいと考えられよう。そうだとすると、民法536条1項を類推適用せず、受領者は給付物返還義務を免れず、かつ、価額返還義務を負う（100万円）が、反面、代価返還請求権（200万円）は存続すると解すべきではなかろうか。

なお、給付者に帰責事由があるときには、民法536条2項を類推して売主はなお代金返還義務を失わないと解する学説がある[39]。至当な処理と考えられるが、きわめてまれであろう。

(c) 代償請求権

受領した物が損傷・滅失した場合に、これに代わって受領者が取得した物も、返還義務の範囲に含まれる。たとえば、無効あるいは取り消しうる売買契約において給付された物が第三者によって損傷・滅失させられた場合の損害賠償請求権や、滅失・損傷を原因とする保険金請求権、土地収用による補償金請求権もしくはその支払によって取得した金銭は、給付者に返還（移転）しなければならない。これらは受領した物と経済上等置しうるものだからである。

目的物が第三者に転売された場合はどうか。転売契約も無効または取り消された場合には、目的物所有権が原売主に遡及的に復帰するから買主の転買主に対する給付物返還請求権が「利得」として移転する義務を負うと解する余地はない。これに対して、転売契約が有効の場合には転売代金を返還すべきか。立法例にはこれを肯定するものがあり[40]、旧民法およびフランス民法[41]もこれを認めている。判例にもこれを肯定したものが多い[42]。思うに、転売契約

---

39) 川村泰啓「不当利得返還請求権の諸類型」（二）判例評論398号60頁。
40) 旧民法財産編369条1項、「①不当ニ受領シタル物カ不動産ニシテ且之ヲ第三者ニ譲渡シタルトキハ初ノ引渡人ハ其選択ヲ以テ或ハ第三取所持者ニ対シテ其不動産ノ回復ヲ訴エ或ハ領受者ニ対シテ其代価ノ取戻ヲ訴フルコトヲ得」
41) フランス民法1380条「善意で受領した者がその物を売却したときは、売却代金のみ返還する義務を負う」
42) 大判明治38年11月30日民録11輯1730頁、大判大正4年3月13日民録21輯371頁、大判昭和11年6月30日判決全集3輯7号17頁、大判昭和12年7月3日民集16巻1089頁。

における代価は目的物の客観的市場価額よりも大でも小でもありうる。それは個別具体的に定められる偶然的で，かつ，主観的価額にすぎない。約定価額が客観的市場価額よりも大であれば，それは買主（転売主）の才覚と努力に負うものであり，当然に転売代金額を返還させるべきではない。詐欺・取消しなど契約当事者の一方にのみ非難可能性がある場合には，より大きい転売価額を返還させるべきであるが，そうした非難可能性が存在しない場合（制限行為能力取消しや錯誤無効等）には，客観的市場価額を基礎とすべきである。[43]

(d) 果実・収益の返還

1）売買契約が無効または取り消された場合，受領者は給付された物から生じた果実や使用利益[44]を返還しなければならないか。

在来の学説は総体差額説の立場から，原物と同様に当然に返還の範囲に含まれると考えてきた。しかし，給付利得において返還されるべきものは，給付されたものそれ自体というべきであり，果実・使用利益については別個に考慮する必要がある。

学説の多数は，給付利得においては物権的返還請求権と不当利得返還請求権の競合を認めているが，果実・使用利益に関しては，両者の間には大きな効果上の差異が存在するため問題が生じる。すなわち，前者の場合には，善意占有者は果実収取権がある（189条1項）のに対して，後者では，善意といえども果実返還義務を免れないと考えられるからである。

大審院は189条を適用して，善意占有者たる買主の果実・使用利益の返還義務を否定した。[45]

---

43) 大判昭和11年7月8日民集15巻1350頁は，詐欺取消しの場合に返還されるべき数額は，転売価格ではなく客観的価額であるという。これは買主の詐欺の場合に転売価格が客観的価額よりも多いときは妥当ではなかろう。

44) 使用利益は果実そのものではないが，果実に関する規定が類推適用されるとするのが現在の多数説である。ちなみに，ドイツ民法100条は，「収益とは，物または権利の果実および物または権利の使用によって生じる利益をいう」と規定する。

45) 同様に，大判昭和13年8月17日民集17巻1627頁（Aが所有する土地を交換によってBが取得したが，登記をする前にAがXに売却し，登記を得たXがBより賃借したYに対して賃料相当額を不当利得として返還請求）。

2 給付利得

【判例10】大判大正14年1月20日民集4巻1頁
　未成年者Aが所有する建物が代理人たる母によりBに売却されたが，親族会の同意を得ていなかったため，取り消された。そこで，AはBに対して，建物を第三者に賃貸したことによる賃料額および居住によって同額の利益を得たとして不当利得の返還を請求した。
　「善意ノ占有者ハ占有物ヨリ生スル天然果実及法定果実ヲ取得スルコトハ民法第百八十九条ノ規定スル処ナルカ故ニ上告人［＝B］カ本件第一号建物ヲ善意ニテ占有セル間ハ縦令之ヨリ法定果実ヲ生スルモ被上告人［＝A］ニ於テ之ヲ取消スコトヲ得サルモノトス」

　これに対して，「占有の不当利得」論によって，両者の矛盾を回避しようとする学説がある。[46] 類型論の立場でも，占有の規定は給付利得には適用されないという。すなわち，民法189条は契約関係によって媒介されない所有者対占有者の関係に関するものであって，給付利得の場合には適用されず，果実・使用利益の返還義務を負うとする。[47]

　したがって，【設例1】（42頁）の場合，売主Aは買主に対して車の使用利益相当額を不当利得として請求できるが，その反面，受領した代金は無利息で返還すればよいように見える。民法704条は悪意利得者のみに利息支払義務を課しているからである。しかし，利息は受領した金銭の果実というべきであり，利息返還義務が認められなければ均衡を失する。前述のように，給付利得については，民法703条・704条は適用されず，金銭給付が詐欺・強迫によってなされた場合や，錯誤給付の場合には，加害者のみならず被害者および錯誤者も，反対給付が果実を生じているかぎりにおいて，すべて利息を付して返還すべきである（545条2項参照）。[48]

　これに対して，民法575条を類推適用して，当事者の一方または双方が善意であれ悪意であれ，買主は，目的物が引渡し［返還］されるまでの使用利益について返還義務を負わず，売主もまた，それまでは代金を無利息で返還

---

46) 我妻・講義 V_4 947頁，同・前出論文（42頁注24））170頁。
47) 広中409頁，藤原139頁。田中整爾「善意占有者の収益返還義務」『占有論の研究』［1975］396頁，四宮和夫・請求権競合論［1978］132頁，174頁以下等。
48) 判例は，銀行が非債弁済として金銭を受領した場合には，法定利息相当額の運用利益の返還義務を認める。最判昭和38年12月24日民集17巻12号1720頁。

すればよいとの学説がある。同条は，有効な売買契約において，目的物が引渡前に果実を生じた場合に，果実と代金利息をそれぞれ独立して計算したうえで，それぞれについて引渡（支払）義務を認めることは煩瑣であるため，簡易な処理として規定されたと解されている。しかし，それ以上に，目的物価額と代金額とが—当事者の意思において等価値であるとしても，果実の代価と代金利息が現実に等価値であるとはかぎらない（ここでは客観的数額を問題にするという矛盾をはらんでいる）ため，両者を同額と擬制して一括処理をしたものと考えられ，その意味できわめて至当な立法的処理なのである。しかしながら，それは給付相互が対価的均衡であることから派生するものであって，無効・取消しの場合の原状回復関係には，そうした等価性は存在しない場合が通常である。錯誤や詐欺・強迫が介在しているために価格形成の合意に瑕疵があり，それゆえに相互の給付相互間に対価的均衡を欠いているからである。このことは【設例3】（45頁）において明らかであろう。200万円の車を300万円で売買しようと，100万円で売買しようと，契約が有効である限り，目的物と代金は当事者の意思において等価値である。しかし，無効な契約や詐欺・強迫による契約の場合は，そうした等価値性を肯定することはできない。そうだとすると，果実と利息の等価値を前提として処理する民法575条の規律はここでは妥当しない。したがって，給付された金銭については法定利息を付して返還すべきであり，他方で，給付された目的物の果実ないし使用利益を返還すべきであって，両者を安易に相殺すべきではない。しかも，詐欺者・強迫者の取得したものの果実・利息等が被害者たる相手方の取得したものの果実・利息よりも大であるとは限らない。そこで，両者の価額の間に不均衡が生じた場合であっても，詐欺・強迫等給付者の返還請求権の範囲

---

49) 川村泰啓「不当利得返還請求権の諸類型」(三) 6 頁は，「契約が双方的に実行されているばあいには，『双方的』に受領された給付について生じうる自然果実ないし法定果実は，本来相殺されてあるはずであ［る］（民法575条）」と述べる。同旨，四宮132頁，広中389頁。
50) これに関しては，盗品売買の取戻しにおける民法194条の代価返還義務と目的物返還との関係に関する最判平成12年 6 月27日民集54巻 5 号1737頁が参照されるべきである。この事案では，目的物たる土木機械の代価が400万円，したがって利息は年15万円にすぎないのに対して，使用利益（相当賃料額が月30万円となり，格別に計算すれば，短期に弁償されるべき代価額が使用利益と相殺されてしまい，不当な結果になる。そこで，最高裁は，弁償の提供がなされるまでは，転得者は使用収益権限を失わないとしてバランスを図ったのである。

が相手方の返還すべき価額よりも大であるときは，返還の範囲は，相手方の返還すべき額に縮減されるべきであろう。

(e) **費用償還請求権**

給付物の返還に際しては，受領した物に関して支出した費用（必要費，有益費）の償還がなされなければならない。民法196条は償還請求権を認めている。すなわち，必要費に関しては全額償還を認めるが，ただし，占有者が果実を取得したときは，通常の必要費償還請求権を否定している。他方，有益費に関しては，善意・悪意に別にしたがい，善意であれば，価額の現存を限度として，支出額か増価額の償還を認めるが，悪意占有者については，裁判所の期限許与制度に服するものとする。他方で，民法299条も留置物についての費用償還請求権を規定しており，必要費については全額が，有益費については，価額の現存を限度として，支出額か増価額の償還を認めている。

しかし，このような規律は，所有者と占有者とが契約関係を媒介とせずに向い合う物権的返還請求権（あるいはその亜種としての留置権者と所有者の対立する所有物返還請求権）rei vindicatio の機能する場面を想定したものであり，当然に適用されるべきではない。[51]

第1に，通常の必要費（物の保存や公租公課，管理費等）に関しては，取得した果実との同額相殺が擬制されている。しかし，それは双務契約の無効・取消しの場合には妥当な結果をもたらさない。詐欺・強迫等の加害者が目的物に必要費用を支出した場合であっても，果実ないし使用利益がそれを超える場合には，差額を返還すべきであり，被害者側が費用を支出した場合には，費用償還請求権は果実ないし使用利益を限度として返還すればよいと考えられる。

第2に，有益費についても問題である。給付利得については給付受領者について善意，悪意の別にそくして処理を振り分けることは合理性がない。加害者には期限許与制度の利益を与える必要もない。したがって，期限許与制度の利益は，非難可能性のない受領者にのみ与えられるべきであろう。

---

51) 四宮(上)130頁以下。

(4) 利用型契約の無効・取消し

　賃貸借等の財貨利用型契約については，その破棄の原因が無効ないし取消しのときは，解除（＝告知）と同様に，結果的には一定期間有効に存在したとみることができ，解除による清算の場合と同一の結果が認められるべきである。したがって，給付された物の返還請求権は，賃貸人が所有者である場合には，703条による不当利得返還請求権ではなく，もっぱら物権的返還請求権が行使されることになる（契約が無効・取消しである以上，債権的返還請求権の存在する余地はない）。他人物の賃貸借や転貸借のように賃貸人が所有権を有しない場合には，賃貸借（または転貸借）終了後に貸主が返還請求権を有することは当然であるが，その法的性質は，契約上の返還請求権（「契約終了後は貸主に返還する」義務の履行請求権）でも，不当利得返還請求権でもありうる。

　目的物が滅失した場合には価額返還がなされるべきである。契約解除または期間満了による賃貸借の終了後の借主の使用継続は，不当利得として返還されるべきであるが，703条・704条の規定による[52]。その額は約定価額ではなく，客観的市場価格によると考えるべきである。契約解除または期間満了によって賃貸借が終了した場合は，建物の明渡しまでの賃借人の占有を賃料相当額の不当利得とするのが判例であり，正当であるが，無効・取消しについては妥当しない。賃料額は当該の賃貸借契約において当事者が合意する個別具体的な主観的価額であって，無効・取消しにおいてはそうした合意を語ることはできない。したがって，賃料相当額は客観的市場価格を基準に算定されるべきである。無償契約である使用貸借の無効・取消しにおいても同様である。

4　特殊な給付利得

(1) 目的不到達

　給付者が一定の結果の発生を目的として出捐したが，結果が発生しなかった場合には，給付物の返還を請求することができる。これが目的不到達による不当利得 datio ob rem である[1]。債務が存在しないにもかかわらず給付す

---

52)　したがって，189条・190条の適用は排除される。山田幸二「物の利用・収益と不当利得(2)」民商79巻2号［1978］226頁。

るから、一種の「非債弁済」とも言えるが、給付が結果を意図した点において異なっている。この不当利得返還請求権はさまざまな場面において問題となり、明確な限界付けをすることが困難であるといわれている。第1が契約の不成立と重なるもので、将来の債権関係の発生を目的として給付がなされたが、債権関係が発生しなかった場合がある。たとえば、建築を予定したオフィスビルについて賃貸借契約が締結されることを期して建築保証金を支払ったが建物が建設されなかった場合や、金銭を借り受けるに先立って借用書を差し入れるような場合である。第2に、受領者に反対給付たる行為をさせることを目的として給付をする場合がある。Aがある物を買う意思でBに一定額の金銭を交付したが、これに対してBが契約を結ぶ意思がなく、売買契約が成立に至らなかったような場合がそれである。第3に、給付が特定の目的のために使用されることが予定されていたが、使途が義務づけられていないような場合（結婚の支度金、探検費用、学術研究のための補助金等）がある。第4が目的が将来に向って消滅した場合である。契約の解除がその典型であるが（合意解除や解除条件もこれに準じるであろう）、民法545条1項に特別規定がある。判例には、帝国議会議員が6ヶ月の歳費の至急を受けたが、中途で辞職した事例につき、不当利得返還請求権を認めたものがある。

これらのうち、第1のものについては、目的不到達による不当利得によらなくとも、黙示的解除条件によって給付物の取戻しは可能であり、場合によっては、契約成立への黙示的合意を認定して、履行強制をする途がある。第4のものは、ドイツでは行為基礎 Wegfall der Geschäftsgrundlage の理論の適用とされるが、わが国ではこの理論の十分な発展はなく、目的不到達による処理が適切だと説かれる。しかし、当該の法律行為の解釈によって給付物の返還請求権を認めることは十分に可能であろう。そうだとすると、目的不到達による処理は第2および第3のものにかぎって肯定すればよいと思わ

---

1) 沿革については、吉野悟「Datio ob rem における目的—ローマ法の目的不到達による不当利得返還請求権の位置について—」谷口還暦(1)[1970] 48頁、土田哲也「給付利得返還請求権—目的不到達の場合について—」谷口還暦(2)[1971] 319頁。

2) ドイツ民法812条1項後段は、「[返還]義務は、法律上の原因が後に消滅し、または法律行為の内容にしたがえば給付の目的とした結果が生じない場合にも生じる」と規定する。

3) 大判大正5年4月21日民録22輯796頁。

れる。

目的不到達に関する判例としては，次の2つがある。

【判例11】大判大正6年2月28日民録23輯292頁
「男女ノ婚姻成立ニ際シ嫁聟ノ両家ヨリ相互ニ又ハ其一方ヨリ他ノ一方ニ対シ結納ト称シテ金銭布帛ノ類ヲ贈ルハ我国ニ於テ古来行ハルル顕著ナル式礼ニシテ，目的トスル所ハ其主トシテ婚姻予約ノ成立ヲ確証スルニ在ルモ，両者ノ希望セル婚姻カ将来ニ於テ成立シテ親族関係ヲ生シタル上ハ相互間ニ於ケル親愛ナル情宜ヲ厚フセンカ為メニ之ヲ授受スルモノナルコトモ，亦我国一般ノ風習トシテ毫モ疑ヲ容レサル所ナリ。故ニ結納ナルモノハ他日婚姻ノ成立スヘキコトヲ予想シ授受スル一種ノ贈与ニシテ，婚約カ後ニ至リ当事者双方ノ合意上解除セラルル場合ニ於テハ，当然其効力ヲ失ヒ給付ヲ受ケタル者ハ其目的物ヲ相手方ニ返還スヘキ義務ヲ帯有スルモノトス。蓋シ結納ヲ授受スル当事者ノ意思表示ノ内容ハ単ニ無償ニテ財産権ノ移転ヲ目的トスルモノニアラスシテ，如上婚姻予約ノ成立ヲ証スルト共ニ併セテ将来成立スヘキ婚姻ヲ前提トシ其親族関係ヨリ生スル相互ノ情宜ヲ厚フスルコトヲ目的トスルモノナレハ，婚姻ノ予約解除セラレ婚姻ノ成立スルコト能ハサルニ至リタルトキハ之ニ依リテ証スヘキ予約ハ消滅シ又温情ヲ致スヘキ親族関係ハ発生スルニ至ラスシテ止ミ，究極結納ヲ給付シタル目的ヲ達スルコト能ハサルカ故ニ斯ノ如キ目的ノ下ニ其給付シタル者ハ之ヲ自己ニ保留スヘキ何等法律上ノ原因ヲ缺クモノニシ不当利得トシテ給付者ニ返還スヘキヲ当然トスレハナリ。」

【判例12】大判大正7年7月16日民録24輯1488頁
XはYのあっせんでAの使用人として雇い入れられることを目的として，その謝礼として消費貸借を締結したが，Yにあっせんをしてもらえなかった。
「或結果ノ発生ヲ目的トシテ義務ヲ負担シタル場合ニ其結果カ発生セサルニ至リタルトキハ，権利者ハ法律上ノ原因ナクシテ利得シタルモノナルカ故ニ，義務者ハ権利者ニ対シ不当利得ノ返還トシテ其負担シタル義務ノ排除ヲ請求スルコトヲ得ルハ勿論，返還請求権ヲ行使セスシテ義務履行ノ請求ヲ拒絶スルコトヲ得ヘシ。」
「XカYノ周旋ニ依リテAニ雇入レラルル迄ハ謝金給付ノ義務ハ未タ発生セス，給付スヘキ謝金存セサレハ之ヲ目的トシテ消費貸借ヲ為スコトハ理論上不可能ニ属シ，原判決ノ認定ハ没理ニ帰スルヲ以テ所謂条件ハ之ヲAに雇入レラ

ルルコトヲ謝金契約ノ目的ト為シタルノ意ニ解スルヲ以テ真意ヲ得タルモノトス。」

(2) 非債弁済
(a) 序　説
　債務が存在しないにもかかわらず弁済がなされた場合，その弁済は法律上の原因を欠いており，不当利得返還請求権が発生する[4]。たとえば，契約関係が不成立であったり，無効あるいは取り消された場合は，遡及的に債務発生原因が消滅するので，給付されたものについて非債弁済と考えられる。しかし，無効・取消しとなった双務契約の巻き戻しの場合は，少なくとも狭義の非債弁済（705条）として扱われるべきではない。わが民法の解釈として，給付利得について民法705条を適用する学説があるが，その結果が不当であることは明らかである。売買契約が無効であることを知りつつ給付した者であっても，返還は認められなければならず，強迫による取消権者は悪意であるが無条件に返還請求が認められるのであって，民法705条は適用されるべきではない。給付利得は非債弁済から分化し，独立していったのである[5]。

　非債弁済としては4つの場面が考えられる。すなわち，ⅰ）非債務者の非債権者に対する弁済，ⅱ）債務者の非債権者に対する弁済（**第三者への弁済**），ⅲ）非債務者の債権者に対する弁済（**第三者弁済**），そして，厳密には非債弁済ではないが，ⅳ）債務者の債権者に対する弁済も非債弁済となることがある。これにつき，民法は給付者の側に一定の事情がある場合に返還請求権が否定されることを認めた（**狭義の非債弁済**）。すなわち，①狭義の非債弁済（705条），

---

　4)　わが民法には直接これを指示する規定は存しないが，703条が一般不当利得として指示され，また，705条が間接的にこれを規定している。なお，フランス民法1235条1項は，「弁済はすべて債務 dette を前提とする。義務なくして弁済を受けた者は返還請求 répétition に服する」と規定する。

　5)　フランス法では，非債弁済が不当利得の中心的存在であったため，いわゆる「給付利得」は伝統的には非債弁済 répétition de l'indu として取り扱われ，不当利得とは別個の処理がなされてきた。H. L et J. Mazeaud, Leçon de droit civil, t. II, Les obligations, par Chabas, n°693 et s. しかし，フランス法における近時の学説においては，非債弁済による処理から契約無効・取消しにもとづく原状回復の問題として扱われている。cf. Guelfucci-Thibierge, Nullité, restitutions, et responsabilité, 1992, n°638., Ripert et Boulanger, Traité de droit civil de Planiol, t. 2, 1952, n° 1231.

②他人の債務の弁済（707条），③期限前弁済（706条）および④不法原因給付（708条）について規定がある。いずれにおいても，弁済者の側に一種の「帰責事由」faute が存在しており，それが返還請求権を否定する根拠となる。

(b) 狭義の非債弁済

ⅰ）弁済として給付をした者が，弁済当時において債務が存在しないことを知っていた場合には，返還請求は否定される（705条）。通説は禁反言 estoppel を根拠とするが，贈与や無効な債務の追認等をあげる学説も存在する。歴史的には，非債弁済訴権 condictio indebiti を理由とする不当利得返還請求権は，弁済者の錯誤すなわち債務の存在を誤信していることを要件としてきた。しかし，これを弁済者の側の立証責任とすることに対しては，現実に債務の存在を知りながらあえて弁済をする場合がまれなこと，錯誤の証明が難しいこと，また，民法703条が不当利得返還請求権の原則とされていることとの関係から，例外的に不当利得返還請求権が否定されるものとして，錯誤の証明責任を転換したといわれている。

ⅱ）非債弁済による不当利得返還請求権の要件は，①弁済として給付がなされたこと，②債務の不存在，③弁済者が債務の不存在を知らずに弁済したこと，である。①②は弁済者に主張・立証責任があるが，③は受領者が反対の証明責任を負う。また，同条の「債務の存在しないことを知っていた」は過失によって知らなかった場合を含まない。また，給付者が意思無能力者の場合は705条は適用されない。

しかし，弁済者が債務の不存在を知っているにもかかわらず，不当利得返還請求権が認められなければならない場合がある。第1は弁済が強迫によってなされた場合である。旧利息制限法1条2項も，無効とされた超過利息の支払につき，債務者が任意に支払ったときは，返還を請求することができないと定めており，「任意性」なく弁済した場合の返還請求を間接的に認めて

---

6) フランス法においては，しばしば非債弁済による返還請求権の否定は「債務者のフォート」として論じられる。清水元「不当利得法における損失者のフォートに関する覚書―フランス不当利得法の一断面―」東北学院大学論集・法律学48［1996］。
7) *Colin et Capitant, Cours élèmentaire du droit civil français, t. 2, n°234.*
8) 大判昭和16年4月19日法律新聞4707号11頁。
9) 大判明治40年2月8日民録13輯57頁，大判大正7年9月23日民録24輯1722頁。
10) 大判大正11年11月21日法律新聞4080号10頁。

いた。また，強制執行を避けるため，またはその他の事由のためやむをえず弁済したような場合には，同条の適用はない。さらに，弁済を留保して支払ったような場合にも，返還請求は認められる。

【判例13】最判昭和35年5月6日民集14巻7号1127頁

　建物賃借人であるXが賃貸借契約において定められた賃料の支払を求められたが，この額は地代家賃統制令による制限額を超えるものであった。そのため，Xは10ヶ月にわたって支払を拒んできたが，賃貸人たるYより内容証明郵便による催告を受けたため，将来の債務不履行による責任を問われることを怖れて，「後日超過部分については返還請求をなすべき」旨を特に留保して請求金額を支払った。Xからの返還請求に対して，最高裁は次のように判示した。

　「［原判決は］右期間内における統制額を超える額である一ヶ月300円の割合の金員の合計3,000円は，XにおいてYに対し不当利得としてその返還を請求する権利がある旨判断したものであって［……］，本件においては，民法705条はその適用を見ないものと認めるのが相当である。けだし，同条にいう「債務ノ弁済」は，給付が任意になされたものであることを要するところ，Xは後日の返還請求を留保し，やむをえず弁済をしたものであって，右給付は任意になされたものということはできないからである。それゆえに，原審が前記金額の範囲でXの不当利得返還請求を認容したのは正当である［。］」

【判例14】最判昭和46年4月9日民集25巻3号241頁

　被保険者Yに火災保険金を支払った保険会社Xが，Yに対して，火災がYと同居する子Aとその内縁の夫Bらによってなされた放火によるものであるとし

　11）現在では，同条項が削除された結果，形式的には任意性なき弁済については，民法705条により返還請求が否定されるように見えるかもしれない。しかし，本文で述べたように，任意性の有無にかかわらず，超過分の支払については返還請求が無条件に認められている（最判昭和44年11月25日民集23巻11号2137頁，最判昭和44年5月27日判例時報560号50頁は，元本充当後の不当利得返還請求を認めていた）。なお，制限超過利息についての判例理論については，清水・プログレッシブ民法［債権総論］31頁以下参照。

　12）大正6年12月11日民録23輯2075頁。

　13）【判例13】のほか，最判昭和40年12月21日民集19巻9号2221頁も，傍論であるが，「居住家屋につき賃料支払義務のない者が，右の家屋所有者から賃料支払の催告を受けたため，賃料支払の義務はないが訴を提起されることをおもんぱかって支払う旨特に留保の表示をなす等，債務の不存在を知って弁済したことが無理からぬような客観的事情の存する場合には，民法705条は適用されない」という。

て，Yとの間の契約内容である火災保険普通保険約款5条2号所定の「被保険者ト世帯ヲ同クスル家族ノ故意ニ因リテ生ジタル損害ヲ塡補スル責ニ任ゼズ」とされる場合に当たるとして，支払った保険金532万円の返還を求めた。

「原判決は，本件火災による損害について前示約款5条2号本文の適用を認め，Xはこれを塡補する責任がなく，したがって，Xから本件保険金を受領したYは法律上の原因なくこれを利得したことになるものとしたうえ，その返還義務の範囲について，Yが，右保険金受領の際にXに対し，「後日貴社に保険金支払の義務のないことが判明したとき……はいっさいの責任を負い，貴社に御迷惑をおかけしない」旨記載された原判示火災保険金額収証に保険契約者および被保険者として記名捺印し，これを差し入れたことにより，Xにおいて本件保険金を支払うべき義務のないことが後日判明したときは受領した金員と同額の金員を返還することを特約した事実を認定し，右特約の効果として，YはXの本件保険金返還の請求を拒みえないとしたものであることが，その判文上明らかである。［……］返還義務の範囲に関する前示特約が有効であって，Yがこれに拘束されると解すべき［である］。」

iii）民法705条は，非債務者が債権者に弁済した場合（第三者弁済）および債務者が非債権者に弁済した場合（第三者への弁済）にも適用があると解される。

弁済者が他人の債務を自己の債務と誤信して弁済したときは，第三者弁済とはならず，債務は消滅しない（474条）から返還請求できる（ただし，受領者たる債権者の信頼を保護するため。次項に述べる民法707条の制限がある）[14]。

これとは異なって，第三者弁済が債務者の意思に反する場合（474条2項）には，弁済が無効となるから債務は消滅せず，したがって誤信がなくても返還請求できるのではないか問題となる。学説には，目的到達による債務消滅を理由として債務が消滅し，弁済者の求償権が生じると説く者がある[15]。しかし，それは474条1項但書の趣旨と矛盾する。では，不当利得返還請求を認めなければならないのだろうか。

思うに，債務者の意思に反する474条1項但書については立法論として疑

14） 四宮（上）142頁は，ここから民法707条に該当しないことが705条の適用の要件であるという。しかし，後者の規定は前者の規定の適用を排除すると解すれば足りる。

15） 奥田昌道・注釈民法⑿66頁。

問がある。とりわけ，本来の債務者からの債権回収が困難な場合にもなお債務者の意思を優先することは合理性がない。債務者が破産等財産状態が悪化しているような場合には，第三者弁済に対して債務者が同意を拒むことは信義則上許されないものと考えられる。そうだとすると，債務者の意思に反する弁済であっても，債務者が支払不能の状態に陥っていた場合には弁済は有効であり，弁済者は債務者に求償できると解すべきである。これに反して，債務者にこうした事情がない場合は，弁済者は705条により債権者に対して返還を求めることはできないが，債務者からの任意の求償弁済は許される（自然債務になる）と解すべきではなかろうか。弁済者が債務者の意思に反することを知らなかった場合も，同様に解すべきであろう。そしてまた，債権者から債務者への重ねての弁済請求は権利濫用となる，と解すべきである。

　債務者Sが非債権者たる第三者Dに弁済したが，Dが受領権限を有していなかった場合には債務は消滅しないから，弁済者が受領者に対して不当利得返還請求権を有することは当然である。ただし，民法478条（債権の準占有者に対する弁済）または479条（受領権限なき者に対する弁済）が適用される場合には債務が消滅する。債権の譲渡人が通知をせずにみずから弁済を受けた場合には，準占有者への弁済となり，譲渡人は譲受人に対して不当利得返還債務を負うとするのが判例である[16]。しかし，債務者Sは第三者に対して債務を負っていないから，非債弁済として受領者に利得返還請求をしうる[17]。

　iv）時効完成によって消滅した債務を弁済した場合，完成を知らなかったときは，705条により返還を請求できるはずである。しかし，判例は時効完成後の承認は信義則上時効援用権を喪失するとしており[18]，そのかぎりで705条の例外をなすものといえる（詳細は民法総則の教科書に譲る）。

　v）目的不到達による不当利得の場合，不発生であることを給付者が知っていたときは，705条を類推適用すべきである[19]。

16）　大判大正7年12月7日民録24輯2310頁。
17）　大判明治37年5月31日民録10輯781頁。
18）　最(大)判昭和41年4月20日民集20巻4号702頁。
19）　ドイツ民法815条は，「結果の発生が当初より不能であり，かつ，これを給付者が知っていた場合，または給付者が信義に反して結果の発生を妨げた場合には，給付によって目的とした結果の不発生にもとづく返還請求権は行使することができない」と規定する。

vi) 錯誤によらずに給付がなされたが，受領者に利得を保持することが是認できない場合には，本条は適用されずに返還請求が認められる。たとえば，債権者からの追及を免れるために，通謀意思表示により他人に自己の不動産を仮装譲渡した者には，返還請求が認められなければならない（94条1項）。不法または公序良俗に反する給付がなされた場合であっても，それが不法原因給付とされないかぎり，返還請求が認められるべきである。ただし，判例には否定したものがある。すなわち，権利金の受領が法律上禁止されている場合に，賃借人が支払義務のないことを知りながら支払ったときは，特段の事情のないかぎり705条により返還請求をなしえないとしたもの[20]，地代家賃統制令の統制額を超える賃料を，自己に支払義務のないことを知りながら支払った賃借人は，その返還を請求することはできないとしたものがある[21]。

vii) 債務者が本旨弁済をしなかった場合は広義の非債弁済に当たり，返還を請求することができるが，錯誤を要件としないと解されている。たとえば，種類物売買において，売主は特約のないかぎり中等の品質を有する物を給付しなければならない（401条1項）が，下等の品質を供給したときは，その返還を求めることができるとされる。しかし，不当利得返還請求権は契約関係が存在しない場合に働く（補充性）。給付物の返還の可否は不当利得法理ではなく，契約の趣旨に則って律せられるべきであり，当事者意思からすれば，通常は返還請求が認められよう。ただし，債務者が本旨弁済をするまで債権者は同時履行の抗弁権を行使して返還を拒絶することができると解すべきである。

給付として他人の物を給付した場合も問題がある。たとえば，SがDの所有する物をGに引き渡した場合，Sはさらに有効な弁済をしなければ給付した物を取り戻すことができない（475条）。これは錯誤を要件とせずに返還請求を条件付きで肯定した趣旨と解される[22]。同様に，譲渡能力なき者の弁済についても，錯誤を要件とせずに返還請求をすることができると解すべきであ

---

20) 最判昭和32年11月15日民集11巻12号1962頁。
21) 最判昭和35年4月14日民集14巻5号849頁。
22) ただし，物所有者は無条件に所有権にもとづく返還請求権を行使することができ，受領者は，有効な弁済までの「留置権」を行使することはできない，と解すべきである。この点については，清水・プログレシップ民法［債権総論］43頁註7）参照。

るが、ただし、「弁済を取り消し」たときは、有効な弁済をしないかぎり返還請求ができない（476条）。

viii）債権者が善意で証書を滅失または損傷し、あるいは担保を放棄したり、時効によって債権を失った場合には、錯誤がある場合でも返還請求が否定される（707条）。ここでは、705条とは別個の理由すなわち、債権者の信頼の保護が目的である。そこで、民法707条によって、第三者弁済と同一の結果が生じ、債務は消滅する[24]。

債務者の意思に反する第三者弁済の場合に、債権者が弁済を有効と考えて証書を毀滅等をしたときは、707条が適用されるべきであろうか[25]。弁済が無効であるゆえに弁済者は返還を請求できるとなれば、債権者を不利な立場に追い込むことになって不当である。したがって、債権者が弁済を有効と考えて証書を毀滅等した場合には、債権者の利益を優先して、707条を優先適用して返還請求ができないと考えるべきである[26]。

(a)　「証書」というのは、債権の存在を証明する書面であるから、毀滅によっても他の方法によって債権の証明ができる場合には、707条の適用はないと解すべきである[27]。証書は債権者が発行したものにかぎらない。また、債権者が弁済者に証書を返還したというだけでは「毀滅」にはあたらない[28]。

---

[23]　証書の毀損は有形的に証書を破棄した場合のほか、債権者が自由にこれを立証方法に供することができなくなった場合を含む。大判明治37年9月27日民録10輯1181頁。

[24]　大判明治44年11月27日民録17輯719頁。

[25]　ただし、他人が債務を負担していない場合には、負担していると誤信して弁済した場合には、707条は適用されない。大判明治34年3月28日民録7輯88頁。

[26]　反対、大判昭和17年11月20日法律新聞4815号17頁。

[27]　反対、大判昭和8年10月24日民集12巻2580頁。事案は、船主Yの所有する運送船の傭船者であるXがAの貨物を運送する際に、船員の過失で貨物を滅失させた場合において、賠償義務者がYであるのに、Xは自分が責任者と誤信してAに賠償し、Aから貨物引換証を等の引渡しを受けてこれを毀滅させたものである。XからYに対して不当利得返還請求をしたところ、大審院は、「民法707条の債権証書は債権を証明する目的で、債務者または第三者が債務者のために発行した証書を意味する」として、船荷証券が、債権証明の一資料となりうるに過ぎないものを含まない。」という。しかし、それだとXはAに対して非債弁済として返還請求をできることになるので、Aはあらためて Yに請求しなければならないことになるが、それは酷ではないかとの批判がある。四宮153頁、我妻1129頁。

[28]　最判昭和53年11月2日判例時報913号87頁は、手形債権者が手形金の弁済を受けて手形を弁済者に引き渡しても、弁済者において不当利得として右手形金の返還を求めるに当り、右手形の返還を申し出てその履行の提供をしているときは、右返還の申出が時機に後れたものであることについての立証がない限り、民法707条1項にいう証書を毀滅したときには当らない、と判示する。

(b)　担保の放棄とは，質物の返還や抵当権設定登記の抹消，あるいは保証債務の免除等が考えられる。もっとも，それによって担保が消滅する場合は多くないであろう。保証債務の免除は錯誤無効となりうる（95条）し，抵当権抹消登記は回復できるからである。ただ，登記の場合には回復までの間に利害関係ある第三者が出現する可能性もあり，実益がないとはいえない。

(c)　時効消滅は，たとえば，非債弁済によっては消滅時効の進行を阻止することはできないことから保護する趣旨である。もっとも，第三者が身元保証人であると誤信して被用者が使用者に対して負担している不法行為による損害賠償債務を弁済したために，使用者の不法行為債権が消滅時効（724条）にかかった事案について，使用者は被用者に対して不当利得返還請求権をも有するとして，707条が適用されないとした判例がある。[29]

(c)　**期限前弁済**

弁済期到来前に債務者が弁済した場合，[30] それが錯誤によると否とにかかわらず，給付したものの返還を請求することはできない（706条1項）。弁済期前であることを知りながら弁済した場合は，期限の利益を放棄したものと考えられるが，錯誤があっても，弁済期到来後は債務を弁済しなければならないのであるから，あえて返還請求を認める必要はないと考えられる。ただし，期限前弁済によって債権者が利益を得た場合は，これを返還しなければならない。たとえば，弁済期までに運用することによって得た利益（預金債権の中間利息）を返還しなければならない（同条2項）。なお，判決確定後に弁済猶予の特約が成立したのに，判決にもとづいて転付命令を得た場合には，中間利息に相当する利得を民法706条但書に準じて差押債務者に返還しなければならないとする判例がある。[31]

民法706条は期限付債権すなわち発生しているが弁済期が到来していない債権に関する規定であるから，当然には始期付債権，期限の到来によってはじめて発生する債権については当然には適用がない。ただし，これらにも類推適用すべきだとする反対説も存在する。条件付債権についても同様である

---

29)　大判昭和6年4月22日民集10巻217頁。
30)　法文は「債務者」による弁済をいうが，第三者弁済の場合も含むと解してよい。
31)　大判昭和13年7月1日民集17巻1339頁。

が，条件不成就の場合もあるから返還請求を認めるべきであろう。

　なお，保証人，連帯保証人等の債務者以外の第三者が弁済した場合にも類推適用されるべきである。第三者が期限前弁済をした場合には求償権を取得するが，事前求償を認めるべきかは問題である。大審院は債務者の承諾がある場合にかぎりこれを認める。[32]

(3) 不法原因給付
(a) 序　説

　不法な原因によって給付をした者は，給付したものの返還を請求することができない (708条本文)。たとえば，犯罪をさせることの対価として金銭を支払ったような場合，その返還を請求できない。なるほど，この場合に，公序良俗違反 (民法90条) により，受領者は契約の対価たる給付義務を負わず，したがって，金銭受領者が利得をすることは確かである。しかし返還請求を認めることは，みずからの不法な結果によって生じた結果を取り戻そうとするものであるため，法は法的救済を与えないのである。このような原則は英米法におけるクリーン・ハンズ clean hands の原則や，ローマ法上の「何人も自己の背徳的行為を援用できない」Nemo auditur propituam turpotudinem allegans という法諺に由来するものである。民法90条は「公序良俗に反する」法律行為は無効と規定しており，履行請求権は発生しないが，他方で実行された給付の取戻しも許さないという点で，相互にメダルの裏表の関係にあるものと考えられる。すなわち，未履行の場合には給付請求の拒絶として民法90条が，そして，既履行の場合には給付物返還請求の拒絶として708条が規律していることになる。

　このことは，受領者が事実上給付を保持する結果を認めることになるが，その妥当性を疑う者は少ないであろう。[33] それがもっぱら①給付者の側にのみ「不法」な原因が存在している場合は明らかであるが，②「不法」な原因が受領者のみに存在している場合や，③「不法」な原因が給付者，受領者いずれの側にも存している場合 (「目クソ鼻クソ」) には問題である。また，③のう

---

　32)　大判大正3年6月15日民録20輯476頁。
　33)　もっとも，現行民法典の起草過程においては，みずからの不法を理由に返還を拒むのは鉄面皮であり不当であるとの反対論もあった。法典調査会・民法議事速記録六［商事法務版］251頁。

ちでも、「不法」の程度が給付者と受領者とでは同じでない場合も存在する。民法は708条但書において、「不法な原因が受益者についてのみ存したときはこの限りではない」と規定しており、②については、返還請求を認めている。しかし、③の場合は問題である。未履行の場合と異なって、既履行の場合の返還請求を一律に拒絶するときは、「一般予防」としての効果を期待できるかもしれない（「一罰百戒」）が、それでは法律行為が有効であるのと変わりがないことになり、かえって不法な行為を助長するおそれもある。場合によっては、むしろ返還請求を認めることこそ公平に合し、不法な行為を抑止することに繋がることもあろう。したがって、返還請求権の否定はこうした反公序良俗的行為の事実上の承認を伴ってもなおかつ貫徹されなければならない「不法性」を備えていなければならない場合であるということになる。[34] その意味において、708条は制限的に解釈されるべきものと考えられるが、「不法性」は一般条項であるから、具体的な判断は時代と社会を反映するものであることにも注意を向ける必要がある。

(b) 不法原因給付の要件

不法原因給付の要件は、①不法の原因、②給付がなされたこと、③不法の原因が受益者についてのみ存在したものではないこと、である。

ⅰ)「不法」性

(α) 賭博による金銭の授受や麻薬・覚醒剤の密売、贈賄等の犯罪、あるいは、違法行為の実行を約束して金銭を授受する等の行為が「不法」であることはいうまでもないが、公序良俗に反する法律行為にもとづく給付、たとえば、妾契約を維持するための金銭等の給付や裏口入学のための口利き料の支払[35]もまた不法原因給付となる。大審院も、より広く、「不法」とは公序良俗に違反することを指すものとし、法規違反行為はかならずしも不法原因とい[36]

---

34) 広中419頁は、「給付の実行という現状変更がなされるべきでなかったのに［……］なされたのを、もとに復させるということは、『もとに復させる』というかぎりで現状変更的であるにせよ、全体としては単純に現状変更的なものと言うことはできず、そして大局的には、ある行為に対する法の否定的評価を貫徹するゆえんであると言いうる」という。
35) 後出【判例20】参照。
36) 東京地判昭和56年9月25日判例時報1034号108頁、東京地判昭和56年12月10日判例時報1028号67頁、東京地判昭和62年8月28日判例時報1277号135頁、東京高判平成6年3月15日判例タイムズ876号204頁等。

うべきではないと判示した。すなわち，法律上禁止されている「権利株」については，公序良俗に反するものではないとして代金返還について708条の適用を否定し[37]，同様に，名板貸，すなわち，取引員の名義を借り受けて営業する者に対する委託取引は無効であるが，証拠金および代用株券の差入行為は不法原因給付とはいえないという[38]。ところが，鉱業権者が鉱物の採掘に関する権利を第三者に授与し，第三者をして鉱業を管理させることを目的とするいわゆる斤先掘契約については，旧鉱業法17条に違背し，公の秩序に反する法律行為であるとして，税金の代納を不法原因給付であるといい[39]，また，明治6年の太政官布告に違反して外国人に土地を売り渡して受領した手付金についても，公の秩序に反するものとして不法原因給付であるという[40]。

最高裁も端的に「不法」を公序良俗違反行為と捉える。すなわち，芸娼妓契約（後掲【判例17】），統制法規に違反した売買契約に基づく給付につき，統制当時の社会情勢において「反道徳的な醜悪な行為としてひんしゅくすべき程の反社会性」を有する違反行為には該当しないと判示した[41]。これに反して，公職選挙法における法定額を超える選挙費用を立て替えた事案についても，不法原因給付には当たらないとした[42]。

これに対して，民法90条違反の法律行為による給付が不法原因給付であるならば，強行法規違反の行為はより反社会性が高いゆえに当然に不法原因給付に当たるとする学説がある[43]。しかし，強行法規違反がつねに返還請求を否定する趣旨であると考えるべきではなく，返還請求権の否定によって貫徹されることが禁止規範の趣旨である場合にかぎられるというべきである。たとえば，恩給担保法に違反して恩給証書を引き渡した者は返還請求が認められなければならない[44]。

---

37) 大判明治41年5月9日民録14輯546頁。
38) 大判昭和17年5月27日民集21巻604頁。
39) 大判大正8年9月15日民録25輯1633頁。
40) 大判大正15年4月20日民集5巻262頁。
41) 最判昭和35年9月16日民集14巻11号2209頁，同様に，最判昭和37年3月8日民集16巻3号500頁。
42) 最判昭和40年3月25日民集19巻2号497頁。
43) 三島宗彦「七〇八条適用の要件」谷口還暦(2)1頁。
44) 大判昭和4年10月26日民集8巻799頁。

通謀虚偽表示による給付についても同様である。たとえば，Aが債権者の追及を回避するため，自己の不動産をBに仮装譲渡して所有権移転登記をしたような場合である。大審院は708条の適用を制限してきたが，最高裁もこれを踏襲して708条の適用を否定したものがある。

【判例15】最判昭和27年3月18日民集6巻3号325頁
　X先々代Aは，本件不動産が執行等によって債権者の手に帰するのを免かれるため，Yとの合意の上で，登記面の所有名義をYに仮装することにして，同人名義に保存登記をした。
　「民法708条にいう不法の原因のためになされた給付とは，公の秩序若しくは善良の風俗に反してなされた給付をさすものであり，債務者が債権の執行を免かれるため他人と通謀し自己所有の不動産を売買に仮装して他人の所有名義に登記をしても，それが「家資分散ノ際ニ於ケル如ク犯罪ヲ構成スル場合ヲ除クノ外」民法708条にいわゆる不法の原因に基く給付というを得ないことは，従来大審院判例の示すところであって，今にわかにこれを変更すべき必要を認めない。たゞ昭和16年法律61号は，刑法96条ノ2を新設し，強制執行を免かれる目的で財産を仮装譲渡することを犯罪として処罰することゝしたので，右規定の施行された昭和16年3月20日以後なされたかゝる行為は，民法708条の不法の原因のためになされた給付に当るものとして，給付者において給付の返還を請求し得ない場合があることはいうまでもない。」
　「本件の仮装登記は，前記刑法の新設規定施行の日から約15年前になされたものであって，その当時においてはかゝる行為は，いまだ犯罪を構成しなかったばかりでなく，判例によっても公序良俗違反の行為とは認められないで，これに対しては民法708条の適用はないものと解されていたのである。
　そして同条は，実体法上の請求権の有無を規定したものであって，手続法の規定ではないから，同条の不法原因に当るか否かは行為当時の状況を標準として判断すべきことはいうまでもない。それゆえ原審がその認定した事実に対し，民法708条を適用しなかったことは正当であって，原判決には所論のような違法はない。」

45）　大判明治42年2月27日民録15輯171頁は，債務者が債務の履行を免れるために財産の売買を仮装するのは，家資分散の際でなければ不法の原因とすることはできない，という。

【判例16】最判昭和37年6月12日民集16巻7号1305頁
　Bが死亡し、その子X₁、X₂、Bの妻であるX₃が相続によりBの権利義務を承継したが、Bが生前A銀行に対して負担していた約120万円の債務につき急ぎ対策を講じないと同銀行より差押えを受けるおそれがあるとして、Bの死後、Bの親族らが数回協議の末、Y名義に所有権移転登記をすることになった。Yはかかる仮装行為が犯罪であることを知っているのみならず、専らその主導的提唱に基づきXらの受動的諒承によってなされたものであった。
　「右仮装譲渡はXらの家屋敷並びに最も生活の糧となる蜜柑山及び薪山についてなされたものであること、その他右認定の諸事情を総合すれば、右仮装譲渡は実質上公序良俗に反するものというに足らず、すなわち、民法708条本文にいう不法原因給付に当らないものと解するのを相当とする。」

　しかし、この理論には疑問がある。事案では結論的に返還請求を認めているが、通謀虚偽表示が犯罪を構成する場合に不法原因給付となるとする点は妥当ではない。なるほど、虚偽表示の当事者である表意者が返還請求を拒絶されるのは妥当であろう。しかし、その相続人も、さらに、表意者の債権者もまた返還請求権を否定することは、債権者の追及を回避するという虚偽表示の当事者の目的が結果的に達成されることになる。また、【判例16】が虚偽表示の相手方の主観的態様を問題とすることも不当である。したがって、表意者のみが信義則上返還請求権を拒絶される場合があることで足りると解すべきである。
(β)　法律行為が双務契約である場合には、対価的債務の「不法」によって契約全体が「不法性」を帯びる。たとえば、金銭の支払そのものはそれ自体、「不法」ではないが、それが殺人等の犯罪行為の対価となれば不法になる。前借金契約の事例においても（【判例17】）、原判決のように、酌婦稼働契約と金銭消費貸借契約を別個独立の契約と捉えるときは、後者は有効な契約となる余地がある。貸金の貸与と酌婦の稼働の間の対価性が否定されるからである。

【判例17】最判昭和30年10月7日民集9巻11号1616頁
　Yは、昭和25年12月23日頃X等先代Bから金4万円を期限を定めず借り受け

たが，その弁済については，Yの娘DがB方に住み込んだ上，Bがその妻の名義で経営していた料理屋にて酌婦稼働をなし，これによってDの得べき報酬金の半額をこれに充てることを約した。Dは当時いまだ16才にも達しない少女であったが，その後B方で約旨にもとづき昭和26年5月頃まで酌婦として稼働したに拘らず，Dの得た報酬金はすべて他の費用の弁済に充当され，Yの受領した金員についての弁済には全然充てられることはなかった。原審は，Dの酌婦としての稼働契約および消費貸借のうち前記弁済方法に関する特約の部分は，公序良俗に反し無効であるが，その無効は，消費貸借契約自体の成否消長に影響を及ぼすものではないと判断し，Yらに対し前記借用金員及び遅滞による損害金の支払をなすべきことを命じた。

「Dが酌婦として稼働する契約の部分が公序良俗に反し無効であるとする点については，当裁判所もまた見解を同一にするものである。しかしながら前記事実関係を実質的に観察すれば，Yは，その娘Dに酌婦稼業をさせる対価として，X先代から消費貸借名義で前借金を受領したものであり，X先代もDの酌婦としての稼働の結果を目当てとし，これあるがゆえにこそ前記金員を貸与したものということができるのである。しからばXの右金員受領とDの酌婦としての稼働とは，密接に関連して互に不可分の関係にあるものと認められるから，本件において契約の一部たる稼働契約の無効は，ひいて契約全部の無効を来すものと解するを相当とする。[……]従って本件のいわゆる消費貸借[……]契約は無効であり，そして以上の契約において不法の原因が受益者すなわちY等についてのみ存したものということはできないから，Xは民法708条本文により，交付した金員の返還を求めることはできないものといわなければならない。」

これに関連して，密輸や賭博のための資金提供は**動機の不法**として論じられてきた。そこでは給付そのものは不法でなくとも相手方の動機が不法であるときは，不法性を帯び，給付者がその動機を知っている場合には，708条によって返還請求が拒絶されるという。判例も，借主が密航の資金にすることを貸主が知っていた場合には，不法原因給付となるという[46]。結論は妥当であるが，むしろ，給付者が受領者の不法な動機を知っている場合には，そうした動機は法律行為の要素となるゆえに，「不法性」を帯びるというべきで

---

46) 大判大正5年6月1日民録22輯1121頁。

(γ) 不法原因が給付者のみならず受領者の側にも存するときにも，返還請求は否定されるか。民法708条但書は，受領者のみに存する場合には同条本文は適用されないと規定するので，返還請求は否定されるように考えられる。しかし，受領者のがわの不法性がより強い場合に返還請求を否定することは，不法な給付を保持するという不都合な結果を招く。それゆえ，学説の多数は，給付者および受領者双方の不法性の程度を比較衡量して，後者の不法性がより大きいときには返還請求を認めるべきだと主張する。判例にもこの趣旨のものがある。

【判例18】最判昭和29年8月31日民集8巻8号1557頁
　　Xは，Yに対して，韓国に苛性ソーダを密輸出し，同国から阿片を密輸入することによって大きな利益をあげることができる旨説いて，現金15万円の出資を約束し，Yは船を提供し利益を分配することの約束をした。しかし，その後Xは家族に反対されたため，これを思い止まりYに対して出資を拒絶した。これに対して，Yから「既に密輸出の準備を進めたことでもあるから，せめて一航海の経費として金15万円を貸与して貰いたい」と要請され，止むを得ず貸与した。
　　「民法第708条は社会的妥当性を欠く行為を為し，その実現を望む者に助力を拒まんとする私法の理想の要請を達せんとする民法第90条と並び社会的妥当性を欠く行為の結果の復旧を望む者に助力を拒まんとする私法の理想の要請を達せんとする規定であるといわれて居る。社会的妥当性を欠く行為の実現を防止せんとする場合はその適用の結果も大体右妥当性に合致するであろうけれども，既に給付された物の返還請求を拒否する場合はその適用の結果は却って妥当性に反する場合が非常に多いから，その適用については十分の考慮を要するものである。本件は給付の原因たる行為の無効を主張して不当利得の返還請求をするものではなく，消費貸借の有効を主張してその弁済を求めるものである。それ故第一次においては民法90条の問題であるけれども，要物契約である関係上不法な動機の為めの金銭の交付は既に完了してしまって居り，残るはその返還請求権だけであってこの請求は何等不法目的を実現せんとするものではない。それ故実質的には前記民法90条に関する私法理想の要請の問題ではなく，同

---

47) 問題は法律行為における「動機」の意義に関わるので，詳細は民法総則の教科書に譲る。

708条に関する該要請の問題であり，その適用の結果は妥当性を欠く場合が多いのであって，この事を考慮に入れて考えなければならない。［……］本訴請求が是認されてももともと貸した金が返って来るだけで何等経済上利益を得るわけではない。しかるに若し708条が適用されて請求が棄却されると丸々15万円の損失をしてしまうわけである。これに対してYはXを欺罔して15万円を詐取し，これを遊蕩に費消して居ながら民法90条，708条の適用を受けると右15万円の返還義務もなくなり，甚しい不法不当の利得をすることになるであろう。此の場合Xの貸金の経路において多少の不法的分子があったとしても右法条を適用せず本訴請求を是認して弁済を得させることと，右法条を適用して前記の如くXの損失においてYに不法な利得をさせることと，何れがより甚しく社会的妥当性に反するかは問う迄もあるまい。［……］かかる場合は既に交付された物の返還請求に関する限り民法第90条も第708条もその適用なきものと解するを相当とする。」

ⅱ)「給付」

i) 不法原因給付が成立するためには「給付」がなされたことを要し，それ[48]より相手方に終局的な利益を与えるものでなければならない。したがって終局的な実現に至らない段階では，給付した分についての返還請求を認めるべきである（通説）。判例には，不法の債権の担保として抵当権設定登記がなされた場合に，抹消登記請求については，「利得」がないことを理由として民法708条を適用することはできないとしたものがあるが[49]，最高裁も同様の趣旨を認める。

【判例19】最判昭和40年12月17日民集19巻9号2178頁

XはY宅においてYほか二名と相会して花札賭博をなし，その結果，Xが他の三名に対し合計28万円の負越しとなり，Yから要求されるままにYに対して同額の金銭借用証書を差し入れた。Yは訴外Aを介してXに対してしきりに支払を催促するので，Xは他から金融を得て内金8万円を支払い，さらに残金を担保するためX所有の本件不動産に抵当権の設定を強要されたため，その旨の

---

48) 給付は給付者の意思行為であるから，虚偽の債権にもとづいて配当金を受領した場合，利得は裁判所の行為によって生じたものであるから，民法七〇八条の適用はない。大判大正4年6月12日民録21輯924頁。

49) 大判昭和8年3月29日民集12巻518頁。

登記手続を経由した。

「このような事実関係のもとにおいては、Xが右抵当権設定登記の抹消を求めることは、一見民法708条の適用を受けて許されないようであるが、他面、Yが右抵当権を実行しようとすれば、Xにおいて賭博行為が民法90条に違反することを理由としてその行為の無効、したがって被担保債権の不存在を主張し、その実行を阻止できるものというべきであり、被担保債権の存在しない抵当権の存続は法律上許されないのであるから、このような場合には、結局、民法708条の適用はなく、Xにおいて右抵当権設定登記の抹消をYに対して請求できるものと解するのが相当である。」

ⅱ）問題となるのは、不動産の「給付」とは、引渡しだけで足りるか、登記も要するか、引渡しおよび登記の双方が必要かである。判例は未登記建物を妾に贈与して引き渡した事案について、「給付」に当たるとして返還請求を否定した（後掲【判例20】）。異論はなかろう。では、既登記建物についてはどうか。同様に妾に建物を贈与した事案につき、判例は引渡しだけでは「給付」があったとはいえないという。[50]

学説は分かれている。理論的には所有権移転の問題と絡む。贈与等によって所有権が相手方に移転していれば、給付が完了しているから708条本文により返還請求は否定される。したがって、引渡しおよび登記の双方がなされていれば相手方に終局的な利益を与えているので、返還請求は否定されよう。しかし、物権変動における所有権の移転は当事者の「意思表示」(176条)による。そうだとすると、論理的には、引渡しも移転登記もなされていないが所有権が移転したという事態もありうる。しかしそこでの不当利得返還請求権としての所有権の返還は観念的なものに過ぎず問題とならない（相手方の履行請求権が90条によって否定されるにとどまる）。登記または引渡後の返還請求権だけが問題となる。しかしその時点において、所有権が移転していない場合がありうるのであって、その取戻請求権の法的性質は、[51] 物権的返還請求権 rei vindicatio であって、不当利得返還請求権ではありえない。このような

---

50) 最判昭和46年10月28日民集25巻7号1069頁。
51) ただし、私見では、「意思表示」による所有権の移転は登記後は許されないと解する。この点については、清水・プログレッシブ民法［物権法］44頁参照。

形式論を貫くならば，708条の射程外であって，返還請求は全面的に肯定されることになる。しかしそれは正当ではない。思うに，同条は物権的請求権の否定を排除するものではなく，所有権の移転いかんにかかわらず不当な給付の取戻しを否定する趣旨であろう。したがって，登記がなくても引渡し等実質的な「給付」があるときは，708条本文の適用があるというべきである。

不法原因給付として返還請求が否定された場合に，相手方の所有権移転登記請求を認めることができるかは，困難な問題である。

【判例20】最大判昭和45年10月21日民集24巻11号1560頁
　　Xは，本件建物を新築してその所有権を取得した後，Yに贈与して引き渡したが，未登記であった。贈与は，Xがその妾であるYとの間に不倫の関係を継続する目的でYに住居を与え，その希望する理髪業を営ませるために行なったものであり，YもXの意図を察知しながらその贈与を受けていた。やがて両者は不仲になり，Xの返還請求に対して，原審裁判所は，右贈与は公の秩序または善良の風俗に反するものとして無効であり，また，Xが右贈与の履行行為として本件建物をYに引き渡したことは，いわゆる不法原因給付に当たるとして請求を棄却した。訴訟継続中，Xは建物の保存登記を経由したため，Yは反訴として所有権移転登記を請求した。

　　「しかしながら，前述のように右贈与が無効であり，したがって，右贈与による所有権の移転は認められない場合であっても，Xがした該贈与に基づく履行行為が民法708条本文にいわゆる不法原因給付に当たるときは，本件建物の所有権はYに帰属するにいたったものと解するのが相当である。けだし，同条は，みずから反社会的な行為をした者に対しては，その行為の結果の復旧を訴求することを許さない趣旨を規定したものと認められるから，給付者は，不当利得に基づく返還請求をすることが許されないばかりでなく，目的物の所有権が自己にあることを理由として，給付した物の返還を請求することも許されない筋合であるというべきである。かように，贈与者において給付した物の返還を請求できなくなったときは，その反射的効果として，目的物の所有権は贈与者の手を離れて受贈者に帰属するにいたったものと解するのが，最も事柄の実質に適合し，かつ，法律関係を明確ならしめる所以と考えられるからである。」

　　「Xは，本件建物について［……］同人名義の所有権保存登記を経由したのであるが，右登記は，Xが本件建物の所有権を有しないにもかかわらず，Yらに対する右建物の明渡請求訴訟を自己に有利に導くため経由したもので，もと

もと実体関係に符合しない無効な登記といわなければならず、本件においては他にこれを有効と解すべき事情はない。そして、前述のように、不法原因給付の効果として本件未登記建物の所有権がYに帰属したことが認められる以上、YがXに対しその所有権に基づいて右所有権保存登記の抹消登記手続を求めることは、不動産物権に関する法制の建前からいって許されるものと解すべきであってこれを拒否すべき理由は何ら存しない。そうとすれば、本件不動産の権利関係を実体に符合させるため、Yが右保存登記の抹消を得たうえ、改めて自己の名で保存登記手続をすることに代え、Xに対し所有権移転登記手続を求める本件反訴請求は、正当として認容すべきものである。」

傍点に示したように、最高裁は返還請求が許されないことの反射的効果として目的物の所有権が受贈者に帰属するという。しかしこれには疑問がある。返還請求権の否定から相手方への所有権移転を導くことは、有効適法な贈与と変わりがないことになり、制度の趣旨を逸脱する。もっとも、判例の事案にそくしてみれば、妥当かもしれない。なぜならば返還請求を否定することは、不倫行為の清算としての意味をもつ評価することができ、そのかぎりで、「不法性」が治癒されたものと考えられるからである。これは「不倫行為を解消するための贈与」が不法原因給付とはならないとする判例と軌を一にするものといえる。しかし一般論としては、次のように考えるべきであろう。

不法原因給付として返還請求が否定されることは、相手方の受領を消極的に是認するにすぎず、積極的に所有権を取得し、それゆえ、引渡請求あるいは所有権移転登記請求ができると考えるべきではない。

このような解釈に対しては、受贈者は登記の移転を受けられない以上、目的物の処分ができず、他方で贈与者は登記名義人であるものの同様に返還請求をすることもできない宙ぶらりんの状態を黙認する結果になるとの批判がありうる。しかしそれでよい。給付にいって事実上の利益を得ていれば受領者はそれで満足すべきなのである（ただし、時効取得の可能性は残る）。

これとは逆に、所有権移転登記がなされたが、引渡しがされていない場合に、引渡しを請求することができるかも、問題となるが、この場合、受贈者

---

52) 大判大正12年12月12日民集2巻668頁は、孫娘との私通関係をやめることを条件として相手の男に金銭を贈与とした事案につき、返還請求を認めている。

名義の登記名義は不実登記として無効であるが、受贈者の承継人については、民法94条2項の類推適用の余地がある。

iii) 賃貸借等の財貨利用型契約にもとづく給付が不法原因給付とされた場合に、貸主は引き渡した不動産自体の返還を請求することができなくなるか。これを肯定するときは、受領者は意図した以上の利益を取得してしまい、明らかに不当である。この場合には、利用利益の取得が受益と考えるべきであり、目的物の返還を認めるべきであり、ただ利用利益（＝賃料相当額）の返還が否定されると考えるべきであろう。

iv) 無効な金銭消費貸借については、利息請求が否定されることは当然であるが、元本返還請求についてはどうか。賃貸借と同様に、金銭（元本）の利用利益の返還請求のみが否定されると考えるべきであろう。しかし、暴利行為等、受領者の側にのみ強い違法性がある場合には、元本返還請求自体が否定される場合もありうる。近時、最高裁はヤミ金業者からの出資取締法に違反する著しい高率の利息（年利数百％〜数千％）を取り立てられた被害者からの損害賠償請求に関して次のように判示した。

【判例21】最判平成20年6月10日判例時報2011号3頁
「民法708条は、不法原因給付、すなわち、社会の倫理、道徳に反する醜悪な行為（以下「反倫理的行為」という。）に係る給付については不当利得返還請求を許さない旨を定め、これによって、反倫理的行為については、同条ただし書に定める場合を除き、法律上保護されないことを明らかにしたものと解すべきである。したがって、反倫理的行為に該当する不法行為の被害者が、これによって損害を被るとともに、当該反倫理的行為に係る給付を受けて利益を得た場合には、同利益については、加害者からの不当利得返還請求が許されないだけでなく、被害者からの不法行為に基づく損害賠償請求において損益相殺ないし損益相殺的な調整の対象として被害者の損害額から控除することも、上記のような民法708条の趣旨に反するものとして許されないものというべきである。」

本判決は直接には元本の返還請求についての判断を示したものではないが、実質的にみれば、元本返還請求権の存在を前提として、これと被害者の損害賠償請求権との相殺を否定したものであり、元本の返還請求を否定した趣旨

と解することができる。妥当な判決であると考えるが、一般論としては、消費貸借契約が無効であるがゆえに元本返還請求が708条によって遮断されるというべきではなく、契約そのものが違法性を帯び、元本返還請求も不法原因給付として否定されるというべきであろう。他方で、被害者からの既払い元本の返還請求は708条によって遮断されるべきではないと考えられる。

(c) **不法原因給付の効果**

708条本文により、給付者は給付したものの返還を請求することができない。ただし、①「不法」な原因が受領者のみに存在している場合には、返還請求をすることができる（同条但書）。②のみならず、「不法」な原因が給付者、受領者いずれの側にも存しているが、不法性の程度が給付者の側がより小さい場合にも、返還請求ができると解すべきであろう。

返還合意がなされた場合はどうか。判例は有効と解している。[53]

5 三者間給付利得

(1) **序　説**

通常の給付利得は二当事者間で生じるが、第三者が介在する場合がある。この場合に誰と誰との間で不当利得が成立するか問題となる。以下では、財貨がA→B→Cと移動する場合（**連鎖型**）と、ＡＢ間の契約関係に第三者のＣが介在する場合（**介在型**）に分けて説明する。[54]

(2) **連鎖型**

たとえば、AからB、BからCへと物が転々売買されたが、ＡＢ間契約が無効または取消された場合、AのBに対する給付利得返還請求権が発生するが、目的物がCの占有下にあれば、AはCに対して物権的請求権を行使して取り戻すことが可能である。[55] しかし、第三者保護制度（94条2項、96条3項、

---

53) 大判明治36年5月12日民録9輯589頁、最判昭和28年1月22日民集7巻1号56頁、最判昭和28年9月22日民集7巻9号969頁、最判昭和37年5月25日民集16巻5号1195頁。
54) ドイツ法では、三角関係 Dreieckvervältnis 論として議論がある。山田幸二「日独における『不当利得法における三角関係』論の近況について―カナリス論文『三者間における利得の調整』の紹介をかねて」福島大学商学論集46巻4号。
55) この場合に、CはBに対する責任追及（560条）として、契約を解除して代金返還を求めることができるが、Aに対して代金返還請求権のために同時履行の抗弁権を行使することはできないと解すべきである。この権利は契約の相手方に対する人的抗弁権であり、第三者に対して主張す

192条）が働く場合には，AはBに対して給付利得の返還（価額返還）を求める以外にない。

AB間のみならず，BC間契約も無効または取り消され，あるいは解除された場合（二重欠缺 Doppelmängel），AB間での給付利得，BC間での給付利得が成立するが，A

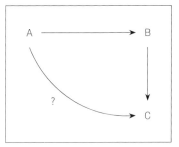

C間の関係をどう捉えるか問題となる。金銭の移動については，占有とともに金銭所有権が移転する（通説）ので，もっぱら不当利得の問題となる（後述する）が，動産の場合，目的物がCの占有下にあるときは，AはCに対して物権的請求権を行使することができるから，不当利得返還請求権の生じる余地はない[56]。これに対して，目的物がCの下で滅失した場合には，AB間の給付利得およびBC間の給付利得が生じ（二重不当利得），それぞれによって処理されるべきとする学説がある[57]。しかしそうだとすると，物権的請求権を行使できる場合と均衡を失することになり，Aは，前者ではCの無資力を，後者ではBの無資力を負担するという分裂した結果を認めることになる。したがって，AのCに対する不当利得（侵害利得）が成立すると解すべきである[58]。

(3) 介在型
(a) 第三者弁済

Aが第三者，Bが債務者，Cが債権者である場合においてAがCに弁済す

ることはできず，また，物権的請求権の行使は，相手方の抗弁権を排除して無制限に貫徹されることが法規範上折り込まれていると考えるべきであり，留置権の行使も許されない（牽連性がないことにつき，清水・プログレッシブ民法［担保物権法］192頁）。民法194条の抗弁権は盗品・遺失品の場合の例外的措置であり，同条の反対解釈からも，上記の結論は支持されよう。

56) ドイツ法では，契約の無効・取消しによっても，所有権移転効果は覆らない（形式主義―無因的構成）から，AからCへの直接の返還請求を認めることは困難である。そこで，Bの破産等支払不能のリスクはAが負担することになる。

57) 藤原331頁，336頁。

58) このような結果に対しては，Bの占有を信頼したCの保護に欠けるものであるとの批判がある。藤原335頁。しかし，BC間の契約が無効であった場合には目的物がCの占有下にあったとしても即時取得は成立しないとするのが現在の多数説である。仮にこれを肯定するときは，BC間契約が虚偽表示であるときでも，AはBを介してしか目的物を取り戻せないとするのは不当であり，また，BC間の契約が公序良俗違反行為として不法原因給付と評価される場合にも，Aの返還請求は封じられるべきではない。

たとしよう。

 ⅰ）Ｂの委託がないときは，民法474条の要件を満たす場合であっても，委任があると誤信して弁済したときは，ＡはＣに対して返還を求めることができる（ただし，民法707条の適用があることに注意すべきである）。Ａの出捐は非債弁済にはあたらない（ＢのＣに対する債務は存在している）が，委託なきことを知りながら弁済したときはＡの出捐は第三者弁済となり，ＡはＣに対して返還を求めることはできず，Ｂに対して利得の返還（求償）を求めることができるにとどまる。

 ⅱ）ＡＢ間に委任等の弁済に関する合意（ＡはＢに代わってＣに弁済するという債務負担の契約）が存在しているが，それが無効または取り消されたときは，ＡＢ間の給付利得として処理されるべきであり，ＡはＣに対して利得の返還を求めることができず，契約の相手方たるＢに対してのみ返還請求すべきである（**契約自律性の原則**）。

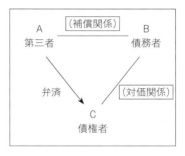

 ⅲ）ＢＣ間の契約が無効または取り消された場合，ＡＣ間の給付関係を優先すべきか，ＡＢ間の契約関係（補償関係）を優先すべきか見解が分かれる。ＡＣ間の給付利得を肯定する学説は，次のように主張する。第1に，Ａの給付の意味は，Ｂを債務から解放することにあるから，Ｂがそもそも債務を負っていない場合には，受領者Ｃから直接返還を受けることに利益がある。第2に，Ａは原則としてＣに対して物権的請求権を有するのであるから，これと競合的に給付利得をＡＣ間に引っ張るであろう。第3に，Ｂについても，かれは何ものも失っていないのに，Ｃに対する不当利得返還請求権をもつことになり，なんら債務を負担してなかったのに，Ａに対する不当利得返還義務を負うのは不当である。そして，Ｃの保護に関しては，ＣがＡの給付を保

---

59) ここでは，給付関係と契約関係が分裂するため，いずれが優先するか問題になる。しかし，前述のように，「給付利得」とは，契約関係の無効・取消しの場合の巻戻しの法律関係を表現するものにほかならない。ドイツ法とは異なり，わが民法703条の文言にない「給付」概念を重視する理由に乏しいように思われる。

60) 四宮（上）217頁以下。

有しうるものと過失なくして信じて受領し，そのためにBに反対給付を行っているときは，その返還に向けられた請求権がBの無資力によって無価値化した場合は，Cは善意の受益者（703条）としての信頼損害の補償を請求しうる。また，Aの請求に対して，Cは468条2項を類推適用して，みずからがBに対して行った反対給付の返還請求権によって同時履行の抗弁権を対抗することができる（「筋違い抗弁」）。Cにとっては，Bに対して負うべき不当利得返還義務をAに対して負う結果となっており，債権譲渡の事態に類するからであるという。しかし，AB間の契約の無効・取消しの場合には，BがAに対する不当利得返還債務を負担するべきであるとするのが類型論の立場である。契約の相手方の無資力のリスクは当事者が本来負うべきものであり，無関係な第三者に転嫁すべきものではない。BC間の契約の無効・取消しの場合は，給付利得の原則により，BはCに対して給付利得の返還のみを請求すべきなのである。たしかに，AがCに対する物権的請求権を行使できることとの均衡を指摘する点は顧慮に値する。しかし，金銭以外の物が第三者弁済の目的となること自体がきわめて稀れであるうえ，それは物権変動の有因的構成によって契約外の第三者に対しても追及できるというわが民法の特殊な性格による。契約自律性の原則ないし取引の安全からは問題があり，第三者保護制度が94条2項の類推適用の拡大によって物権的請求権の無制限な貫徹が実質的に制約されていることからすると，利得返還義務者の確定をこちらに合わせるべきではない。善意の受益者の信頼損害の根拠も明らかではなく，抑もCはBの無資力を当初より覚悟していたはずであり，それをAに転嫁することは許されないというべきである。

(b) 保証人の弁済

保証人Aが債務者Bに代わって債権者Cに弁済すれば，求償関係が生じる。AB間に保証委託契約が存在するかどうかは，保証の成立にとって重要ではない。一般に保証契約が無効または取り消された場合には，AのCに

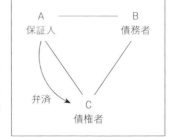

---

61) 藤原352頁。
62) 民法94条の類推適用ないし拡大適用についての詳細は、民法総則のテキストに譲る。

対する給付は誤って実行された保証債務の弁済であるから，AはCに対して給付利得の返還を請求できる（Aの弁済はBの債務の弁済ではない）。ただし，BC間の契約が有効であれば，Aは第三者弁済として無効行為を追完してBの債務を弁済消滅させて，Bに対する求償権を認めてよいであろう。BC間の契約が無効または取り消されたときは，附従性により保証契約も無効となるから，同様にAはCに対する利得の返還を求めることができる。

(c) **第三者への弁済**

債務者Bが債権者Aに対する債務を第三者Cに弁済した場合は，第三者に弁済受領権がある場合とない場合に分けて考えることができる。

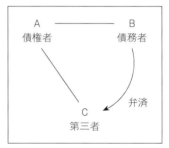

弁済受領権がCにある場合には，弁済は有効で債務は消滅する。そこで，AB間で求償関係が生じる。これに対して，第三者の弁済受領権がない場合は，原則として債務は消滅しない。そこで，BからCに対する不当利得返還請求権が発生することになる。ただし，Cに弁済受領権がないことを知りながらあえて弁済した場合は，狭義の非債弁済としてCに対して返還請求できない（705条）。Cが債権の準占有者または受領権限なき受取証書の持参人で，この者らに対する弁済が民法478条ないし480条の要件を満たす場合には，弁済は有効で債務は消滅する。そこで，AがCに対する不当利得返還請求権を取得することになる。ただし有力説はBに錯誤弁済による直接返還請求を認める。非債弁済の趣旨からして肯定できるであろう。

(d) **債権譲渡**

i）AがBに対する債権をCに譲渡し，BがCに弁済したが，AC間の譲渡契約が無効または取り消された場合には，AC間の給付利得のみが問題になる。

---

63) 無効な転付命令を得た債権者に対する支払が，債権の準占有者に対する弁済として有効であるとして，転付債権者に対する不返還請求権が成立しない。大判昭和12年10月18日民集16巻1525頁。

64) AC間の債権譲渡が詐害行為として取り消された場合に，譲受人Cが債務者Bから弁済を受けたときは，AC間の不当利得が成立する。大判大正6年2月7日民録23輯128頁。

ⅱ）これに対して，ＡＢ間の契約が無効ないし取り消されたため，譲渡債権が存在していなかったとき，Ｂの不当利得返還請求権はＡに対して生じるのか，それともＣに対して生じるのか議論が分かれている。前者は契約関係の法理に，後者は給付関係にしたがって処理しようとするものである。

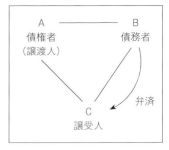

後者の立場を採るときは，Ｃへの弁済は非債弁済となるから，Ｂは債権の不存在を知らないかぎり，Ｃに対して返還を求めることができることになる(705条)。譲渡債権が所有権移転請求権であれば，ＡＢ間の契約が無効または取り消されれば，Ｃは所有権を取得できないから，Ｂからの物権的請求権に晒されることになる。しかし，金銭給付の場合にも同じように考えると，ＢはＣの無資力のリスクを負担することになり，不当である。なぜならば，債権譲渡は，債務者の関与なしに譲渡契約当事者の合意のみで成立する(176条参照)ゆえに，譲渡によって債務者の地位を不利に変えるものであってはならない（通知後または異議をとどめない承諾をした場合は別）はずなのに，自己の知り得ない（また，自己のコントロールの及ばない）譲受人の無資力という危険を負担させることになるからである。ＢはＡＢ間で契約を締結している以上，Ａの無資力の危険を負担するのは当然であるといえても，Ｃの無資力危険を負担すべきだとはいえまい。また，譲渡人Ａの側の詐欺・強迫による場合にＡに対する返還請求を否定することは不当であり，到底賛同しえない。これに関して有力な学説は，ＢはＡからの（反対給付についての）利得返還請求に対して，468条2項の類推適用により，Ｃに対する不当利得返還請求権をもって同時履行の抗弁権を行使することができ，また，Ｃが無資力の場合には補充的にＡにかかっていくことができると説く。しかし，これは金銭消費貸借契約においては妥当せず，また，Ａの補充的責任の根拠も明らかではない。抑も，債権譲渡によってＣは契約上の地位を取得するわけではなく，ＡＢ間の契約関係が消滅するわけではない（*créance* は消滅したが，*obligations* は存続し

---

65) 四宮(上)227頁。
66) 藤原344頁。

ている)。したがって，BがAに対して利得返還を請求できるのを原則とし，補充的に非債弁済を理由としてCに対して返還を求めることができる，と解すべきであろう。

　AB間に当初から債権関係がまったく存在しない場合は，これとは異なった法的処理がなされなければならず，BC間で不当利得が成立するというべきである。しかし判例は，Aが郵便通帳を偽造してこれを善意のCに譲渡し，Cが払戻しを受けた事案につき，国（B）のCに対する不当利得返還請求権を否定した。おそらく，AB間で不当利得が成立するという趣旨であろう。しかしこれを一般化すべきではない。事案は預貯金に対する公的，社会的な信頼関係が背後にある例外的な処理であり，所有者の静的安全よりも優先すべきであるとの価値判断があると思われる。

(e) **第三者のためにする契約**

　第三者のためにする契約とは，たとえば，売主AがCに対する債務の弁済のため，自己の所有する不動産をBに売却して，その代金を自己が受領する代わりに，Cに支払うよう，Bとの間で契約をす

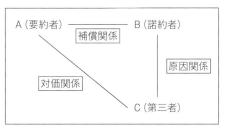

るような場合である。Aが要約者，Bが諾約者，Cが第三者（＝受益者）であり，AB間の関係（**補償関係**）と，AC間の関係（**対価関係**）の2つの法律関係が存在する。不当利得返還請求権の問題はAB間の契約の無効・取消しおよびAC間の契約の無効・取消しの場合に生じる。第三者のためにする契約はAの債権（BがCに給付することを請求する権利）とCの債権（Bに対して給付を求める権利）の二重の債権が発生しており，したがって，二重の給付関係が存在する点に特徴がある。そのため，AB間の契約の無効・取消しの場合に，BはCに対して給付利得の返還を求めることができるのか，それともAに対して利得返還を求めることができるのか問題となるのである。これに関して，

---

67) 大判昭和10年2月7日民集14巻196頁。
68) 第三者のためにする契約の法的構造については，清水・プログレッシブ民法［債権各論Ⅰ］37頁以下。

BC間の給付利得によるべきであると主張する学説がある。その理由は，要約者Aの請求権は第三者Cに対する債務の弁済という手段的性格のものであることに求め，また，第三者のためにする契約によってAB間の双務契約から生じる一方債権を分離してCに与えたのであるから，巻戻しに際しての双務関係の法理の適用を放棄したものと考えることができる，という。しかし，AがCに対して債権を与えたことは，Bに対する債権 créance を放棄したことを意味するものではない。かつ，AB間の契約上の地位 obligatins は維持されており，Aは依然としてBに対する「Cに履行せよ」という債権を有し，その履行確保のため，同時履行の抗弁権を行使して，BのCへの代金不払いを理由として目的物の引渡し・登記手続の履行を拒絶できる。双務関係の法理の放棄は根拠がない。さらに，AB間の売買契約の無効・取消しの場合にも，AのBに対する目的物の返還請求に対して，Bは代金の返還を理由に同時履行の抗弁権を主張できると解すべきである。したがって，BはAに対してのみ利得の返還を求めることができる。

他方で，AC間の契約関係の無効・取消しの効果は，AB間に影響をもたらさない。したがって，AはBがCに対して給付したものを，Cから返還を受けることができるにとどまる。

(f) 指　図

ⅰ) たとえば，C（受益者）がB（指図者）に対して売買代金債権を有しており，BがA（被指図者）に対して貸金債権を有しているような場合，BがAに対してCに弁済するよう指示し，AがCに対して給付すれば，AB間およびBC間の契約関係が一挙に決済されることになる。これが指図である。[70]

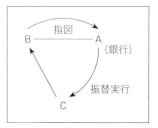

ここでは，AはCに出捐することでBに給付し，BはAの出捐によりCに給付するという二

---

69) 四宮（上）235頁。
70) ドイツ民法には明文の指図の定義規定があり，これによると，「金銭，有価証券その他の代替物を第三者に給付すべき旨を他人に指図する証書を第三者に交付する」こととされている(783条)。しかし，指図は，広く債務一般に関わり，また証書を要することなく成立しうる。ただし，手形・小切手の瑕疵については有価証券法の課題であるから，そちらに譲る。

重の給付関係が生じている。そこで，ＡＢ間の関係が不存在であったり（支払委託がない），ＢがＡに対してＣに振り込むよう指示したが，Ａが誤ってＤに振り込んだような場合，あるいは，無効また取り消されたりしたにもかかわらず，出捐がなされた場合の利得調整は，ＡはＣに返還請求できるのか，それともＢに対して利得返還を求めるのか等が問題となる。

　ⅱ）ＡＢ間の支払委託契約が無効または取り消された場合には，給付利得の一般原則すなわち，契約関係の巻戻しのルールに依って処理されるのが妥当であろう。すなわち，ＡはＣに対して利得の返還を求めることはできず，もっぱらＢに対してのみ請求できるものと解すべきである。Ａの口座のＢの資金不足についても同様である。これは，第三者弁済と捉えることもできるであろう。Ｃとしても，ＡＢ間の関係はあずかり知らないことがらである。もっとも，ＡＢ間の売買契約において，買主Ｂが売主Ａに対して，Ｃへの所有権移転を指示した場合も指図であるとするならば，ＡＢ間の契約の無効・取消しの場合には，所有権移転効果は生じないから，ＡのＣに対する直接の物権的請求権の行使は避けられない，との指摘がある[71]。しかし，第三者への所有権移転が合意される場合には，売買契約によって当然に第三者に所有権が移転するというのは民法176条の趣旨ではあるまい。他人物売買では，売主は他人から所有権を取得して，これを買主に移転する義務を負う（560条）ことと考えあわせると，むしろ，この場合には給付（移転登記，引渡し）は確かにＡからＣに対して直接なされているが，所有権はＢを介してＣに移転すると考えられ，ＢのＣに対する物権的請求権の行使は背理とはいえないであろう。

　ＢＣ間の契約が無効または取消されている場合は，ＢのＣへの返還請求のみが認められ，Ａに対して返還請求できないことについて，異論はなかろう。ＢＣ間の事情をＡは知るよしもなく，Ｂからの返還を求めることは妥当ではないからである。

　判例も一般論としてこれを認める。

---

71)　藤原338頁。

【判例22】最判平成10年5月26日民集52巻4号985頁

　　Yは，Xから3,500万円を借り受けたが，この際，Xに対し，貸付金をBの当座預金口座に振込むように指示し，XはBの口座に振込んだ。Yがこのような消費貸借契約を締結して，貸付金をBの口座に振り込むよう指示したのは，かねてよりAの強迫を受けていたためであり，BはAの関係者の経営する株式会社であって，Yとの間には何らの関係もなかった。YはXに対して第三者の詐欺を理由とする取消しの意思表示をしたので，XからYに対して不当利得の返還請求をしたのが本件訴えである。原審裁判所は請求を認容したが，最高裁はこれを破棄して次のように判示した。

　　「消費貸借契約の借主甲が貸主乙に対して貸付金を第三者丙に給付するよう求め，乙がこれに従って丙に対して給付を行った後甲が右契約を取り消した場合，乙からの不当利得返還請求に関しては，甲は，特段の事情のない限り，乙の丙に対する右給付により，その価額に相当する利益を受けたものとみるのが相当である。けだし，そのような場合に，乙の給付による利益は直接には右給付を受けた丙に発生し，甲は外見上は利益を受けないようにも見えるけれども，右給付により自分の丙に対する債務が弁済されるなど丙との関係に応じて利益を受け得るのであり，甲と丙との間には事前に何らかの法律上又は事実上の関係が存在するのが通常だからである。また，その場合，甲を信頼しその求めに応じた乙は必ずしも常に甲丙間の事情の詳細に通じているわけではないので，このような乙に甲丙間の関係の内容及び乙の給付により甲の受けた利益につき主張立証を求めることは乙に困難を強いるのみならず，甲が乙から給付を受けた上で更にこれを丙に給付したことが明らかな場合と比較したとき，両者の取扱いを異にすることは衡平に反するものと思われるからである。

　　しかしながら，本件の場合，前記事実関係によれば，YとBとの間には事前に何らの法律上又は事実の関係はなく，Yは，Aの強迫を受けて，ただ指示されるままに本件消費貸借契約を締結させられた上，貸付金をBの右口座へ振り込むようXに指示したというのであるから，先にいう特段の事情があった場合に該当することは明らかであって，Yは右振込みによって何らの利益を受けなかったというべきである。」[72]

---

72)　笠井＝片山402頁は，本判決につき，「実際の出捐者から受領者への返還請求を原則としつつ，公平（衡平）の理念によってそれを修正し，妥当な結論を導こうとしていると分析すべきである。」という。しかしむしろ，判例はＸＹ間の原因関係を原則としているというべきであり，事案においては，強迫者Aと受益者Bとの一定の関係に鑑み，衡平の理念から例外的にＸＢの不当利得を指示していると解すべきではなかろうか。

ＡＢ間の契約もＢＣ間の契約も無効・取消しの場合（いわゆる「二重無効」）でも，ＡＢ間で給付利得が成立すると考えるべきである。これに対して，学説にはＢが善意のときと悪意のときとで区別して，Ｂが善意のときはＡはＢＣ間の給付利得として，悪意のときはＡは価値賠償請求の選択権があると説く者がある。[73] この考え方は，Ｂの無資力の場合のＡの救済手段としては一理あるといえなくもない。しかし，Ｂの無資力危険をＡが負うのは当然であり，むしろＣの無資力の危険をＡに負担させることは妥当でない。[74] 形式的には，ＡのＣへの出捐は非債弁済であるといえるが，なによりも，この説はＡＢＣ三者間の利益衡量を図ったものであろう。しかし，ＢＣ間でＣが悪意（詐欺）の場合もありうる。また，ＡＢ間でＡが悪意（Ａの詐欺・強迫等）の場合もありえ，それらを衡量していけば，解決は無制限のカズイスティークに堕するおそれがあり，賛成しがたい。

　ⅲ）これに対して，指図がまったくなされなかった場合や，ＢがＡに対してＣに振り込むよう指示したが，Ａが誤ってＤに振り込んだような場合は，[75] これと同日に論じることはできない。非債弁済の一般原則により，Ａから受領者Ｄに対する返還請求を認めなければならない。ただし，Ａが委託のないことを知りながら出捐した場合には，受領者への返還請求は認められない（705条）から，第三者弁済として，例外的にＢへの返還を求めることができると解される。

---

73) 四宮(上)231頁。
74) 藤原340頁。
75) 大判大正8年12月12日民録25輯2286頁では，Ｂの無権代理行為によってＡ所有の不動産がＣに売却され，それによって生じた代金債務をＢがＡのＤに対する債務の弁済をＤにさせた事案につき，判例は，Ｂの履行責任によりＣＢ間で不当利得が成立するという。

3 侵害利得

1 侵害利得の意義

　他人の権利を侵害した場合，権利者Ａは不法行為にもとづく損害賠償を請求することができ（709条），また，目的物が侵害者Ｂの下にあるときは，物権的返還請求権を行使することができるから，不当利得返還請求権は成立しない（これを**不当利得返還請求権の補充性**という。ただし，原権利者Ａは物権的請求権を行使する代わりに――これを放棄して――選択的にＢに対する不当利得返還請求権を認めるべきであろう）。これに対して，盗んだ物が転売されて，所在が行方不明となって取戻しが困難であったり，転得者が即時取得をした場合，他人の米を盗んで費消してしまった場合には，上の方法は有効ではない。侵害利得とは，このように他人の権利を無断で使用，収益，処分（これを権利の「**割当内容** *Zuweisungsgehalt*」と呼ぶ）をした場合の**他人の財貨からの利得**を指すものである。その意味で，侵害利得は不法行為制度および物権的請求権の補完的機能をもつものといえる。

　侵害利得は，受益者の故意・過失等の帰責事由を必要とせず，客観的に財貨の割当に反するときに成立する。その意味で利得は「違法」*unrecht* ではなく，「不当」*ungerecht* として評価されるのである。また，侵害利得は給付によらず，かつ，契約関係を媒介としない裸の所有者・非所有者が直接に向かい合う関係であるという点で給付利得と異なっており，損失者の意思行為によって利得が生じるのではない点で，求償利得および支出利得と異なる。

　侵害利得は，たとえば，河川の上流から運ばれた土砂の堆積により下流に砂州ができるなど，「事件」によって利得が生じる場合や，存在しない抵当権の実行によって配当を受ける等執行行為による場合もある。

2 侵害利得の要件

　民法703条の規定する不当利得の要件は，「損失」，「受益」，「因果関係」，「法律上の原因の不存在」である。

　侵害利得においても，受益は損失と一体であり，両者はメダルの裏表の関

係にほかならない。たとえば，Aの所有地を隣家のBが勝手に駐車場として使用している場合，土地の使用はBからみれば受益であり，Aからみれば損失である。また，Aが所有する米を預かっていたBが一部を自分の所有物と勘違いして費消してしまった場合，Bの費消がAにとっては損失であり，Bからみれば受益である。その意味で受益と損失を独立の要件として捉える必要はなく，それは財産的利益の移動が権利の割当内容に反することを表現するものにほかならない。

　因果関係について，在来の理論は「直接性」を要求してきた。それは，損失者と受益者との間に距離がある場合，すなわち多数の者が中間に介在する場合に不当利得の成立を制限する理論として機能してきた。大審院は，AがXに偽造の証書を差し入れて金を借り，Yの債務を弁済した場合には，Yの受益とXの損失との間にAの独立の行為が介在しており，直接の因果関係がないから不当利得返還請求権は生じない，と判示する[1]。同様に，第三者の滞納金の納付によって，銀行が債務者から預った担保株券に対する税務署の差押えが解除された場合に，滞納金の納付は債務消滅の原因ではあるが，担保権の喪失を免れた直接の原因をなすものではない，という[2]。戦後になって最高裁はこれを踏襲して，偽造された小切手の譲受人が銀行から支払を受けた場合に，銀行の支払は一面において名義人の損失に帰するとともに，他面譲受人に利得を与えたものであったとして，損失と利得との間に直接の因果関係がある，と判示した[3]。

　類型論の立場からは，因果関係を特別に論じる意味はかぎられていると説かれている。因果関係とは，利得債権者・利得債務者という当事者を規定するものであるが，侵害利得においては，自己の財貨からの利得として返還請求できる者が「損失者」であり，その利得が帰属している非権利者が「受益者」であるからである。もっとも，侵害利得では，金銭に関し多数の者が関与して財産的価値の移動が行われる場合があり，因果関係は重要な意味をもつことがある（後述する）。

---

[1] 大判大正8年10月20日民録25輯1890頁。
[2] 大判昭和8年3月2日民集12巻295頁。
[3] 最判昭和33年6月3日裁判集民事32号9頁。

以上の要件に対して、法律上の原因の不存在こそ、もっとも重要な侵害利得の要件である。すなわち、財産的利益が特定の者に権利として割り当てられている場合に、それを他人が享受することは、権利者との合意ないし同意（契約）がないかぎり許されないから、そうした割当内容に反することが、法律上の原因の不存在といえる。

給付利得の場合と異なって、この要件の立証責任は受益者にある。

3 侵害利得の対象

(1) 序　説

侵害利得の対象となるものが何かはかならずしも給付利得に比して一義的ではない。たとえば、営業利益の減少（たとえば、A大学の近辺の喫茶店Bの隣に新たに喫茶店Cが開業したことによって、Bの売り上げが減る）は、侵害利得とならないであろう。いわゆるフリー・ライドや反射的利益も同様である[4]（【判例23】）。不当利得法的保護の対象となるものは、特定の者に排他的に帰属する財産的利益であり、所有権その他の物権が中心をなし、その使用、収益、処分をめぐって生じるが、それ以外にも他人の債権を侵害する場合[5]および特許権・著作権等の知的所有権の侵害、財産的利益を有する人格的利益（タレントやスポーツ選手の氏名・肖像権）が問題となる。侵害利得において、「占有の不当利得」は成立しない。占有そのものは独立した財貨性を有しないからである[6]。

---

[4]　工場から排出される廃液について損害をこうむった付近の住民から排出停止の訴えを提起した場合に、訴訟に参加しなかった住民に対して、訴訟費用の応分の支払を求めることはできないであろうし、酒場でプロ野球の中継を観戦している顧客に対して、放送局が受信料相当額を不当利得として請求することはできないであろう。こうした利益を経済学において外部経済と呼ぶ。これについての法学的アプローチを試みるものとして、成田博「不可避的利益享受と費用負担」法学49巻6号［1968］997頁以下、同「フリー・ライダー（Free Rider）論」東北法学7号［1983］167頁以下。

[5]　準占有者に対する弁済が有効となるときは（478条）、権利者は受領者に対して「債権」侵害による不法行為にもとづく損害賠償請求権のみならず、侵害利得返還請求権を取得する。なお、ここでいう債権とは、*obligations* ではなく、*créance* である。これに関しては、清水・プログレッシブ民法［債権総論］131頁参照。

[6]　四宮183頁。田中整爾・新版注釈民法(18)［1991］401頁。ただし、前述のように、給付利得については占有の不当利得を論じる意味がある。

【判例23】 最判昭和43年4月2日民集22巻4号733頁

Xは，自作農創設特別措置法3条により所有農地を国に買収され，Yは国よりこの土地の売渡しを受けて所有者移転登記を経由した。Yは，その後さらにA（日本住宅公団）との間で農地法による農林大臣の許可を停止条件とする売買契約を結んで，Aのために所有者移転請求権保全仮登記を経由して，代金の9割を受領した。これに対して，Xは，農地の買収処分は農地としての適格性を失うことを解除条件として効力を失うから，YA間の売買により所有権がXに復帰するとして，転売代金額と売渡対価との差額を不当利得として返還を求めた。

「Xが本件土地の買収を受けるにあたり国から正当な補償を受けていることは，前記上告理由第一点に対する判断に説示したとおりであり，Yが本件土地を日本住宅公団に売却することによって利益を得たとしても，その利益がXの損失において得られたものということはできないのであり，これと同趣旨に出た原審の判断は，相当である。」

(2) 金銭の返還

通説的見解によれば，金銭所有権は占有移転によってその所有権が移転する。したがって，金銭については民法176条は適用されず，また，たとえ金銭が盗取または騙取された場合でも物権的返還請求権 rei vindicatio は生じない。原権利者は喪失した金銭そのものではなく価値であり，それゆえ損失者は，等価値の金銭の払渡し（返還？）を求める不当利得返還請求権を取得する（rei vindicatio の姿態転換したものといえる）。ここで返還を求められている利得が侵害利得であることはいうまでもない。

しかし，こうした金銭の特殊性には若干の留保が必要であろう。封筒や鞄等ごと盗取されたような場合には，金銭ではなく，特定動産として物権的請求権の対象となると解すべきである。金銭が盗取され，あるいは遺失して拾得されている場合に，その金銭が盗人または拾得者の下にとどまっているときは，なお所有権客体としての性格を保持しており，占有者による自己の金銭との混和，両替，費消，預入等によってはじめて rei vindicatio の対象から脱して侵害利得返還請求権が発生すると解すべきであろう。逮捕された盗人の手元に残存している現金について，物権的返還請求権ではなく，不当利

得返還請求権のみが成立するとするのは不自然である。

なお，この場合に原権利者が盗人ないし騙取者に対する不法行為にもとづく損害賠償請求権を有するかは問題である。しかし，侵害された権利が回復される場合には不法行為法は機能しない。盗取された金銭が盗人の下にあるときとは端的に物権的請求権が成立すると解すればよく，費消した場合でも悪意の不当利得（704条）によって律することができよう。あえて不法行為的救済を認める必要はない。

金銭が第三者に移転した場合には重要な問題が生じる。たとえば，BがAから騙取した金銭をCに対する債務の弁済に当てたような場合である。かつての判例は，金銭所有権の特殊性を認めることなく，金銭受領者への所有権帰属を認めて横領罪を認め，被騙取者は，即時取得の要件を満たさないかぎり，受領者に対して物権的返還請求権を行使することができると判示していた。

しかし，金銭は他の有体物と異なり，使用価値にそくした交換価値をもつものではなく，交換価値それ自体が使用価値であるという特質があり，具体的な場面で現実に引き渡された貨幣そのものは重要ではない。そのため，前述のように，学説はこうした金銭所有権の特殊性を前提として，「金銭所有権は占有により移転する」と捉えてきた。そうだとすると，Aの金銭を騙取したBがこれをCに給付したときは，AはCに対して rei vindicatio を行使することはできないが，不当利得返還請求権を認めることができるであろうか。このように，多数者間にわたって財産的移動がなされる場合は，いくつ

---

7) たとえば，Bが保管するAの所有動産を無断でCに譲渡した場合に，AはCに対して所有権にもとづく物権的返還請求権を行使することができ，損害は生じない（捜索費用，回復の費用支出，回復までの営業利益，慰謝料等は別）。不法行為が成立するのは，Cの即時取得によって物権的請求権の方法が尽きたときに生じるのである。

8) 最判昭和29年11月5日刑集8巻11号1675頁。

9) 大判大正9年11月24日民録26輯1862頁。同様にして，大判明治35年10月14日刑録8輯9巻58頁は民法193条を適用する。

10) 末川博「貨幣とその所有権」所有権・契約その他の研究［1939］。川島武宜・所有権法の理論［1949］199頁。最判昭和39年1月24日判例時報365号26頁（一般債権者による横領金に対する仮差押えに対する第三者異議の訴えを排斥した事例）。ドイツ民法935条1項もまたこうした視点から金銭の即時取得を否定しているが，わが国でも戦前に松本蒸治「金銭の即時取得について」私法論文集［1915］において民法193条・194条の適用を否定していた。

かの場面に分けて検討することが適切である。

ⅰ）Aの金銭を騙取したBが，Cに対する債務の弁済に当てた場合である（「**自己債務弁済型**」）。ここでは因果関係の「直接性」は存在しない。そこで，有力な学説は，「**社会観念上の因果関係**」の理論枠組みを

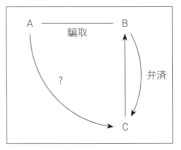

提示する（我妻）。すなわち，利得と損失との間に社会観念上因果関係があれば足り，AのCに対する不当利得返還請求の可否はCの主観的態様による。Cが悪意または善意重過失であれば，法律上の原因が不存在であるという。

最高裁も，直接的には因果関係を問題とするものではないが，これにしたがって，次のように判示した。

【判例24】最判昭和42年3月31日民集21巻2号475頁
　　YはABらと共同でCに対して蜜柑を売り渡し，残代金等（運送賃，箱代を含む）の債権が合計13万円となっていた。再三の支払請求を受けてCは，Xから蜜柑を買い受けることの斡旋をするとの口実でXを欺き，その前払代金名義でXより現金14万円を受け取り，そのうち13万円を自己のYらに対する前記残債務の弁済としてYに交付した。Yはこれを善意で受領した後，共同出荷者の内部関係における計算の結果それぞれ分配取得した。
　　「Yは，自己らに対してCが負担する債務の弁済として本件金員を善意で受領したのであるから，法律上の原因に基づいてこれを取得したものというべきであり，右金員が前記のようにCにおいてXから騙取したものであるからといって，Yについてなんら不当利得の関係を生ずるものではないと解すべきである。」

ⅱ）第2が，Aの金銭を騙取したBが，CのDに対する債務の弁済に充てた場合である（「**第三者受益型**」）。かつての判例は，Dの金銭の即時取得を前

11）金銭ではないが，同種の事案と考えられるものに，大判明治44年5月24日民録17輯330頁がある。これは，Aの白米を占有するBがこれを売却して換価金をCの債務の弁済に充てたもので，裁判所は，因果関係は「取引上の観念にしたがって確認できるものであればよい」として，AのCに対する不当利得返還請求権を認めた。

提にして，AC間でには直接の因果関係があるとした[12]。しかしその後，最高裁に至って，判例はここでは明確に「社会観念上の因果関係」の理論によって説明するにいたる。

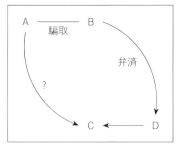

【判例25】最判昭和49年9月26日民集28巻6号1243頁
　農林事務官であるAは，昭和29年6月ころから十数回にわたって国庫より農業共済団体に交付すべき金銭を詐取してきた。そのため国庫負担金に不足を来したため，犯行の発覚をおそれたAはこれを隠蔽するため，X（農業協同組合連合会）から騙し取った金銭を，自己の銀行預金口座に振込預金して，自己の金銭と混和させ，また，両替，払戻し，定期預金口座への預入れ等をくりかえしたうえ，国庫金の穴埋めをした。XがYを相手どって不当利得返還請求訴訟を提起。原審は，AがXから詐取した金銭とYへの支払金とは同一性を肯定することができないと判示して，請求を棄却した。
　一部破棄差戻「およそ不当利得の制度は，ある人の財産的利得が法律上の原因ないし正当な理由を欠く場合に，法律が，公平の観念に基づいて，利得者にその利得の返還義務を負担させるものであるが，いま甲が，乙から金銭を騙取又は横領して，その金銭で自己の債権者丙に対する債務を弁済した場合に，乙の丙に対する不当利得返還請求が認められるかどうかについて考えるに，騙取又は横領された金銭の所有権が丙に移転するまでの間そのまま乙の手中にとどまる場合にだけ，乙の損失と丙の利得との間に因果関係があるとなすべきではなく，甲が騙取又は横領した金銭をそのまま丙の利益に使用しようと，あるいはこれを自己の金銭と混同させ又は両替し，あるいは銀行に預入れ，あるいはその一部を他の目的のため費消した後その費消した分を別途工面した金銭によって補填する等してから，丙のために使用しようと，社会通念上乙の金銭で丙の利益をはかったと認められるだけの連結がある場合には，なお不当利得の成立に必要な因果関係があるものと解すべきであり，また，丙が甲から右の金銭を受領するにつき悪意又は重大な過失がある場合には，丙の右金銭の取得は，

12）　大判大正9年5月12日民録26輯652頁，大判大正13年7月18日法律新聞2309号18頁，大判昭和13年11月12日民集17巻2205頁。ただし，大判昭和11年1月17日民集15巻101頁は，Dの金銭取得が贈与によるときは，Dへの返還請求権を認める。

被騙取者又は被横領者たる乙に対する関係においては，法律上の原因がなく，不当利得となるものと解するのが相当である。」

「社会観念上の因果関係」の理論に対する学説の対応は区々に分かれている。第1は，物権的価値返還請求権 vindicatio を認める立場がある[13]。これによれば，第三者への追及が可能となるが，金銭の高度の流通性からすれば，取引安全の配慮を無視することができない。そこで，この説は，悪意または重過失である第三者Cに対して追及できるという。善意無軽過失のCに追及できないのは，この者が金銭的価値を善意取得するからであるとする。第2に，債権者取消権を類推してBの無資力と受領者Cの悪意を要件として返還を認めようとする説がある[14]。ただし，この説は金銭騙取事例を不当利得法の枠外と位置付けるものであると思われる。しかも，この理論では，損失者AはBの他債権者と同順位となるから，優先的な取戻しは困難である。第3が自己債務弁済型と第三者受益型を区別して取扱いをする見解（川村）である。これによれば，自己債務弁済型では，第三者Cへの請求は否定されるが，第三者受益型では，Aから騙取された金銭が使用されたことにより，「他人の債務の弁済」としての有効要件を欠いており，Bの介在は法的には「無」に等しい。したがって，BがAから騙取した金銭がCのDに対する債務の弁済に充てられたことによって，Cは，かれ自身の金銭の支出を節約できたという受益（出費の節約）が，利得返還請求権の基礎となる[15]。

思うに，「社会観念上の因果関係」の理論は類型論とりわけ侵害利得と調和しない。つまるところ，この理論は不当利得における当事者規定の機能を果たすものではなく，原告と被告との間の利益衡量論以上のものではない。しかもその射程は明らかではなく，無限に拡散するおそれを含んでいる。ありていにいえば，利得の返還を認めるのが妥当である場合が因果関係があり，そうでない場合は因果関係がないというに等しい。また，そうならば，ＡＢ

---

[13] 四宮和夫「物権的価値返還請求権について」『私法学の新たな展開』（我妻追悼論文集）[1975] 183頁以下，好美清光「騙取金銭による弁済について－不当利得類型論の視点から」一橋 CONTROVERSY 5巻1号 [1986] 12頁以下。

[14] 加藤雅信・財産法の体系と不当利得法の構造 [1986] 634頁以下。

[15] 川村泰啓「『所有』関係の場で機能する不当利得制度(二)」判例評論120号 [1969] 12頁。

間の契約が無効・取消しの場合にも適用しうるであろうし，さらに，Aの主観的態様いかんでは，因果関係の存在が否定されることになる（不法行為と異なって，不当利得返還請求権の成否はオールオアナッシングであるから，Aの過失等帰責事由を理由として相殺することはできない）。

　価値のvindicatioの理論は魅力的であるが，動産における物権的返還請求権と同様の処遇を与えることはできない。iii)で述べるように，金銭返還請求権は破産法においても優先的な処遇を受けることがあるが，つねに対世的に貫徹できるわけではないからである。この説の論者は，悪意または重過失を要件として物権的価値返還請求権を肯定するが，抑も，vindicatioは相手方の主観的態様を問題とせず無条件に貫徹するものである。この説によれば，たとえば，A→B→Cと金銭消費貸借契約が締結されたが，AB間も契約もBC間も契約も無効または取消された場合にも，AはCの悪意または重過失を条件として金銭の返還を請求できることになるのであろうか。あるいは，AB間の金銭消費貸借契約が解除された後に，事情を知ってBから金銭の交付を受けたCに対しては，Aは物権的価値返還請求権を行使することができるのであろうか。これを肯定するときは，物権的価値返還請求権は原則なき当事者間の利益衡量論に堕していくことになろう。しかも，これらの場合に，Cの破産債権者に対してAは金銭の優先的取戻しを認めることができるわけではない。けっきょく，この理論は金銭を盗取または騙取されたAの救済のための窮余の手段に過ぎないように思われる。

　それゆえ，私は次のように考える。まず，自己債務弁済型については，原則として不当利得の成立を否定すべきであり，第三者が悪意ないし重過失の場合には不法行為的救済（債権侵害）によるべきものと考える。これに対して，第三者受益型すなわち，Bが騙取した金銭を他人Dに対する債務の弁済に充てた場合は，債務は消滅し（474条），BはCに対する求償権を取得し，弁済者代位によってDがCに対して有する一切の権利がBに移転する。この求償権およびその担保としての代位弁済の権利がBの受益として，Aはその権利の移転を請求することができるものと解すべきである。

　iii）Bが破産した場合には物権的返還請求権は影響を受けず，破産財団に対して取戻しを請求することができる（破62条）が，金銭についてはどうか。

侵害利得がrei vindicatioの姿態転換したものとして，これを肯定する学説がある。確かに，破産法上不当利得返還請求権それ自体は財団債権（破48条）としての処遇すら受けていない。物権・債権のドグマティークの対比の構成を採るわが民法の法構造からは，「破産債権への格下げ」は否定できないのであろうか。

　思うに，BがAから騙取した金銭によって破産財団は増殖しており，財団そのものが利得している点に注目すべきものと考える。騙取金を破産財団の中に組み込むことは，損失者の金銭によって破産債権者の配当率を高めることになるが，それは正当視されないであろう。こうした場合に，Aの優先的取戻しを認めたからといって，破産債権者が特別に害されるわけではない。破産法が破産者または破産管財人によって他人物が譲渡された場合に，代償的取戻権を与えている（破64条1項）のも，同様の思想にもとづくものである。それゆえ，Aは騙取金の返還請求権については，破産財団に対しても優先的取戻しを主張できると解すべきであろう。しかし，それはBの破産においてのみ妥当するものであり，騙取金による第三者弁済においては，求償利得の不当利得が問題となるから，上記のBがAから騙取した金銭をCのDに対する債務の弁済に充てた場合，Cの破産債権者に対しては優先的取戻しはできない。

4　侵害利得の態様

(1)　序　説

　侵害利得にはさまざまな態様がある。他人の権利の無断利用（特許権の無断使用や他人の肖像の商売の宣伝に利用）が侵害利得の典型的な例である（ただし，所有権侵害，すなわち，占有者が他人の所有物を使用・収益した場合の，使用利益および果実の返還は，物権的請求権の付随的規範である占有の規定によって処理される（189条，190条）ので不当利得の規定は適用されない）が，他人物の処分や費消あるいは法

---

16)　四宮(上)187頁，川村・前掲論文（一三）判例評論144号9頁。
17)　川村教授は「債権の『私的所有』」という構成の下から第三者異議の訴え，あるいは取戻権を肯定する。前掲論文（一三）判例評論144号3頁。これに対する批判として，加藤・財産法の体型と不当利得法の構造212頁以下。

(2) 他人物の処分

① 目的物が処分された場合，前述のように，物権的請求権の行使が可能であるかぎり，侵害利得は生じない。Aの所有する動産をBが無断でCに譲渡した場合に，Cにおいて即時取得が成立し（192条），あるいは盗品・遺失物の取戻しの可能性が断たれた場合（193条参照），譲渡人に対する不当利得返還請求権が生じることになる。しかし，権利者は物権的請求権を放棄して，Bに対する不法行為による損害賠償請求権または，侵害利得による価額返還請求権を行使することができ，目的物がCからD，DからEへと転々移転したときでも，物権的返還請求権を行使することができるときでも，選択的に侵害利得返還請求権を行使することができると解すべきであろう。すなわち，Aは現在の占有者Eに対して物権的請求権を行使することも，あるいはその前者であるDに対して価額返還を求めることができるというべきである。この場合に，侵害利得（価額）返還を認める場合の基準が客観的価額か市場価格か問題となる（後述する）。

② BがCに贈与した場合には，AはCに対して物権的請求権を行使することができるか。ドイツ民法は原権利者の返還請求を認めている。贈与は取引安全とは無縁であるとの考慮に基づくものであろう。しかし，贈与は現実にはかならずしも有償の世界から独立した存在ではない。贈与は割引取引や代物弁済と紙一重であり，取引行為に関連して有償契約を補充し，円滑ならしめるためにも重要な役割を果たしている。通説も贈与について即時取得を認めている。原権利者Aは処分者Bに対して価額返還を求めることで足りよう。

---

18) 失踪宣告の取消し（32条1項），通謀虚偽表示（94条2項）についても，同様の問題がある。

19) 藤原216頁は，この場合にD（同書ではC）の無資力の危険をAに負わせるべきではないとして，処分の追認と価値賠償との同時履行ないし価値賠償［債務］の不履行の解除条件付追認を提案する。至当な処理と思われるが，Dの側からする同時履行の抗弁権の行使は認めるべきではない。

20) ドイツ民法816条1項本文後段。

21) 清水・プログレッシブ民法［債権各論Ⅰ］125頁。

(3) 他人物の費消

食料や燃料等無権利者が他人の物を使用することによって消滅する場合（費消）には、侵害利得の問題となる。たとえば、他人の米を自己の所有と誤信して費消した場合には、米の代価（客観的価額）が返還されなければならない。ここでいう消滅は民法191条にいう「滅失」と同視してはならない。なるほど、いずれも現象的には物理的滅失を来す。しかし、同条の「滅失」においては、占有者による目的物の本来の使用目的を達成することなく消滅するのに対して、ここでの「消滅」は費消という形において、目的物本来の使用目的を達成した結果なのであり、その意味で利得は残存しているといえるのである。

(4) 他人の権利の使用・収益

① 他人の権利を無断で使用・収益することは侵害利得となる。たとえば、Aが所有する土地をBが無断で駐車場として使用していれば、AはBに対して不法行為に基づく損害賠償を請求することができるであろう。しかし、Bに故意・過失が認められるとしても、Aが更地として放置していた土地を無断使用したからといって、駐車料金相当額の損害を被ったということは困難である。侵害利得についても、「損失」が存在するかを問題とする向きがないわけではない。しかし、少なくとも、Aは他人に土地を賃貸等して使用料を徴収する可能性があると考えられ、その意味において、不当利得を語ることができるのである[23]。もっとも、他人物の無断使用・収益については、民法は占有者—所有者間の法律関係として規定をしており、ここで侵害利得の準則を適用する余地は少ない（189条および190条は不当利得の特則である）[24]。侵害者

---

22) 消費物の費消は金銭の費消とは区別されなければならない。金銭の費消は、金銭という価値の他人への移転であって、目的物が消滅するわけではないからである。すでに述べたように、金銭については、一定条件の下で第三者への追及の可能性が存在する点に注意をしなければならない。

23) 藤原222頁は、これを「金銭化の独占」と構成する。

24) 善意占有者は果実収取権を取得し、不当利得法的調整を排除するというのが現在の通説的立場である。同条及び190条を侵害利得類型の特則と捉える類型論の立場でも同様であり、善意有償で権利を取得した占有者の取引安全を部分的に保護するものと説明する。藤原142頁。反面からすれば、善意無償の占有者は果実を取得するもののその代価を不当利得として返還しなければならないことになる。しかしこれは正当ではない。他人物を無断で売却した場合に、譲受人は即時取得できないときでも、なぜ、果実にかぎって部分的保護を受けることができるのかを明らかにしていない。思うに、果実は占有者の投資の結果であって、元物から当然に生じるわけではない。たと

が目的物を占有していない場合が固有の侵害利得のルールの適用される場面である。また，使用利益に関しては厳密にはドイツ法と異なり，わが民法には明文の規定が存在しない。通説は「果実」に準じて占有の規定を適用するが，侵害利得として処理することも可能であろう。

　他人物の使用ではなく，共有者による使用であってもそれが合意によらずに他の共有者の使用収益の可能性を排して独占的に使用した場合には，不当利得となる。

　②　売買契約においては，契約当事者双方の債務は対価関係にあり，同時履行の抗弁権が認められるから，引渡債務，代金支払債務は双方とも遅滞に陥らない。しかし，所有権の移転は意思表示による（176条）から，成立時移転説の立場では，引渡前の売主による目的物の使用・収益は不当利得となるか問題である。民法575条はこれを立法的に解決しており，たとえ果実および使用利益と代金に付せられるべき利息が等価でなくとも，利得調整をしないものとしていると解される。別の見方からすれば，売買契約では目的物と代金とが当事者の意思において等価値であるにもかかわらず，その果実（利息と使用利益）の等価値性はかならずしも保障されておらず，使用利益が利息を超過するのが常態である。それは使用利益が経済の実勢によって決まるにもかかわらず，利息が固定的な利率によって算定されるという構造上の矛盾を反映しているためでもある。その意味でも同条項は重要な意義をもつものといえる。それだからこそ，代金が支払われている場合には果実収取権は買主に移転すると解すべきであり，その場合には売主は使用利益を不当利得として返還すべきなのである。

　③　借地借家法は，賃借権の譲渡転貸において賃貸人の承諾が得られない場合および期間満了後の更新が拒絶された場合に，建物買取請求権を認めて

えば，Aが所有する牛を盗んだBがこれをCに売却し，Cの下で仔牛を産んだとすれば，それは，飼料等Cの費用支出の結果にほかならないことは明らかである（かりに果実取得権を否定して，譲受人の仔牛の返還義務を認めれば，他方で養育費用の償還を求める権利を主張できるはずである）。その意味では，有償と無償とを区別すべき理由は存しないのである。

25) 駐車場の例でいえば，Bは土地をみずからに賃貸したと考えて，駐車料金（果実）の負担をみずからに課したのだということになる。

26) 大判明治41年10月1日民録14輯937頁，最判平成12年4月7日判例時報1713号50頁。

27) 清水・プログレッシブ民法［債権各論Ⅰ］88頁。

いる（13条，14条）。この場合に，建物の明渡しと買取代金の支払とは同時履行の関係にあるから，賃貸不動産の使用は民法575条により不当利得にならない。これに反して，敷地については不当利得として地代相当額を不当利得として返還しなければならないとするのが判例である[28]。確かに，建物買取請求権は建物に関して生じた債権とはいえても，敷地に関して生じた債権とはいいがたい。そのかぎりで敷地占有は不法性を免れず，不当利得返還請求権の成立を否定することはできないように見える。しかし，契約関係が存在する場合には，契約法に固有の規定が優先的に適用されるべきであるから，留置権ではなく同時履行の抗弁権のみが適用されると解すべきであり[29]，建物買取請求権制度という擬制された売買契約においては，建物および敷地の明渡請求権が一体化して建物買取代金請求権の対価となっているというべきであり，民法575条を適用して，代金が支払われないかぎり，敷地利用は果実に準じて不当利得を構成しないというべきである[30]。

④　建物賃借人が目的物に必要費，有益費等の費用を支出した場合には，その償還を請求でき（608条），そのために留置権を行使できる（295条1項）。留置権者は債務者の承諾がなければ留置物を使用することができず（298条2項），これに違反したときは，留置権の消滅請求を受ける（同条3項）。しかし，判例は費用償還を受けるまでの居住による使用は「保存に必要な使用」（同条2項但書）としたうえ，不当利得になるとした[31]。留置権においては，留置物と被担保債権は等価でないから，引渡しまでの使用利益と被担保債権の利息は独立して清算されるべきであり，そのかぎりで判例の立場は妥当であろう。しかし，賃料相当額の算定基準については疑問がある。賃料とは，個別具体的な賃貸借契約において合意された主観的数額であり，それは賃貸借契

---

28)　大判昭和11年5月26日民集15巻998頁，最判昭和35年9月20日民集14巻11号2227頁（同時履行の抗弁権を行使した場合），大判昭和14年8月24日民集18巻877頁，大判昭和18年2月18日民集22巻91頁（留置権を行使した場合）。
29)　清水・プログレッシブ民法［担保物権法］192頁。
30)　大判昭和7年1月26日民集11巻169頁は，敷地占有は家屋引渡しの拒絶から生じる反射的利益であるとして賃借人の地代相当額の不当利得の償還義務は発生しないとする。
31)　大判昭和10年5月13日民集14巻876頁，大判昭和13年12月17日法律新聞4377号14頁，大判昭和17年10月27日法学12巻421頁。さらに判例はこの不当利得返還債務と被担保債務との相殺を認める。大判昭和13年4月19日民集17巻758頁，大判昭和15年1月18日法律新聞4528号9頁。

約が有効に成立していることを前提としている。そうだとすれば，賃貸借契約が終了した場合は，賃料相当額は約定額ではなく，客観的市場価値によって算定されなければならない（それは約定額よりも大でも小でもありうる）。

(5) **法律上の規定と不当利得**

民法上，一定の事実にもとづいて法律の規定により利得を生じさせる場合が存在する。このような法律の規定そのものを「法律上の原因」として理解するときは，不当利得返還請求権は問題とならない。しかし，かかる規定は利得の保有を終局的に決定するものではない，不当利得の成否は各々の法規の趣旨に照らして実質的・最終的な利得保有を正当化しうるかどうかを決定すべきものである。

① **添付**（附合・加工・混和）によって権利の得喪が生じるが，それは一物一権の原則により，単一の所有権客体を生じさせる目的によるものであって，所有権の消滅による補償を否定するものではない。民法も不当利得による調整を認めている（248条）。帰責事由にもとづくものであるか否かは重要でない。もっとも添付における償金請求権がつねに侵害利得として処理されるべきわけではない。無効な売買契約にもとづいて提供された材料によって製品加工がなされた場合は給付利得の問題であり，他方で，合意に基づかずに添付がなされる場合は侵害利得となる。

侵害利得に関しては，添付行為の態様によって異なった扱いがなされるべきである。

第1に，AがBの種苗を盗んでAの土地上に播種したり，あるいはBの材料を盗んで自己の製品として加工した場合，添付によりAが所有権を取得するときは，BはAに対して償金請求権を取得する（248条）。これに対して，Aが自己の種苗を無断でCの土地に播種したような場合には，Cが所有権を取得する結果として，AがCへの償金請求権を取得することになるが，ここにはいわゆる「押しつけられた利得」（後述）の問題がある。民法196条2項を類推適用して，Bは支出額または増価額のいずれか少額を選択して支払えばよく，また，裁判所による期限の許与が認められるべきであろうか。[32]

---

[32] 私見では，原則としてBはAに対する分離権・分離請求権を認めるべきものと考える。すなわち，Bには，分離か添付による償金支払義務を選択することができるものと解すべきである。

第2に問題となるのは，第三者への給付が他人の所有権侵害となる場合である。たとえば，BがCとの請負契約にもとづいて建物を修繕したところ，材料がAに属していたような場合である。附合により材料所有権は注文者Cに帰属する。AB間に契約関係が存在していれば利得調整は契約当事者間でなされるのが原則であろう（**侵害利得の補充性**）。材料所有者Aは請負人Bに対して契約上の請求をなしうるにとどまり，注文者Cに対する侵害利得による償金請求権を取得しない，と解すべきである。そして，AB間の契約関係が無効または取り消された場合であっても，同様に，Aは契約の相手方に対してのみ権利を主張できるにとどまるというべきである。

　これに対して，AB間に給付関係が存在しない場合（たとえば，Bの材料を盗んだAがこれを使用して注文者Cの建物を修繕）は，Bは，侵害利得による償金請求権をCに対して取得することになる（CのAに対する不法行為等による損害賠償請求は別論）。

　②　取得時効または消滅時効ないし除斥期間の経過による権利の消滅，即時取得は，占有者に最終的に権利を帰属させる制度であるから，不当利得の問題は生じない。

　③　準占有者への弁済（478条）および受取証書の持参人への弁済（480条）は，善意の弁済者を保護するために弁済を有効とするものであり，本来の権利者からする弁済受領者への不当利得返還請求権を否定するものではない。ただし，有力な学説は，弁済者が478条等による保護を放棄して弁済を無効として受領者に不当利得返還請求権を認めるべきであると主張する。判例にも債権の準占有者に対する弁済をした債務者に過失があった場合に，弁済受領者に対して不当利得の返還を請求できるとしたものがある。

　Cが悪意または重過失である場合には，Cに対しても分離権・分離請求権を認めるべきであろう。この権利は物権的請求権の亜種と考えられる。清水・プログレッシブ民法［物権法］132頁。
　33）　最判平成5年10月19日民集47巻8号5061頁は，下請人の注文者に対する償金請求権の成立を否定する。ただし，本事案では，下請の性質すなわち，下請人が元請人の履行補助者であるという点に根拠を求めている。
　34）　同旨，好美清光「不当利得法の新しい動向について（下）」判例タイムズ387号［1979］27頁以下。
　35）　大判大正7年12月7日民録24輯2310頁。なお，大判明治37年5月31日民録10輯781頁は，債権の譲渡人が譲渡通知をしないで自ら弁済を受けた場合には，その弁済は有効であるから，譲渡人は譲受人の財産により不当に利得し，これに損失を及ぼしたといえる，という。

④ 善意占有者の果実取得（189条）については，かつて反対説もあったが，現在では終局的な権利取得として不当利得による処理に服さないと解されている。[37][38]

(6) 執行行為による他人の権利の侵害

強制競売や担保権実行によって，債務者（または物上保証人）の財産が第三者に買い受けられたところ，債権が不存在であったり，あるいは消滅していた場合，または担保権そのものが存在していなかったような場合に不当利得の問題が生じる。この類型は侵害利得ではなく，給付利得として説明する立場もある（四宮）。しかし，執行行為は国家権力による権利実現であるから，双務契約の巻戻しのルール等給付利得のルールがそのまま適用されるわけではない。かといって，執行行為における不当利得は多様であり，一概に侵害利得である（藤原）と断定するのも躊躇を覚える。さしあたって，本書では侵害利得に分類することにしたが，民事執行の特殊性がそこに反映していることを認める必要がある。

(a) 給付判決にもとづく強制競売

債権が存在せず，あるいは弁済消滅したにもかかわらず，強制執行がなされた場合，本来ならば執行手続が覆って原状回復がなされるはずである。もっとも，給付判決にもとづく強制競売については，債務名義に公権的な権利確定効があるため不当利得の問題は生じない。[39]ただし，原告が被告の権利を害する意図で，作為または不作為により被告の訴訟手続への関与を妨げ，または虚偽の事実を主張して裁判所を欺罔する等不正な行為をなし，その結果

---

36) 最判平成17年7月11日判例時報1911号97頁。事案は，銀行が過失によって共同相続人の一人に相続持分を超えて預金債権の払戻しをしたものである。ただ，この場合には銀行は民法478条の保護を得ることができないから，他の共同相続人からの相続持分による払戻請求に応じなければならず，払戻しをした後でなければ「損失」は生じないといえそうである。しかし，他面で銀行の弁済は非債弁済となるから取戻しを請求できると考えられ，判決は妥当であろう。ちなみに，最判平成16年10月26日判例時報1881号64頁は，債権者からの返還請求に対して，債権の準占有者が民法478条の適用がない以上，不当利得上の損失が発生していないと主張することは，信義則上許されない，と判示する。

37) 末弘厳太郎「占有の効力，特に果実収取権について」民法雑記帳（上）［1953年］221頁以下。舟橋諄一・物権法［1960年］309頁も同趣旨か。

38) 最判昭和42年11月9日判例時報506号36頁。

39) 大判明治38年2月2日民録11輯102頁。大判明治33年3月10日民録6輯51頁は，確定した執行命令に対しては，再審の訴えによるほか不当利得返還請求をなしえないとする。

本来ありうべからざる内容の確定判決を取得してその強制執行をして被告に損害を与えたときは，被告は再審の訴を提起するまでもなく，原告の不法行為を理由に損害賠償を請求することができる，と判示したものがある[40]。

　第三者の財産を競売してその代金が配当されたときでも，真の所有者は目的物の所有権を失うものではないから，買受人に対して物権的返還請求権を行使することができる（ただし，即時取得の可能性はある）。その場合，買受人は契約を解除して債務者ないし配当を受けた債権者に対して，代金の全部または一部を請求することができる（568条）。同条は債務者無資力を要件とする（一種の転用物訴権？）。判例は配当を受けた債権者に対して不当利得返還請求権を行使できるとするが[41]，その趣旨は同条とは独立して直接請求できるところにあると考えられる。

(b) 仮処分

　仮処分命令により保全すべき権利が，本案訴訟の判決において存在しなかったものと判断されて，仮処分命令取消決定が確定すれば，債権者に交付された間接強制金は法律上の原因を欠いた不当利得に当たる[42]。また，支払命令またはこれに基づく仮執行命令に基づいて給付を受けた場合，その命令が効力を失い，かつ命令の基因である事由の存しない以上は，不当利得返還請求権が発生する[43]。

(c) 公正証書による強制執行

　債務名義としての公正証書には給付判決のような権利の公権的確定力がないから，債務債務名義の内容たる債権が不存在であるにもかかわらず，強制執行によって転付命令を受けたときは，不当利得になる[44]。

---

40) 最判昭和44年7月8日民集23巻8号1407頁。
41) 大判大正8年5月26日民録25輯900頁，大判昭和9年7月5日法律新聞3728号11頁，大判昭和9年7月25日法律新聞3728号9頁，大判昭和14年9月8日民集18巻1059頁。なお，大判昭和7年10月24日民集11巻2187頁は，債権者が強制執行によって差押物である稲を競売して売得金を領収したところ，その稲が第三者の所有に属することが判明し同人に損害を賠償したときは，利得返還義務をも履行したこととなるという。
42) 最判平成21年4月24日民集63巻4号765頁。
43) 大判明治35年10月30日民録8輯162頁。
44) 大判昭和8年6月28日法律新聞3581号8頁。

(d) 調停証書

調停調書は，債務名義としては権利の公権的確定力はないから，債権の存否を争うことができ，調書の基本である債権が弁済消滅していたときは，強制執行によって転付命令を取得した債権者は不当利得返還義務を負う。[45]

(e) 民事執行

担保権が実行されたところ，被担保債権が不存在であったり・消滅していた場合，あるいは担保権の不存在・消滅の場合，強制競売とは異なり，債務名義を不要としている現行の民事執行法では手続そのものが覆るおそれがある。現に民事執行法制定前の旧競売法下では，判例は，無権利者による抵当権設定は無効であるとして，競売がなされても買受人に所有権は移転せず，したがって，真の所有者の抵当権者に対する不当利得返還請求権は成立せず，[46]設定者は競売無効を主張して競落人に対して引渡しや登記の抹消請求をすることができた。[47]そして，競落人は配当債権者らに対して不当利得返還請求権をもつとする立場と担保責任（568条）を主張しうるとする立場が対立していた。判例は，強制競売については，前述のように，前者の立場に立つ。後者の立場では，債務者に対して返還請求をし，債務者が無資力の場合に配当債権者に返還請求することになるのに対して，前者の場合には，配当債権者のみに請求できるにとどまる。しかし，債務者が無資力である蓋然性は高く，また，配当受領者が多数にわたる場合には，競落人が救済されないおそれが大きく，いずれも手続を信頼して参加した競落人の保護に乏しいという立法的批判が強かった。民事執行法はこれに立法的解決を与えたのである。すなわち，新たに184条は，「買受人の不動産の取得は，担保権の不存在又は消滅により妨げられない」と規定する。ただ，民事執行法はドイツ法のような担保物権実行に物的債務名義を要するものとしていないため，限界がある。同条は手続の公信的効果を認めたものではなく，手続法上の失権効であると解されており，[48]他人物の競売について，物権的返還請求権の行使の可能性を排

---

45) 大判昭和7年10月26日民集11巻2043頁。
46) 大判明治36年7月10日民録9輯922頁。
47) 最判昭和37年8月28日民集16巻8号1799頁。
48) 清水・プログレッシブ民法［担保物権法］93頁以下参照。

除できない。すなわち，BがAに対する貸金債権の担保のためにA名義の不動産上に設定を受けた抵当権を実行した結果，D_1〜D_nの債権者に配当されたところ，不動産は第三者Cの所有であったような場合，競売手続は覆るとされたものがある。[49] この場合に所有権を取得できなかった競落人の不当利得の問題が依然として残っていることになる。

【判例26】最判昭和63年7月1日民集42巻6号477頁
　製綿業を営むAはYから融資を受けていたが，Aの代表取締役Bはその担保として亡義父Cの所有する本件土地に無断で根抵当権を設定して，登記手続を経由した。根抵当権が実行され，Yみずからが買い受けて所有権移転登記を受けた。Cから本件土地の遺贈を受けたXよりYに対して受領した金員につき不当利得として返還を求めた。原審裁判所は，根抵当権実行による競売の結果，第三者が不動産の所有権を喪失し，債権者がその売却代金から弁済金の交付を受けて被担保債務が消滅したときは，法律上の原因なくして第三者の不動産により利得したものは，債務者であって債権者ではないとして，請求を棄却。最高裁はこれを破棄して次のように判示した。
　「債権者が第三者所有の不動産のうえに設定を受けた根抵当権が不存在であるにもかかわらず，その根抵当権の実行による競売の結果，買受人の代金納付により右第三者が不動産の所有権を喪失したときは，その第三者は，売却代金から弁済金の交付を受けた債権者に対し民法703条の規定に基づく不当利得返還請求権を有するものと解するのが相当である。けだし，右債権者は，競売の基礎である根抵当権が存在せず，根抵当権の実行による売却代金からの弁済金の交付を受けうる実体上の権利がないにもかかわらず，その交付を受けたことになり，すなわち，その者は，法律上の原因なくして第三者に属する財産から利益を受け，そのために第三者に損失を及ぼしたものというべきだからである。」

　動産競売に関しては即時取得の可能性がある。これにつき，設定行為が無効であった質権を実行して，破産財団に属すべき質物の売却代金中より被担保債権の弁済を受けたときは，破産財団に対して不当利得を構成するとした判決がある。[50]

---

49) 最判平成5年12月17日民集47巻10号5508頁。

(f) **不当配当**

競売手続において不当な配当がなされた場合にも不当利得の問題が生じる。後順位抵当権者が先順位抵当権者よりも優先的に配当を受けたような場合や、配当を受ける権利がないにもかかわらず配当を受けた場合が典型的なものである。それ以外に裁判例として次のようなものがある。

ⅰ）根抵当権に基づく物上代位権の行使としてなされた差押命令と一般債権者の差押命令とが競合する場合に、第三債務者が劣後する差押債権者に弁済したため、さらに優先する差押債権者へも二重に弁済を余儀なくされたときには、劣後する差押債権者に対して、不当利得としてその支払金員の返還を求めることができる。

ⅱ）抵当不動産の第三取得者が必要費・有益費を支出したにもかかわらず、抵当権実行の際に優先償還（391条）を受けられなかった場合に、抵当権者に対して不当利得返還請求権を有する。

ⅲ）競売代金の配当に際して、弁済期未到来の債権に対して供託をすべきところを、他債権者に配当したときは、この者に対して不当利得返還請求権を有する。

ⅳ）債務名義の内容である債権が転付命令のあった当時、時効消滅していた場合には、転付命令の効力に影響はないが、差押債権者の債権取得は法律上の原因を欠くことになる。

---

50) 大判明治43年11月25日民録16輯795頁、大判大正3年7月1日民録20輯570頁、大判大正4年8月26日民録21輯1417頁。
51) 大判昭和8年10月18日大審院裁判例7巻民242頁、最判昭和32年4月16日民集11巻4号638頁、最判昭和43年6月27日民集22巻6号1415頁、最判平成3年3月22日民集45巻3号322頁。ただし、最判平成10年3月26日民集52巻2号513頁は、配当配期日において配当異議の申出をしなかった一般債権者は、他の債権者が配当を受けたために自己が配当を受けることができなかったというだけでは損失が生じているということができないとする。
52) 大判大正7年3月8日民録24輯391頁。
53) 最判平成9年2月25日判例時報1606号44頁。
54) 最判昭和48年7月12日民集27巻7号763頁。
55) 大判昭和15年7月2日法律新聞4601号12頁。
56) 大判大正13年2月15日民集3巻10頁。

5 侵害利得の効果

（1） 侵害利得は，前述のように，物権的請求権の姿態転換したものであるから，給付利得とは異なって（給付利得については受益者の善意悪意は原則として問題とならない），侵害者が無権利であることを知っている（悪意）場合と知らなかった場合（善意有過失を含む）とで区別されなければならない。[57] したがって，その区別にしたがって，返還義務の範囲が異なってくる。善意の利得者は，「利益の存する限度において」返還する義務を負い（703条），[58] 悪意の利得者は「受けた利益」に利息を付して返還しなければならず，さらに損害が生じた場合にはその賠償をしなければならない（704条）。[59]

（2） 不当利得返還請求権の対象は原物返還が原則であるが，原物返還が可能であれば物権的返還請求権を行使することができるので，侵害利得においては価額返還が原則となる。[60] 例外的に代位物（第三者による目的物の毀滅による損害賠償請求権や，土地収用による補償金，保険金請求権等）の引渡しを請求することができるか問題になる。たとえば，Aが所有する物を盗んだBがCに売却したが，Cのもとで目的物が滅失した場合において，Cが付保していたときAは保険金請求権の移転を請求することができるか。これを肯定する学説があるが，[61] 原則として否定すべきであろう。保険金は保険契約から生じたものであって，Aの損失からCが受益したものではないからである。

これに対して，Cのもとでの滅失がDの不法行為による場合の損害賠償請

57） 多数説は過失ある受益者については民法704条を適用する。しかし，有過失の受益者が「受けた利益」に利息支払義務のみならず，損害賠償責任まで負担させるのは酷であろう。また，侵害利得返還請求権が物権的返還請求権の転形であること，物権的返還請求権行使の場面では，過失占有者といえども果実収取権を取得する（189条）こととの均衡を考えるならば，不法行為による救済は別として，善意有過失占有については，703条を適用すべきものと解さなければならない。結果同旨，藤原155頁。

58） 法人の悪意については，法人の代表者の悪意による。最判昭和30年5月13日民集9巻6号679頁。

59） 期限の利益喪失特約の下での利息制限法の制限を超える利息の支払の任意性を否定した最高裁判決の言渡し日以前にされた制限超過部分の支払については，貸金業者が特約の下でこれを受領したことのみを理由に，当該貸金業者を民法704条の「悪意の受益者」と推定することはできない。最判平成21年7月10日民集63巻6号1170頁。

60） 大判大正4年5月20日民集21輯730頁は，他人の山林から雑草木を刈り取った事案につき，価額賠償を認める。

61） 四宮（上）85頁。

求権は目的物の代償物であるから肯定できるように見える。しかし，侵害利得においては，受益者は所有権を取得しないから，そもそも損害賠償請求権を取得しない。不法行為による損害賠償請求権は損失者に直接帰属するのであって，代位物として侵害利得は成立しないというべきである。

受益者により目的物が転売された結果，転得者において即時取得が成立した場合に，損失者（原権利者）は転売代金債権の移転を請求することができるかも問題である。これを肯定する学説がある[62]。判例上もこれを認めたものがある。ちなみに，破産法は代償的取戻権（破64条）によって，破産財団に属さない物を管財人が売却した場合の売買代金債権の原権利者への移転を認めている[63]。

【判例27】 大判昭和12年7月3日民録16集1089頁

X合資会社の職工のAはXの所有する製紙パルプを窃取して，Yに2,353円にて売却し，Yはこれを善意のBに2,788円で転売した。目的物はBの下で費消された。そこで，XはYに対して転売代金を不当利得として返還請求をした。

「右売買及転売ノ行為ハ各独立シテ存シ其間所論ノ如ク一連不可分ノ関係ニアルモノニ非ス，従テYハAニ対シ其ノ支払代金ノ返還請求権ヲ有スルヤ否ヤハ別問題トシ，Yノ転売ニ依リテ得タル利益ハXノ所有物件ヲ喪失セシメタルニ其因スルモノナレバYトAトノ間ノ売買ニ関係ナク別個ノ不当利得ヲ構成スルト謂フベク，YノXニ対スル利得返還義務ハ右代金相当額全部ニシテ所論ノ如ク右売買代金ト転売代金トノ差額ニ非ス」

【判例28】 最判平成19年3月18日民集61巻2号479頁

Xらは本件親株式（「ドコモ」の株式）を取得して証券会社から株券の交付を受けたが，その際に名義書換手続をしなかったため株主名簿上の株主は旧株主であったYのままであった。ドコモは普通株式1株を5株に分割する旨の株式分割を実施し，Yはこれにより増加した新株式に係る株券（本件新株式）の交付を受けた。その後Yは第三者に対して本件新株式を売却し，売却代金5,350万余を取得した。Xらはドコモに対して本件親株式について名義書換手続を求めるとともに，Yに対して本件新株券の引渡しを求めた。これに対し，Yは日

---

62) 四宮（上）194頁以下。
63) 同趣旨のものとして，大判明治38年11月30日民録11輯1730頁。

本証券業協会が定める「株式の名義書換失念の場合における権利の処理に関する規則（統一慣習規則第2号）」により，本件新株券の返還はできないなどとして，Xらそれぞれに対し，各6,105円のみを支払った。そこで，Xらは，Yは法律上の原因なくXらの財産によって本件新株式の売却代金5,350万余の利益を受けたとして不当利得返還請求権に基づき，上記売却代金の支払等を請求した。

「不当利得の制度は，ある人の財産的利得が法律上の原因ないし正当な理由を欠く場合に，法律が，公平の観念に基づいて，受益者にその利得の返還義務を負担させるものである。

受益者が法律上の原因なく代替性のある物を利得し，その後これを第三者に売却処分した場合，その返還すべき利益を事実審口頭弁論終結時における同種・同等・同量の物の価格相当額であると解すると，その物の価格が売却後に下落したり，無価値になったときには，受益者は取得した売却代金の全部又は一部の返還を免れることになるが，これは公平の見地に照らして相当ではないというべきである。また，逆に同種・同等・同量の物の価格が売却後に高騰したときには，受益者は現に保持する利益を超える返還義務を負担することになるが，これも公平の見地に照らして相当ではなく，受けた利益を返還するという不当利得制度の本質に適合しない。

そうすると，受益者は，法律上の原因なく利得した代替性のある物を第三者に売却処分した場合には，損失者に対し，原則として，売却代金相当額の金員の不当利得返還義務を負うと解するのが相当である。」

かつての通説は，受益を現在の財産状態とあるべき財産状態との差額であると捉えていた（いわゆる**総体差額説**）ため，不当利得返還請求権は「受けた利益」ではなく，「現存利益」について生じることになった。しかしそれでは，返還の範囲が「受けた利益」を超えて拡がってしまうおそれがある。のみならず，転売代金が目的物の客観的価額よりも大きい場合に，善意の受益者に酷な結果となる。転売利益は，譲渡人（受益者）自身の才覚と投資の結果であり，善意であるかぎりかれに帰属すべきものだからである。類型論の立場では，受益＝損失は，権利の「割当内容」によって決まるから，客観的市場価値が基準とならなければならない。では，市場価格よりも安く転売した場合はどうか。学説の多数は転売価格を返還すればよいと解している。

しかし，この場合でも，客観的市場価値の賠償を肯定したうえで，現存利益の範囲に縮減されると解すべきであろう。Cが贈与した場合も同様に考えてよい（10割引きと考える）[64]。

これに対して，悪意受益者については，損失者の選択にしたがい客観的価額または転売代金債権の移転を請求できるものと解すべきであろう[65]。そのかぎりで，準事務管理と同様の法的効果をもたらすことになる。

さらに，受益者の下で転売契約が締結されたが，これが無効または取り消された場合に，受益者（譲渡人）の給付利得返還請求権の「不当利得」を問題とする学説がある[66]。しかし，物権的請求権が行使できるかぎり，侵害利得の余地はない。

(3) 第三者Bへの対価支払を控除することができるであろうか。学説は控除説，非控除説に分かれる。大審院はこれを否定していた（前出，【判例27】）ところ，戦後下級審であるが，控除説を採った注目すべき判決が出た。

【判例29】高松高判昭和37年6月21日高民集15巻4号296頁

YはXの使用人であるAからX所有の木材を買い受け，自ら製材した上橋梁材，建築材等として他に売却したが，この木材はAがXから盗み出したものであった。

「そうすると，Yが右売却（転売）によって得た代金額は，元来処分権のないX所有の木材を処分したことにより得た利得であるから，これは一応法律上の原因なくして得た利得というべきものである。ところで，このような場合，民法第703条の不当利得とはYが得た転売代価全部（又は木材の客観的価格）をいい，これが取得のためAに支払った代金（損失）を控除すべきでない（以下不控除説という）というべきか，或は原判決理由中に記載のように木材買入れと転売との間には経済上不可分の関連にあるものだから，転売による利得から買入れのための支払代価（損失）を控除した差額である（以下控除説という）というべきかは，説の分れるところであり，困難な問題である。［……］本件の場合においては，前認定のとおり，Yが本件木材を取得する当時においては全く

---

64) ドイツ民法816条1項はこれと異なり，受贈者に対する返還請求を認める。
65) フランス民法1380条は，善意受領者は売却代金のみを返還すべきであり，悪意受領者は物の価額を返還しなければならないが，代価が現実の価額よりも少ないときでも，免責されないと解されている。Colin et Capitant, *Cours élémentaire de droit civil français, t. II, n°237.*
66) 四宮(上)187頁。

善意,無過失であり,一方DはXの被用者であり,本件のような事態が生じた所以は,直接にはDが木材を盗み出したことであり,間接には使用者たるXのDに対する選任,監督上の不行届(過失)に基因したものということができる。そうすると,仮に不控除説によるときには,全く善意無過失であり何ら責められるべきところのないYが損失を受けることとなり,その原因につき間接にでも過失のあったものというべきXが損失の補填を受けることとなり,不公平な結果となる。これに反し,控除説に従うときには,右のような実際上の矛盾,不公平はなくなり,不当利得制度の目的である具体的公平の理念に合致する結果となる。したがって,本件の場合においては,控除説に従うのが相当である。」

　本事例では,損失者の側に使用者としての責任が認められたため,控除説にしたがっており,事案の解釈としては妥当であると思われるが,一般論としては,次のように考えるべきである。他人物の処分は盗品・遺失品の場面とそれ以外の場面で異別的処理を行うべきである。すなわち,盗品・遺失品の場合には,第三者が善意無過失であっても,原権利者の回復請求権が認められているが,原権利者からの返還請求に対して,第三者は弁償請求権を行使することができ,かつ,そのための留置権を与えられている(194条)。したがって,第三者がさらに目的物を転売し,そこで即時取得が成立したことによって,侵害利得として返還義務が生じる場合にも,同様の保護が与えられなければ均衡を失する。そうだとすると,第三者は目的物を取得するために支払った対価を控除されるべきである。

　これに対して,それ以外の場合,たとえば,Bが寄託を受けていたAの所有物を無断でCに売却した場合に,Cに即時取得の要件が具備しないかぎり,Cは無条件でAの物権的請求権に晒されるのであって,民法194条の趣旨からして,Bに対する権利(他人物売買による代金返還請求権)をもって抗弁(同時履行の抗弁権ないし留置権)となしえないと解されよう。そうだとすると,Cがかりに目的物をDに転売して,Dの下で即時取得が成立することによって侵害利得が成立したときに,Aからの請求に対してBへの対価支払を控除できると解するのは均衡を欠くことになる。したがって,ここでは,控除は許されないと解すべきである。

(4) 侵害利得についても費用を支出したときはこれを控除すべきであろうか。たとえば，Aが所有する車を無権利者のBがCに譲渡し，Cは即時取得の要件を欠いていたが，Cの下で車が滅失したとしよう。CはAに対して車の価額返還をしなければならない。そして，侵害利得返還請求権は rei vindicatio の転形であるから，占有者・所有者の法律関係に準じて処理されるのが適切である。ところで，民法196条1項は，占有者が果実を取得したときは，償還請求権を有しないと規定している。そこで，Cが善意占有者であれば，目的物に必要費を支出したときは，これを控除すべきであるが，占有中に使用・賃貸（法定果実の取得）がなされていたときは，使用利益として費用と相殺される結果として控除は許されない。これに対して，Cが悪意の受益者の場合は問題である。悪意占有者であれば，使用利益・果実の代価を支払う義務があるから，これに準じれば，格別に清算されることになる。これに対して，有益費については，民法196条2項により利得の現存を条件として，損失者の選択にしたがって，支出額または増価額を請求しうる。これに対して，奢侈費については償還請求権が否定されていることとのバランス上，原則として控除されないが，例外的に利得債権者の「過責」を根拠として控除することは許される。この理論を侵害利得に平行移動するならば，同条項の趣旨を類推して，必要費については全額を，有益費については支払額か増価額のうち，より小額の方を控除できるというべきである。

同様に，受益者が受領を媒介として被った損害（たとえば，Aの飼い犬を無権利者のBがCに売却したが即時取得が成立しない場合で，Cが犬によって咬まれて怪我を負ったときの治療費等）も控除されない（Aが動物占有者の責任（718条）を負うか否かは別論）。

---

67) これは，費用額が果実の代価を超えた場合には不当な結果をもたらす。したがって，損失者は，その選択にしたがって，悪意の受益者に対して果実の代価を請求して費用を償還するか，果実を放棄して費用償還義務を免れるかの選択権を行使できると解すべきであろう。清水・プログレッシブ民法［物権法］35頁。
68) 谷口知平・不当利得の研究［1949］369頁。
69) 川村・「「所有」関係の場で機能する不当利得制度」(6)判例評論126号6頁。
70) これに関して，川村・前掲論文(10)判例評論138号8頁は，利得債務者の責めに帰すべき事由によって利得者が損害を受けた場合一般は，利得債権者の「過責」を根拠として控除されるにとどまると述べる。

4 求償利得

1 序説

類型論は第三の類型として支出利得を上げることがある[1]。これには、下位類型として**求償利得**と**費用利得**があると説かれる。しかし、前者は給付利得の亜種であるのに対して、後者は侵害利得の亜種と考えられ、その構造と機能は異なるように思われる。とりわけ、後者については「押しつけられた利得」の処理が重要な問題となっている。そして、前者は、給付行為によって財産的利益の移動が損失者から利得者に直接的に生じるのではなく、第三者間不当利得である点に特徴がある[2]。

2 求償権との関係

(1) 民法は多当事者間の利得調整について、「求償権」制度を規定しており、その限りで不当利得規範は排除されていると考えられる。明文による求償権の付与が「法律上の原因」なのである[3]。実質的に見ても、求償利得返還請求権が債権的権利にすぎず、相手方破産の場合には破産債権の地位に甘んじなければならないのに反して、求償権による代位制度は、債権者の有する優先的権利を承継しうる点で有利な制度であることにも注意を向けなければならない。ただし、すべての求償が「不当利得」ではない。求償は(委任)契約にもとづいて生じる場合があり、または事務管理にもとづく場合がある。保証委託契約において、求償の内容と範囲は本来委任契約による当事者の合意に委ねられるのが原則であり(民法459条は特約のない場合の任意規定である)、保証人の弁済等によって債務者は免責されるが、この場合の保証委託契約が「法律上の原因」である。委託なき保証の場合も、それが事務管理となると

---

[1] 四宮(上)202頁、藤原291頁。
[2] 近時の渡邊力「第三者弁済における求償権―ドイツ求償不当利得論に示唆を得て―(1)(2)」名古屋大学法政論集189号[2001]以下は、この問題を扱った数少ないすぐれた論考である。
[3] もっとも、通説は求償権の担保のために債権者の権利(原債権および担保権)が弁済者に代位すると解しているので、そのかぎりで債務は消滅せず、移転するにすぎない(法定債権譲渡?)と考えられる。そうだとすると、債務の消滅を前提とする求償利得制度と相容れないことになる。

き，すなわち，主たる債務者の意思に反しない弁済等は，事務管理法の特則たる462条1項の規定が「法律上の原因」である。これに対して，意思に反する弁済等（同条2項）は事務管理でないから，不当利得（求償利得）返還請求権のみが問題となるが，もっぱら不当利得の特則たる同条項が適用されることになる。これらの制度の説明については債権総論の教科書に譲る。[4]

(2) 第三者弁済（474条）の場合も求償の問題が生じる。利害関係を有する第三者（物上保証人，第三取得者等）は，債務者の意思に反しても有効に弁済をなしうるが，この場合でも法定代位（500条）が生じるから，求償利得は排除されると考えられる。[5] 利害関係を有しない第三者でも，債務者の意思に反しない場合は，有効に弁済をなしうる。この場合は，「債権者の承諾」（499条）によって代位するから，承諾がなされないときは，求償利得返還請求権の生じる余地があるように見えるが，債権者が代位についての承諾を拒絶できること自体不当であり，同条の趣旨は，弁済者は債権者に対して「承諾」を請求することができ，その「履行」によって代位することができると解すべきであるから，この場合でも求償利得は排除されると考えるべきである。[6] これに反して，債務者の意思に反する弁済は問題である。この場合には第三者の弁済は無効であり，債務消滅の効果は（したがって，弁済者代位も）生じない。そこで，弁済者は債権者に対して非債弁済として利得返還請求権を取得する（705条の反対解釈）が，707条の適用があることは前述の通りである。

(3) 求償利得は，弁済者自身も債務を負っているが，その履行が弁済者以外の者の利得を生じさせる場合にも生じる（不可分債務者，連帯債務者，共同保証人，使用者責任）。[7] これらについて特別規定が設けられている場合はそれによる。特則（442条1項，464条，465条，715条3項）が「法律上の原因」であり，本来の不当利得（求償利得）返還請求権は生じない。これに対して，特則がない場合には，直接に不当利得（求償利得）返還請求権が指示されよう。たとえば，共同不法行為（719条）においては，後述のように，寄与度に応じて

---

 4) 清水・プログレッシブ民法［債権総論］233頁。
 5) 第三取得者について，判例は当初代位を否定していたが（大判大正10年11月18日民録27輯1966頁），最高裁は351条の準用を認めるに至っている。最判昭和42年9月29日民集21巻7号2034頁。
 6) 清水・同書286頁。
 7) 大判大正9年11月18日民録26輯1714頁。

内部的責任割合があり，求償利得返還請求権が生じると解される。また，扶養義務者間の求償も明文の規定がなく，求償利得が指示されなければならない。要するに，求償権の規定がなく，したがってまた代位制度によらない場合が求償利得の機能する場面であり，かつ，それに限られるというべきである（不当利得の補充性）。

3 求償利得の要件

　求償利得の要件は，まず出捐（弁済）がなされていること（＝損失）である。第二に，出捐により第三者の債務が消滅すること（＝受益）である。因果関係の要件は求償利得には重要ではない。第三者の債務が存在しない場合，出捐者が自己の債務と誤信して他人の債務を弁済した場合についてはすでに触れた。

5 費用利得

❶ 序　説

　費用の概念は多義的であり，契約にもとづく報酬と同義で用いられることがあり，その差異はかならずしも明確ではない。請負契約により機械の修理を請け負った者の修理費用とは報酬であろうし，先取特権によって担保される不動産工事の費用（338条）も報酬であろう。代替執行における「費用」（414条2項）や不作為債務の強制におけるそれ（同条3項）も同様である。また，財産管理のための出捐（27条1項，307条，346条）や弁済費用（485条）や契約費用（558条）も費用として語られる。費用利得に関するかぎり，「費用」は，これらと異なり，物に対して支出された出捐であり，必要費，有益費である。

　費用はしばしば契約において生じる。たとえば，賃貸借契約において賃借人が賃借建物を修繕し，あるいは増改築をするような場合である。前者が必要費であるが，本来目的物の修理保全は賃貸人の義務（606条）であるから，費用利得ではなく償還請求権は契約上の請求権である。これに反して，有益費償還請求権は賃貸借契約における合意とは無関係な利得調整であるが，民法は不当利得の特則として規定している。すなわち，①賃貸借終了時に，②民法196条2項の規定にしたがって，賃貸人は支出額または増価額のいずれかを選択して償還しなければならず，③ただし，債権者は賃貸人の請求により期限の許与をすることができる（608条2項）。しかし，必要費・有益費の区別は民法196条におけるそれとは違い，絶対的なものではなく，当該の個別・具体的な賃貸借契約における当事者の合意に依存する。なぜならば，必要費とは物の客観的価値の保持ではなく，当該の賃貸借契約において当事者が予定している「使用収益」に必要な費用，賃借目的に必要な費用にほかならないからである。

❷ 費用利得の補充性

　費用償還請求権は，契約関係においても給付物の返還に際して生じるが，

前述のように，給付利得のルールにしたがって規律されるべきものであり，民法196条は所有者と占有者とが向かい合う物権的返還請求権 rei vindicatio（あるいはその亜種としての留置権者と所有者の対立する所有物返還請求権）の機能する場面を想定したものであり，当然に適用されるべきものではない。上述のように賃貸借では，特則（608条）によって規律されるし，また，使用借主は通常の必要費を負担する（595条1項）から，その償還請求権は否定されることになる。のみならず，契約自由の原則が妥当する限り，これらの費用償還に関する規定は合意により修正され，あるいは排除されることが可能である。賃貸借では，しばしば借主による必要費負担の特約がなされ，あるいは賃借物の改良行為についても，原状回復回復（＝収去）義務が認められるときは，有益費償還請求権は成立しない。

3 費用利得の適用領域

（1）利得当事者間に契約関係または契約の精算関係（無効・取消し）がない場合において，利得債務者が目的物に必要費・有益費を支出した場合の償還請求権が民法196条の適用場面（たとえば，Aが所有する建物を無断で占有するBが，Aから物権的返還請求権の行使を受けた場合）である。同様の問題は添付についても生じよう。たとえば，Bが自己の建物の塗装にAから盗んだ塗料を使った場合に，AはBに対して所有権喪失の代償として償金請求権を取得する（248条）。これらの規定は侵害利得に関する不当利得の特則である。

（2）民法196条の費用償還請求権は占有者が所有者からの回復請求を受けたときの反動的請求権として現れる点に限界を見いだす。回復請求がなされなかった場合には，占有者は同条の費用償還請求権を行使することができない。では，不当利得として返還請求することができるのか。また，抑も費用出捐者が占有をしていなかった場合にも不当利得返還請求権を行使することができるのか。これが費用利得に固有の問題といってよい。場合を分けて考えよう。

ⅰ）自主占有の場合には，所有者が物権的請求権を行使しないかぎり，占有者は費用償還請求権を行使することはできないと解すべきである。自主占有者は，自己の物に対して費用を投下したと考えており，そこには費用償還

の期待は存在しない。また，目的物が現実に返還されないかぎり，費用の効果は占有者の下にとどまっており，それによる受益（使用利益）を享受していると考えられる。抵当不動産の第三取得者（391条）や，買戻権を行使される所有者（583条2項）も，かれの所有権が否定され，返還を負担する場合にはじめて，費用償還の問題が顕在化するのであり，かれの占有中は回復権者の利得は未だ観念的かつ潜在的なものにすぎない。これに対して，他主占有の場合は事情がことなる。占有者は費用償還に対する正当な期待がある。たとえば，BがA所有の建物の賃借権を取得したと誤信して建物の改修工事を行ったような場合，AのBに対する物権的請求権の行使にかかわらず，Cは費用利得の償還をAに求めることができるものというべきである。

　費用出捐者が目的物を占有していない場合は，他主占有と同様に，費用利得の返還を認めるべきであろう。

　ⅱ）費用利得に関しては，「利得の押しつけ」の問題が重要である。抑も所有者が出捐者に対して費用償還義務を負担する理由はなんであろうか。必要費は目的物の価値を保持するための費用であるから，おそらくは，他人が出捐していなくとも，所有者はこれを支出したはずであり，他人の出費において「出費の節約」があると考えられる。また，有益費の支出により所有者は労せずして価値が増加した物を保有する結果になる。ここに利得返還請求権の基礎があると考えられる。しかしながら，所有者がつねにかかる費用を支出することを予定していたということはできない。たとえば，Aが所有する車の破損を修理したBがその償還を求めたところ，Aとしては廃車処分にするつもりであったということはありうる。まして有益費の支出は予想外である場合が多いであろう。民法196条2項の規定する裁判所による期限許与制度はそうした「利得押しつけ」に対する民法の用意した一つの解決である。そこで，費用利得一般にも期限許与制度を拡大適用すべきであるとの解釈もありうる。しかし，より積極的に，利得返還請求権の成立それ自体を否定する方策も模索されてよい。

　「押しつけられた利得」は，添付法における償金請求権についても生じうる。たとえば，Bが自己の種苗を無断でAの土地上に播いた場合に，附合法理によって（242条本文）BがAに対して償金請求権を取得することは不当で

あろう。この場合にAの分離離請求権を付与するという解釈もありうるが、むしろ、Bの主観的経済目的に反する場合には利得返還請求権そのものを否定すべきであり、その意味で「所有者が負担すべかりし費用」を出捐したことが費用利得返還請求権の要件となるというべきであろう。

---

8) 清水・プログレッシブ民法［物権法］154頁。
9) 四宮(上)204頁。

6 転用物訴権

1 序説

　契約上の給付により契約当事者以外の第三者に利益を生じさせた場合に，この第三者に対して不当利得返還請求権を行使することができるかは，転用物訴権 actio in rem verso として久しく議論されてきた。たとえば，Aが所有する動産を賃借したBが，これをCに対して修理させた場合に，AはCの給付によって反射的に利益を受ける。CはBとの間の請負契約によって修理代金請求権を有しているが，Bが無資力になれば無価値化する。そこで，CのAに対する請求が現実味を帯びることになる。

　実定法上，転用物訴権またはそれに類する制度が存在しないわけではない。家事債務に関する夫婦の連帯責任（761条）や，強制競売における担保責任（568条2項）を指摘することができるし，前述の占有者の費用償還請求権もまた転用物訴権の亜種と考える見解も存在する[10]。

　転用物訴権はローマ法における家子や奴隷のなした取引によって家長が利益を得た場合の訴権に由来すると言われており，ドイツ普通法でもしばしば承認されてきた。しかし，その濫用は「藪医者の盛る万能薬」と揶揄され，ドイツ民法典では意識的にこれを退けてきたと言われている[11]。わが国でも，比較法制度史的研究は比較的初期からなされていたが，実定法の解釈として十分に意識されたものではなかった。ところが，昭和45年にいわゆる「ブルドーザー・ケース」が最高裁判決として現れ，論争が活発化したのである。

【判例30】最判昭和45年7月16日民集24巻7号909頁
　　Yはその所有するブルドーザーをAに修理費A負担の約束で賃貸し，XはAより修理の依頼を受けてこれを修理してAに引き渡した。Aは修理後二ヶ月後に倒産し，Xの修理代金債権は回収困難になった。YはブルドーザーをAより引き揚げ他に転売した。そこで，XはYが修理代金相当の利得を得ているとし

---

[10] ドイツにおける類型論の嚆矢とされるフォン・ケメラーは実定法が認めた例外的な転用物訴権であるとしていた。
[11] 藤原378頁。

て不当利得の返還を求めた。一審二審とも因果関係を認めずX敗訴。これに対して最高裁は次のように判示して破棄差戻した。

「本件ブルドーザーの修理は，一面において，Xにこれに要した財産および労務の提供に相当する損失を生ぜしめ，他面において，Yに右に相当する利得を生ぜしめたもので，Xの損失とYの利得との間に直接の因果関係ありとすることができるのであって，本件において，Xのした給付（修理）を受領した者がYでなくAであることは，右の損失および利得の間に直接の因果関係を認めることの妨げとなるものではない。ただ，右の修理はAの依頼によるものであり，したがって，XはAに対して修理代金債権を取得するから，右修理によるYの受ける利得はいちおうAの財産に由来することになり，XはYに対し右利得の返還請求権を有しないのを原則とする（自然損耗に対する修理の場合を含めて，その代金をAにおいて負担する旨の特約があるときは，AもYに対して不当利得返還請求権を有しない）が，Aの無資力のため，右修理代金債権の全部または一部が無価値であるときは，その限度において，Yの受けた利得はXの財産および労務に由来したものということができ，Xは右修理（損失）によりYの受けた利得を，Aに対する代金債権が無価値である限度において，不当利得として，Yに返還を請求することができるものと解するのが相当である（修理費用をAにおいて負担する旨の特約がAとYとの間に存したとしても，XからYに対する不当利得返還請求権の妨げとなるものではない）。」

このように，最高裁は中間者Aの無資力を要件として転用物訴権を肯定した。学説にはこれに反対する者がきわめて多い。その理由は，Xは契約をした相手方の無資力の危険を引き受けるのが当然であり（信用危険），また，Yの受益はXがAに対して給付したことの反射的利益にすぎないという。

こうした批判を受けて，最高裁は平成7年に立場を変更した。

【判例31】最判平成7年9月19日民集49巻8号2805頁
　Yは，その所有にかかる本件建物を，賃料月額50万円，期間3年の約束でAに賃貸した。他方，XはAとの間で建物の改修，改装工事を代金合計5,180万円で施工する旨の請負契約を締結し，工事を完成してAに引き渡した。Aは，改修，改装工事を施して本件建物をレストラン，ブティック等の営業施設を有するビルにすることを計画しており，YA間でAが権利金を支払わないことの代償として，本件建物に対してする修繕，造作の新設・変更等の工事はすべて

Aの負担とし，Aは本件建物返還時に金銭的請求を一切しないとの特約を結んでいた。ところが，AがYの承諾を受けずに本件建物中の店舗を転貸したため，Yは賃貸借契約を解除する旨の意思表示をした上，本件建物の明渡しおよび建物の明渡済みまでの賃料相当損害金の支払を求める訴訟を提起して，その勝訴判決が確定した。

AはXに対して本件工事代金中2,430万円を支払ったが，残代金2,750万円を支払っておらず，しかも，所在不明となり，回収不能の状態にある。そこで，XはYに対し，本件工事はXにこれに要した財産および労務の提供に相当する損失を生ぜしめ，他方，Yに右に相当する利益を生ぜしめたとして，不当利得返還請求権に基づき本件訴訟を提起した。原審はXの請求を棄却。最高裁も上告を棄却して，次のように判示した。

「甲が建物賃借人乙との間の請負契約に基づき右建物の修繕工事をしたところ，その後乙が無資力になったため，甲の乙に対する請負代金債権の全部又は一部が無価値である場合において，右建物の所有者丙が法律上の原因なくして右修繕工事に要した財産及び労務の提供に相当する利益を受けたということができるのは，丙と乙との間の賃貸借契約を全体としてみて，丙が対価関係なしに右利益を受けたときに限られるものと解するのが相当である。けだし，丙が乙との間の賃貸借契約において何らかの形で右利益に相応する出捐ないし負担をしたときは，丙の受けた右利益は法律上の原因に基づくものというべきであり，甲が丙に対して右利益につき不当利得としてその返還を請求することができるとするのは，丙に二重の負担を強いる結果となるからである。

前記一の2によれば，本件建物の所有者であるYがXのした本件工事により受けた利益は，本件建物を営業用建物として賃貸するに際し通常であれば賃借人であるAから得ることができた権利金の支払を免除したという負担に相応するものというべきであって，法律上の原因なくして受けたものということはできず，これは，前記一の3のように本件賃貸借契約がAの債務不履行を理由に解除されたことによっても異なるものではない。」

思うに，転用物訴権を承認した場合には次の諸点が問題となる。第一に，転用物訴権を認めることは，債務者Aの他債権者（YのAに対する賃料債権を含めて）に対するXへの優先権を与えることになるが，その根拠は明らかではない。民法は賃借人に対する他債権者に対する優先的処遇を与えるために，賃貸人の転借人に対する直接請求権を認めている（613条）が，転用物訴権は

そうした直接請求を一般化することにつながる。第2に，修理代が賃借人の負担とされているのは，通常は賃貸借契約において賃料との対価的調整の結果である。それゆえ，転用物訴権を認めることは結果的に賃貸人の二重負担を強いることになる。この点から，学説には，ＸＡ間の関係全体で無償と認められる場合にかぎって，転用物訴権を認めようとする立場もある。賃貸人に賃借人に対する反対債権が存在せず，あるいは，修理費が賃貸人負担とされているような場合である。【判例31】はこれにしたがったものと考えられる。しかし，これに依るときでも，ＹＡ間の契約が賃貸借ではなく使用貸借である場合は，ＹはＡからは請求されることのなかった修理費（595条1項）を突如として第三者のＹから請求される結果となるが，それは妥当であろうか。

　第3に，転用物訴権を認めることはＹの他債権者が存在する場合にこれらの者が害されるおそれのあることが指摘されなければならない。なぜならば，Ｘの請求を認めることはＹの責任財産の減少を来す可能性があり，あるいはＹ破産の場面における総債権者の配当率の低下をもたらす。第4に，利得額の計算においてＸＡ間の契約で定められた修理代金額が基準となるとすれば，Ｙは実質的に自己の意思に反して契約を押し付けられる結果となる。修理代金額は客観的価額よりも大でも小でもありうる主観的価額であるからである。

　こうした点をふまえると，転用物訴権はおよそ認めるべきでないか，あるいは認められるとしてもきわめて限定的にすべきものであるように思われる。では，どの限度で認められるべきであろうか。

　判例にしたがって転用物訴権を認めた場合，その要件は①原告の出捐，②契約の相手方の無資力，③被告の受益，④契約の相手方と被告との間での受益に関する対価的調整が取られていないこと，ということになろう。しかし，この要件構成はなお広きに失するように思われる。たとえば，Ａ→Ｂ→Ｃと物が転々譲渡された場合に，Ｂの無資力を要件としてＡはＣに対して代金の

---

12) 一般に，民法613条の直接訴権は転借料の限度で認められるにすぎないと解されており，しかも転借料がすでに支払われている場合には請求できない。転借人の二重負担を避けるための顧慮がなされている。わずかに賃料前払をもって賃貸人に対抗できない（同条2項）にとどまるのみである。

13) 加藤雅信・財産法の体系と不当利得法の構造 [1986] 703頁。

支払を請求できることになるが、それは明らかに不当である。また、学説には「利得移動」の視点から金銭騙取事例との同質性を指摘して、これにおける判例・通説の立場との均衡を考慮しつつ、被告の主観的態様すなわち悪意または重過失を要件として転用物訴権を認めるものもある。たしかに、2個の最高裁判決が想定しているのは中間者を通した「利得移動」である。しかしそれはなお上の転次売買事例を排除するためには有効ではない。むしろ、転用物訴権は形を変えた費用償還請求権または添付による償金請求権であることが指摘されなければならない。すなわち、原告に占有がある場合には民法196条の費用償還請求権が認められる余地があり、かつ、留置権による保障が与えられている。費用償還請求権とは原告の物所有権が有体性を失って価値に姿態転換した場合のヴィンディカチオであり、転用物訴権はこうした rei vindicatio の転形としてのみ許容されていると考えなければならない。償金請求権についても同様であろう。そうだとすると、返還されるべき数額も契約による約定額ではなく、必要費・有益費という客観的価額を基準に据えるべきものと思われる。

2 転用物訴権の効果

転用物訴権を肯定した場合でもなお、効果面での問題が残されている。学説上もなお十分に解明されていない。以下では試論を述べる。

民法196条の費用償還請求権は、つねに占有者と所有者（回復者）が向かい合っている。そこで、Bが占有するAの所有物が転々譲渡されても、rei vindicatio を行使するのは現所有者であり、その行使の際にはつねに費用償還請求権を対抗される。その意味で費用償還請求権は物的債務 obligatio

---

14) 藤原390頁。
15) 費用償還請求権が成立するのは、通常、占有者の費用出捐についての回復請求権者のがわに利得調整が存在しない場合であるが、本文のような場面では、回復権者は第三者との契約関係等いおいて価格調整がなされており、利得は存在しないともいえる。民法196条の費用償還請求権が利得の存在を擬制していると解するならばともかく、こうした場合には、不当利得法の一般原則に則って、これを否定するという解釈もありうる。そのような立場を示すものとして、清水・前掲論文。なお、補論4も参照。
16) わずかに関口晃「不当利得の因果関係」法学セミナー222号［1974］に二重破産についての言及がある。

propter rem と考える余地がある。しかし，転用物訴権について対世効を与えることは根拠に乏しい。この場合に参照されるべきは先取特権の対第三者的効力である。すなわち，動産の修理費用は動産保存の先取特権（320条）としての処遇を受け，かつ，他人物への先取特権の即時取得を観念する余地がある（319条）。しかし，動産先取特権の対世効は限界があり（333条），また，抑も不動産先取特権は債務者の所有する不動産についてしか成立しない。第三者に債務を負担させるのではなく，担保負担を甘受させるにとどまる場合ですら，こうした限界が存在しているのである。このような点と考えあわせると，転用物訴権を認めたとしても，結局一般債権に「格下げ」され，被告の他債権者と平等配当を受けるにとどまると解さざるを得ないように思われる。

補論4　費用償還請求権と第三者

費用償還請求権は第三者との関係において生じることもある。たとえば，①Aから動産を賃借したBがCにこれを修理させた場合に，AからのCに対する物権的返還請求権に対して，Cが修理代金を必要費として196条に基づいて返還を請求することができるか（転用物訴権類型），②AがBに建物を賃貸し，Bが建物に保存費・改良費等の費用を支出したが，Aが第三者のCにBの出捐分を価格に転嫁した形で売却したような場合に，Cの所有物返還請求に対してBは費用償還請求権を主張しうるか（承継類型），③AがBに建物を賃貸し，BがさらにCに転貸した場合において，AがCに対して目的物の返還を請求したとき，Cが目的物に加えた費用の償還を求めることができるか（転貸類型），④AがBに不動産を売却して引き渡した後，Bが登記を得る前にCに二重に譲渡され，Cが登記を具備したような場合において，Bが必要費・有益費等の費用を支出していたとき，Cの引渡請求に対してBは費用償還請求権を主張しうるか（二重譲渡類型），という形で問題となる（詳細は，清水元「費用償還請求権に関する基礎的考察(1)(2)」民商法雑誌97巻6号，98巻1号［1988］）。第一の転用物訴権類型はCのBに対する契約上の報酬請求権と競合する問題で本文の転用物訴権と同根の問題である。違いはBの無資力を要件としないことである。問題はそこではCの占有という事情がそれとは異なった法的処理を導くかである。民法196条の要件を形式的に満たす限り，こうした場合にも費用償還請求権が認められるという考え方もありえよう。ドイツには，限定された転用物訴権と捉える立場（ケメラー）のほか，AはBの法定保証人であるという学説もあり，あ

るいは，請負人の法定質権の善意取得を肯定する判例もある。しかし，Cは本来契約の相手方に対してのみ請求できるのが原則であり，占有の有無は本質的なものとは考えられない。CはBに対する契約上の請求権にもとづいて留置権を行使することができ，かつ，それで足りるものと考えたい（清水・プログレッシブ民法［担保物権法］234頁の所説を改める）。

　第二の承継類型に関しては，ドイツ法では所有者の費用償還義務はその所有権取得前に占有者が支出したものにおよぶとの明文の規定がある（999条）のに対して，わが民法では議論の余地がある。判例は賃貸借の承継の有無にかからせている。すなわち，対抗力なき賃借人は196条の費用償還請求権を有するとするのが判例の大勢であったが，最高裁は賃借物の譲受人が賃貸借関係を承継する場合には，旧賃貸人の負担する費用償還債務を承継すると判示している（最判昭和46年2月19日民集25巻1号135頁）。しかし，賃借権の物権化は本来旧賃貸人と賃借人との間の個別具体的な契約上の合意がすべて新賃貸人に引き継がれることを意味するものと考えるべきかはなお検討の余地があり，また，旧賃貸人が当然に契約上の費用償還債務を免れるかも議論の余地がある。第三の転貸借類型においては，承諾転貸と無断転貸が区別されるべきである。後者については，196条の費用償還請求権が与えられるが，前者については，転貸借上の費用償還請求権（608条）のみが与えられるべきであろう。第四の二重譲渡類型は第二買主に対する費用償還請求権を認めるときは，かれに二重負担を強いることになる。第一買主の救済は売主に対してのみ向けられていることからすれば，否定されるべきであろう。

補論5　類型論の再検証

　不当利得理論は，衡平説から類型論へと進化してきた。わが国の類型論は──その具体的中身は区々であるとしても──現在の通説的見解といってよいであろう。ところが，本文でも述べたように，目をフランス法に転じてみるならば，不当利得は別個の視点から捉えられていることに気がつく。前述のように，契約の無効・取消しにかかる原状回復関係については，伝統的には不当利得法が指示されず，もっぱら非債弁済 *répétition de l'indu*，そして近時では契約解除類似の法的処理にそくした法理 *restitution* によって処理されている。抑も，フランス民法典には不当利得の一般規定は存在していなかったが，格段の不都合を生じさせなかったのは，法典内にさまざまな利得調整の規定が散在していたためである。学説・判例によって不当利得 *enrichissement sans cause* の理論が立てられたのは，法規において直接指示されない不当利得の必要性が認識され

たからであって，それはもっぱら転用物訴権 actio in rem verso として現れたのである（Boudier 判決）。フランス法において不当利得が actio in rem verso と捉えられているのはそうした事情にもとづくものなのである。

ところで，民法703条は，「法律上の原因なく他人の財産又は労務によって利益を受け，そのために他人に損失を及ぼした……」と規定しており，一般不当利得法を指示しているように見える。衡平説はこれに依拠したものであった。しかしながら，それは類型論が批判するような「一般不当利得」ではなく，給付利得を包含するものではなかった。そのことは，母法たるフランス民法学においてそうであったし，また，これを継承したボアソナードにかかる旧民法財産編361条1項もまた，契約の無効・取消しに伴う原状回復関係を不当利得として観念していなかったことからも明らかである。なるほど，同条2項は不当利得のさまざまな場面を類別化していた（①他人ノ事務ノ処理［＝事務管理］，②負担ナクシテ弁済シタル物及ヒ虚妄若クハ不法ノ原因ノタメ又ハ成就セズ若シクハ消滅シタル原因ノ為メニ供与シタル物ノ領受［≒非債弁済，目的不到達による不当利得］，③遺贈其他遺言ノ負担ヲ付シタル相続ノ受諾，④他人ノ物ノ添附ヨリ又ハ他人ノ労力ヨリ生ズル所有物ノ増加［≒添附］，⑤他人ノ物ノ占有者ガ不法ニ収取シタル果実，産出物其他ノ利益及ビ之ニ反シテ占有者ガ其占有物ニ加ヘタル改良［≒果実収取権，有益費償還］）。しかしそれは類型化というよりは旧民法典において散在していた制度を整序したものにすぎない。こうした事情からすれば，民法703条の指示する一般不当利得とは，類型論にいう「侵害利得」にほぼ対応するものといってよい。そして，前述のように，給付利得が解除法理に即した処理を与えられるならば，類型論の目指した類型的処理は不当利得法の外でなされているということができるのである。さらにまた，求償関係ないし求償権が，多くの場面で代位弁済制度とリンクして現れており，かつ，弁済によって債務が消滅するのではなく，債権者の権利が弁済者に移転するとする構成の下では，求償不当利得を論じる場面が限られていることは，すでに述べた通りである。

とはいえ，不当利得法理論への類型論の果たした貢献は，不当利得法の内容を豊かなものとし，精緻な理論的成果を生み出し，個々の具体的問題への解決の指針を与えた点において計り知れないものがある。しかしそれと同時に類型論は「給付およびその他の」という構成を採った特殊＝ドイツ民法に固有の理論であることを自覚しなければならないと思う。不当利得の類型的処理はかならずしも民法703条の解釈を通じてなされるべきではない。類型にそくした合理的な解決こそ，その目指した目的に応えるものであり，このようにして，われわれは，難解で晦渋をきわめる類型論の迷宮から解放されるのではないかと思われる。

【文献案内】

　不当利得法は重要文献の多い分野である。古くは衡平説に立脚する①松坂佐一『不当利得論』[1953]および②谷口知平『不当利得の研究』[1949]が代表的なものであるが，昭和40年代にドイツ類型論が紹介され，これを契機に類型論がわが国の現在の通説的地位を獲得して今日に至っている。その主導的役割を果たした川村泰啓教授の一連の業績（③「返還さるべき利得の範囲(1)-(5)」判例評論55号以下[1963]，④「不当利得返還請求権の諸類型(1)-(3)」判例評論76号[1965]以下，⑤「給付利得制度─契約関係の場で固有に機能する不当利得制度」判例評論143号[1971]，⑥「『所有』関係の場で機能する不当利得制度」(1)-(13)判例評論117号[1968]以下，⑦「契約の無効・取消と不当利得」契約法大系Ⅲ[1965]）は圧倒的なものがあり，その緻密で透徹した論理と雄大なスケールで描き出した不当利得法の体系は他を圧している。これらの諸論文の前には，これまでの不当利得法文献は色褪せたものとなったといっても過言ではなかろう。⑧加藤雅信『財産法の体系と不当利得法の構造』[1986]はこれに挑む雄編であり，また，ドイツ法の詳細な分析を踏まえた山田幸二教授の一連の業績（⑨『現代不当利得法の研究』[1989]に所収されている論文以外にも，⑩「善意取得と不当利得返還請求─Ｖ・ケメラー教授の見解とわが民法上の考察─」福島大・商学論集38巻2号[1969]，⑪「不当利得責任と過失の考量にかかわる近時の判決例の内在的検討─近時の一下級審判決を契機として─」判例タイムズ513号[1984]がある）を逸することはできない。近時の重要な業績としては，⑫藤原正則『不当利得法と担保物権法の交錯』[1997]および⑬川角由和『不当利得とはなにか』[2004]がある。とりわけ，⑭藤原正則『不当利得法』[2002]は類型論の最良の成果であり，特筆に値する。今後の新たな議論はここから出発することになろう。その他，⑮谷口還暦記念論文集『事務管理・不当利得の研究』（上）（中）（下）[1970]および⑯星野英一（編）『民法講座6事務管理・不当利得・不法行為』[1985]所収の各論文も不当利得法の諸相を多面的に分析した重要文献である。

　解釈学的研究に先行する不当利得制度に関する制度史的研究にもすぐれたものが多い。まず，磯村哲教授の一連の業績（⑰「不当利得に就いての一考察(1)-(3)」法学論叢45巻5＝6号以下[1940]，⑱「直接利得の要求に就いて─利得の直接性への問題的関連性─」法学論叢47巻5号[1942]，⑲「不当利得・事務管理・転用物訴権の関連と分化(1)-(2)」法学論叢50巻4号以下[1944]，⑳「仏法理論における不当利得法の形成─続・不当利得・事務管理・転用物訴権の関連と分化(1)-(2)」法学論叢52巻3号以下[1943]），㉑於保不二雄「転用物訴権に就いて」法学論叢35巻2号[1936]がある。解釈学ではないが，法律学の伝統の厚みを感じる傑作である。

　三者間給付利得は類型論が残した難問であったが，この分野についての研究も現在かなりの進展を見ている。山田幸二教授の一連の業績（㉒「山田幸二「Ｈ・Ａ・クニッシュ『三角関係における利得返還請求権のための前提条件』」民商法雑誌63巻2号[1970]，㉓「不当利得法における『三角関係 Dreieckverhältnis』について」福島大・商学論集42巻1号[1973]，㉔「日独における『不当利得法における三角関係』

論の近況について―カナリス論文『三者間における利得の調整』の紹介をかねて」福島大・商学論集46巻4号［1978］，いずれも⑨に所収），㉕四宮和夫「給付利得の当事者決定基準―三者不当利得の場合―(1)-(3)」成城法学8号以下［1980］，㉖藤田寿夫「指図・振込・振替と三者不当利得」神戸学院法学3＝4号［1990］，㉗広瀬克巳「三角関係における給付利得(1)-(2)」比較法雑誌15巻1号以下［1981］，㉘和田隆夫「ドイツにおける不当利得法の給付概念」判例タイムズ551［1985］等，いずれも鋭い分析を示す。近時のものとして，㉙瀧久範「三角関係型不当利得における事実上の受領者の保護(1)-(3)」法学論叢163号以下［2008］，㉚平田健治「ドイツにおける三当事者不当利得論の近時の展開―判例における給付概念の意義の相対化―(1)-(3)」民商法雑誌116巻1号以下［1997］がある。金銭騙取に関しては，㉛磯村哲「騙取金銭による弁済と不当利得」『金融法の課題と展望』（石田＝西原＝高木還暦記念論文集）［1990］，㉜四宮和夫「物権的価値返還請求権について」『私法学の新たな展開』（我妻栄先生追悼論文集）［1975］，㉝清水誠「騙取された金銭をめぐる法律関係―金銭債権研究の一素材として―」都法24巻1号［1983］，㉞林良平「金銭騙取による不当利得」『市民法学の形成と展開(下)』（磯村還暦記念論文集）［1980］，㉟好美清光「騙取金銭による弁済について」一橋論叢95巻1号［1986］の諸論考が華やかな論争をくりひろげている。

　侵害利得については，㊱川角由和「侵害利得返還請求権の基本的性格―ヤコブスによる割当内容説批判の反批判的考察を介して―」法政研究50巻3＝4号［1984］を初めとして，近時力作が並ぶ。㊲松岡久和「『価値追跡』説の展開と限界」『法と民主主義の現代的課題』（龍谷大学法学部創立20周年記念論文集）［1989］，㊳松岡久和「ベールの『価値追跡』について」龍谷法学22巻2号［1989］は物権的請求権の転形としての侵害利得返還請求権の『債権への格下げ』問題を扱ったもので，興味深い。近時のものとして，㊴村田大樹「侵害利得における返還内容の多様性」同志社法学56-5［2005］，油納健一教授の一連の業績，㊵「いわゆる『使用利益』返還義務についての一考察」神戸法学雑誌48巻4号［1998］，㊶「不当利得と善意占有者の果実収取権―『使用利益』の問題を中心に」龍谷法学32巻4号［2000］，㊷「使用利益返還論―ボアソナード草案から現行民法に至るまで―」山口経済学雑誌52巻3号［2004］があり，また，近時の㊸直井義典「添付の際の償金請求権に関する一考察」徳島・社会科学研究21［2008］以下は，数少ないフランス法の詳細な研究である。

　転用物訴権については，藤原教授の一連の業績（⑫所収の論文）のほか，㊹清水元「わが国における『転用物訴権』論の現状と課題」『民法学の新たな展開』（高島古稀記念論文集）［1993］，同じく費用償還請求権との関係で考察する㊺清水元「費用償還請求権に関する基礎的考察(1)-(2)」民商法雑誌97巻6号以下［1988］，㊻平田建治「フォン・トゥールの『転用物訴権』論について(1)-(2)」法政理論20巻3＝4号以下［1988］がある。

　比較法に眼を転じよう。㊼稲本洋之助「フランス法における不当利得制度」谷口還暦(1)［1970］はフランス不当利得法を概観するほとんど唯一のもの，ドイツ法に

ついては，⑨所収の㊽山田幸二「ドイツにおける不当利得法の新展開」，㊾松坂佐一『最近のドイツ不当利得法の概観』［1992］，英米法については，古くは，㊿小池隆一『準契約及事務管理の研究』［1962］，(51)小林規威『英国準契約法』［1960］，(52)松坂佐一『英米法における不当利得』［1976］があり，近時のものとして，(53)木下毅「日米比較原状回復法序説」『民法・信託法理論の展開』（四宮古稀記念論文集）［2004］，(54)植本幸子「アメリカ原状回復法における優先的取戻し⑴-⑵」北大法学論集56巻1号以下［2006］がある。近時のものとして，(55)「特集・不当利得法の国際的現状と動向」民商法雑誌140巻4＝5号［2009］がある。

第3章 不法行為

1 序　説

1 不法行為とはなにか

　不法行為とは，他人に損害を及ぼす行為をした者（加害者）に対して損害賠償責任を負わせる制度である。近代法においては，不法な行為は，一方では加害者個人と被害者個人の私人間の利害調整という形での責任と，他方では社会国家による加害者個人の処罰という形での刑事責任に分化させている（そして，一定の範囲で行政法上の責任という刑事責任の亜種を作り出す）。

　「人のあるところ，法あり」という法諺が示すように，人と人の社会的接触はさまざまな損害を引起す。それは人間が共同体を構成して生活をはじめたとき，共同体内部でも，また共同体と他の共同体との外部関係においても生じた。前者においては，制裁は，伝統と慣習にしたがい決闘や復讐（フェーデ）を通して解決され，後者では，しばしば，それは略奪や戦闘を通して決着をつけられた。しかし，やがて人と人との争いは，戦争に代えて平和的解決，すなわち贖罪金 *compositio* の支払という形に進化してくる。この贖罪金こそ，損害賠償による解決の先駆けである。それは牛馬や宝石，奴隷といった貴重な財貨，さらには貨幣の登場以後は金銭の現実の提供という形をとったが，歴史の進展とともに，具体的現実的な給付にかえて，将来の給付に向けての義務をともなう約束（＝債権）へと発展していく。

　もっとも約束の履行はかならずしも円滑に果たされたわけではない。外部に対しては武力による解決が最終手段であったろうし，共同体内部でも，強力な公的権力によって履行を確保することは難しかった。刑事責任が確立するのは，約束の履行を確保し強制する国家権力の成長を待たねばならない。近代以前の社会では権利は私的救済によって守られるのが常態であった。

　民事責任と刑事責任は，その社会的役割のちがいに応じて，近代法では分

化している。しかし，「不法行為」債権として，契約上の「債権」（あるいは，「事務管理」債権，「不当利得」債権）と並置する構成は普遍的なものではなく，パンデクテン・システムを採ったドイツ民法典ないしわが民法典に特殊の法的構成である（加害行為によって「不法行為」債権関係 *obligations* が発生し，そこから損害賠償債権 *créance* が生じる!?）。英米法では，不法行為 *tort* に対しては，端的に救済 *remedy* が与えられるにすぎない。フランス法では，不法行為 *délit ou quasi-délit* は，準契約とともに合意なしに形成される義務 *engagements* であるが，債権関係 *obligations* として捉えられてはいない。そして，不法行為に関しては，契約のような「関係」を論じる余地は小さく，不法行為債権と不法行為による損害賠償債権を区別する意味はほとんど存しない。[1]

> **補論 6** 不法行為法の総則的構造
>
> 　本文でも述べたように，民法典では不法行為は債権関係 *obligations* の一として構成されているが，契約その他の *obligations* と共通するもの（通則）はほとんど存在しないといってよい。債権の目的に関しては，民法404条（法定利率）が適用されるのみであり，債権の履行強制たる414条ないし損害賠償に関する415条ないし420条もまた適用の余地はない。それらはすべて契約上の債権の実現に関するルールにほかならないからである。たしかに，形式的・論理的には，不法行為によって損害賠償債権が発生し，それとともに履行遅滞に陥るから履行強制が可能であり，また，損害賠償債務の不履行を観念することは可能である。ところが，契約上の金銭債権とは異なって，損害賠償債権は性質上，数額が確定しているわけではなく，裁判所による確定判決を通してはじめて現実化する（加害者と被害者との合意によって裁判を回避して賠償額が合意されることは多いであろうが，それは不法行為法の指示するところではなく，契約（＝和解，示談）によるものにすぎない）。損害賠償について416条が適用を見ないのも，不法行為の成立前には債務は存在せず，それゆえ不履行もありえないからであり，わずかに判決によって確定した具体的な数額による損害賠償債務の履行についての不履行が問題になるにすぎない（419条参照）。共同不法行為については，かつては多数当事者の債権関係とりわけ連帯債務に擬せられていた。しかし現在では，民法719条の規定は不真正連帯債務であるから，原則として432条以下の適用はないと解されている。けっきょく，債権総則の規定は不法行為法につ

---

1) 清水・プログレッシブ民法［債権各論Ⅰ］2頁註(2)。

いては，*obligations* そのものではなく，債権関係から切り離された財貨としての定在 *créance* に関する債権者代位権・債権者取消権，債権譲渡，弁済その他の債権消滅事由に関してのみ適用があるというべきである。ちなみに，旧民法典では，売買や賃貸借等の契約は「財産取得編」（= *obligations*）に置かれているのに対して，不当利得（ただし，原状回復は財産取得編であるが）および不法行為は「財産編」（= *créance*）として規定されている。不法行為は *obligations* ではなかったのである。

債権総則的規律が不法行為法には没交渉 *irrelevant* であるのと同様，民法総則的規律も不法行為法から独立しているといってよいであろう。権利能力ないし能力者制度や代理制度は法律行為とりわけ契約法にかかわる。現在では特別法に規律が委ねられた法人の不法行為（旧44条）は例外的規定であったが，それすら，後述のように，企業の不法行為が重要問題となっている現在の不法行為法の理論状況の中では周辺化している。さらに，時効とりわけ消滅時効についても不法行為法に特則（724条）があり，その適用は限られている。

2 刑事責任と民事責任

民事責任と刑事責任はしばしば競合する。たとえば，Aが車を運転していてBを跳ねたり，Bの家の塀にぶつけて壊したりした場合，刑事責任としては，傷害罪・暴行罪が，あるいは器物損壊罪として処罰されるが，他方で，民事責任としても身体損害や生命侵害，あるいは財産損害として賠償責任を負うことになる（このほか，免許停止や免許取消し等は**行政法上の責任**である）。法がこのように行為者に二重に責任を問うのは，その社会的役割が異なるからである。刑事責任とは，Aに対して国家が法律に基づいて処罰することであるが，民事責任はAに対してBがこうむった損害の補償である。刑事責任は，行為者を犯罪として処罰することによって社会を防衛する（場合によっては被害者に代わって国家が復讐するということもあるだろう。これを**応報刑**という）ことにあり，現実に被害者を救済するということは考えられていない。したがってAの行為が犯罪とされるかどうかは，それが国家社会にとって脅威とされるものに限られることになる。上の例でいえば，AがBを跳ねて死なせてしまえば，殺人なり，傷害致死なり，過失致死なりの犯罪として処罰されるが，塀を壊したというだけでは犯罪とはならない。むろん，故意に塀にぶつけて

破壊したならば「器物損壊罪」(刑法261条) として処罰されようが，過失によって壊した場合には犯罪にはならない。それはかかる行為が社会への脅威となるとは考えられないためであろう。

刑事責任では行為者の主観的心情，動機等が重要な意味をもつ。AがBを死なせてしまった場合でも，それが故意による (殺人) ときと過失による (過失致死) のときでは，社会秩序に対する脅威の度合いの差は大きく，そのため，処罰内容も軽重の差が生じてくる。刑事責任はその意味で主観的責任である。これに対して民事責任は客観的責任である。AがBの死という結果を生じさせた場合に，その心情がどうであれ，死という結果に違いはないし，また，AがBの塀を壊した場合で，それが故意であろうと過失であろうと，塀の損壊という損害に変わりはない。そこで民法は，故意と過失を原則として区別することなく損害賠償を命じている。

民事責任は結果責任であり，結果が発生しなければ責任は生じないという点でも刑事責任とは大きく異なっている。たとえば，Aが日頃から恨みを抱くBを轢き殺そうと考え，横断歩道を渡っているBにむかって突進させたとしよう。ところがBは間一髪でこれを避けたため，Aは目的を達しなかった場合でも，Aが殺人未遂罪に問われることは疑いはない。しかし，BはAに対して損害賠償を請求できないのである。Bには損害が生じていないからである。シニカルではあるが，どんなに悪質な行為であっても，損害が発生しないかぎり不法行為は成立しない。不法行為法は行為者に対する倫理的非難可能性の要素は希薄である。

ところで，ある行為が刑事責任と民事責任の双方を問われる場合，刑事責任を問う刑事裁判と民事責任を問う民事裁判とは別個独立であって，両者はまったく別々に取り扱われる。そのため，同じ行為であっても，刑事裁判の結果では過失なしとして無罪判決が出たとしても，民事裁判では過失を理由に損害賠償責任を認められることも多い。1994年のシンプソン裁判はその意味で象徴的な事件であったが，わが国にも次のような判例がある。[2]

---

[2] 元プロフットボール選手であったO・J・シンプソン氏が，元妻とその友人を殺害した容疑で起訴された事件は記憶に新しい (1994年)。刑事裁判では無罪判決が下りたものの，民事裁判では殺人行為が認定されて，巨額の賠償金の支払が命じられたのである。また，1992年には，ハロ

【判例32】 最判昭和34年11月26日民集13巻12号1573頁

　Yはトラックを運転して本件事故発生の地点にさしかかった際，B（当時八歳）が進路左側から右側に向け進路前方を横断しようとして進出したのに気付かず，約八米に接近して初めてBを発見し急遽急停車の措置をとったが，間に合わず，右トラックをBに激突させた。原審裁判所は，本件事故は，Yが前方注視の義務を怠った過失に起因するものであると判断した。Yは上告して，本件自己に関する刑事判決において過失が否定された点を主張したが，最高裁は，「原審としてこれに一致する判断をしなければならない筋合はなく，また右判決と一致しない事実認定をするについて第一審判決の説明以上の場面を附け加えなければならないわけもない。」と判示した。

　このような差が生じるのは，過失の有無は客観的に決められるべきものではなく，刑事裁判と民事裁判の視点の差にもとづいていることによる。すなわち，刑事裁判が刑罰に値する過失の存否を問題とするのに対して，民事裁判では過失の存否は損害の公平な分担という指導理念に導かれて判断されるという違いに求められると考えられよう[3]。また，刑事責任は国家が個人を処罰する関係からして，権力の濫用と基本的人権の侵害を生じさせる可能性が高く，歴史的にも刑事責任は国家の刑罰権の制限という方向をたどって発達してきたこと，そして，その結果として刑法典は犯罪類型（犯罪構成要件 *Tatbestand*）をすべて規定し，法律に規定のない以上，社会的に不快で醜悪である行為であっても刑事責任を問うことはできないとした（罪刑法定主義）事情からして，刑事責任の成否がより厳格になされるべきことは当然といえる。とはいえ，二個の判断がかけ離れていることはやはり不自然であろう。一般に刑事裁判で過失の存在が認定されるときは，民事上も過失の存在は事実上推定されると解すべきであろう[4]。

ウィンパーティで仮装した日本人留学生が，訪問した家の男に強盗と間違われて射殺された事件が起きたが，裁判所は正当防衛による無罪判決を言い渡したものの，損害賠償を求める民事裁判では原告である学生の両親が勝訴している。

[3] 結果同旨，四宮（中）250頁。
[4] 立法例としても，刑事事件の審理と民事上の損害賠償が同じ法廷で行われる附帯私訴 *action civil* という制度（ドイツ法，フランス法）があり，わが国の旧刑事訴訟法にもそうした規定が置かれていた（567条）。立法論としても，民事責任と刑事責任との未分離というネガティブな

3 不法行為制度の市民法的基礎

　民法が不法行為による損害賠償責任制度を定めている理由はなんであろうか。他人に損害を与えた者はいかなる場合でも，補償をしなければならないわけではない。損害賠償責任は，一定の場合にのみ認められるにすぎないのであって，損害を生じさせたとしても，不法行為の成立要件を満たさない場合には補償する義務はないのである。人間は社会活動をする以上，つねに何らかのかたちで他人に損害をおよぼす可能性があり，それらすべてに対して補償しなければならないとすれば，自由な活動，とりわけ経済活動，商取引は不可能になる。そこで，何が適法な行為であるのかが問題なのではなく，なにが不法な行為であるのかこそが問題とされることになる。近代以前の社会はそうではなく，これとは逆にすべての活動は一般に禁止されており，個別例外的にそれが解除されているにすぎなかった。ここではなにが適法かが問われていたといってよい。これに対して，活動の自由，わけても営業の自由，経済活動の自由（これを**私的自治の原則**という）は近代法の原則である自由主義の民法的表現であり，そこではまさにすべての行動が適法なものとされるのが原則である。そして不法行為はその例外なのである。この意味で，不法行為法は背後から活動の自由を保障しているということができる。

　不法行為責任は1個の原理によって支えられている。すなわち，**主体的責任の原則**であるが，これは**自己責任の原則**と**過失責任の原則**に分けて考えることができる。

　自己責任の原則とは，人は自己の行為の結果のみに責任を負い，他人の行為に責任を負わないことを指す。このこともまた，近代社会以前では自明とはいえなかった。江戸時代の五人組のような連帯責任，一家眷属ことごとく獄に繋がれ，処罰された東洋的社会（「九族誅滅」），などを想起すれば，この原則の近代性は明らかである。また，過失責任の原則とは，人は自己の行為が故意または過失によるものでなければ責任を負わないことを指す。過失によらないもの，不可抗力の結果については行為者は結果をコントロールできないからである。

観点からだけ否定されるべきものではなく，顧慮に値する制度ではないかと思われる。

しかし，経済社会の発展は過失責任の原則の維持を次第に困難なものにしていく。それは，経済活動の拡大（産業化）とりわけ，活動の主体が個人から企業へと質的変化を遂げることによって，他人に対して損害を引きおこす可能性が飛躍的に増大したためである。他方で，経済活動の結果，行為者は利益を極大化させている。そのため，個々の具体的な行為について故意・過失がなくても，生じた損害を賠償させることが公正であるという思想が生まれてくる。これが**無過失責任**である。

　無過失責任をどのように基礎づけるかは，困難な問題であるが，少なくとも，自らがまったくコントロールできない事柄についても責任を負わなければならない，という意味で理解されるべきでない。落雷や地震，洪水などの自然災害については，だれも責任を負うべきではない。ここでいう無過失責任は，自己の行為の結果としての損害発生に対して責任を負うシステムのことなのである。そして，その理論として次の2つが提唱されている。

　一つは**報償責任論**である。これは，「利益の帰するところに損失もまた帰する」とするもので，使用者責任（715条）がその例とされている。しかし，営利を目的としない団体・法人については報償責任は妥当しない。第二が**危険責任論**であり，危険物を所持する者は，その危険によって損害が発生した場合について，責任を負う（「危険を買う」）のが当然であるというものである。工作物責任（717条）がその適例であるといわれている。いずれにせよ，具体的な損害の発生を予想・予見することはできないとしても，行為者はそうした活動をしないという選択肢を有するかぎりで，なお，その基礎には主体的責任の原則があると考えられる。

4　不法行為制度の現代的変容

　古典的な不法行為制度はいくつかの暗黙の前提がある。第1は，損害は賠

---

5)　鈴木［127］は，報償責任主義のみによって損害賠償責任を根拠づけようとすると，賠償は加害者の得た利益の限度のみなされればよく，自己の受ける利益を超えた損害を他人に与えても，賠償の必要がない，という結論になるおそれがある，という。しかし，ここでの利益とは具体的数額を指すものではなく，企業活動によって生じるであろう抽象的な利益を問題とするもので，理念的なものに過ぎず，批判（？）は当たらない。むしろこの主義の背景には，科学技術の発展による産業活動によって加害発生の蓋然性が増大したという事情があり，企業責任を基礎づけようとしたものである点に注意をしなければならない。

償によって回復されるという前提である。つまり，賠償がなされることで不法行為が発生しなかった状態に回復される（原状回復）ことである。損害賠償に関する差額説もこうした前提の上に成立した理論である。第2に，加害者と被害者は相互に互換性があるという点である。不法行為法は個人と個人の関係において組み立てられているからである。第3に損害の発生は偶発的かつ一回的であり，正常な社会生活における例外的な逸脱現象にすぎないことである。

こうした前提は当初よりフィクションであったと思われるが，経済社会の進展は，こうした図式を次第次第に非現実的なものにしていく。生命侵害をはじめとした人格的利益に対する侵害が原状回復の理念とは無縁である（金銭による損害賠償は救済のための窮余の一策にすぎない）し，精神損害の賠償（慰謝料）の問題も原状回復の埒外にあることは明らかである。

互換性が妥当する領域も狭められてきた。それは，個人間不法行為よりも事業活動を通して発生する不法行為が圧倒的な比重を占めるようになったためであり，非互換的な社会関係での不法行為がより重要なものになってきたのである。ここでは，被害者＝個人，加害者＝団体・組織・企業という不対等で非互換的な関係において不法行為が発生する。そして，経済活動とりわけ企業活動は，損害発生の蓋然性を飛躍的に高め，かつ，常態化する傾向をもつ。公害等にみられるような継続的不法行為の登場である。さらに技術革新や経済構造の変化による産業の肥大化，機械化，複雑化，高度化により，新たな不法行為類型が生まれてくる（自動車事故，欠陥商品，医療過誤，産業公害等）。

加害主体の広範化，被害者層の拡大，賠償額の巨額化も深刻な問題である。賠償能力を超える損害賠償請求権は不法行為的救済を有名無実なものにする。

こうした現代的状況に古典的な不法行為制度が十分に対応しうるものでないことには異論はなかろう。一方では，事後的救済である損害賠償のあり方そのものが問われ，継続的不法行為についての差止請求や，さらには事前的規制の必要性（公法的，行政的）が求められてくる。こうした意味において，新たな不法行為像の構築が模索されている。その具体的な課題は以下の各節で検討することにしよう。

補論 7　責任保険制度

　責任保険制度が加害者の賠償能力の限界を克服しようとするものであることは言うまでもない。社会類型的な不法行為（交通事故や企業災害，医療事故等）の発生が一定の蓋然性をもつときは，保険によってカヴァーされる領域が拡がる。そして，損害発生の蓋然性が高い潜在的な加害者は責任保険へ加入することが義務づけられることになる。そうした点から，不法行為法はその限りで発展的解消を遂げるという理論（カラブレイジ，ポズナー）がある（『損害賠償責任制度は時代遅れ？』）。しかし，保険制度に代替させることは，モラルハザードを引きおこすおそれがある。のみならず，保険は万能ではない。責任保険はそれが損害賠償責任をカヴァーするものであるために，責任の存否をめぐって紛争が生じ，被害者は迅速な救済を受けることができないおそれがある。また，本文でも示すように，保険金請求権の一般財産化による問題もある。損害賠償請求訴訟を怖れる企業等は過大な保険加入を強いられ，その結果として財政の悪化を生じることも指摘されている。そこで，保険加入者を拡大することによって保険料を低額化する仕組み（自賠法における強制保険）や，賠償責任から独立した災害補償（労働者災害補償保険法）による救済システム（立法例としても1972年のニュージーランド事故補償法がある。詳細は，甲斐克則「ニュージーランドにおける医療事故と被害者の救済」比較法学42巻1号［2008］参照），さらには，国家の負担において損害を塡補する社会保障の仕組み（昭和44年制定の公害に係る健康被害の救済に関する特別措置法（現・公害健康被害の補償等に関する法律），犯罪被害者等給付金支給法）との連携が必要であろう。

5　損害賠償請求権の発生原因としての不法行為と債務不履行

　民法では，損害賠償責任の発生原因として，不法行為と債務不履行が認められており，両者の関係が問題となる。前述のように，不法行為が成立する以前は債務が存在しないのであるから，不法行為による損害賠償請求権それ自体は債務不履行ではありえない（逆はありうる）。両者の競合が問題となる場面が2つ存在する。

　第1は，不法行為が成立すれば，その時点で損害賠償「債務」が生じ，かつ，遅滞に陥るから，不法行為債務の不履行を観念することができる。不法行為にもとづく損害賠償請求訴訟において，裁判所が給付判決に法定利息を

---

6)　大判明治43年10月20日民録16輯719頁，最判昭和37年9月4日民集16巻9号1834頁，最判昭和58年9月6日民集37巻7号901頁。

付するのもその趣旨と解されよう。

　第2は，同一の事実関係が債務不履行と不法行為のいずれの成立要件も満たす場合である。たとえば，タクシー運転手が運転操作を誤って引き起こした交通事故により乗客が怪我をした場合は，一方で，身体損害による不法行為を，他方で「目的地まで安全に輸送する」契約上の債務の不履行（契約不履行）を冒したと考えられる。両者の違いは，以下の点にある。①債務不履行では債権者は債務者の帰責事由の立証をする必要がなく，債務者はみずから自己に帰責事由がないことを立証しないかぎり，債務不履行責任を免れないが，不法行為では，被害者たる債権者が債務者の故意または過失を立証しなければならない。②債務不履行による損害賠償請求権は10年の経過によって消滅時効に罹る（167条1項）が，不法行為による損害賠償請求権の消滅時効は3年または20年である（724条）。③不法行為による損害賠償請求権を受働債権とする相殺は禁止される（509条）のに対して，債務不履行による場合はそうした制限はない。④債務不履行における過失相殺については，裁判所は責任および金額を斟酌しなければならない（418条）が，不法行為においては責任を否定することは許されず，金額のみが斟酌され，かつ，斟酌するか否かは裁判所の裁量である（722条2項）。⑤債務不履行における履行補助者の故意・過失について，債務者は当然に責任があるのに対して，不法行為における使用者責任は一定の要件の下で免責される（715条1項但書）。

　思うに，債務（契約）不履行と不法行為は，一般法—特別法の関係に立ち，契約法は不法行為規範の適用を排除するのが原則である。すなわち，不法行為は被害者（債権者）と加害者（債務者）とは本来，「赤の他人」であるが，不法行為によって特別の法律関係に入ってくると考えられる。このことは，次の例からも明らかである。すなわち，Aが工務店Bに対して自己の所有する建物の取壊しを請け負わせ，Bが約定通り建物を取り壊したとき，形式的には一般不法行為の要件を満たすことになる。ところが，建物の取壊しという「権利侵害」は，契約の存在によって「違法性」を欠いているから，損害賠償請求権は成立しないのである。また，履行遅滞や履行不能などの典型的な債務不履行を不法行為と捉える立場は存在しない。両者の競合が問題となるのは，それ以外の債務者違法の場合なのである。このような問題の背景には，

積極的債権侵害ないし不完全履行概念の登場によって，不法行為との限界が曖昧になってきた事情がある。現代型契約の特徴は，債務内容がかぎりなく多様化し，複雑化したところにあり，それゆえに，競合問題は本来不法行為規範によって規律されるべき債務が，契約債務の拡張として処理されるようになったことに由来する。上のタクシーの事例はまさに両責任の境界線上に位置するものである。請求権競合論をめぐる議論については，現在なお収束をみていないように思われるが，私見としては一定限度で競合を認めるべきではないかと考える。なお，請求権競合論の訴訟法理論との関連についての詳細な検討は債権総論のテキストに譲る[7]。

6 損害賠償責任と保険との関係

不法行為とならんで保険もまた損害を填補する制度であるが，両者はどのような関係に立つか。

① 損害保険の場合，たとえば，Aが所有する絵画に付保し（損害保険）ている場合に，Bの行為によって絵画が滅失したときは，AがBに対して不法行為にもとづく損害賠償請求権を取得することはいうまでもない。しかし，Bが無資力の場合には，Aの請求は宙に浮く（そこに保険の意味がある）。そこで，Aは保険会社Cに対して保険金請求権を請求することによって損害を補填することになる。この場合に，Aは保険金の支払を受けた限度でBの賠償額が減縮することになる。また，CがAに対して保険金を支払えば，CはAに代位して損害賠償請求権を取得する（保険法25条，**保険代位**）。これに反して，BがAに対して損害賠償をしても，BはAの保険金請求権に代位しないことはいうまでもない。この損害賠償請求権と保険金請求権とは不真正連帯債権の関係に立つ。

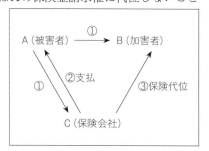

② 生命保険の場合はこれと事情が異なる。Aが自己に生命保険をかけたところ，Bの不法行為により死亡した

---

7) 清水・プログレッシブ民法［債権総論］123頁（補論11参照）。

場合，受取人たるAの相続人A'は保険会社Cに対する保険金請求権とBに対する損害賠償請求権を併有する。この場合に保険代位は生じない。

　③　**責任保険**は以上と異なり，不法行為者等賠償義務者に代わって保険会社が損害を補塡する制度である。すなわち，BがAに対して不法行為責任を負う事態にそなえて，あらかじめ付保しておくものであり，その典型は交通事故に関する保険（任意保険，強制保険）である。ここでは，被害者（賠償権者）Aは加害者（被保険者）Bに対する不法行為にもとづく損害賠償請求権とBの保険会社Cに対する保険金請求権が成立する。通常はC→B→Aと金銭が支払われることになるが，Bが請求をしない場合には，AはBのCに対する保険金請求権を差し押さえるか，債権者代位権を行使せざるをえない。ところが，前者ではBに対する他債権者への優先権を確保することができず，また，後者ではそれにくわえてBの無資力要件が必要と解されている。詳細は債権総論のテキストに譲るが，AはCに直接請求できず問題となっている。[8]

補論8　不法行為における法主体の問題

　民法典が本来予定する社会像は個人的不法行為であり，不法行為はAという個人がBという個人の権利・利益を侵害する場合を想定したものであった。ところが，産業社会の発展によって，不法行為の主体はしだいに個人から組織へと比重を移していく。いわゆる法人や事業者の不法行為の問題であり，ここでは別個の法的処理の枠組みが用意される必要がある。たとえば，故意・過失の要件をとっても，個人の不法行為におけるような「わざと」，「つい，うっかり」といった心理過程は問題となりえない。後述するように，過失がしだいに，結果回避義務や予測可能性を基礎に考えられるようになっているのも，こうした事情が背景にあるように思われる。なるほど，民法は法人の不法行為（旧44条，現一般社団法人法78条）や使用者責任（715条）の規定を置いており，企業責任を認めているように見えるかもしれない。しかし，ここでも個人の不法行為が念頭に置かれている。「法人は悪をなしえず」という法諺が示すように，現実に不法行為を冒すのはつねに具体的な個人であり，他人たる使用者や法人が責任を負うのは，あくまでも自己責任の例外としての**代当責任**にすぎないのである。しかし，事業者の責任を問おうとするとき具体的な行為者を特定することは現実的ではない。使用者責任も，法人の不法行為も具体的な行為者を特定

---

[8]　清水・プログレッシブ民法［債権総論］145頁以下。

し，その者に対する民法709条の要件を具備することが必要と解されているが，それは被害者の救済に大きな障害となるばかりではない。組織に属する個々の人間の行為の当否ではなく（被用者は企業のいわば手足にすぎない），不法行為が事業活動の一環としてなされたかどうかが重要なのである。こうした点から民法715条の適用ではなく事業活動そのものについて民法709条を適用すべしとする学説（神田）が登場してくる。

　企業の不法行為責任の特質は，過失のありかた（故意はほとんど問題とならない）のみならず，無過失責任でもありうる点にも求められよう。過失責任から無過失責任への法理論の発展は，企業責任を軸として展開してきたのである。それゆえ，本書では，以下の行論において個人的不法行為と企業（団体，組織としての）の不法行為との区別を念頭に説明することにしたい。

補論9　一般不法行為と特殊不法行為との関係

　在来の学説は，不法行為を民法709条をいわゆる「一般不法行為」として，それ以外（714条〜719条）の「特殊の不当利得」と区分し，そのうえで両者に共通するものとして「不法行為の効果」を論じる。このような立場は近時強く批判されているところである（平井14頁以下）。このような態度は比較法的にまれであるばかりか，両者の効果論における差異が不透明になるというのである。ドイツ法は不法行為を過失責任 Verschuldungshaftung にもとづくものと危険責任 Gefährdungshaftung に分類し，フランス法では，人の行為 fait personnel と物の行為 fait d'une chose に分けて論じる。ざっくりいえば，これらの立法は伝統的な過失責任の原則と無過失責任の区別に対応するものなのである。ところが，わが民法の不法行為法の分類はそうした区別にかならずしも対応しておらず，偏差が生じている。たとえば，使用者責任が純然たる「過失責任」でないことは明らかであるが，「無過失責任」というべきかは問題であり，監督義務者の責任も同様である。そのため，新たにさまざまな不法行為の分類方法が試みられている。さしあたって本書では，伝統的な分類にしたがって，叙述を進めていくが，次の点を指摘しておきたい。

　それは，不法行為法の予定する人間像の問題と関わる。おそらくは，不法行為は本来，個人的不法行為すなわち，Aという個人がBという個人に対して損害を与えるものであったであろう。それは偶発的なこともあり，一定の社会活動から蓋然性をもった加害行為として現れることもあった。それゆえ，民事責任は刑事責任と同様に具体的過失を基礎に組み立てられており，責任能力制度もそうした制度の中に位置付けられていた。しかし，経済社会の飛躍的発展と

活動の組織化・拡大化,高度の科学技術の発展は,事業活動による加害という社会事象を生み出したのであり,不法行為はここでは質的な転換を遂げたといえる。ここでは,損害は偶発的というよりは蓋然性をもって発生し,被害は広域化し,甚大化している。のみならず,加害主体はもはや個人ではなく,個人の集合体,団体である(それが「法人」か,「組合」であるかは法技術的な問題にすぎず,ここでは重要ではない)。在来の不法行為の分類方法はこのような視点からも批判されざるをえない。個人間の不法行為と企業の不法行為の区別に対応していないからである。そこで,本書では在来の「特殊の不法行為」の一定のものを企業不法行為を中心として位置付けて説明することにする。

2　一般的不法行為の成立要件

1　序説

　民法709条によれば，「故意又は過失によって」，「他人の権利又は法律上保護される利益を侵害」した者は，それによって「生じた損害」を賠償しなければならないと規定する。¹⁾**三分法**といわれる伝統的理論は，ここから「故意・過失」＝主観的要件，「権利（現在は権利または法律上保護される利益）の侵害」＝客観的要件として整序してきた。これは刑法学とりわけドイツ刑法学の理論を擬したものであると考えられる。すなわち，犯罪成立要件としての①構成要件該当性，②違法性，③有責性，のうち，②は客観的要件，③は主観的要件に対応する。もっとも，①については，刑法理論が罪刑法定主義にもとづき，個別具体的な犯罪類型ごとに定められているのに対して，民事責任ではそうした原則が採られない結果として，不要とされたものであろう。²⁾
　しかし，後述するように，「権利侵害」要件は後に学説によって「違法性」要件に置き換えられていくが，そこでは，「違法性」の実質を把握するため

---

　1)　709条の沿革は旧民法財産編371条に求められる。同条は，「何人ヲ問ハス自己ノ所為又ハ懈怠ヨリ生スル損害ニ付キ其責ニ任スルノミナラス尚ホ自己ノ威権ニ下ニ在ル者ノ所為又ハ懈怠及ヒ自己ニ属スル物ヨリ生スル損害ニ付キ下ノ区別ニ從ヒテ其責ニ任ス」と規定していたが，現行法への移行に際して，字句を改めて「権利侵害」を加えたものである（民法修正案理由書参照）。しかし，旧民法典の母法であるフランス民法は，かならずしもこれに対応するものではない。フランス民法1382条は，一方で，「過責 *faute* により他人に損害を生じさせるいかなる人の行為も，それをもたらした者に賠償義務を負わせる」（不法行為 *délit*）と規定し，他方，1383条は，「自己の行為によって生じさせた損害のみならず，懈怠 *négligence* または不注意 *imprudence* によって損害を生じさせた者も，賠償責任を負う」（準不法行為 *quasi-délit*）と規定しており，趣を異にしているからである（フランス法の *faute* の観念に関しては，野田良之「フランス民法における *faute* の概念」我妻還暦（上）[1957]参照）。しかも，フランス不法行為法は「人の行為」*fait personnel*（さらに「本人の行為」と「他人の行為」に分けられる）と「物の行為」*fait des choses* の区別の上に組み立てられており，わが国の不法行為法とは構造的に異なっている（フランス不法行為法の全体像については，山口俊夫・フランス債権法[1986]91頁以下参照）。ちなみに，フランスの民法学は損害賠償法 *responsabilité civil* として契約不履行（債務不履行）と統一的に論じるのが通常である。H. L. et J. Mazeaud, Leçon de droit civil, Obligations. par Chabas, 1991, n°371 et s. 他方，ドイツ民法は，不法行為を①故意・過失による絶対権侵害（823条1項），②故意・過失による保護法規違反（同条2項），③公序良俗違反におる故意の侵害（826条）に分化させており，わが民法典の規定とは異質である。むしろ，民法709条は，フランス法的な基礎の上にドイツ刑法学の理論を接ぎ木する形で成立したと考えられる。
　2)　四宮（中）275頁。

に，ふたたび類型的考察すなわち，被侵害利益の種類を問題とすることで，①に接近していったことを指摘しておく必要があろう。問題は，現在でもなお，②と③を異なるカテゴリーとして整序すべきかである。フランス法においては，②を問題とすることなく，偏に過責 faute の要件に一本化されており，また，ドイツ刑法学においても，主観的違法要素の発見（ヴェルツェル）や規範的責任論の登場は，②と③の概念的峻別を曖昧ならしめており，民事責任についても検討される余地があるものといえる。筆者は，違法性と故意・過失の差異は原則として認められるべきであると考えるが，この点については後節で詳論しよう。

2 故意・過失

(1) 故意・過失の意義

故意とは，結果の発生を知りながらあえて行為におよぶことであり，**過失**は，結果の発生を知ることができたはずであるのに，不注意でそれに気づかなかったことである。刑事責任と異なり，民法は故意と過失の違いは重要ではない。民事責任は結果の発生が重要であり，そのかぎりで故意によると過失によるとで違いがないからである。現実には故意による不法行為はわずかであり，重要な意味をもつのは過失不法行為である。

過失には**重過失**と**軽過失**がある。前者は重大な過失であり，注意を著しく欠いた場合である。不法行為で問題となるのは後者である（例外は失火責任法）。

過失には**抽象的過失**と**具体的過失**がある。前者は通常人を基準とした注意能力の程度を問題とするもので，民法400条の善管注意義務違反がこの抽象的過失になる。これに対して，具体的過失は当該の個人の注意能力の程度を基準としたものであり，民法は「自己の財産に対するのと同一の注意」義務

---

3) ただし，後述するように，損害賠償の範囲とりわけ慰謝料の算定額に関しては，両者間に相違が生じるし，債権侵害についても過失不法行為は考えられない。また，故意による不法行為については過失相殺（722条）は問題とならないであろう。

4) 重過失について，最判昭和32年7月9日民集11巻7号1203頁は，「通常人に要求される程度の相当な注意をしないでも，わずかの注意さえすれば，たやすく違法有害な結果を予見することができた場合であるのに，漫然これを見すごしたような，ほとんど故意に近い著しい注意欠如の状態を指すものと解するのを相当する」という。

と表現する（659条）。

　不法行為における過失はどちらを基準すべきか。注意能力の程度は各人によって異なっており，個人の資質や性格，年齢，置かれた環境等によってバラバラである。そこで，客観的注意能力 α，具体的注意能力 β とすると，$\alpha<\beta$ のときは抽象的過失により不法行為責任を問われるのは当然であるが，これとは逆に，$\alpha>\beta$ のとき，行為者が責任を問われれば，自己のコントロールのできなかった結果について責任を負うことになり，過失責任の原則に反するのではないかとの疑問が生じよう。では，具体的過失を基準とすべきであろうか。民法は一定の場合に不法行為責任を免れることを認めている。すなわち，未成年者につき「自己の行為の責任を弁識するに足りる知能を備えていなかったとき」には，賠償責任を負わないものとし（712条），また，「精神上の障害により自己の行為の責任を弁識する能力を欠く状態にある間に他人に損害を加えた者」は賠償責任を負わないものとした（713条）。これを**責任能力**という。**責任能力**が個人的不法行為にのみ妥当するものであることはいうまでもないが，通説は抽象的過失を原則とすべきであり，上の2箇条は例外としての規定であるとする。[5]

　抽象的過失の基準となる通常人とは，一般市民の日常生活において発生する不法行為で基準となるものであり，平均的合理人 *personne avisée* である。もっとも抽象的過失といっても一義的・客観的に決まっているのではなく，個別の具体的な状況の下で決定される。

【判例33】最判平成7年3月10日判例時報1526号99頁
　スキー場で，いずれも滑降していたXとYが接触し，Xが転倒して負傷した。Xは26歳の主婦，Yは大学生であり，いずれもスキーについては相当の経験を有し，技術は上級であった。本件訴訟はXがYの過失を主張して損害賠償を請求するものである。原審は，Yが本件事故発生前の時点で下方を滑降しているXを発見し得た可能性は否定できないが，Yが他の滑降者に危険が及ぶことを承知しながら暴走し又は危険な滑降をしていたとは認められないから，Yには本件事故の発生につき過失はなかったと判断し，Xの請求を棄却した。最高裁はこれを破棄して次のように判示した。

---

5)　鈴木 [11]。

「スキー場において上方から滑降する者は、前方を注視し、下方を滑降している者の動静に注意して、その者との接触ないし衝突を回避することができるように速度及び進路を選択して滑走すべき注意義務を負うものというべきところ、前記事実によれば、本件事故現場は急斜面ではなく、本件事故当時、下方を見通すことができたというのであるから、Yは、Xとの接触を避けるための措置を採り得る時間的余裕をもって、下方を滑降しているXを発見することができ、本件事故を回避することができたというべきである。Yには前記注意義務を怠った過失があり、Xが本件事故により被った損害を賠償する責任がある。」

他方で、注意義務は社会類型的に定型化されており、その意味で**過失は客観化**されている。たとえば、「およそ医者である以上は○○の注意をしたはずだ。」とか、「銀行であるならば、顧客の預金の取扱いについて、このような管理体制をとっていなければならないはずだ」というのがそれである。とりわけ、業務遂行上他人に損害を生じさせる蓋然性のある者については、高度の注意義務が要求される場合がある。刑法は他人の生命・身体に損害を生じさせた場合につき明文の規定を置いている（211条）が、民事責任としても責任を加重する見方が承認されている。

【判例34】最判昭和36年2月16日民集15巻2号244頁（輸血梅毒事件）
　XはT大学医学部附属病院に入院し、T病院に勤務するA医師の担当で治療を受けることになったが、Xは身体の衰弱が甚だしかったのでAの勧めにより体力補強のために輸血を受けることとなり、T病院が常に給血を受けている輸血組合の組合員より給血を受け、4回にわたり輸血が行われた。ところが、給血者であったBは当時既に梅毒に感染しており、そのためXもまた梅毒に罹患するに至った。
　「所論は、仮に医師に右の如き問診の注意義務があるとしても、給血を以って職業とする者、ことに性病感染の危険をもつ者に対し、性病感染の危険の有無につき発問してみても、それらの者から真実の答述を期待するが如きことは、統計的にも不可能であるから、かかる者に対してもまた問診の義務ありとする原判示は、実験則ないし条理に反して医師に対し不当の注意義務を課するものである旨主張するが、たとい所論のような職業的給血者であっても、職業的給

血者であるというだけで直ちに、なんらの個人差も例外も認めず、常に悉く真実を述べないと速断する所論には、にわかに左袒することはできない。現に本件給血者Bは、職業的給血者ではあったが、原判決及びその引用する第一審判決の確定した事実によれば、当時別段給血によって生活の資を得なければならぬ事情にはなかったというのであり、また梅毒感染の危険の有無についても、問われなかったから答えなかったに過ぎないというのであるから、これに携わったA医師が、懇ろに同人に対し、真実の答述をなさしめるように誘導し、具体的かつ詳細な問診をなせば、同人の血液に梅毒感染の危険あることを推知し得べき結果を得られなかったとは断言し得ない。」

「所論はまた、仮に担当医師に問診の義務があるとしても、原判旨のような問診は、医師に過度の注意義務を課するものである旨主張するが、いやしくも人の生命及び健康を管理すべき業務（医業）に従事する者は、その業務の性質に照し、危険防止のために実験上必要とされる最善の注意義務を要求されるのは、已むを得ないところといわざるを得ない。」

そして、判例はこうした最善の注意義務の基準となるべきものは、「診療当時のいわゆる臨床医学の実践における医療水準である」という[6]。したがって、医療事故に関しては、具体的な能力は医療機関によって異なるため、当該の行為者がそのレヴェルに達していないとしても、無過失として免責されない。他の医療機関への問い合わせ、紹介あるいは転院の仲介等が可能と考えられるからである。このように、業務上過失の下では行為者の具体的な注意能力は問題とならず、したがって、責任能力も問題とならない。

(2) **過失の判断基準**

ところで、過失を内面の心理状態として理解する（**心理状態説**）ことは現実の過失認定に困難をともなう。なぜならば、これを立証することは難しいうえ、そもそもそれは個人間不法行為にしか妥当しないのではないかと考えられるからである。現代社会におけるもっとも重要な不法行為である団体・法人等事業者が不法行為の主体となる場合に、その心理過程は問題とはならな

---

6) 最判昭和57年3月30日判例時報1039号66頁（日赤未熟児網膜症事件）では、こうした理由から医療機関側の過失を否定した。同趣旨のものとして、最判昭和54年11月13日判例時報952号49頁、最判昭和57年7月20日判例時報1053号96頁。しかし、その後最判昭和60年3月26日民集39巻2号124頁は、光凝固法という検査方法が普及した結果、医師がこれを用いなかったことについて過失があるとされるに至っている。最判平成7年6月9日民集49巻6号1499頁もこれを踏襲する。

い。そこで，民事責任に関するかぎり，こうした心理学的定義ではなく，予見可能性を過失認定の基礎にすえる理論（**予見可能性説**）が生じる。この理論は立証方法を容易にするとともに，事業者の過失を問題とする場合に適合的であり，通説的立場を獲得した。

これに対して，一歩すすめてより積極的に，過失を結果回避義務として捉える立場も有力である（**結果回避義務説**）。予見が可能であるならば，結果を回避するための措置を講じることが期待できるが，そうした行動を怠ったことを，過失の基礎に据えるわけである。この説は，現実の損害賠償請求訴訟の過程でも次のような利点があるといわれている。すなわち，被害者原告が相手方の過失（不注意）を主張した場合に，相手方被告としては，「十分注意をした，しかし結果の発生は免れなかった」と反論するであろう。これに対して，「いや，君は不注意であったのだ」という再反論では水掛け論になってしまい，議論が進展しない。それよりは，「いや，君は，結果が生じないよう，○○をすべきであったのだ」という主張をすることによって，議論が深められる。つまり，そこでは，○○という具体的な行為が結果発生に必要な行為であったかどうかを，客観的に争うことができるわけである。[7]

予見可能性説との違いは，予見可能性からただちに結果回避義務を導くものではないところにある。このことを明言したものが，いわゆる「大阪アルカリ事件」であった。

【判例35】大判大正5年12月22日民録22輯2474頁（大阪アルカリ事件）
　Y会社の工場から排出した硫煙が周辺のXらの農作物に甚大な被害をもたらしたとして，損害賠償を請求した。原審裁判所が予見可能性から結果回避義務違反を導いて請求を認容したが，大審院はこれを破棄差戻した。
　「化学工業ニ従事スル会社其他ノ者ガ其目的タル事業ニ因ヨリテ生スルコトアルベキ損害ヲ予防スルガ為メ右事業ノ性質ニ従ヒ相当ナル設備ヲ施シタル以上ハ偶々他人ニ損害ヲ被ラシメタルモ之ヲ以テ不法行為者トシテ其損害賠償ノ責ニ任セシムルコトヲ得ザルモノトス。何トナレバ斯ル場合ニ在リテハ右工業ニ従事スル者ニ民法第七百九条ニ所謂故意又ハ過失アリト云フコトヲ得サレバナリ」

---

7) 遠藤ほか『民法(7)』[1987] 114頁以下。

このように，大審院は予見可能性からただちに結果回避義務を導くことを否定した。「適当な設備」を施していれば，結果を回避できなくても過失は存しないと判示したのは，予見可能であれば，結果回避義務の内容が過大になる（工場の閉鎖や，操業停止）ことを怖れたためであろう。学説にも同趣旨を述べるものがある。ここでは，予見可能であるが，社会的有用性（ここでは，企業の社会的有用性と経済発展であろうか）を条件として結果を回避しなくとも過失はないとする趣旨と考えられ，企業保護との批判を免れるものではなかった。しかし，このことは結果回避義務説そのものの本質的な欠陥とはいえないであろう。この理論のもとで要求される「相当な設備」ないし「最善の方法による設備」の水準を高めていけば，予見可能性説と大差がないことになる。また，結果発生の蓋然性がわずかであっても予見可能であれば，結果回避義務違反を理由として過失を認定することになれば，実質的に無過失責任に接近することも指摘されている。その後裁判所は公害裁判を通して，しだいに結果回避義務違反を積極的に認める方向に転じていった。これに関連して，近時アメリカ不法行為法において展開された**ハンドの定式 Hand Formula** によって結果回避義務を制約する見解が有力に主張されている。これは，①損害発生の蓋然性P，②侵害される利益の重大さL，③結果を回避することによって犠牲にされる利益（結果回避のコスト）Bを因子として，P×L＞Bであれば，結果回避義務があるが，P×L＜Bであれば，結果回避義務はなしとするものである。これに対しては，Pを正確に把握することができるのか，Lを算定することができるのか，という批判があり，そもそも，生命や健康についての侵害とりわけ，公害型不法行為にはこの定式は妥当しないのではないかとの疑問がある。むしろ，生命・健康という価値Lは

---

8) 同旨の判例として，大判大正8年5月24日法律新聞1590号16頁（広島モータポンプ事件）。
9) 加藤(一)9頁以下。
10) 上記大判の差戻審（大阪控判大正8年12月27日法律新聞1659号11頁）では，日本国内で同種の操業をする工場の煙突に比べて本件被告会社の煙突が低いという事実を認定して，「結果を防止するのに適当な方法」を尽くしたとはいえないとして責任を認めた。この事件については，川井健「大阪アルカリ株式会社事件判決」『民法判例と時代思潮』[1981] に詳しい。
11) 徳島地判昭和48年11月28日判例時報721号7頁（森永砒素ミルク事件差戻後の第一審判決），東京地判昭和53年8月3日判例時報899号48頁（スモン訴訟事件）。
12) 詳細は，平井30頁以下。
13) 内田342頁は，ハンドの定式は比喩的なものにすぎないと評する。

比較衡量の対象とはなりえず，Bは顧慮すべきでないと考えられる。

(3) **過失の推定**

　故意・過失は被害者原告が立証責任を負担するが，一定の場合に過失が事実上推定される場合がある。取締法規違反行為（たとえば，スピード違反，信号無視等）により損害が生じた場合には過失が推定されよう。また，前述のように，刑事裁判において過失が立証された場合には，不法行為上も過失が推定されると解される。医療事故に関しては，次のような判例がある。

【判例36】最判平成8年1月23日民集50巻1号1頁
　本件は，虫垂炎に罹患した少年X_1（当時7歳5か月）がY_1病院で虫垂切除手術を受けたところ，手術中に心停止に陥り，蘇生はしたものの重大な脳機能低下症の後遺症が残ったことについて，X_1とその両親X_2，X_3がY_1病院と手術を担当した医師Y_2，救命蘇生措置にかかわった医師Y_3を相手に，債務不履行または不法行為を理由に損害賠償を求めた事件である。争点となったのは，医師が医薬品を使用するに当たって医薬品の添付文書（能書）に記載された使用上の注意事項に従わず，それによって医療事故が発生した場合には，これに従わなかった点である。

　「本件麻酔剤の能書には，『副作用とその対策』の項に血圧対策として，麻酔剤注入前に1回，注入後は10ないし15分まで2分間隔に血圧を測定すべきであると記載されているところ，原判決は，能書の右記載にもかかわらず，昭和49年ころは，血圧については少なくとも五分間隔で測るというのが一般開業医の常識であったとして，当時の医療水準を基準にする限り，Y_2に過失があったということはできない，という。しかしながら，医薬品の添付文書（能書）の記載事項は，当該医薬品の危険性（副作用等）につき最も高度な情報を有している製造業者又は輸入販売業者が，投与を受ける患者の安全を確保するために，これを使用する医師等に対して必要な情報を提供する目的で記載するものであるから，医師が医薬品を使用するに当たって右文章に記載された使用上の注意事項に従わず，それによって医療事故が発生した場合には，これに従わなかったことにつき特段の合理的理由がない限り，当該医師の過失が推定されるものというべきである。」

　さらに，医療過誤におけるように，被害者原告が，高度の専門的知識を有

する被告を相手どって損害賠償請求訴訟を提起する場合には，過失の立証は困難であることが多い。そこで，過失の推定という方法を通してこれを緩和することが認められる。

【判例37】 最判昭和51年9月30日民集30巻8号816頁（インフルエンザ予防接種事件）

　X_1，X_2の間の男児A（1歳1月）は，Yの保険所において，公務員である医師BからYの勧奨によるインフルエンザ予防接種を受けたところ，翌日死亡した。Aは1週間前から間質性肺炎および濾胞性大小腸炎に罹っており，接種がこれを亢進させてAを死亡するに至らしめたかが問題となった。

　「予防接種を実施する医師としては，問診するにあたって，接種対象者又はその保護者に対し，単に概括的，抽象的に接種対象者の接種直前における身体の健康状態についてその異常の有無を質問するだけでは足りず，禁忌者を識別するに足りるだけの具体的質問，すなわち実施規則四条所定の症状，疾病，体質的素因の有無およびそれらを外部的に徴表する諸事由の有無を具体的に，かつ被質問者に的確な応答を可能ならしめるような適切な質問をする義務がある。

　もとより集団接種の場合には時間的，経済的制約があるから，その質問の方法は，すべて医師の口頭質問による必要はなく，質問事項を書面に記載し，接種対象者又はその保護者に事前にその回答を記入せしめておく方法（いわゆる問診票）や，質問事項又は接種前に医師に申述すべき事項を予防接種実施場所に掲記公示し，接種対象者又はその保護者に積極的に応答，申述させる方法や，医師を補助する看護婦等に質問を事前に代行させる方法等を併用し，医師の口頭による質問を事前に補助せしめる手段を講じることは許容されるが，医師の口頭による問診の適否は，質問内容，表現，用語及び併用された補助方法の手段の種類，内容，表現，用語を総合考慮して判断すべきである。このような方法による適切な問診を尽さなかったため，接種対象者の症状，疾病その他異常な身体的条件及び体質的素因を認識することができず，禁忌すべき者の識別判断を誤って予防接種を実施した場合において，予防接種の異常な副反応により接種対象者が死亡又は罹病したときには，担当医師は接種に際し右結果を予見しえたものであるのに過誤により予見しなかったものと推定するのが相当である。」

3 責任無能力

(1) 総　説

(a) **責任能力の意義**

責任能力とは，自己の行為の意味とその結果の責任を認識しうる能力であり，これを欠いた場合には損害賠償責任を免れる。従来，責任能力は**有責性の要件**として過失の基礎にある観念であると解されていた。[1] なぜならば，このような責任能力を欠いた者は結果を予想することができず，したがって，この者に対して結果を回避することを期待することができないからである。それゆえ，責任能力の基礎にある過失とは，具体的過失であることになるが，それは個人により千差万別である。しかし，前述のように，通説は不法行為責任を問う場合の過失を原則として抽象的な過失であると解しており，当該の個人が具体的には通常人の能力に達していなくとも結果に責任を負わなければならない。かつ，現在の学説・判例は過失を結果回避義務（行為義務）違反として客観的に捉えているため過失は客観化しており，これとの齟齬があることは否定できない。そこで，個人的不法行為については具体的過失を問題とし，専門家や事業者の責任等について抽象的過失を問題として両者を区別して，責任能力を前者に限定するならば，論理的破綻は避けられよう。[2]

民法が定める2種の責任能力（未成年者および精神障害者）は，その意味で具体的過失を前提とした例外的なものである。しかし，責任能力の程度は，本来オールオアナッシングのものではない。責任能力を全く欠いた幼児や心身喪失者から責任能力が不十分である場合にいたるまで段階的なものである。民法は法律行為に関しては能力者制度を設けており，ここでは，法律行為の意味を認識し，その法的効果を理解することが十分でない場合をいくつかの段階（成年被後見人－被保佐人－被補助人）に分けて規律しているが，不法行為についてはそうした処理を与えていない。論理的には行為者の責任能力の程度に合わせて，減責させることも考えられよう。[3] 責任無能力を理由とした免責を定めた立法は比較法的にも例外に属しており，[4] 責任能力の観念が抽象

---

1) 四宮(中)379頁。
2) 四宮(中)383頁以下は，業務型不法行為と日常生活型不法行為を区別したうえ，前者については責任能力規定の存在理由は減退していると説く。

過失と整合的でないことからすれば，立法論としては廃止すべきかもしれない。刑事責任と異なって，責任能力はないけれども賠償能力を有する者が，被害者の犠牲において賠償責任を免れることは，損害の公平な分配という不法行為制度の理念からしても疑問がある。

(b) **責任能力制度の適用範囲**

a) 責任能力制度は個人的不法行為に特有のものであるが，抽象的過失とりわけ専門家責任については，行為時の責任無能力を理由とした免責を許すべきではないであろう（医師自身が施術中に意識不明となって患者に被害を与えた場合には責任を問うことはできないのだろうか？）。

b) 特殊の不法行為についても，責任能力制度は適用されるべきではない。工作物責任（717条）および動物占有者責任（718条）は無過失責任と解されており，行為についての判断能力は問題とならない。使用者責任（715条）についても同様である。

運行供用者責任（自賠法3条）についてついてはもはどこまで及ぶか。最高裁判決はまだ出ていないが，下級審裁判例としては肯定例と否定例に分かれている。難問であるが，自賠法による責任保険の支払は損害賠償責任の存在

---

3) 鈴木 [127]。ちなみに，旧民法財産編376条1項は，「自治産ナルト否トヲ問ハス未成年者ハ其有意又ハ粗忽ニテ加ヘタル不正ノ損害ニ付テハ刑事上責任ヲ免レ可キトキト雖モ民事責任アリト宣告セラルルコトアリ」と規定していたが，その趣旨は，未成年者は判断能力の段階に応じて裁判官が責任の範囲を評価することにすればよい，というものであり，減責の可能性を示唆するものであった。Boissonade, Projet de Code Civil pour l'empire du Japon accompagné d'un commentaire, 2 éd., t. 2, n° 287.

4) フランス民法489条2項は，「他人に損害を生じさせた者は，精神上の障害の下にあったときでも，賠償を義務づけられる」と規定する。同様に，ドイツ民法829条は，監督義務者から賠償を得られないかぎり，責任無能力者であっても，責任を負うことを規定する。

5) 広中440頁は，同条はすぐれて政策的な問題である，と述べ，平井91頁も，未成年者については弱者保護のための政策的規定であるという。しかし，補論8 でも述べたように，民法が予定した不法行為像は個人的不法行為であり，具体的過失にもとづく心理過程に依拠した過失概念こそ伝統的なものであった。不法行為像の現代的転換，すなわち，個人的不法行為から企業的不法行為に，不法行為の偶発的発生から企業活動による常態化へと変遷を遂げるに伴って，過失概念が客観化され，責任能力も現実の不法行為法の中で浮いた存在になっていったのである。

6) 平井94頁は，「責任無能力であるか否かにかかわらず，監督義務者に対して当然に賠償[請求？]できる途を開いた判例の準則が確立し，かつ，その方向を推進するべき解釈が採られるべきである以上，責任能力の有無の実際上の重要性は少なくなった」と指摘する。未成年者についてはその通りであろうが，高齢者（とりわけ認知症）による加害行為については，後見人よりも本人が賠償能力が高いことが多いことからして，なお問題は残っているというべきである。

7) 肯定例として，東京地判平成19年11月26日交通民集40巻6号1520頁（統合失調症の者が引

を前提とするから，被害者救済からすれば，免責を否定するべきであろうか。

　c）法定代理人が代理行為に際して他人に損害を加えた場合に，本人は責任無能力を理由に免責されるかは問題である。代理人の不法行為は代理人自身が損害賠償責任を負うのが原則である。そもそも使用者責任の規定は代理には適用がない。これに対して無能力の本人に対する責任を主張する有力な見解がある[8]。法定代理人がつねに本人よりも賠償能力があるとは限らず（とりわけ成年者の場合はそうであろう），また，法定代理人は一種の「排他的管理者」（四宮）であり，本人はそれによって利益を得ている（報償責任）こと，法定代理についても表見代理の適用があり，外部者の利益に対する配慮がなされていること（幾代）を考えあわせると，肯定すべきように思われる。

　d）法律行為における制限能力と不法行為における責任能力は，制度目的を異にするものであるが，両者が重なりあう場合がある。未成年者や成年被後見人が行為能力の制限を理由として法律行為を取り消した場合に，相手方は，これらの者が責任能力者であるときでも，取り消しうべき行為を行い，これを取り消したことにつき不法行為を理由として損害賠償を請求できないと説く学説がある[9]。形式的には，民法709条の要件を満たしている以上，賠償責任を免れないように思われるが，制限能力者制度の目的は，十分な判断能力がない者本人を保護するものであるから，不法行為責任を認めることは，法律行為が取り消されず，履行責任を負担するのと変わらない結果を生じさせるおそれがある（履行責任よりも賠償責任が少額である保障はない）。そうだとすると，制限能力制度が妥当するかぎりで，制限能力者は不法行為責任を問われることなく，被害者の救済は，法定代理人すなわち保護監督者に対する責任（714条）によると考えるべきであり，これに左袒したい。

(2) 未成年者

　民法712条は，「自己の行為の責任を弁識するに足りる」能力（**責任能力**）

きおこした交通事故について責任能力を肯定），東京地判平成25年3月7日判例時報2191号56頁（道路交通法違反で起訴されたが責任能力がないとして無罪となった者につき，以前にも低血糖状態に陥ったことがあるとして責任を肯定）。否定例として東京地判平成21年11月24日交通民集42巻6号1540頁（運転中にくも膜下出血によって正常運転ができず引きおこした交通事故について，責任能力を否定）

[8] 服部栄三「法人の不法行為能力」我妻還暦(中)530頁。
[9] 幾代58頁。

を備えていない未成年者は賠償責任を負わないと規定している。未成年者の責任能力の有無の限界をどこに求めるかは一つの問題であるが, 判例は12歳前後を基準としている。未成年者は多くの場合, 賠償能力を欠いているため被害者救済の点から問題となっており, 後述するように, 判例学説は責任能力がある場合でも, 監督責任者の責任を肯定する傾向にある。そのような価値判断を正当なものと考えるならば, 未成年者の責任無能力の認定は緩やかにすることが望ましいであろう。

(3) 精神障害者

心身喪失状態にある者は責任能力を有しない (713条)。泥酔者や薬物中毒による意識障害, 催眠状態, 寝惚け状態等がこれに含まれる。成年被後見人 (心身喪失の常況にある者) であっても行為時に責任能力がある場合があることに注意しよう。未成年者と異なり, 精神障害者については保護監督責任者よりも賠償能力がある場合も多い。したがって, 未成年者と異なって, 責任能力の認定は厳格にすべきであろう。

いわゆる「**原因において自由な行為**」actio libera in causa すなわち,「故意または過失によって, 一時的心身喪失を招いたとき」は賠償責任を免れない (同条但書)。ここでいう「故意・過失」とは, 心身喪失状態の際に「他人に損害を加えることにについての故意・過失」を指すのではなく, 心身喪失状態を招いたことそれ自体についての故意・過失を指す (通説)。近時の下級審裁判例に次のようなものがある。

アルコール依存症の離脱症状の出現のため心身喪失の状態にあったYが深夜突然Aの自宅に押し入ってAを殺害した事案につき, Yは, 過去に断酒により幻覚が生ずるなどのアルコール離脱症状を呈したことがたびたびあるほか, 刑事事件を起こした際には, 医師から酒を急にやめたため幻覚が生じた旨説明を受けており, また, 安易に断酒, 節酒した場合には, 幻覚等の症状

---

10) 大判大正6年4月30日民録23輯715頁 (光清撃ツゾ事件) は, 遊戯中に射的銃で友人を失明させた12歳2ヶ月の少年につき, 責任能力を否定し, 大判大正4年5月12日民録21輯692頁では, 11歳11ヶ月の少年が雇い主のために商品を配達するさいに, 自転車で人を負傷させた行為について責任能力を認めた。下級審裁判決例であるが, 福岡地判昭和48年1月30日判例時報707号81頁 (13歳の子につき責任能力を肯定), 大阪地判昭和58年1月27日判例時報1072号126頁 (10歳の子に付き責任能力を否定) がある。

が生じ，これが嵩じて自己の行為についての判断能力を失うに至る可能性があることについては，経験上十分に予見が可能であった」として，Yが心神喪失を招いたことにつき過失を肯認した。[11]

4 権利侵害

(1) 「権利侵害」から「違法性」へ

立法者は，「他人ノ権利ヲ侵害シタ」ことを不法行為の第2の成立要件として規定した（旧709条）。旧民法が単に「過失又ハ懈怠ニ因リテ他人ニ損害ヲ加ヘタ」としていた（財産編370条）ものを，それでは不法行為の成立する範囲が拡がりすぎるということから，なんらかの「権利」に限定しなければならないとの趣旨で要件として付加されたのである。[1] 不法行為の対象となるものについては，初期の判例・学説も文言に忠実で，「権利」を厳格に解していた。その代表的なものが「**雲右衛門レコード事件**」[2]である。

【判例38】大判大正3年7月4日刑録20輯1360頁

浪曲師の桃中軒雲右衛門が吹き込んだ浪花節の蠟盤を無断で複製販売したYに対して，著作権違反の刑事事件での付帯私訴において，裁判所は次のように判示した。

「抑モ雲右衛門ノ浪花節ヲ語ルノ巧妙ナルハ他ノ浪花節芸人ノ企及スル所ニアラズ，其芸風ハ能ク一部人士ヲシテ渇仰セシムルモノアリト雖モ，其語ル所ハ浪花節ノ外ニ出デズ。此場合ニ於テ雲右衛門ノ浪花節ヲ貫通スル一種独特ノ定型的旋律アリテ本件蓄音機ノ蠟盤ニ吹込マレタル楽曲ハ即チ其旋律ヲ表彰シタルモノニ外ナラズトセバ，雲右衛門ニ著作権アルハ論ヲ俟タズ。若シ然ラズトスルモ，本件ノ楽曲タル雲右衛門ガ此ヲ蓄音機ノ蠟盤ニ吹キ込ムニ際シ新タニ創作シタルモノニ係リ，其旋律ハ雲右衛門ガ自家固有ノモノトシテ将来ニ向テ之ヲ反復スルノ意思ヲ有シ且之ヲ反復シ得ベキ程度ニ於テ確定シタルモノトセバ，此場合ニ於テモ雲右衛門ノ為メニ著作権ヲ認メザルカラズ。之ニ反シテ，其楽曲ガ確乎タル旋律ヲ包含セズシテ純然タル即興且瞬間的創作ニ過ギザルトキハ，其楽曲ハ偶々新旋律ヲ包含スルモ著作権ノ目的タルヲ得ズ。蓋シ浪花節

---

11) 静岡地判平成5年3月26日判例時報1504号111頁。
1) 民法修正案理由書［708条］。
2) 同種のものとして，大判大正7年9月18日民録24輯1710頁。

ノ如キ比較的音階曲節ニ乏シキ低級音楽ニ在リテハ、演奏者ハ多クハ演奏ノ都度多少其音階曲節ニ変化ヲ与ヘ、因テ以テ興味ノ減退ヲ防ギ、聴聞者ノ嗜好ヲ繋グノ必要アルヲ以テ、機ニ臨ミ変ニ応ジテ瞬間創作ヲ為スヲ常トシ、其旋律ハ常ニ必ズシモ一定スルモノニアラズシテ、斯ル瞬間創作ノ対シ一一著作権ヲ認ムルガ如キハ断ジテ著作権法ノ精神ナリトスルヲ得ズ。而シテ本件雲右衛門ノ創意ニ係ル浪花節ノ楽曲ニシテ前示ノ如ク確乎タル旋律ニ依リタルモノト認ムベキ事績ノ存セザル以上ハ、瞬間創作ノ範囲ヲ脱スルコトヲ得ザルモノニシテ、之ヲ目シテ著作権法ニ所謂音楽ノ著作物ト謂フヲ得ズ。果タシテ然ラバ〔……〕本件雲右衛門ノ創意ニ係ル浪花節ノ作曲ハ音楽的著作物トシテ著作権ヲ侵害シタルモノニアラザルコト、従テ之ガ複製ヲ為シタルYノ所為ハXノ有スル著作権ヲ侵害シタルモノニアラザルコト〔……〕明カナルヲ以テ、之ヲ理由トシテYニ損害ノ賠償ヲ為サシメントスルXノ請求ハ失当ナリ」

「低級で旋律の一定しないものは著作権の対象とはならない」という奇妙な論理を説いたこの判決に対する批判は強く、学説には「権利」を広く捉えることによって克服する試みもなされていた（鳩山）。そこで、大審院は、次の「**大学湯事件**」において方針を転換して、「権利侵害」には拘泥しない態度を採るにいたる。

【判例39】大判大正14年11月28日民集4巻670頁
　X先代Aは、Y_1より本件家屋を賃借して、「大学湯」の名称で湯屋営業をしていたが、賃貸借契約の終了の際においては、AはY_1が老舗を買い取るかまたは他に売却することを許容する旨合意していた。ところが、賃貸借終了後に、Y_1は無断で本件建物を造作諸道具付きのままY_2に賃貸したため、Xは他への売却をY_1によって妨げられたとして、Yらに対して不法行為にもとづく損害賠償を請求した。原審は、老舗は権利でないから不法行為は成立しないとしたが、大審院はこれを破棄して、次のように判示した。
　「第七百九条ハ、故意又ハ過失ニ因リテ法規違反ノ行為ニ出デ以テ他人ヲ侵害シタル者ハ之ニ因リテ生ジタル損害ヲ賠償スル責ニ任ズト云フガ如キ広汎ナル意味ニ外ナラズ。其侵害ノ対象ハ、或ハ夫ノ所有権、地上権、債権、無体財産権、名誉権等、所謂一ノ具体的権利ナルコトアルベク、或ハ此ト同一程度ノ厳密ナル意味ニ於テハ未ダ目スルニ権利ヲ以テスベカラザルモ而モ法律上保護セラルル一ノ利益ナルコトアルベク、否詳ク云ハバ吾人ノ法律観念上其侵害ニ

対シ不法行為ニ基ク救済ヲ与フルコトヲ必要トスト思惟スル一ノ利益ナルコトアルベシ。夫権利ト云フガ如キ名辞ハ其用法ノ精粗広狭固ヨリ一ナラズ。各規定ノ本旨ニ鑑ミ以テ此ヲ解スルニ非サルヨリハ，争デカ其真意ノ中ツルヲ得ンヤ。当該法条ニ『他人ノ権利』トアルノ故ヲ以テ必ズヤ之ヲ夫ノ具体的権利ノ場合ト同様ノ意味ニ於ケル権利ノ義ナリト解シ，凡ソ不法行為アリト云フトキハ先ズ其ノ侵害セラレタルハ何権ナリヤトノ穿鑿ニ腐心シ，吾人ノ法律観念ニ照シテ大局ノ上ヨリ考察スルノ用意ヲ忘レ，求メテ自ラ不法行為ノ救済ヲ局限スルガ如キハ，思ハザルモ又甚シト云フベキナリ。本件ヲ案ズルニ［……］若シ Y_1 ニシテ法規違反ノ行為ヲ敢シ以テＡガ之ヲ他ニ売却スルコトヲ不能ナラシメ，其得ベカリシ利益ヲ喪失セシメタルノ事実アラムカ，是猶，或人ガ其所有物ヲ売却セムトスルニ当リ第三者ノ詐術ニ因リ売却ハ不能ニ帰シ之ニ所有者ハ其得ベカリシ利益ヲ喪失シタル場合ト何ノ択ブトコロアル。此等ノ場合，侵害ノ対象ハ売買ノ目的物タル所有物若ハ数老舗ソノモノニ非ズ，得ベカリシ利益則是ナリ。斯ル利益ハ，吾人法律観念上不法行為ニ基ク損害賠償請求権ヲ認ムルコトニ依リテ之ヲ保護スル必要アルモノナリ。原判決ハ老舗ナルモノハ権利ニ非ザルヲ以テ其性質上不法行為ニ依ル侵害ノ対象タルヲ得ザルモノナリト為セシ点ニ於テ誤レリ。」

この判決は，一方で不法行為を「法規違反行為」と捉えるとともに，「法律上保護される利益」も侵害の対象となるとした点で画期的なものであり，学説の多数の支持を受け，その後の不法行為理論に決定的な影響を与えることになった。事案では，Y_1 の行為は端的には契約違反であり，債務不履行責任を負うが，Y_2 に対する責任追及は不法行為としてしか可能でない。そして，学説はこれを機縁として，「**権利侵害論**」から「**違法性論**」へと変貌していく。この理論を切り開いた末川博士は，「権利」の侵害がなくても，「違法」と評価される場合には，法秩序違反としての不法行為責任が成立するのであって，「権利侵害」は違法性の徴表にすぎない，と説かれる。そして，違法とされる行為とは，それ以外にも，法規違反行為や，公序良俗一般の行為も含まれるとする。この理論がドイツ不法行為法の構造を模したものであるというまでもない。

違法性論は，さらに我妻博士によって具体的に発展させられることになっ

---

3) 末川博『権利侵害論』[1930]。

た。博士によれば，侵害される「利益」には，所有権のような強い権利（**絶対権**）から，「債権」のような比較的弱い権利まで濃淡があり，また，侵害行為の態様にもさまざまなものがある。そこで，被侵害利益と侵害行為の相関関係で違法性を決すべきだと主張されたのである（これを**相関関係説**と呼ぶ）[4]。これが現在の通説的見解といってよいであろう。

　違法性論は立法においても現実化し，昭和22年制定の国家賠償法１条は，「公権力の行使に当る公務員が，その職務を行うについて，故意又は過失によって違法に他人に損害を加えた」として，「権利侵害」要件に代えるに至っている。そして，近時の民法現代語化に伴って，709条の文言も，「権利侵害」から，「権利又は法律上保護される利益の侵害」に改められたのである。

　ところで，違法性の成否が被侵害利益の種類と侵害行為の態様との相関関係で決せられるとすれば，具体的な法益（権利，利益）ごとの不法行為の成立を類型化する必要が生じる。しかし，この類型は刑法学の犯罪構成要件とは異なって開かれた類型であり，制限的なものではない。しかも，民法は「法律上保護される利益」と規定するのみで，具体的中身は明らかではない。それは時代と社会の変化によって，新たに生成することを予定したものだからである。しかし，違法性論が「権利侵害」を不法行為の成立要件から追放した代償は小さなものではなかった。従来の理論では，他人に損害を生じさせても，それが「権利」侵害ではなく，単なる「利益」を害するものにすぎなければ，損害賠償責任を生じさせないという刑事責任と同様の保障機能を果たしていたが，違法性に還元することになれば，何が違法かを一義的に決定することは難しいものとなったからである。そのうえ，「法律上保護される利益」決定の基準をどこに求めるかという，より困難な問題を生じさせることにもなる。そうして点から，「権利侵害」要件を再評価して，「権利」概念をゆるやかに理解する見解が生まれる（環境権，入浜権，嫌煙権等）。しかし，こうした「権利のインフレ」は「法的に保護される利益」の用語を置き換えたものにすぎず，真の問題解決とはいえない。要保護性は裁判例の集積によって与えられるというべきなのかもしれない。

---

[4]　我妻栄『事務管理・不当利得・不法行為』（新法学全集）［1937］。

(2) 被侵害利益の種類
(a) 序　説

　一般に，侵害対象が権利である場合，とりわけ，所有権その他の物権等絶対権を侵害する場合は，原則として，その態様を問わず違法性を帯びる。これに対して，債権は，所有権と同様の財貨性を有するもの（*créance*）から，債権関係 *oblligations* として現れるもの等，一様に論じるべきでなく，類型ごとに検討すべきである。[5]「利益」についても，権利性が強いものから，法的保護に値しない場合を含めて，より弱いものへと段階的に存在しており，一義的に決定することはできない。あえて抽象的にいえば，侵害行為は活動自由の原則から許容されるが，公序良俗違反や取締法規違反において違法性が判断されることになろう。

(b) 所有権の侵害

　所有権は私権の中心となる基本的な権利であり，権利性のもっとも強い絶対権の典型であるから，所有権のもつ使用・収益・処分権能の行使の侵害は，その態様をとわず原則として違法性を帯びる。[6]物の滅失損傷行為は典型的な所有権侵害であるが，無断使用，不法占拠，他人物の無断賃貸も侵害にあたる。[7]他人物の無断売却が所有権侵害であることは明らかであるが，物権的返還請求権を行使しうるかぎり不法行為は成立しない。たとえば，Aが所有する動産をBが無断でCに売却した場合に，Cが即時取得（192条）しないかぎり，Aは目的物を取り戻すことができるから，損害は生じておらず，不法行為は成立しない。ただし，取戻しが実現するまでの捜索費用や運用利益，慰謝料等を損害賠償として請求できることはいうまでもない。また，金銭騙取は不法行為であるというのが通説であるが，金銭については，前述のように，原則として物権的返還請求権は成立せず，不当利得返還請求権（704条）のみが成立するのであり，騙取金銭そのものについての侵害は考えられず，不法行為は成立しないとみるべきである。

　5）　詳細は，清水・プログレッシブ民法［債権総論］128頁以下参照。
　6）　所有権の絶対性については，清水・プログレッシブ民法［物権法］135頁以下参照。
　7）　ただし，利用されていない他人の空き地に無断駐車する等の場合は，後述するように損害額の算定に困難な問題がある。

(c) 用益物権の侵害

　地上権，永小作権，地役権等の用益物権，物権化した賃借権の侵害は，所有権侵害と同様に不法行為を構成する。ただし，所有権（虚有権）侵害にもなるときは，両者の関連が問題となる。たとえば，Bが賃借権を有するAの建物をCが損壊した場合，賃貸人たる所有者Aはもちろん，使用収益を妨げられたBも損害賠償を請求できると考えられるが，ABの（不真正？）連帯債権が生じるわけではない。Aの使用利益はBに移転しており，使用収益権の侵害はAではなく，Bについて生じる。Aのこうむる損害は目的物の市場価値である。それゆえ，Aが賠償を受けても，Bの損害賠償請求権は消滅しない。ただし，BはAに対して修繕請求権（606条）を行使することができるときは，Aの修繕債務とCのBに対する損害賠償債務は不真正連帯債権の関係に立つと解すべきであろう（Aが修繕すれば，Cに求償しうるが，Cが履行してもAには求償しえない）。

(d) 占有権の侵害

　従来，占有権の侵害は不法行為を構成すると考えられており，民法198条ないし200条も損害賠償請求権を規定している。しかし，物権法のテキストでも述べたように，「占有権」という権利は実体として存在せず，民法180条以下に規定する占有権の規定は占有という事実上の支配に法が一定の効果を結びつけたものにすぎない。[8] 占有権侵害にもとづく損害賠償は占有訴権としての返還請求権の転形として現れたものであり，占有訴権に関する規定によって規律されるのであって，一般不法行為の適用の余地はないと考えられる（同規定は不法行為の特則としての地位を占める）。[9] 在来の学説は，占有権侵害における被侵害利益とは，本権すなわち占有すべき権利ではなく，「占有という

---

[8]　清水・前掲書116頁。
[9]　通説および判例（占有保持の訴えに関して，大判昭和9年10月19日民集13巻1940頁）は，故意・過失を要するとしている。これに対して，占有訴権を物権的請求権と等置して，相手方被告の故意・過失を要しない無過失損害賠償責任であると説く反対説がある。浜上則雄「損害賠償法における『保証理論』と『部分的因果関係の理論』」民商法雑誌66巻4号以下［1972］。しかし，占有訴権においても相手方の「妨害」（198条，199条）または「侵奪」（200条）において「故意・過失」要件は内部化されており，損害賠償についてのみ無過失責任を認めることは論理矛盾を冒すものである。むしろ，早期の原状回復が占有訴権の制度目的であることに鑑みるならば，原告は積極的な「故意・過失」の立証責任を負担しないことに特則としての意味を求めるべきである。

形をとってなされる利用（＝使用収益）の利益の帰属」であると解しており[10]，判例も同様である[11]。本権を有する占有者が占有を侵害されたときは，占有訴権ではなく，本権にもとづき709条による損害賠償を請求しうるからである。

　しかし，占有権侵害をそのようなものとして捉えたとしても，そもそも損害賠償を与える必要があるか問題である。本権を有しない占有者が占有を侵害された場合には，損害額が当該目的物の価額ではないことは明らかである。このような場合，本権がないか本権を主張立証しえない単なる占有者は，189条による保護の可能性がある場合を除いて，占有権それ自体の侵害による不法行為上の賠償請求権を取得する余地はないと解すべきであると主張する学説がある[12]。しかし，この解釈は明文の規定に反するのみならず，占有訴権制度の目的を理解しないものである。占有者が本権を有するか否か，また，その本権が賃借権等の利用権なのかあるいは所有権なのかは，本権訴訟の結果によってのみ明らかになるのであり，占有訴訟においてそれを争うことはできない（202条2項）。占有訴権にもとづいて目的物の占有を回復しようとするときは，妨害または侵奪の存在の主張立証のみで足りるのも，そうした理由にもとづく。それゆえ，占有権の侵害が「占有という形をとってなされる利用（＝使用収益）の利益の帰属」の侵害であるという理解は誤っている。不法占有者はかかる利益も享受できないからである。しかし，本権なき占有者（盗人・拾得者）も仮の保護を受けるのであり，別訴での本権にもとづく返還請求を予定している（同条1項）。そして，占有権の侵害による損害賠償請求権が本来の占有訴権の転形とすれば，損害賠償請求訴訟にかぎって，本権の存在を要求し，その主張立証を欠くときは，請求が認められないと解することは制度の趣旨に矛盾する。いわゆる「九官鳥事件」[13]は，九官鳥を逃失させたAが，現実にこれを占有するBから実力で取り戻したところ，Bからの占有訴訟においてAが所有者であることが判明したにもかかわらず，Bの請求に屈した事案であったが，後日のAからの所有権にもとづく返還請求権を

10）広中俊雄・物権法（第二版増補）［1987］323頁。
11）大判大正4年9月20日民録21輯1481頁，大判大正13年5月22日民集3巻224頁（【判例40】）。
12）幾代66頁。
13）大判昭和7年2月16日民集11巻138頁。清水・前掲書127頁。

認めている。そこで，もしも仮にAに取り戻された九官鳥が死亡したときは，後にAから別訴において不当利得返還請求を受けるにせよ，Bは九官鳥の市場価格をいったん損害賠償として請求できるというべきなのである。むろんそれがBに九官鳥の時価相当額を終局的に帰属させることを意味するものではない。

占有権侵害にもとづく損害賠償請求権が問題となったものに，「小丸舟事件」がある。

【判例40】大判大正13年5月22日民集3巻224頁
　　Yが所有する舟（小丸舟）を河岸に係留していたところ，Aがこれを盗んでBに売却，BはさらにXに転売した。Yは捜索のすえ，この舟を発見し，回漕したうえCに売り渡した。XからYに対して舟の引渡しおよび損害賠償を請求する。
　　「民法第200条第1項ノ規定ニ依レバ，占有者ガ其ノ占有ヲ奪ハレタルトキハ，占有回収ノ訴ニ依リ其ノ物ノ返還及損害ノ賠償ヲ請求スルコトヲ得ベク，其ノ占有者ノ善意悪意ハ問フトコロニ非サルヲ以テ，悪意ノ占有者ト雖尚占有回収ノ訴ヲ以テ占有侵奪者ニ対シ占有奪ニ因リテ生ジタル損害ノ賠償ヲ請求スルコトヲ得ルモノト解セザルベカラズ」

本件では，Xは舟の所有権を取得するものでなかった。そして，Xが所有者でない以上，損害額は舟の市場価格でもなければ，使用利益でもありえない（それはもっぱら所有者にのみ帰属する）。しかし，裁判所はXに損害賠償請求権を与えた。Xが悪意であるにもかかわらずである（ここでいう悪意とは，Bが本権を有しないことを知っていることではなく，Bが侵奪者であることを知っていることを意味する）。それは，Xが占有訴権の転形たる損害賠償請求権を行使できるためであって，賠償額が終局的にXに帰属するわけではない。所有権がXにないことは，本権訴訟の結果によってはじめて確定するのであって，本判決は損害賠償請求権そのものも仮の保護にすぎないことを示している。

(e) 担保物権の侵害

担保物権の侵害は不法行為を構成するが，抵当山林の伐採や建物の損壊等目的物の損傷がただちに不法行為にもとづく損害賠償請求権を導くと考え

べきかは問題である。担保権侵害とは，目的物からの優先弁済を受けることができなくなることを意味するはずであり，残存価値が被担保債権を超えていれば，優先弁済権能を害するとはいえないからである[14]。その点で，所有権侵害とは異なっている。そのうえ，担保権者が現実に損害を被るのは担保権実行時であるから，担保目的物がたとえ滅失したとしても，弁済期までに債務の弁済がなされていれば，抵当権侵害は現実化しない。目的物の毀滅損傷行為がただちに担保権侵害になるわけではないのである。そこで，判例・通説は弁済期到来後であれば，抵当権実行前であっても賠償請求できるとする[15]。しかも，債務者破産のときに優先権を維持できないから，不法行為的救済は次善の策にすぎず，むしろ物権的請求権による保護がより重要である。

目的物を滅失損傷させた者が第三者である場合には，一方で抵当権侵害が，他方で所有権侵害が成立するため，両者の関係をどう考えるべきかも困難な問題である。所有者が損害賠償請求権を有する場合には，担保権者はこれに物上代位することができる（304条，350条，372条）から，担保権者に独自の損害賠償請求権を認める必要性は乏しい（損害賠償請求権に対する物上代位の可否については，担保物権法のテキストで詳述したので，そちらに譲る）。のみならず，所有者は抵当権の存在によって損害賠償請求権の行使を妨げられず，第三者から賠償を受けたときにも，担保権者がさらに損害賠償請求権を行使することができるか（第三者の二重払い）疑問である。担保権者が第三者から二重に弁済を受けたところで，債務者は被担保債務を免れるわけではなく，弁済期に債務を履行すれば，担保権者は第三者に不当利得として返還することになるのか等，法律関係が紛糾することは避けられない。このように考えてくると，このかぎりで，担保権侵害については損害賠償請求権は否定すべきではないかと思われる[16]。

(f) **知的財産権の侵害**

特許権，実用新案権，意匠権，商標権のような**工業所有権**および著作権等，無形的・非有体的財産は，**知的財産権**と呼ばれるが（かつては**無体財産権**と呼ば

---

14) 清水・プログレッシブ民法［担保物権法］33頁。
15) 大判昭和7年5月27日民集11巻1289頁。同書の叙述を補充する。
16) 清水・同書の叙述を改訳する。

れた），絶対権として所有権および物権と同じく排他的支配権としての性質を有している。これらの権利を侵害する行為が不法行為を構成することはいうまでもない。しかし，所有権ないし物権と異なり，これらの権利は占有＝物理的支配を伴うものではないから，伝統的な物権的請求権の行使は不可能であるが，侵害行為に対して侵害停止または侵害予防のための差止請求権が認められている（著作112条，特許100条，実用新案27条，意匠37条，商標36条，半導体集積回路の回路配置に関する法律22条等）。なお，侵害については，過失推定の規定（特許103条，意匠40条，商標39条）が，また，特許に関しては損害推定の規定（特許102条1項）が設けられている。

(g) 債権侵害

債権侵害については，債権総論のテキストですでに触れたのでそちらに譲る。[17]

(h) 一般経済活動への干渉

営業活動上の利益そのものは排他的な権利でないから，侵害が不法行為を構成するのは，「権利侵害」よりも厳格な要件が必要である。たとえば，レストランAの付近に新たにレストランBが開店したため売り上げが落ちたとしても，損害賠償を請求することはできない。それは自由競争の原理の帰結である。しかし，他人の営業に損害を与える行為がそうした原理の逸脱となる場合は，違法性を帯びることになる。すなわち，保護法規違反および公序良俗違反とされる行為は不法行為を構成する。上の例では，BがAの営業を阻止することを企図してAを脅迫して業務を妨害したり[18]，あるいは，虚偽の風評を撒いて信用を失墜させたような場合は不法行為となる。不正競争防止法はそうした態様のカタログを提示しており，他人と類似の氏名・商号・商標・標章・容器もしくは包装を使用して，他人の商品または営業と混同を生じさせる行為等を列挙して，これらを違法な行為として，損害賠償責任を課している（2条）。仲買人らによるボイコットも不法行為となる[19]。なお，経済活動の利益の侵害として，工場の誘致に関し，推進反対の立場で当選した新

---

17) 清水・プログレッシブ民法［債権総論］128頁以下。
18) 大判大正3年4月23日民録20輯336頁。
19) 大判昭和15年8月30日民集19巻1521頁。

村長が，推進派の前村長が誘致の際に約束した協力を拒絶したことを，不法行為とした事例がある。[20]

ところで，営業の自由が保護されるためには，それを支える競争秩序が公正なものでなければならない。それを規律するものとして，独占禁止法等一連の経済法が存在している。しかし，他方で，こうした競争秩序違反の行為は不法行為として損害賠償責任を生じさせると考えることができるであろうか。下記の判例はこれを肯定した。

【判例41】最判平成元年12月8日民集43巻11号1259頁（鶴岡灯油カルテル事件）

　　昭和47年10月から48年12月にかけてのいわゆる第一次石油危機の際，石油連盟が輸入原油処理量の割当を決定実施したこと（生産調整）および石油元売12社が5回にわたって石油製品の価格の値上協定を締結実施したことが，独禁法違反に当たるとする公正取引委員会の勧告審決が出された。本件はこれを契機として，山形県鶴岡市およびその周辺の消費者163名が，石油連盟と元売業者とを相手方として，生産調整および価格協定のために高い灯油の購入を余儀なくされて損害を被ったと主張して損害賠償を請求したものである。

　　「「独占禁止法」［……］の定める審判制度は，もともと公益保護の立場から同法違反の状態を是正することを主眼とするものであって，違反行為による被害者の個人的利益の救済を図ることを目的とするものではなく，同法25条が一定の独占禁止法違反行為につきいわゆる無過失損害賠償責任を定め，同法26条において右損害賠償の請求権は所定の審決が確定した後でなければ裁判上これを主張することができないと規定しているのは，これによって個々の被害者の受けた損害の塡補を容易ならしめることにより，審判において命ぜられる排除措置とあいまって同法違反の行為に対する抑止的効果を挙げようとする目的に出た附随的制度にすぎないものと解すべきであるから，この方法によるのでなければ，同法違反の行為に基づく損害の賠償を求めることができないものということはできず，同法違反の行為によって自己の法的利益を害された者は，当

---

20) 最判昭和56年1月27日民集35巻1号35頁。ここでの侵害は本来は契約違反であり，債務不履行として規律されるべきものであって，不法行為の適用場面ではない。契約の存立それ自体がより高次の民主制原理によって否定される結果として，不法行為と評価されたものと考えられる。しかし契約関係が否定されるというまさにその点において契約締結上の過失と同一線上に位置するものというべきであり，損害賠償は信頼利益の賠償にとどまるべきである。履行利益の賠償を不法行為によって実現することは，否定された契約を履行することと経済的に同一の結果をもたらすからである。

該行為が民法上の不法行為に該当する限り，これに対する審決の有無にかかわらず，別途，一般の例に従って損害賠償の請求をすることを妨げられないものというべきである。」

　しかし，一般論として，こうした利益が民法709条の「法律上保護される利益」としての救済になじむものかどうかは問題である。とりわけ，消費者が損害賠償請求訴訟の原告となる場合，損害が分散される結果として個々の消費者の損害は軽微であり，因果関係の立証も容易ではない。ここでは，個人の利益ではなく，集団的利益の保障が問題とされるが，伝統的な理論からは，不法行為法の守備範囲を超えるものであると考えられてきたように思われる（同様の問題は大気汚染等の公害についてもいいうる）。その意味で最高裁判決は画期的なものを含んでいる。それは個人のイニシアティブによる公正な法秩序の実現ないし回復という機能を，不法行為法にもちこむものだからである。[21]

(i)　**人格的利益の侵害**

ⓐ　**総　説**

　人格にかかわる利益の侵害が不法行為を構成することはいうまでもない。学説はこれを「人格権」として論じる。ただし，人格権の中身には，生命・身体といった最も強い権利性をもつものから，プライヴァシーや氏名権・肖像権等まで多様であり，一律に論じられるべきものではない。また，人格権的利益が財産権的側面をもつことがあることは，後述のとおりである。

ⓑ　**生命・身体**

　生命・身体は，物権と同様に権利性のもっとも強い絶対権であり，その侵害は態様をとわず，違法性を帯びる。民法710条は，「他人の身体，自由若しくは名誉を侵害した場合」に財産的損害以外の損害についても賠償しなければならないと規定しており，「生命」を除外しているが，それはむろん，生命侵害が不法行為を構成しないことを意味するものではなく，生命侵害にお

---

[21]　田中英夫「法の実現における私人の役割(1)～(4)」法学協会雑誌88巻5＝6号［1971］以下参照。近時の文献として，吉田克己「保護法益としての利益と民法学」民商法雑誌148巻6号［2013］。

ける損害賠償の特殊なあり方にかかわるためである。この点は不法行為の効果の箇所で論じることにしよう。

　生命侵害そのものではないが、これに近接する保護法益として、「相当程度の生存可能性」の侵害も、不法行為を構成することが近時の判例で承認されるにいたっている。

【判例42】最判平成12年9月22日民集54巻7号2574頁

　Aは、自宅において狭心症発作に見舞われ、Yの経営するB病院の夜間救急外来において、C医師の診察を受けた。C医師の診察当時、Aの狭心症は心筋こうそくに移行し、相当に増悪した状態にあったが、C医師は、Aに急性膵炎に対する薬の点滴を実施したところ、右点滴中にAは致死的不整脈を生じ、容体の急変を迎えて死に至った。死因は、不安定狭心症から切迫性急性心筋こうそくに至り、心不全を来したことにあった。C医師は、胸部疾患の可能性のある患者に対する初期治療として行うべき基本的義務を果たしておらず、適切な医療を行った場合には、Aを救命し得たであろう高度の蓋然性までは認めることはできないが、これを救命できた可能性はあった。Aの相続人であるXらが、Yに対し、主位的に死亡による損害賠償を請求し、予備的に救急病院として期待される適切な救急医療を怠って「期待権」を侵害したことについて損害賠償を請求した。

　「本件のように、疾病のため死亡した患者の診療に当たった医師の医療行為が、その過失により、当時の医療水準にかなったものでなかった場合において、右医療行為と患者の死亡との間の因果関係の存在は証明されないけれども、医療水準にかなった医療が行われていたならば患者がその死亡の時点においてなお生存していた相当程度の可能性の存在が証明されるときは、医師は、患者に対し、不法行為による損害を賠償する責任を負うものと解するのが相当である。けだし、生命を維持することは人にとって最も基本的な利益であって、右の可能性は法によって保護されるべき利益であり、医師が過失により医療水準にかなった医療を行わないことによって患者の法益が侵害されたものということができるからである。」

　学説には、当初こうした「期待権」ないし「期待」の侵害に対しては不法行為責任を否定する見解が多かったが、近時の学説は「法益の二段階構造」ないし「法益の三段階構造」という表現を用いて議論を整理したうえ、平成

12年判決は，①患者がその死亡の時点においてなお生存していた「高度の蓋然性」の立証がされた場合はむろん，②患者がその死亡の時点においてなお生存していた「相当程度の可能性」の立証がされた場合にも，損害賠償責任を認める考え方が有力である。さらに，これに加え，そうした可能性が立証されない場合であっても，期待権侵害，すなわち治療機会の喪失のみを理由として，損害賠償責任を認めようとする見解も現れている。これは，治療の「機会の喪失」といった観点より損害賠償責任を認めようとするものである。[22] 身体についても，近時同様の最高裁判決が出ている。[23]

ⓒ 自　由

自由の概念は多義的であるが，逮捕・監禁等の物理的，心理的自由の侵害のみならず，社会的自由を害する場合（「村八分」や脅迫など）や性的自由の侵害も不法行為を構成する。

補論10　セクシャル・ハラスメント

　性的自由の侵害は貞操侵害が典型的なものであるが，今日的なものとして（相手方の意に反する性的言動，いわゆる「セクハラ」）の不法行為性が問題となっており，下級審段階で裁判例の集積がある。多くは，労働環境での上下関係において現れるが，むろんそれに限られるわけではない。「セクハラ」には，**対価型**（雇用上の利益または不利益を条件として性的関係が強要されるもの）と**環境型**（性的な言動が被害者の労働環境を著しく悪化させるもの）の二つの類型があると言われるが，つねに違法性を帯びて損害賠償責任を生じさせるかどうかは慎重に検討すべきことがらである。なによりも，「セクハラ」の存否そのものが相手方（通常は女性）の主観に依存する点，また，個人差が大きいところに問題の困難さがある。セクハラ行為につき安易に違法性を認めることは，不法行為法の保障機能を弱めることにもなる。アメリカでは1991年の公民権法におけるガイドラインにおいて取り上げられ，その後も，「不平等な力関係を背景とし

---

22)　フランスでは，機会の喪失 perte de la chance の理論として論じられることが多い。これに関しては，さしあたって，フランソワ・シャバス（野村豊弘・訳）「フランス法における機会の喪失（perte de la chance）」日仏法学18［1993］66頁，澤野和博「機会の喪失の理論について」(1)－(4)早大法研論集77号以下［1996］参照。

23)　最判平成15年11月11日民集57巻10号1466頁。事案は，小児科開業医が患者を適時に総合医療機関に転送すべき義務を怠ったため，患者に重い脳障害が残ったというものである。ここでも，最高裁は，「早期転送によって上告人の後遺症を防止できたことについての相当程度の可能性」を問題として原審判決を破棄差戻している。

た望まない *unwanted* 性的要求の性質」とか,「女性を労働者としての任務を越えてその性的役割を強要する一方的な男性の行為」などと規定されるが,なお,各国の法制における定義は一様ではない。わが国では,雇用機会均等法が「性的言動」に規定を置き(11条),また,厚生労働大臣が具体的な指針(平成18年厚生労働省告示第615号)を定めている。これによれば,均等法11条にいう「性的な言動」とは,性的な内容の発言(性的な事実関係を尋ねること,性的な内容の情報を意図的に流布すること等)および性的な行動(性的な関係を強要すること,必要なく体に触ること,わいせつな図画を配布すること等)を指すとされている。

ⓓ 名　誉（名誉毀損）

(ア) 名誉の意義

(α) 名誉毀損とは,他人の品性,名声,信用等の人格的価値についての社会的評価を低下させる行為である。名誉は「各人ガ其社会ニ於テ有スル位置即チ品格名声信用等ニ付キ世人ヨリ相当ニ受クベキ評価ヲ標準トスルモノ」であるから,名誉毀損は具体的な個人の「品位身分職業等ニ依リ其標準ヲ異ニスル」ところに特性がある。そして,名誉毀損は社会的評価を下げるものでなければならないから,他人を侮辱する発言や表示がなされるなど名誉感情を傷つける場合であっても,名誉毀損にはならない。むろん,刑法上は侮辱罪(231条)を問われるのに民事上は損害賠償をまったく請求できないのは均衡を欠く。学説には,「権利侵害」における「権利」概念を緩やかに解するわが不法行為法においては,「名誉毀損」の概念を厳密に規定する実益はない,との指摘があり,人の精神的平安を害する行為はプライヴァシーの侵害となりうるとする見解もある。後述するように,名誉毀損に関するかぎりで,それに対する救済として「損害賠償」以外の方法を採ることができる(723条)ことからすると,そのかぎりで「名誉毀損」を名誉に対する侵害とを区別する実益はあるように思われる。なお,いずれにせよ損害賠償の中身

---

24) 大判明治38年12月8日民録11輯1665頁。
25) 最判昭和45年12月18日民集24巻13号2151頁。
26) 幾代89頁、90頁(註4)。
27) 名誉侵害(侮辱)に対して謝罪広告等が許されないのは,それによって侵害された「名誉を回復する」ものではないからである。平井47頁。

は，通常は精神損害として現われるが，社会的評価はしばしば財産的価値を有する場合があり，財産的損害として賠償請求しうる。

(β) 「社会的評価の低下」は相対的なものであるが，判例は，新聞記事等の報道に関して，「一般の読者の普通の注意と読み方とを基準として判断すべきである」とする[28]。テレビでも同様であり，近時，テレビによるダイオキシン報道判決について，最高裁は注目すべき基準を示した。

【判例43】最判平成15年10月16日民集57巻9号1075頁

本件は，埼玉県所沢市内においてほうれん草等を生産する農家であるXら29名が，放送事業を営むY社のニュース番組「ニュースステーション」において行われた放送（所沢産野菜のダイオキシン類汚染についての特集）により，所沢産の野菜の安全性に対する信頼が傷つけられ，Xらの社会的評価が低下して精神的損害を被り，また，野菜価格の暴落等により財産的損害を被ったなどと主張して，Y社に対し，不法行為にもとづき謝罪広告と総額約2,600万円の損害賠償を求めた事案である。

① 「新聞記事等の報道の内容が人の社会的評価を低下させるか否かについては，一般の読者の普通の注意と読み方とを基準として判断すべきものでありテレビジョン放送をされた報道番組の内容が人の社会的評価を低下させるか否かについても，同様に，一般の視聴者の普通の注意と視聴の仕方とを基準として判断すべきである。」

② 「テレビジョン放送をされた報道番組によって摘示された事実がどのようなものであるかという点についても，一般の視聴者の普通の注意と視聴の仕方とを基準として判断するのが相当である。テレビジョン放送をされる報道番組においては，新聞記事等の場合とは異なり，視聴者は，音声及び映像により次々と提供される情報を瞬時に理解することを余儀なくされるのであり，録画等の特別の方法を講じない限り，提供された情報の意味内容を十分に検討したり，再確認したりすることができないものであることからすると，当該報道番組により摘示された事実がどのようなものであるかという点については，当該報道番組の全体的な構成，これに登場した者の発言の内容や，画面に表示されたフリップやテロップ等の文字情報の内容を重視すべきことはもとより，映像の内容，効果音，ナレーション等の映像及び音声に係る情報の内容並びに放送内容全体から受ける印象等を総合的に考慮して，判断すべきである。」

---

[28] 最判昭和31年7月20日民集10巻8号1059頁。

本判決では，テレビジョン放送をされた報道番組の内容が人の社会的評価を低下させるか否かについての判断基準として，「テレビジョン放送をされた報道番組の内容が人の社会的評価を低下させるか否かについては，一般の視聴者の普通の注意と視聴の仕方とを基準として判断すべきである。」と判示している[29]。

(γ) 死者の名誉を毀損した場合に損害賠償を請求することができるかは争いがある。死者は権利能力を有しないから，現実に損害賠償を求める者は死者との一定の関係に立つ者（相続人）であるが，その者は死者の損害賠償請求権を相続承継するわけではない。むしろ，死者の名誉を毀損することによって，「死者に対する敬愛追慕の情」を害されたか否かが問題となる[30]。

(δ) 法人についても社会的評価の低下はありうるから名誉毀損は成立するが，精神的苦痛は考えられないから，慰謝料請求は認められない[31]（後述）。

(イ) 名誉毀損の要件

(α) 名誉毀損はしばしば新聞等マス・メディアによる報道を通して生じるが，この場合に不法行為を認めることは，報道の自由とりわけ憲法の保障する表現の自由（憲法21条）と衝突する可能性があり，その調整が必要となる。刑法は名誉毀損罪について，①公共の利害に関する事実にかかり，②その目的がもっぱら公益を図るためであり，③真実の証明があったときは，罰しないと規定しており（刑230条の2），通説は，民事責任についてもこれに準拠して免責を認めている[32]。「公共の利害」の具体的意味内容はかならずしも明ら

---

29) 本判決はこれに基づいて，その重要な部分が真実であることの証明があるとはいえないと結論づけ，これと異なる原審の判断に法令違反があるとして原判決を破棄差戻したが，差戻審では最終的に和解が成立した。

30) 東京高判昭和54年3月14日判例時報918号21頁（「落日燃ゆ」謝罪広告事件）。ただし，本判決では虚偽の事実はないとして請求を棄却している。これに対して，大阪地判平成元年12月27日判例時報1341号53頁（エイズ・プライヴァシー訴訟）は，エイズ患者の写真と過去の経歴等を掲載した写真週刊誌の報道記事の違法性が問われたもので，「死者の人格権を侵害しても，不法行為を構成しないが，遺族の死者に対する敬慕の情を著しく侵害したものといえ，人格権の侵害に当る。」とした。同様に，静岡地判昭和56年7月17日判例時報1011号36頁も，遺族の死者に対する愛情を侵害し，その精神的苦痛が社会的に妥当な受忍限度を超える場合には，不法行為を構成する余地がある，とする。しかし，いずれも「名誉毀損」そのものではないから，謝罪広告は認められなかった。

31) 最判昭和39年1月28日民集18巻1号136頁（代々木診療所事件）。

32) 民法709条の要件が原告の立証責任とされているのに反して，免責要件が被告の立証責任と解されていることに対する非難がある（松井茂記「肖像権侵害と表現の自由(2)」民商法雑誌127

かではないが，同条は，公訴が提起されるに至っていない人の犯罪行為に関する事実を含み（同条2項），また，公務員または公選による公務員の候補者に関する事実を含む，と規定する（同条3項）が，むろんこれに限られるものではない。これに関して，刑事事件であるが，以下に掲げる月刊ペン事件がある。

【判例44】最判昭和56年4月16日刑集35巻3号84頁

雑誌「月刊ペン」者の編集局長であったYは，宗教法人創価学会の教義やあり方を諸般の面から批判するにあたり，池田大作会長（当時）の私的行動をとりあげ，「四重五重の大罪犯す創価学会」などの見出しのもとに，「池田大作会長の女性関係が乱脈をきわめており，同会長と関係のあった女性2名が同会長によって国会に送り込まれている。」との趣旨に帰着する内容の記事を執筆した。そのため，Yは創価学会，池田会長およびそのスキャンダルに相手方とされた女性2名の名誉を毀損したものとして起訴された。

① 「私人の私生活上の行状であっても，そのたずさわる社会的活動の性質及びこれを通じて社会に及ぼす影響力の程度などのいかんによっては，その社会的活動に対する批判ないし評価の一資料として，刑法230条ノ2第1項にいう「公共ノ利害ニ関スル事実」にあたる場合があると解すべきである。」

② 「本件についてこれをみると，[……] 同会長は，同会において，その教義を身をもって実践すべき信仰上のほぼ絶対的な指導者であって，公私を問わずその言動が信徒の精神生活等に重大な影響を与える立場にあったばかりでなく，右宗教上の地位を背景とした直接・間接の政治的活動等を通じ，社会一般に対しても少なからぬ影響を及ぼしていたこと，同会長の醜聞の相手方とされる女性二名も，同会婦人部の幹部で元国会議員という有力な会員であったことなどの事実が明らかである。

このような本件の事実関係を前提として検討すると，被告人によって摘示された会長らの前記のような行状は，刑法230条ノ2第1項にいう「公共ノ利害ニ関スル事実」にあたると解するのが相当であって，これを一宗教団体内部に

巻3号［2002］330頁以下）。確かにそれは無罪推定原則の働く刑事裁判では妥当するかもしれないが，損害の公平な分配を理念とする不法行為法については，同じではない。そうした論難は，当事者間の互換性を欠いた場合の損害賠償請求訴訟において，しばしば過失や因果関係が事実上推定され，あるいは立証責任の転換が主張されている事実を無視するものであり，現代型不法行為の本質を理解しないものである。個人が巨大なメディアに立ち向かって損害賠償を請求する困難さに鑑みれば，免責要件を被告の立証負担とすることはむしろ望ましいといえる。

おける単なる私的な出来事であるということはできない。」
　③　「「公共ノ利害ニ関スル事実」にあたるか否かは，摘示された事実自体の内容・性質に照らして客観的に判断されるべきものであり，これを摘示する際の表現方法や事実調査の程度などは，同条にいわゆる公益目的の有無の認定等に関して考慮されるべきことがらであって，摘示された事実が「公共ノ利害ニ関スル事実」にあたるか否かの判断を左右するものではないと解するのが相当である。」

　本判決の事案では，公務員または公選による公務員の候補者でない者であっても純然たる私人ではない，との理由で同条の適用がある（同条 2 項ではなく，1 項が直接適用される）と判示したが，民事上の責任についても妥当しよう。
　(β)　真実性の証明の要件についても議論がある。判例は摘示した事実の重要な部分が真実であれば足りるという。また，報道機関による名誉毀損については，判例では，真実の証明は緩和される傾向にあり，真実であることが証明されなくても，行為者が真実と信じるにつき「相当の理由」があったときは免責されるという。そのリーディング・ケースが次の判決である。

【判例45】最判昭和41年 6 月23日民集20巻 5 号1118頁
　Y の発行する新聞の社会面に，衆議院議員選挙に立候補した X が学歴・経歴を詐称し，これによって公職選挙法違反の疑いにより警察から追及され，前科があった旨の記載がなされたので，X は，この記事が名誉毀損にあたるとして，慰謝料および謝罪文の掲載を求めて出訴した。
　「右記事の内容は，経歴詐称の点を除き，いずれも真実であり，かつ，経歴詐称の点も，真実ではなかったが，少くとも，Y において，これを真実と信ずるについて相当の理由があった［……］。」
　「そして，前記の事実関係によると，これらの事実は，X が前記衆議院議員の立候補者であったことから考えれば，公共の利害に関するものであることは明らかであり，しかも，Y のした行為は，もっぱら公益を図る目的に出たものであるということは，原判決の判文上十分了解することができるから，Y が本件記事をその新聞に掲載したことは，違法性を欠くか，または，故意もしくは

---

33)　最判昭和58年10月20日判例時報1112号44頁（精神科・内科を経営する X 病院の医師が，保護の必要性がないにもかかわらず，入院中の精神病患者に対してベッド拘束，電気ショック等を加えたとの告発記事を掲載した事案）。

過失を欠くものであって，名誉棄損たる不法行為が成立しないものと解すべきことは，前段説示したところから明らかである。」

　この「相当の理由」は本判決後も踏襲されているが，実際上，ほとんどが否定されている。相当の理由があったといえるためには，詳細な裏付け取材が必要と考えられる。とりわけ，新聞社が通信社から配信を受けて自己の発行する新聞紙にそのまま掲載した場合や，他人が取材・執筆した記事を何ら裏付け取材をすることなくそのまま公表した場合は，「相当の理由」を肯定することはできないということになろう。これに対して，学説には，いわゆる「**配信サービスの抗弁**」によって新聞社の免責を認めるべきであるという考え方がある。配信サービスの抗弁とは，報道機関が定評のある通信社から配信された記事を掲載した場合には，当該記事が他人の名誉を毀損するものであったとしても，原則として当該報道機関は損害賠償責任を負わないという法理であり，アメリカの複数の法域において定着した考え方であるといわれている。近時，最高裁はこれを採用する判決を示した。

【**判例46**】最判平成23年4月28日民集65巻3号1499頁
　　Aは，B大学病院において，同大学病院に勤務していた医師Xの担当で，心房中隔欠損症および肺動脈弁狭窄症の手術を受けたところ，手術中，人工心肺装置において体内の血液がうまく抜けなくなる「脱血不良」が起こったことにより脳障害に陥り，死亡した。C（共同通信社）は，関係各方面に対する取材を重ねた上，Yらに本件事故に関する記事を配信した。本件配信記事は，Xの過誤によりAの死を招いたことなどを内容とするものであった。Yらは，裏付け取材をすることなく本件配信記事をほぼそのまま自社の発行する新聞に掲載した。なお，本件各紙掲載記事には，それがCからの配信記事であることを示す配信元表示（クレジット）は付されていなかった。Xは，本件各紙掲載記事によって名誉を毀損されたとして，CおよびYらに対し不法行為による慰謝料

---

34) 最判昭和47年11月16日民集26巻9号1633頁，最判昭和49年3月29日裁判集民111号493頁，最判昭和55年10月30日判例タイムズ429号88頁。
35) 最判平成14年1月29日民集56巻1号185頁。最判平成14年3月8日判例タイムズ1091号71頁（ロス疑惑事件判決）。
36) 高橋和之「インターネット上の名誉毀損と表現の自由」高橋和之ほか編『インターネットと法』[2010] 64頁。紙谷雅子「名誉毀損と配信サービスの抗弁」法時69巻7号[1997] 90頁参照。

および弁護士費用相当額の損害賠償を求めた。なお，Xは，本件事故につき業務上過失致死罪で起訴されたが，無罪判決を受けて確定している。最高裁は次のように判示して，Yは名誉毀損の不法行為責任を負わないとした。

「通信社を利用した報道システムの下では，通常は，新聞社が通信社から配信された記事の内容について裏付け取材を行うことは予定されておらず，これを行うことは現実には困難である。それにもかかわらず，記事を作成した通信社が当該記事に摘示された事実を真実と信ずるについて相当の理由があるため不法行為責任を負わない場合であっても，当該通信社から当該記事の配信を受け，これをそのまま自己の発行する新聞に掲載した新聞社のみが不法行為責任を負うこととなるとしたならば，上記システムの下における報道が萎縮し，結果的に国民の知る権利が損なわれるおそれのあることを否定することができない。」

「そうすると，新聞社が，通信社からの配信に基づき，自己の発行する新聞に記事を掲載した場合において，少なくとも，当該通信社と当該新聞社とが，記事の取材，作成，配信及び掲載という一連の過程において，報道主体としての一体性を有すると評価することができるときは，当該新聞社は，当該通信社を取材機関として利用し，取材を代行させたものとして，当該通信社の取材を当該新聞社の取材と同視することが相当であって，当該通信社が当該配信記事に摘示された事実を真実と信ずるについて相当の理由があるのであれば，当該新聞社が当該配信記事に摘示された事実の真実性に疑いを抱くべき事実があるにもかかわらずこれを漫然と掲載したなど特段の事情のない限り，当該新聞社が自己の発行する新聞に掲載した記事に摘示された事実を真実と信ずるについても相当の理由があるというべきである。そして，通信社と新聞社とが報道主体としての一体性を有すると評価すべきか否かは，通信社と新聞社との関係，通信社から新聞社への記事配信の仕組み，新聞社による記事の内容の実質的変更の可否等の事情を総合考慮して判断するのが相当である。以上の理は，新聞社が掲載した記事に，これが通信社からの配信に基づく記事である旨の表示がない場合であっても異なるものではない。」

メディアによる名誉毀損ないしプライヴァシー侵害に関しては，憲法の保障する表現の自由（21条）あるいは報道の自由との関係から，損害賠償請求を限定する考え方が現在の主流のようである。とりわけ，報道の自由については，「国民の知る権利」から，免責を広く認める傾向にあるように思われ

る。しかし，私はこうした見方には違和感を感じざるをえない。個人の名誉やプライヴァシーの保護は憲法で定められた国民の幸福追求の権利（13条）の現れというべきであり，表現の自由等に劣後するものではない。メディアによる報道はしばしば過熱化し，報道の自由の美名の下で正当化されている。しかも，一部マスメディアでは報道そのものの公共性をうたいながら，現実には部数を増やすという「金儲けの自由」（憲法29条）であったり，読者の低俗な覗き趣味に迎合するものにすぎないこともしばしばである。犯罪容疑者の家族に対する執拗な取材やコメントの強要がその典型例であろう。そうした点からは安易に免責を認めるべきではなく，「配信サービスの抗弁」には多大な疑問がある。刑事事件については，有罪の確定までは無罪の推定が働くのが刑事訴訟法の常識であるにもかかわらず，報道が一般読者に強い予断を抱かせることは争う余地がなく，後にそれを払拭することはきわめて困難である。刑事事件に関しては，国家権力の濫用に対するメディアによるチェック機能を考えるならば，一概に報道の自由を軽視できないとしても，裁判の結果無罪とされた場合には，報道には事実上過失が推定されると解することは過激な主張であろうか。立法論的には，刑法230条の2よりは厳格な要件を，とりわけ，メディアによる加害行為を無過失責任とすることも検討されてよいように思われる。国家権力の行使からの基本的人権の保障という要請が強く働く刑事責任の論理と損害の公平な分配を目的とする民事責任とは別個の考慮が働くべきだからである。

（γ）　近時インターネットによる名誉毀損についても問題となっている。インターネット上での表現行為の被害者は，①名誉毀損的な表現行為を知り得る状況にあればインターネットを利用できる環境と能力がある限り，容易に加害者に対して反論することができること，②マスコミや専門家などがインターネットを使って発信するような特別な場合を除けば，個人利用者がインターネット上で発信した情報の信頼性は一般的に低いこと，を根拠として，反論の可能性があることは加害者の名誉毀損罪の成立を妨げる，とする見解がある。これがいわゆる「**対抗言論の法理**」と呼ばれるもので，名誉毀損罪の免責が認められる要件を緩和したものといわれている。「対抗言論の法理」は，言論により名誉を毀損された者が，対抗言論により名誉の回復が可能で

あれば国家が救済のために介入する必要はなく，当人達の自由な言論に委ねるべきであるとする発想にもとづくものであり，名誉毀損を理由とする損害賠償請求事件の裁判例の中には同法理に依拠したと見られるものもある[37]。しかし，最高裁は，①個人利用者がインターネット上に掲載したものであるからといって，閲覧者が信頼性の低い情報として受け取るとは限らないこと，②インターネット上に載せた情報は不特定多数のインターネット利用者が瞬時に閲覧可能であり，これによる名誉毀損の被害は時として深刻なものとなり得ること，③一度損なわれた名誉の回復は容易ではなく，インターネット上での反論によって十分にその回復が図られる保証があるわけでもないことなどを指摘して，インターネットの個人利用者による表現行為の場合においても，他の場合と同様に，行為者が摘示した事実を真実であると誤信したことについて，確実な資料，根拠に照らして相当の理由があると認められるときに限り，名誉毀損罪は成立しないものと解するのが相当であって，より緩やかな要件で同罪の成立を否定すべきものとは解されない，と判示して，この理論を採用しなかった[38]。民事上の不法行為責任に関しても，刑法230条の2に則り，被害が摘示した事実が「真実であると信ずるにつき相当の理由があったというに足りる事実」を主張していない，との理由から損害賠償責任を認めている[39]。

(δ) 意見ないし論評は名誉毀損となるか。すでに大審院は，新聞記事において他人の人物を批評する際に事実なくして意見を発表しても，他人の声価を害するものであれば名誉侵害となると判示したが[40]，免責についても，「事実の摘示」と同様に要件に服するものであるか，問題となる。この点についてのリーディング・ケースが次の最高裁判決である。

【判例47】最判平成 9 年 9 月 9 日民集51巻 5 号3804頁
　Xは，妻に対する殺人未遂および殺人等の各犯罪の共犯としての被疑事件に関して逮捕，勾留されて取調べを受けていたところ，Y新聞は本件記事におい

---

37) 東京地判平成13年 8 月27日判例時報1778号90頁。
38) 最判平成22年 3 月15日刑集64巻 2 号 1 頁。
39) 最判平成24年 3 月23日判例時報2147号61頁。
40) 大判明治43年11月 2 日民録16輯745頁。

て，Xが頑強に右事件への関与につき否認を続けていると報じた後，風俗関係の営業をしているAが，同年初めころからXと相当親密な交際をしていた旨述べたとした上，「『Xサンは女性に対して愛を感じないヒトみたい。あの人にとって，女性はたばこや食事と同じ。本当の極悪人ね。もう，Xと会うことはないでしょう。自供したら，きっと死刑ね。今は棺桶に片足をのっけているようなもの』。A嬢は『極悪人』『死刑』といい切るのである。」，「元検事にいわせると，Xは『知能犯プラス凶悪犯で，前代未聞の手ごわさ』という。」等と記載していた。なお，Xについては，殺人未遂事件の嫌疑のほか，これの犯行後に妻Cを殺害したとの嫌疑等についても，数多くの報道がされていた。Xは，上記記事の部分は，いずれも，Xが記載のとおりの人物であると断定するものであり，Xの名誉を毀損するものであると主張した。

「ある事実を基礎としての意見ないし論評の表明による名誉毀損にあっては，その行為が公共の利害に関する事実に係り，かつ，その目的が専ら公益を図ることにあった場合に，右意見ないし論評の前提としている事実が重要な部分について真実であることの証明があったときには，人身攻撃に及ぶなど意見ないし論評としての域を逸脱したものでない限り，右行為は違法性を欠くものというべきである。そして，仮に右意見ないし論評の前提としている事実が真実であることの証明がないときにも，事実を摘示しての名誉毀損における場合と対比すると，行為者において右事実を真実と信ずるについて相当の理由があれば，その故意又は過失は否定されると解するのが相当である。」

最高裁はこのように，「事実の摘示」と「意見表明ないし論評」とで免責要件が異なるものとした。すなわち，①公共性，②公益目的，③前提事実の真実性にくわえて，④前提事実の相当性および，⑤意見ないし論評の域を逸脱したものでないこと，を要件とする。なお，意見表明ないし論評に関しては，英米法上「公正な論評」*fair comment*であれば名誉毀損の成立が否定される，との「公正な論評」の法理が説かれており，裁判例において言及されることもあるが，判例の趨勢はこれと軌を一にするものといえよう。[41]

---

41) 他に，意見表明ないし論評が名誉毀損として争われたものとして，最判平成元年12月21日民集43巻12号2252頁がある（公立小学校における通知表の交付めぐる混乱について，小学校教師の氏名・住所・電話番号等を記載するとともに，「有害無能な教職員等」の表現で大量のビラを繁華街で配布した事案）。

|補論11| 事実の摘示と意見表明・論評の区別

　【判例47】は，事実の摘示と意見表明・論評とを区別して異なった免責要件に服するものとしたが，現実に両者の区別が困難である場合は少なくない。たとえば，「窃盗罪で起訴された」と「ドロボー」は，同じではない（後者はネガティブな主観を含んでいると考えられる）し，推論も厳密には「事実の摘示」とはいえないであろう。そこには，論評を予定した予断が含まれている場合が多い。けっきょくは，一般の読者のふつうの注意による読み方を基準として判断されることになろう。上記判決も同趣旨を述べている。また，最判平成10年1月30日判例時報1631号68頁は，同様に殺人未遂罪および殺人罪に問われた原告からする名誉毀損の主張に関するものであるが，犯行動機を推論する新聞記事は，「意見表明・論評」ではなく，「事実の摘示」とされている。近時では，最判平成16年7月15日民集58巻5号1615頁（「新・ゴーマニズム宣言」事件）がある。事案は，従軍慰安婦問題の研究者であるXが，慰安婦問題についてわが国に責任があるとの論調を批判する立場を採っているYの著作（漫画）からカットを無断で採録してYの見解を批判する書籍を発行したことに対して，Yが本件採録は，「ドロボー」であり，Xの著作が「ドロボー本」であるとくりかえし記述するとともに，唐草模様の風呂敷を背負って目に黒いアイマスクをかけた泥棒の格好をしたXの似顔絵の人物を描いたというものである。最高裁は，法的な見解の表明それ自体は，それが判決等により裁判所が判断を示すことができる事項にかかるものであっても，意見ないし論評の表明に当たるとの判断を示した（ただし，Yの行為は意見表明・論評の域を逸脱したものではないとして，賠償請求を退けている）。

　ⓔ　**プライヴァシー**　　プライヴァシー *privacy* とは，「私生活をみだりに公開されない権利」と一般に解されているが，より広く「私的平穏を害されない権利」ないし「そっとしておいてもらう権利」*right ro be let alone* というほうが適切であろう。私生活は公開されなくとも侵害される場合（覗き見，盗聴，写真撮影，無断録音等）があり，これに対する不法行為的救済が必要だからである。

　プライヴァシーの権利はアメリカで発達した権利であるといわれるが，名[42]

---

42)　Warren & Brendeis, "The right to Privacy", *Harvard Law Review*, 4 (1980), p. 193. が出発点となり，プロッサーが定式化したもものと言われている。これによると，プライヴァシー侵害は，①私事への侵入，②私事の公開，③公衆の誤認，④氏名または肖像の盗用に分類されるとい

誉毀損と重なり合うことも多い。しかし，名誉毀損と異なって，社会的評価の低下は必要ではないし，また真実性の証明も不要である[43]。公共性や公益目的性も原則として問題とならず，さらに，政治家や芸能人などの有名人 *public figue* については，プライヴァシーは制限あるいは放棄されるとみなされることがある点でも，名誉毀損と異なっている。実定法上，プライヴァシーに関する規定は，軽犯罪法（1条23号）や刑法上の信書開封罪（133条）等が散在するのみで，独立した統一的な保護制度は存在しない[44]。

わが国で初めてプライヴァシーが裁判上問題となったのは，いわゆる「宴のあと」事件判決である。これは，作家の Y_1（三島由紀夫）が元外相である X の私生活を小説（いわゆる「モデル小説」）の中で描いたことに対して，X が Y_1 および出版社 Y_2 を相手どって損害賠償を請求したもので，そこで定式化された原則は，下級審判決ながらも，その後の学説・判例に圧倒的な影響を与えた。すなわち，プライヴァシーは，上にみるような権利として定義づけられたうえ，不法行為の要件として，以下のように定式化された。

(i) 公開された内容が，私生活上の事実または事実らしく受け取られるおそれがあることがらであること。

(ii) 一般人の感受性を基準にして，当該私人の立場に立った場合に公開を欲しないであろうと認められることがらであること。

(iii) 一般の人々にいまだ知られていないことがらであること[45]。

プライヴァシーの権利を積極的に認める最高裁判決は平成に至るまで出ていなかったが，平成6年にいわゆる「ノンフィクション『逆転』事件判決」において，「前科を公表されない法的利益」の侵害についての不法行為責任を認めることで，実質的にこれを肯定し[46]，さらに，平成7年にプライヴァシー権を積極的に認めた[47]。

う。そして，現在では，リステイトメントに採用されている。*Restatement (Second) of Torts, 2nd ed., American Law Instituite Publishers 1977, § 652B–E.*

43) 幾代94頁は，むしろ真実であることを知られること自体に侵害があることを強調する。

44) ただし，平成15年に個人情報保護法が制定されるに至っている。同法の規律は，直接には不法行為法による保護を問題とするものではないが，同法違反は事実上プライヴァシー侵害についての推定を生じさせるものと考えられる。

45) 東京地判昭和39年9月28日判例時報385号12頁。

46) 最判平成6年2月8日民集48巻2号149頁。

【判例48】最判平成15年9月12日民集57巻8号973頁（早稲田大学江沢民氏講演会事件）

　Y大学が主催する，江沢民中国国家主席の講演会への参加申込者の氏名等が記載された名簿の写しを警視庁に提出したことについて，同大学の学生で参加申込者であったXが，プライヴァシーを侵害されたとして，Yに対して損害賠償を請求したのが本件である。原審裁判所は請求を棄却したが，最高裁はこれを破棄（差戻）して，次のように判示した。

　「本件個人情報は，Y大学が重要な外国国賓講演会への出席希望者をあらかじめ把握するため，学生に提供を求めたものであるところ，学籍番号，氏名，住所及び電話番号は，Y大学が個人識別等を行うための単純な情報であって，その限りにおいては，秘匿されるべき必要性が必ずしも高いものではない。また，本件講演会に参加を申し込んだ学生であることも同断である。しかし，このような個人情報についても，本人が，自己が欲しない他者にはみだりにこれを開示されたくないと考えることは自然なことであり，そのことへの期待は保護されるべきものであるから，本件個人情報は，Xらのプライバシーに係る情報として法的保護の対象となるというべきである。

　このようなプライバシーに係る情報は，取扱い方によっては，個人の人格的な権利利益を損なうおそれのあるものであるから，慎重に取り扱われる必要がある。本件講演会の主催者として参加者を募る際にXらの本件個人情報を収集した早稲田大学は，Xらの意思に基づかずにみだりにこれを他者に開示することは許されないというべきところ，同大学が本件個人情報を警察に開示することをあらかじめ明示した上で本件講演会参加希望者に本件名簿へ記入させるなどして開示について承諾を求めることは容易であったものと考えられ，それが困難であった特別の事情がうかがわれない本件においては，本件個人情報を開示することについてXらの同意を得る手続を執ることなく，Xらに無断で本件個人情報を警察に開示した同大学の行為は，Xらが任意に提供したプライバシーに係る情報の適切な管理についての合理的な期待を裏切るものであり，Xらのプライバシーを侵害するものとして不法行為を構成するというべきである。」（裁判官亀山継夫，同梶谷玄の反対意見がある）。

47）　最判平成7年9月5日判例時報1546号115頁。事案は，被告会社が，70年安保改定期に予想される破壊活動からの企業防衛を標榜して，同社従業員の職場の内外で監視態勢を取り，尾行，外部からの電話の相手方の調査，ロッカーの無断解扉を行い，さらに，他の従業員との接触や交際を遮断して初期賠償で孤立させ，職場八分を実現しようとしたとされている。

プライヴァシーの侵害については，名誉毀損と同じく表現の自由や報道の自由との衝突の問題があり，その調整が必要となるといわれている。先に述べた public figue については，部分的に制限されたり，あるいは放棄があるとみなされることがある。たとえば，タレントの私生活は，一部のマスコミの好個の報道の対象であり，また，それが当該個人の利益と結びついていることも多い（私生活の暴露や，場合によってはスキャンダルですら，人気と評価の要因ともなりうる）。しかし，有名人だからといって当然にプライヴァシーを有しないということはできず，過度の報道は違法性をもつものと考えられる。[48]

放棄以外の免責事由をどう考えるべきか。「前科」に関して，(i)前科の公表がその内容や対象者の身分，犯罪報道との関連性に照らして重要な社会的関心事であり，(ii)具体的な公表の経過，目的，方法等が相当であるときに，違法性を欠くとした下級審裁判例がある。[49] 最高裁は近時，少年犯罪における実名報道に関して，次のような判断を示した。

【判例49】最判平成15年3月14日民集57巻3号229頁
　X（当時未成年）は，青年4名を殺害したとして逮捕され，殺人，強盗殺人の罪で起訴された。その刑事裁判継続中に，Yが発行する週刊誌に，容易にXと推知することのできる仮名X'を用いて，その犯行態様のほか，非行歴，交友関係等を記載した記事を掲載したことから，名誉毀損，プライヴァシーの侵害を理由に，Xが損害賠償を求めたのが本件である。判旨は多岐にわたるが，プライヴァシー侵害についての免責要件については，次のように判示した。

　「ところで，本件記事がXの名誉を毀損し，プライバシーを侵害する内容を含むものとしても，本件記事の掲載によってYに不法行為が成立するか否かは，被侵害利益ごとに違法性阻却事由の有無等を審理し，個別具体的に判断すべきものである。すなわち，［……］プライバシーの侵害については，その事実を

---

48)　東京高判平成13年7月15日判例時報1760号93頁。
49)　東京高判平成4年12月21日判例時報1446号61頁。事案は，「芸者三七人総揚げで誕生パーティー　三年で一〇億使った」，「謎の大金持『甲野先生』行状記」という見出しで，原告がその三年前に熱海に来て，高級旅館に長逗留していること，毎夜芸者を呼んで宴会をし，芸者に豪華な着物やマンションを買い与えていること，その住所は豊島区にある公団住宅であること，原告は「三年間に一〇億円を使った」と述べているが，その資金がどこから出ているか不明であること等の記事が週刊誌に掲載されたもので，本件掲載後に原告が土地詐欺事件により逮捕，起訴されて9年の実刑判決を受けたというものである。

公表されない法的利益とこれを公表する理由とを比較衡量し，前者が後者に優越する場合に不法行為が成立するのであるから，本件記事が週刊誌に掲載された当時のXの年齢や社会的地位，当該犯罪行為の内容，これらが公表されることによってXのプライバシーに属する情報が伝達される範囲とXが被る具体的被害の程度，本件記事の目的や意義，公表時の社会的状況，本件記事において当該情報を公表する必要性など，その事実を公表されない法的利益とこれを公表する理由に関する諸事情を個別具体的に審理し，これらを比較衡量して判断することが必要である。」

違法性判断が，「公表されない法的利益」と「公表する理由」の比較衡量にかかる点については，疑問なしとしない。プライヴァシー侵害は，名誉毀損と同様に事後的救済が十分でない現実を踏まえるならば，より明確で一義的な基準を与える必要があるように思われる。判例の立場では違法性の有無に関する予見はきわめて困難である。しかし最高裁はその後も同趣旨の判決を出している。

ⓕ **氏名権** 氏名権は個人の氏名に対して有する利益であり，人格権の一部をなすものであるから，財産権としての商号や，芸能界における家元の名称や肩書とは性格が異なる。また，法人の名称も法的に保護されるべき利益であるが氏名権ではない。氏名権の侵害は，他人による無断冒用が多いであろうがそれにとどまらない。氏名権は，【判例50】により最高裁は正式に認めるに至っており，氏名権に関する訴訟は増加する傾向にある。近時では，住基ネットや職場での胸章・ネームプレートの強制が氏名権侵害になるか争われている。また，氏名権侵害は身分関係に関しても問題となることが多い。成年に達した子が認知された父の氏を称した場合や，内縁の妻が夫の氏を称した場合，離婚による復氏は氏名権侵害にならないとする裁判例がある。

氏名権の侵害は，しばしば継続的・反復的になされることが多く，したが

---

50) ドイツ民法には，氏名の専用使用権の規定がある（12条）。
51) 大阪地判昭和56年3月30日判例時報1028号83頁。大阪地判平成7年9月28日判例時報1557号124頁。
52) 福岡地判平成17年10月14日判例時報1916号91頁，金沢地判平成17年5月30日判例時報1934号3頁。
53) 大阪高判平成10年7月14日労働判例751号46頁。

って，損害賠償のみならず，差止請求も認められるべきではないかが議論されている。

　氏名を誤って表記，呼称した場合に氏名権の侵害となることは明らかであるが，「正確に呼称される利益」があるかは問題である。

【判例50】　最判昭和63年2月16日民集42巻2号27頁
　在日韓国人のX（崔昌華）は，NHKがテレビのニュース番組で，朝鮮語音読みでは，「チョ・チャンホア」であるのにかかわらず，「サイ・ショウカ」と呼称したのは不法行為を構成すると主張して，NHKを被告として，謝罪，謝罪文の放送，新聞への掲載，今後X以外の韓国人・朝鮮人の氏名は朝鮮語音読みで呼ぶこと，慰謝料1円を支払うよう求めた。
　「氏名は，社会的にみれば，個人を他人から識別し特定する機能を有するものであるが，同時に，その個人からみれば，人が個人として尊重される基礎であり，その個人の人格の象徴であって，人格権の一内容を構成するものというべきであるから，人は，他人からその氏名を正確に呼称されることについて，不法行為法上の保護を受けうる人格的な利益を有するものというべきである。しかしながら，氏名を正確に呼称される利益は，氏名を他人に冒用されない権利・利益と異なり，その性質上不法行為法上の利益として必ずしも十分に強固なものとはいえないから，他人に不正確な呼称をされたからといって，直ちに不法行為が成立するというべきではない。すなわち，当該他人の不正確な呼称をする動機，その不正確な呼称の態様，呼称する者と呼称される者との個人的・社会的な関係などによって，呼称される者が不正確な呼称によって受ける不利益の有無・程度には差異があるのが通常であり，しかも，我が国の場合，漢字によって表記された氏名を正確に呼称することは，漢字の日本語音が複数存在しているため，必ずしも容易ではなく，不正確に呼称することも少なくないことなどを考えると，不正確な呼称が明らかな蔑称である場合はともかくとして，不正確に呼称したすべての行為が違法性のあるものとして不法行為を構成するというべきではなく，むしろ，不正確に呼称した行為であっても，当該個人の明示的な意思に反してことさらに不正確な呼称をしたか，又は害意をもって不正確な呼称をしたなどの特段の事情がない限り，違法性のない行為として容認されるものというべきである。更に，外国人の氏名の呼称について考えるに，外国人の氏名の民族語音を日本語的な発音によって正確に再現することは通常極めて困難であり，たとえば漢字によって表記される著名な外国人の氏

名を各放送局が個別にあえて右のような民族語音による方法によって呼称しようとすれば，社会に複数の呼称が生じて，氏名の社会的な側面である個人の識別機能が損なわれかねないから，社会的にある程度氏名の知れた外国人の氏名をテレビ放送などにおいて呼称する場合には，民族語音によらない慣用的な方法が存在し，かつ，右の慣用的な方法が社会一般の認識として是認されたものであるときには，氏名の有する社会的な側面を重視し，我が国における大部分の視聴者の理解を容易にする目的で，右の慣用的な方法によって呼称することは，たとえ当該個人の明示的な意思に反したとしても，違法性のない行為として容認されるものというべきである。」

氏名権には，上に述べたプライヴァシーとしての人格的利益と財産的利益の性格を有するパブリシティ権が区別される。後者もアメリカで法的に認められた権利であるといわれるが，わが国ではまだ十分な議論の蓄積がなく，後述のピンク・レディ事件までは最高裁判決は出ていなかった。しかし近時注目すべき高裁判決が出ている。これは次の肖像権と重なり合うので合わせて説明しよう。

⑧　**肖像権**　　肖像権は，自己の肖像に関する純粋な人格的利益と営利目的による利用という**パブリシティ権**の二つが区別される。前者については昭和44年のいわゆる「京都府学連デモ事件」に関する最高裁判決がはじめて承認して以来，判例上定着したものとなっている。[54] この事案は，デモ行進に際して，警察官が写真撮影をしたところ，Yが旗竿でその下顎部分を突いて1週間の傷害を負わせたため，公務執行妨害を問われたものであり，最高裁は次のような判断をした。

(i)　現に犯罪が行なわれ，もしくは行なわれた後間がないと認められる場合であって，

(ii)　証拠保全の必要性および緊急性があり，

(iii)　その撮影が一般的に許容される限度をこえない相当な方法をもって行なわれる

---

54)　最判昭和44年12月24日刑集23巻12号1625頁。

ときは，写真撮影が許されるとするものである。

　しかし，この基準は私法上の肖像権侵害にもとづく不法行為責任に関して示されたものではなく，将来の課題として残されていたところ，近時最高裁は次のような判断基準を示すに至った。

【判例51】最判平成17年11月10日民集59巻9号2428頁

　　Xは，平成10年7月に和歌山市内で発生したカレーライスへの毒物混入事件等につき，殺人罪等により逮捕勾留され，起訴された被告人である。Y_1（新潮社）は，写真週刊誌「FOCUS」を発行しており，Y_2は当時の編集長の地位にあった。平成10年11月25日，和歌山地方裁判所の法廷において，Xの被疑者段階における勾留理由開示手続が行われたが，本件写真週刊誌のカメラマンは，小型カメラを上記法廷に隠して持ち込み，本件刑事事件の手続におけるXの動静を報道する目的で，閉廷直後の時間帯に，裁判所の許可を得ることなく，かつ，Xに無断で裁判所職員および訴訟関係人に気付かれないようにして，傍聴席からXの容ぼう，姿態を写真撮影した（本件写真は，手錠をされ，腰縄を付けられた状態にあるXをとらえたものである。Y_1は，本件写真週刊誌の平成11年26日号に，「法廷を嘲笑う『X』の毒カレー初公判—この『怪物』を裁けるのか」との表題の下に，本件写真を主体とした記事を掲載し，これを発行した。（Ⅰ）

　　Y_1は，さらに平成11年8月本件写真週刊誌に，「『肖像権』で本誌を訴えた『X』殿へ—絵ならどうなる？」との表題の下に，Xの本件刑事事件の法廷内における容ぼう等を描いた3点のイラスト画と文章から成る記事を掲載した。イラスト画は，Xが手錠，腰縄により身体の拘束を受けている状態が描かれたもの，およびXが訴訟関係人から資料を見せられている状態が描かれたもの，Xが手振りを交えて話しているような状態が描かれていた。（Ⅱ）

　　Xは，Yらに対し，本件写真の撮影および本件写真週刊誌への掲載により肖像権が侵害されたと主張して，慰謝料の支払等を求める訴えを提起した。

　　（Ⅰ）「人は，みだりに自己の容ぼう等を撮影されないということについて法律上保護されるべき人格的利益を有する。もっとも，人の容ぼう等の撮影が正当な取材行為等として許されるべき場合もあるのであって，ある者の容ぼう等をその承諾なく撮影することが不法行為法上違法となるかどうかは，被撮影

---

55) 下級審裁判例として，東京高判平成2年7月24日判例時報1356号90頁（週刊フライデー事件）。

者の社会的地位，撮影された被撮影者の活動内容，撮影の場所，撮影の目的，撮影の態様，撮影の必要性等を総合考慮して，被撮影者の上記人格的利益の侵害が社会生活上受忍の限度を超えるものといえるかどうかを判断して決すべきである。

また，人は，自己の容ぼう等を撮影された写真をみだりに公表されない人格的利益も有すると解するのが相当であり，人の容ぼう等の撮影が違法と評価される場合には，その容ぼう等が撮影された写真を公表する行為は，被撮影者の上記人格的利益を侵害するものとして，違法性を有するものというべきである。」

（Ⅱ）「人は，自己の容ぼう等を描写したイラスト画についても，これをみだりに公表されない人格的利益を有すると解するのが相当である。しかしながら，人の容ぼう等を撮影した写真は，カメラのレンズがとらえた被撮影者の容ぼう等を化学的方法等により再現したものであり，それが公表された場合は，被撮影者の容ぼう等をありのままに示したものであることを前提とした受け取り方をされるものである。これに対し，人の容ぼう等を描写したイラスト画は，その描写に作者の主観や技術が反映するものであり，それが公表された場合も，作者の主観や技術を反映したものであることを前提とした受け取り方をされるものである。したがって，人の容ぼう等を描写したイラスト画を公表する行為が社会生活上受忍の限度を超えて不法行為法上違法と評価されるか否かの判断に当たっては，写真とは異なるイラスト画の上記特質が参酌されなければならない。」

　思うに，人格的利益としての肖像権の侵害は，「社会的評価の低下」を要件とするものではなく，また，名誉感情の侵害（侮辱）であることを要するものでもない点で，名誉毀損と異なる。また，侵害に対する免責要件も，誤って別人の写真を掲載したようなまれな場合を除くと，かならずしも真実性の証明は問題とならない。肖像権は私生活の暴露という点でプライヴァシーと重なりつつも，「公共性」や「公益目的」と無縁ではない点で，これと異質な部分を含んでいる。プライヴァシーの侵害にあっては，それはいかなる意味でも公共性を有することも，公益目的に合致することもありない。しかし他方で，肖像権はプライヴァシー以上には表現の自由や報道の自由と密接な関係がある。肖像権侵害についての議論は現在に至るまで十分になされて

いるとは言いがたく，今後の課題であろう。本人の極端な戯画化は名誉毀損と重なることもあろうが，肖像権固有の問題としては，さしあたって，名誉毀損の免責要件のうち，「公共性」と「公益目的性」を類推すべきであろう。また，刑事被告人については，無罪の可能性を視野に入れるならば，過失を推定すべきかもしれない。

　パブリシティ権については，これとは異なった法的処理を考える必要がある。所有権については，他人による無断利用は使用収益権能の侵害として不当利得（侵害利得）あるいは準事務管理や不法行為を構成することは当然であり，営利目的による肖像の無断使用もこれに含まれるが[56]，自己の肖像についても，財産的利益として不法行為法の対象となることが近時認められてきた。とりわけ，芸能人は自己の氏名権や肖像を第三者に対価を得て利用させる利益を権利として承認されるにいたっている。そして，こうした利益は個人に排他的に帰属し，かつ，合意によってのみ「利用」を許す点で所有権に準じる権利と考えられる。ただし，その全面的な譲渡はむろん，担保化も許されないであろう。たとえば，タレントのAが所属する事務所Bに自己の肖像を営利目的で利用させる権限を与えた場合に，AB間でAはBを通さずして自由に自己の肖像を商業利用しない旨を合意することは可能であろうし，その違背は債務不履行責任を生じさせるにとどまるというべきである。

　パブリシティ権に関しては，重要な裁判例がいくつか現れている。テレビタレントの氏名・肖像を表示したカレンダー（商品）を勝手に製造・販売した業者を相手方として販売禁止と廃棄及び損害賠償請求を求めたもの（おニャン子クラブ事件）[57]，女性芸能人に関して，芸能人になる前の写真，路上で撮影された写真，通学中の写真，実家についての記事等々について，原告らの顧客吸引力に着目して本件雑誌販売による利益を得る目的でこれらの写真（肖像等）を利用したと認められるとして，パブリシティ権の侵害をも認めたもの（アイドル訴訟控訴審判決）[58]がある。近時最高裁は注目すべき判決をした。

---

56) 最判平成16年2月13日民集58巻2号311頁（ギャロップレーサー事件）。清水・プログレッシブ民法［物権法］138頁。
57) 東京高判平成3年9月26日判例時報1400号3頁。
58) 東京高判平成18年4月26日判例時報1954号47頁。

第3章　不法行為

【判例52】 最判平成24年2月2日民集66巻2号89頁（ピンク・レディ事件）

　Xは「ピンク・レディー」を結成して活動している歌手であるが，Yは，週刊誌を発行して，「ピンク・レディー de ダイエット」と題する3頁の記事を掲載した。本件記事には，ピンク・レディーの曲の振り付けを利用したダイエット法等が紹介されるとともに，Xらを被写体とする写真が掲載されていた。本件写真は，かつてXらの承諾を得てY側のカメラマンにより撮影されたものであったが，XらはXらは本件各写真を本件雑誌に掲載することにつき承諾していなかった。写真は，約200頁の本件雑誌全体の3頁の中で使用されたにすぎない上，いずれも白黒写真であって，その大きさも，縦2.8cm，横3.6cmないし縦8cm，横10cm程度のものであった。

　「人の氏名，肖像等（以下，併せて「肖像等」という。）は，個人の人格の象徴であるから，当該個人は，人格権に由来するものとして，これをみだりに利用されない権利を有すると解される。そして，肖像等は，商品の販売等を促進する顧客吸引力を有する場合があり，このような顧客吸引力を排他的に利用する権利（以下「パブリシティ権」という。）は，肖像等それ自体の商業的価値に基づくものであるから，上記の人格権に由来する権利の一内容を構成するものということができる。他方，肖像等に顧客吸引力を有する者は，社会の耳目を集めるなどして，その肖像等を時事報道，論説，創作物等に使用されることもあるのであって，その使用を正当な表現行為等として受忍すべき場合もあるというべきである。そうすると，肖像等を無断で使用する行為は，〈1〉肖像等それ自体を独立して鑑賞の対象となる商品等として使用し，〈2〉商品等の差別化を図る目的で肖像等を商品等に付し，〈3〉肖像等を商品等の広告として使用するなど，専ら肖像等の有する顧客吸引力の利用を目的とするといえる場合に，パブリシティ権を侵害するものとして，不法行為法上違法となると解するのが相当である。」

　従来，パブリシティ権侵害を，(i)専ら著名人の氏名・肖像の顧客吸引力を利用する場合であるとする「専ら説」，(ii)顧客吸引力を商業的に利用する場合であるとする「商業的利用権説」，(iii)顧客吸引力の利用とともに，総合的に諸般の事情を判断して考慮すべきだとする「総合判断説」が対立していたとされる。最高裁は(i)の立場を明らかにしたといわれているが，パブリシティ権を排他的な権利と捉えながらも，その侵害を特定の要件に服させている

59）　中島基至「判例解説」法曹時報65巻5号151頁。

点には疑問がなくはない。排他的権利であるならば，所有権等と同様，侵害態様のいかんをとわず，権利濫用等による制約は別として，つねに不法行為を構成するはずだからである。事実，本判決の事例は明らかに肖像の無断利用であったが，軽微なものであったために，「専ら顧客吸引力の利用を目的とするもの」ではない，として，不法行為責任を否定している。しかし，排他的権利であるならば，一般条項（権利濫用法理）によるべきであった。本件では，Yは，Xの氏名・肖像の利用によって多少とも商業的利益を得たことは否定できず，結論には疑問も残る。たしかに損害額の算定は困難である。差額説の立場では，Xの氏名・肖像を利用した場合としない場合での雑誌の売り上げ額の差が損害ということになろうが，現実にはそれは困難であろう。肖像等の利用について，通常支払われるべき一定の使用料相当額を損害と考えるほうが妥当かもしれない。[60] しかし，他方でXの獲得した利益のすべてがXに由来しているとはいえず，Yの側の投資やアイディア，工夫に預かっている面もあるであろうし，また，無断利用といえ，Xの側の財産的価値（人気の上昇あるいは復活等）を高めたという点も否定できないであろう。そうだとすると，不法行為性よりも不当利得ないし準事務管理として取り扱われるのが適切であるように思われる。

(j) 身分権の侵害

大審院は内縁関係の不当破棄は債務不履行（婚約不履行）としていたが，[61] 最高裁は，婚姻に準じるいわゆる「準婚」に対する不法行為になるとする。[62] 配偶者の一方の有責行為によって，他方配偶者が離婚せざるを得なくなったような場合にも，不法行為が成立する。[63]

第三者が婚姻関係に不当に介入して破綻させる行為も，相手方に対する不法行為を構成する。[64] 人妻の強姦や人妻との不貞行為が夫に対する不法行為を構成するとするのが判例である。[65] 配偶者のみならず，未成年子からの不貞行

---

60) 近時の裁判例（東京地判平成25年4月26日裁判所HP）は，民事訴訟法248条を適用する。なお，慰謝料請求を認めたものとして，東京地判昭和51年6月29日判例時報817号23頁（マーク・レスター事件）。
61) 大(連)判大正4年1月26日民録21輯49頁。
62) 最判昭和33年4月11日民集12巻5号789頁。
63) 最判昭和31年2月21日民集10巻2号124頁。
64) 最判昭和38年2月1日民集17巻1号160頁。

為の相手方に対しても，不法行為責任を追及することができる。[66]

問題となるのは，破綻している夫婦の一方との肉体関係が不法行為を構成するかである。判例はこれを否定している。

【判例53】最判平成 8 年 3 月26日民集50巻 4 号993頁

XとAとは昭和42年 5 月 1 日に婚姻の届出をした夫婦であり，性格の相違等が原因になって夫婦関係が次第に悪化していき，昭和59年 4 月には非常に悪化していた。Aは，昭和62年 5 月 6 日，自宅を出てかねて購入していたマンションに転居し，Xと別居するに至った。Aは，同年 4 月ころ，アルバイトをしていたスナックで客として来店した女性Yと知り合ったが，YはAから，妻Xとは離婚することになっていると聞き，また，AがXと別居して本件マンションで一人で生活するようになったため，Aの言を信じて，次第に親しい交際をするようになり，同年夏ころまでに肉体関係を持つようになり，同年10月ころ本件マンションで同棲するに至った。そこで，XがAと同棲しているYに対し，不法行為を理由に慰謝料の支払を求めた。一審二審ともX敗訴。

「甲の配偶者乙と第三者丙が肉体関係を持った場合において，甲と乙との婚姻関係がその当時既に破綻していたときは，特段の事情のない限り，丙は，甲に対して不法行為責任を負わないものと解するのが相当である。けだし，丙が乙と肉体関係を持つことが甲に対する不法行為となる（後記判例参照）のは，それが甲の婚姻共同生活の平和の維持という権利又は法的保護に値する利益を侵害する行為ということができるからであって，甲と乙との婚姻関係が既に破綻していた場合には，原則として，甲にこのような権利又は法的保護に値する利益があるとはいえないからである。」

---

65) 大判明治36年10月 1 日刑録 9 輯1425頁，大判明治41年 3 月30日刑録14輯331頁。もっとも旧刑法183条は姦通罪を規定していた（「有夫ノ婦姦通シタル者ハ六月以上二年以下ノ重禁錮ニ處ス其相姦スル者亦同シ」）が，夫が姦通した場合は刑事責任を負わないという非対称なものであった。ただし，判例はこの場合でも民事責任を認めている（大決大正15年 7 月20日刑集 5 巻318頁）。現刑法では姦通罪が廃止されているから，民事責任のみが問題となる。戦後のものとして，最判昭和34年11月26日民集13巻12号1562頁。したがって，配偶者の不倫行為は，性別を問わず，本人および第三者につき不法行為責任を生じさせると解されよう。

66) 最判昭和54年 3 月30日民集33巻 2 号303頁。

(k) 生活妨害（公害）
(i) 総　説

　騒音，振動，煤煙，悪臭，日照妨害等などの生活妨害は，英米ではニューサンス nuisance と呼ばれ，ドイツではインミッシオン Immissionen として明文で認められた不法行為類型である。[67] 人は社会生活を営む以上，多かれ少なかれ，何らかの形で他人の生活領域への侵襲を生じることが常であり，それらのすべてが不法行為として損害賠償責任を生じさせるわけではない。ある程度の侵害は，いわば「お互いさま」であって，不法行為的救済になじまないものである。侵害が社会通念を逸脱した場合に，違法性を帯びて不法行為責任を生じさせる。しかし，こうした相互互換性は個人レヴェルでのみ妥当するものであり，そうした前提が崩れたのは，産業技術の発展による企業活動を通して生じる被害が生活妨害の中で圧倒的な比重を占めるに至ったためである。そこでは，妨害の度合いが大きく，また，被害も深刻で広範な領域に及ぶ「公害」としての性格をあらわにしてくる。わが国では，昭和30年代以降の経済成長にともない，企業活動の活発化は近隣住民の生命，身体，健康に深刻な被害をもたらすことになった。そうした事態への施策として，公法的規制や行政的対処，すなわち事前規制こそが重要であったが，行政の無策と環境政策の貧困は多数の甚大かつ悲惨な結果をもたらした。昭和40年代以降に増大する公害訴訟はそうした被害に対する民事的救済を求めるものとして立ち現れたのである。

(ii) 違法性の判断基準

　生活妨害という形で現れる加害行為は，しばしば所有権，とりわけ土地所有権の行使として現れるため，他人に損害を生じさせても原則として不法行為を構成しないと考えられた。その典型として，煤煙に関する信玄公旗掛松事件をあげることができる。

【判例54】大判大正8年3月3日民録25輯356頁
　国鉄（現JR東日本）の線路脇に生育していた，武田信玄が軍旗を立て掛けた

---

[67] ドイツ法におけるインミッシオンに関しては，中山充「今世紀におけるドイツ・イミシオーン法の発展－ドイツ・イミシオーン法の形成・発展および機能」民商74巻2号［1976］以下参照。

という伝承・由来のある「信玄公旗掛松」と呼ばれる老松が，蒸気機関車の煤煙，蒸気，振動などにより枯死してしまったとして，老松の所有者（地権者）であったXが国Y（鉄道院）を相手どって損害賠償を訴求した。

「権利ノ行使ト雖モ，法律ニ於テ認メラレタル適当ノ範囲内ニ於テ之ヲ為スコトヲ要スルモノナレバ，権利ヲ行使スル場合ニ於テ故意又ハ過失ニ因リ其適当ナル範囲ヲ超越シ失当ナル方法ヲ行ヒタルガ為メ他人ノ権利ヲ侵害シタルトキハ，侵害ノ程度ニ於テ不法行為成立スルコトハ当院判例ノ認ムル所ナリ。然ラバ其適当ナル範囲トハ如何。凡ソ社会的共同生活ヲ為ス者ノ間ニ於テハ一人ノ行為ガ他人ニ不利益ヲ及ボスコトアルハ免ルルベカラザル所ニシテ，此場合ニ於テ常ニ権利ノ侵害アルモノト為スベカラズ，其他人ハ共同生活ノ必要上之ヲ認容セザルベカラザルナリ。然レドモ其行為ガ社会観念上被害者ニ於テ認容スベカラザルモノト一般ニ認メラルル程度ヲ越ヘタルトキハ，権利行使ノ適当ナル範囲ニアルモノト云フコトヲ得ザルヲ以テ，不法行為ト為ルモノト解スルヲ相当トス」

この判決は，権利の行使がいわば「権利濫用」となる場合には，例外的に違法性を帯びるとしたものであったが，後に違法性を「**受忍限度**」によって判断する枠組みに代わっていく。すなわち，社会生活上受忍すべきものと認められる程度のものであれば，違法性を欠いている，と捉えられることになった。この基準は，違法性の有無が「権利濫用」という例外的な逸脱行為としてではなく，原則とまではいえないにせよ，より柔軟な法的処理を可能にするものであった。

他方で，生活妨害ないし公害は，端的には他人の所有権侵害という形をとるが，むろんこれに限られるものではなく，他人の生命，健康への加害行為として現れるため，人格権侵害として捉えることもできるし，被害が一定地域の住民におよぶところから，昭和40年代には，「**環境権**」という新たな権利概念の提唱へと繋がっていった。

しかし，生活妨害ないし公害は多様な形態を取っており，一律の法的処理はかならずしも妥当ではない。受忍限度を一つとっても，その具体的な判断要素は，侵害行為の形態によって異なってくる。以下では，侵害の種類別に見ていくことにしよう。

(iii) 日照・通風

　日照権の特徴は，隣人等の土地利用の結果として日光が遮られるという消極的生活妨害であり，騒音や煤煙等の積極的生活妨害と異なるといわれるが，それは本質的なことがらではない。むしろ重要な特質として，日照妨害は被害領域が比較的狭く，したがって，被害者も多数に渉ることがまれであること（したがって，原告が集団訴訟を組むことが難しいこと），他面で因果関係は問題とならないことにある。また，日照の要保護性は地域性と切り離して論じることができない点にも注意しなければならない。日照紛争はすでに江戸時代に現れている（大岡裁判「染物屋と金魚屋」は日照にともなう生活紛争を描いている）が，昭和40年代前後の都市における狭小で劣悪な住環境にともなう現代的問題として現れてきた。日照権に関して最高裁が初めて判断したのは，以下の判決である。

【判例55】最判昭和47年6月27日民集26巻5号1067頁

　XとYは相前後して隣接する建売住宅を買い受けて居住していたが，南側のYが浴室および台所を増築し，次いで2階居室と玄関等を増築したことにより，Xの家屋および敷地への日照を著しく遮るようになった。季節により多少の変動はあるにせよ，朝夕の1時間を除いては，日照がおおむね遮断され，通風も悪くなってX家族は健康を害するに至ったため，やむなく自己の家屋を不利な価格で第三者に売却して他に転居せざるを得なくなった。Xから，宅地価格の値下がりによる損害，慰謝料等の支払を求めて本訴におよんだ。

　「居宅の日照，通風は，快適で健康な生活に必要な生活利益であり，それが他人の土地の上方空間を横切ってもたらされるものであっても，法的な保護の対象にならないものではなく，加害者が権利の濫用にわたる行為により日照，通風を妨害したような場合には，被害者のために，不法行為に基づく損害賠償の請求を認めるのが相当である。もとより，所論のように，日照，通風の妨害は，従来与えられていた日光や風を妨害者の土地利用の結果さえぎったという消極的な性質のものであるから，騒音，煤煙，臭気等の放散，流入による積極的な生活妨害とはその性質を異にするものである。しかし，日照，通風の妨害も，土地の利用権者がその利用地に建物を建築してみずから日照，通風を享受する反面において，従来，隣人が享受していた日照，通風をさえぎるものであって，土地利用権の行使が隣人に生活妨害を与えるという点においては，騒音

の放散等と大差がなく、被害者の保護に差異を認める理由はないというべきである。」

「本件においては、原判決によれば、Yのした本件二階増築行為は、その判示のように建築基準法に違反したのみならず、Yは、東京都知事から工事施行停止命令や違反建築物の除却命令が発せられたにもかかわらず、これを無視して建築工事を強行し、その結果、少なくともYの過失により、前述のようにXの居宅の日照、通風を妨害するに至ったのであり、一方、Xとしては、Yの増築が建築基準法の基準内であるかぎりにおいて、かつ、建築主事の確認手続を経ることにより、通常一定範囲の日照、通風を期待することができ、その範囲の日照、通風がXに保障される結果となるわけであったにかかわらず、Yの本件二階増築行為により、住宅地域にありながら、日照、通風を大巾に奪われて不快な生活を余儀なくされ、これを回避するため、ついに他に転居するのやむなきに至ったというのである。したがって、Yの本件建築基準法違反がただちにXに対し違法なものとなるといえないが、Yの前示行為は、社会観念上妥当な権利行使としての範囲を逸脱し、権利の濫用として違法性を帯びるに至ったものと解するのが相当である。かくて、Yは、不法行為の責任を免れず、Xに対し、よって生じた損害を賠償すべき義務があるものといわなければならない。」

本判決では、最高裁は**受忍限度論**によらずに、伝統的な権利濫用論に依拠しながら損害賠償請求を認めている。それは、一つには、当事者双方が互換性ある個人であり（「相隣関係型」）、中高層マンション建設による日照被害（「中高層建築型」）ではなかった点に求めることができよう。しかし、日照問題はしだいに都市化にともなう住環境の変化という構造的なものに変化していく。すなわち、マンション等高層建築の増加にともない、日照権紛争は個人住宅対マンション等建設会社、あるいは、マンションの区分所有者対新たに建設されるマンション等の中高層建設会社との対立関係において現われてくる。違法性理論が権利濫用論から受忍限度論へと移行し、下級審裁判例も同様の傾向を示しているのもこうした事情が背景にある。では、受忍限度論に依拠するとき、どのようなファクターが顧慮されてきたか。(i)地域性に加

---

68) 東京地決昭和48年9月22日判例時報716号30頁、名古屋地判昭和51年9月3日判例時報832号9頁、東京地決昭和52年2月28日判例時報859号54頁、東京地決昭和54年3月30日判例時報922号67頁等。

えて，(ⅱ)土地利用の先後関係や(ⅲ)被害の程度，(ⅳ)被害者がわの特殊事情，(ⅴ)被害者があらかじめ有した知識，(ⅵ)加害者がわの損害防止措置，(ⅶ)官庁の許認可，(ⅷ)基準の遵守等を総合的・相関的に判断することになると説かれている。しかし，抑も資本と生活という本来両立しえない利益が対立する場合にはかかる利益衡量論が妥当するかは疑問なしとしない。日照権問題の抜本的解決は建築規制であり，また，都市計画というすぐれて行政的課題の中でしか解決されることのない問題ではないかと思われる。[69]

(ⅳ) **騒音・振動**

騒音加害は明治末期にすでに裁判例があるが[70]，建築工事や工場の操業等の企業活動に伴って引きおこされる騒音は公害事件において大きな比重を占め，裁判例もきわめて多い。騒音はしばしば粉塵や振動を伴う。最高裁は1970年代に2件の判決において[71]，自治体の指導基準ないし告示による騒音基準を越える騒音につき，受忍限度論に依拠した判断を示したが，かならずしもその具体的な基準に触れるものではなかった。

騒音公害は経済成長の負の側面を端的に示すものであり，70年代には規模が拡大する。いわゆる「交通騒音」がそれであり，被害の範囲も飛躍的に拡大していく。以下に主要な裁判例をあげる。

① 成田新幹線訴訟（最判昭和53年12月8日民集32巻9号1617頁）
　運輸大臣が成田新幹線の建設を決定し，公団に対して工事実施計画を認可したところ，通過予定地とされている地域の住民が建設に反対し，認可の取消しを求めた。原審が本件認可は抗告訴訟の対象となる行政処分に当たらないとして訴えを却下し，最高裁もこれを是認した。
② 大阪空港訴訟（後出，【判例56】）
③ 厚木基地訴訟（最判平成5年2月25日民集47巻2号643頁）
　国および米軍が管理する軍事基地である本件飛行場の周辺住民である原告らが，国に対し，自衛隊機と米軍機の離着陸等の差止めと過去および将来の損害賠償を請求した事案。飛行場に離着陸する航空機に起因する騒音等が周辺住民

---

69) 最判昭和60年7月16日民集39巻5号989頁はそうした行政指導の適法性の限界が問題となった事例である。
70) 東京地判明治45年6月3日法律新聞800号21頁。
71) 最判昭和42年10月31日判例時報499号39頁，最判昭和43年12月17日判例時報544号38頁。

の受忍限度を越えるかの判断は，単に右飛行場の使用および供用が高度の公共性を有するということのみならず，侵害行為の開始とその後の継続の経過および状況，その間に採られた被害の防止に関する措置の有無及びその内容，効果等の事情をも考慮し，これらを総合的に考察して判断すべきものである，として差止請求は認めなかったが，被害が受忍限度を超えるとされた。

④　国道43号線訴訟（最判平成7年7月7日民集49巻7号1870頁）

道路公害についての初めての最高裁判決。大阪市から神戸市に至る一般国道43号等の約20キロの沿道の道路端から50メートル以内の居住者130名余が，道路を走行する自動車による騒音，振動，大気汚染によって被害を被っていると主張して，本件道路の設置管理者である国と阪神高速道路公団に対し，一定基準値を超える騒音と二酸化窒素の居住敷地内への侵入差止めおよび損害賠償を求めて提訴した。

最高裁は，違法性の判断要素およびその評価につき，②と同様の判断を示した上，「本件道路が主として産業物資流通のための地域間交通に相当の寄与をしており，自動車保有台数の増加と貨物及び旅客輸送における自動車輸送の分担率の上昇に伴い，その寄与の程度が高くなるに至っているというのであるが，本件道路は，産業政策等の各種政策上の要請に基づき設置されたいわゆる幹線道路であって，地域住民の日常生活の維持存続に不可欠とまではいうことのできないものであ（る）」と説示，一般の市町村道のように地域住民の日常生活に密着した道路と本件道路のように主として広域輸送に奉仕する道路とは，公共性の内容と程度を評価するにつき同一に論ずることができない，とした。

【判例56】最大判昭和56年12月16日民集35巻10号1369頁

大阪国際空港は国際空港として拡張を重ね，大型ジェット機が頻繁に離着陸することによって，空港周辺の騒音被害が大きなものになった。住民Xらが空港設置者である国Yを相手どって，空港使用の差止めと過去および将来の損害賠償を求めた。論点は多岐にわたるが，最高裁は，違法性判断について，次のように判示した。

1．「本件空港の供用のような国の行う公共事業が第三者に対する関係において違法な権利侵害ないし法益侵害となるかどうかを判断するにあたっては，Yの主張するように，侵害行為の態様と侵害の程度，被侵害利益の性質と内容，侵害行為のもつ公共性ないし公益上の必要性の内容と程度等を比較検討するほか，侵害行為の開始とその後の継続の経過及び状況，その間にとられた被害の防止に関する措置の有無及びその内容，効果等の事情をも考慮し，これらを総

合的に考察してこれを決すべきものであることは，異論のないところであ［る］。」

2．「本件において主張されている公共性ないし公益上の必要性の内容は，航空機による迅速な公共輸送の必要性をいうものであるところ，現代社会，特にその経済活動の分野における行動の迅速性へのますます増大する要求に照らしてそれが公共的重要性をもつものであることは自明であり，また，本件空港が国内・国際航空路線上に占める地位からいって，その供用に対する公共的要請が相当高度のものであることも明らかであって，原審もこれを否定してはいない。しかし，これによる便益は，［1］国民の日常生活の維持存続に不可欠な役務の提供のように絶対的ともいうべき優先順位を主張しうるものとは必ずしもいえないものであるのに対し，他方［……］，［2］本件空港の供用によって被害を受ける地域住民はかなりの多数にのぼり，その被害内容も広範かつ重大なものであり，しかも，［3］これら住民が空港の存在によって受ける利益とこれによって被る被害との間には，後者の増大に必然的に前者の増大が伴うというような彼此相補の関係が成り立たないことも明らかで，結局，前記の公共的利益の実現は，被上告人らを含む周辺住民という限られた一部少数者の特別の犠牲の上でのみ可能であって，そこに看過することのできない不公平が存することを否定できない。」

(v) 大気汚染

　大気汚染も，大阪アルカリ事件に見られるように，国の産業化・工業化に伴って生じる典型的な公害類型であるが，現在でもなお完全には終熄を見ない。しかも国際的な拡がりをもち，国家的規制の枠を越える深刻な環境被害をもたらしており，世界保健機関（WHO）によると，2011年時点で年間130万人が大気汚染により死亡しているといわれている。わが国でも多数の裁判例の集積がある。現在では大気汚染防止法が制定され，事業者の無過失損害賠償責任が規定されている（25条）。

【判例57】津地四日市支判昭和47年7月24日判例時報672号30頁（四日市ぜん息訴訟）
　①「硫黄酸化物の排出による大気汚染について企業が最善のまたは相当の防止措置を講じたか否かをもって，直ちに責任の有無を決するのは妥当でなく，

他の要素も総合して受忍限度をこえた損害があったと認められるか否かによって決すべきものと解するのが相当である。」
　②　「右の場合，少なくとも人間の生命，身体に危険のあることを知りうる汚染物質の排出については，企業は経済性を度外視して，世界最高の技術，知識を動員して防止措置を講ずべきである。」

(vi)　水質汚濁

　水質汚染は大気汚染と同様に，深刻な公害として70年代ころから問題となっており，多数の裁判例をみることができる。昭和43年の山王川事件が最高裁の最初の判決であるが[72]，その後も，新潟および熊本の水俣病事件（後出），イタイイタイ病事件（後出）等，いわゆる4大公害裁判のうち3つまでを占めている。近時では，廃棄物処理場により，周辺地域の地下水等が汚染される水質汚染も問題となっている[73]。昭和45年には水質汚濁防止法が制定されて，無過失責任とされている。すなわち，同条19条1項は，「工場又は事業場における事業活動に伴う有害物質の汚水又は廃液に含まれた状態での排出又は地下への浸透により，人の生命又は身体を害したときは，当該排出又は地下への浸透に係る事業者は，これによって生じた損害を賠償する責めに任ずる」と規定している。

(vii)　その他

　土壌汚染，悪臭，地盤沈下，埋立，歩道橋・補導施設等も広い意味での公害として不法行為を構成する[74]。近時注目すべきものに眺望・景観阻害がある。旅館等の観光施設については，眺望（いわゆる「借景」）が営業的利益と関係するかぎりで，一種の財産権的価値を有することは明らかであり，民法も観望地役権の設定を許している（280条）。場合によっては慣習法上の権利としての眺望権を観念する余地があるかもしれない[75]。眺望・景観侵害がそうした地役権を侵害するものとして不法行為を構成することは問題がないであろう

---

[72]　最判昭和43年4月23日民集22巻4号964頁（後述「共同不法行為」）。
[73]　仙台地判平成4年2月28日判例時報1429号109頁。
[74]　公害・環境判例（別冊ジュリスト No.43）[1974] 196頁以下，公害・環境判例（第二版）（別冊ジュリスト No.65）[1980] 190頁以下参照。
[75]　田高寛貴・クロススタディ物権法 [2008] 37頁。

し，債権的（？）地役権であっても，債権侵害の準則にしたがって違法性を帯びることがあろう。これに対して，そうした権利が設定されていない場合の単なる眺望・景観侵害については，不法行為法の保護の対象とは考えられてこなかったように思われる。しかし，近時の判例に中には，これを「法的保護に値する利益」として肯定するものが散見される。

【判例58】最判平成18年3月30日民集60巻3号948頁

　マンションの販売等を業としているYが国立市内に位置する「大学通り」と称される公道沿いに地上14階建てのマンション（本件建物）を建築したところ，その付近に土地を有する住民や学校法人らが原告となり，本件建物の建築により受忍限度を超える被害を受け，景観権ないし景観利益を違法に侵害されているなどと主張し，上記の侵害による不法行為にもとづき，建築主及び本件建物の区分所有者らに対し本件建物のうち高さ20mを超える部分の撤去と，②これに施工業者を含めたYらすべてに対し慰謝料及び弁護士費用相当額の支払を求めた。

　「本件におけるように建物の建築が第三者に対する関係において景観利益の違法な侵害となるかどうかは，被侵害利益である景観利益の性質と内容，当該景観の所在地の地域環境，侵害行為の態様，程度，侵害の経過等を総合的に考察して判断すべきである。そして，景観利益は，これが侵害された場合に被侵害者の生活妨害や健康被害を生じさせるという性質のものではないこと，景観利益の保護は，一方において当該地域における土地・建物の財産権に制限を加えることとなり，その範囲・内容等をめぐって周辺の住民相互間や財産権者との間で意見の対立が生ずることも予想されるのであるから，景観利益の保護とこれに伴う財産権等の規制は，第一次的には，民主的手続により定められた行政法規や当該地域の条例等によってなされることが予定されているものということができることなどからすれば，ある行為が景観利益に対する違法な侵害に当たるといえるためには，少なくとも，その侵害行為が刑罰法規や行政法規の規制に違反するものであったり，公序良俗違反や権利の濫用に該当するものであるなど，侵害行為の態様や程度の面において社会的に容認された行為としての相当性を欠くことが求められると解するのが相当である。

　これを本件についてみると，原審の確定した前記事実関係によれば，大学通り周辺においては，教育施設を中心とした閑静な住宅地を目指して地域の整備が行われたとの歴史的経緯があり，環境や景観の保護に対する当該地域住民の

意識も高く，文教都市にふさわしく美しい都市景観を守り，育て，作ることを目的とする行政活動も行われてきたこと，現に大学通りに沿って一橋大学以南の距離約750mの範囲では，大学通りの南端に位置する本件建物を除き，街路樹と周囲の建物とが高さにおいて連続性を有し，調和がとれた景観を呈していることが認められる。そうすると，大学通り周辺の景観は，良好な風景として，人々の歴史的又は文化的環境を形作り，豊かな生活環境を構成するものであって，少なくともこの景観に近接する地域内の居住者は，上記景観の恵沢を日常的に享受しており，上記景観について景観利益を有するものというべきである。」

補論12　違法性論の転換

　従来の理論においては，一般不法行為の成立要件は違法性＝客観的要件，故意・過失＝主観的要件として整理されてきた。それはおそらくドイツ刑法学における理論とその圧倒的影響下にあるわが国の犯罪構成要件理論が民事責任としての不法行為理論に投影したものであったように思われる。ところが，刑事責任はあくまでも犯罪主体が具体的な個人であるのに対して，民事責任は，個人的不法行為から団体的・企業的不法行為を包摂するものである点で大きく異なっている。しかも，刑法学においても目的的行為論の登場，とりわけ主観的違法要素の発見は，違法性＝客観，故意・過失＝主観という構図を打破することになった。わが国における不法行為法の発展は，「権利侵害論から違法性論」という図式の中で捉えられてきたが，権利侵害であれ，違法性であれ，それが客観的要件であることが措定されていたといってよい。ところが，過失が客観化することによって，過失概念が規範的意味をもつことになり，そうした区別が根拠の乏しいものであることが明らかになってきた。フランス民法1382条が「他人の損害を生じさせる人の行為は……*faute* によって」と規定し，不法行為の成立をフォート *faute* に一元化しているのも，こうした区分が普遍的なものではないことを示すものである。旧民法財産編370条もこれを承継したが，現行法の立法はそれを十分に踏まえたものではなかったと思われる。

　一元化の契機は，違法性論を具体化したといわれる我妻・相関関係理論においてすでにその萌芽を見いだすことができる。そこでは，被侵害利益の種類に対応した侵害行為の態様において，行為者の主観的態様が問題とされているからである。そして，昭和40年代後半には平井教授による「要件一元論」が登場することになる（平井宜雄・損害賠償法の理論［1971］354頁）。教授は，民法709条はドイツ不法行為法と接近するように見えるけれども，その構造はむしろ旧

民法と変わりがなく、「権利侵害」の要件は単に、同条の規定があまりに無限定であることを修正するという消極的なものにすぎないこと、わが民法における「違法性」は「権利侵害」をいわば置き換えたものにすぎず、ドイツ法におけるそれとは異質なものであること、そして、その特殊＝日本的「違法性」論も、判例上機能を失っていること、を指摘して、「過失」に一元化することを試みたのである（「**過失一元論**」）。そこでは、過失認定のファクターは被侵害利益の重大性、損害発生の危険性ないし蓋然性の大きさ、損害回避義務を負わせることによって犠牲となる利益との比較衡量によって過失を捉えられている。一方、過失を違法性と一元化させる見解（「**違法性一元論**」）を唱える見解（前田達明・不法行為帰責論［1978］185頁）、公害の賠償責任論において構成されたもので、受忍限度を越えた損害を生じさせた場合に「過失」を認めるいわゆる「**新受忍限度論**」が現れている（野村好弘「故意・過失および違法性」『公害法の生成と展開』［1968］387頁）。いずれにせよ、伝統的な区分論は揺らいでいるといってよい。

　思うに、現在では伝統的な概念的峻別論は維持することはできないであろう。「違法性論」は以前の狭隘であった「権利」概念を打破し拡大したという意義をもつものであったが、歴史的使命を終えたと考えられる。「違法性」そのものは何も語らないからである。のみならず、「違法性論」は、人格権の確立を妨げ、人格的利益の侵害に対する救済手段としての妨害排除の法認を困難にしているという批判（五十嵐）や、さらには、「権利侵害から違法性」というテーゼは権利論の放棄に通じたとの根本的批判（原島）を浴びている。しかし、その後の違法性理論の展開は、むしろ「権利または法律上保護に値する利益」のカタログを整序するところに向けられており、その意義こそ積極的に評価されるべきではなかろうか。「違法性」概念が不要なものであるとしても、民法709条の解釈としても、同条の文言が、「故意又は過失」および「他人の権利または法律上保護される利益」（改正前は「権利侵害」）と不法行為の要件が二元化されている事実を無視すべきではない。すなわち、この要件は、「被侵害客体」を明確化するという点においてなお有用であると思われる。

(3) 責任阻却事由
(a) 総　説

　一般不法行為の要件を満たしたときでも、損害賠償責任を免れる場合がある。在来の学説は責任無能力（712条、713条）を責任阻却事由として、正当防

衛・緊急避難（720条）を違法性阻却事由として，別異に取り扱ってきた。この立場が違法性＝客観的要件，故意・過失＝主観的要件という区分にもとづくものであることはいうまでもない。民法典には「違法性」の用語は存在せず，720条は損害賠償責任を阻却することを規定しているにすぎない。しかし，不法行為の成立要件が「権利侵害」であって，「違法性」をことさらに要件としなかった時代にあっても，同条が「違法性阻却事由」として理解されてきたのは，不法行為が違法な権利侵害行為であるとの認識によるものであった。「違法性阻却事由」概念がことさらに重要な意味をもつようになったのは，次に述べるように，その後に同条の規定する事由以外の損害賠償責任阻却事由が拡大したことによる。そして，「権利侵害」概念に代えて「違法性」を不法行為の成立要件とする理論の通説化によって違法性阻却事由もまた，相関関係論すなわち被侵害利益の態様との関連で問題とされることになった。しかるに，補論12 で示したように，近時，違法性論を批判する過失一元論（平井）の登場によって，刑法学におけるような「違法性」と「有責性」の区分は過去のものになりつつある。本書では，これに対して，二元論の立場を維持したいと考えるが，それは，「正当防衛・緊急避難」を過失論の枠組みで捉えることは困難であり，また，「責任阻却事由」が判例・学説上拡大してきたその基礎として，違法性概念はなお有用と考えるからである。[76]

(b) 正当防衛

民法720条1項によれば，①他人の不法行為に対し，②自己または第三者の権利または法律上保護される利益を防衛するため，③やむを得ず加害行為をした場合には，損害賠償の責任を負わない。ここでいう「他人の不法行為」が厳格に709条の要件を満たしていることは必要でない[77]（通説）。責任無能力者の加害行為に対する防衛も許される。正当防衛は緊急行為であるから，

---

[76] 「違法性」概念は，おそらくはドイツ法とりわけドイツ刑法学の影響の下で観念されたものであろう。これに対して，フランス法では「違法性」*illégalité* はフォートの要件の中に解消され，独自の定在をもたない。わが民法の解釈としても，平井91頁以下は，責任無能力制度と合わせて正当防衛等を責任阻却として並置している点が注目される。

[77] 本条の「不法行為」という文言は，損害の発生を要件としていない（損害が発生していれば正当防衛はありえず，事後の自力救済しか問題になりえない）という意味において適切ではなく，むしろ「加害行為」と規定すべきであったように思われる。

その場で相手方の故意・過失や責任能力の有無，違法性の有無を判断することは困難だからである。

　正当防衛は自己のみならず，第三者の利益が侵害される場合であっても，部外者が防衛の行動に出ることが許される点に注意しなければならない。夜道で暴行に遭っている人を助けるために，傍に転がった棒で加害者を殴打することも正当防衛である。また，相手方に対する反撃行為たとえば，強盗に対して防衛のため相手方を殺傷した場合に加害者に対して不法行為責任を負わないというにとどまらず，第三者の物を投げて反撃したような場合，その第三者に対しても不法行為責任を負わない。ただし，この場合には，第三者は加害者に対して賠償を請求することができる（同条項但書）。

　「やむを得ず」とは，他に取るべき方法がなかったことを意味するが，刑法のように「急迫不正」（刑36条）の状況でなければならないかは検討される余地がある。民事責任は加害者・被害者間の利害の分配という刑事責任とことなる面からすれば，少なくとも加害者に対する関係では，より弾力的な取扱いが許されよう。正当防衛に関する裁判例の多くはケンカの事例であるが，[78] 名誉毀損行為に対する反論文が正当防衛として問題とされるとする裁判例も散見される。[79] ただし，侵害されるおそれのある利益と防衛行為によって相手方がこうむる損害との間の均衡があることが必要である。とりわけ，物に対する侵害に対する防衛行為が身体に向けられるときは，その物が重要な価値のある場合に限られると解すべきであろう。[80] 過剰防衛は責任を阻却しないが，過失相殺が認められるべきであろう。[81]

(c) 緊急避難

　比喩的に言えば，正当防衛が「人の行為」に対するリアクションであるとすれば，緊急避難は「物の行為」に対するリアクションであり，刑法における両者の区分と際だった差違を見せている。すなわち，刑法37条は「現在の

---

78) 窃盗に関しては，盗犯等ノ防止及処分ニ関スル法律1条参照。
79) 大判昭和8年12月11日判決全集1輯3号43頁，大判昭和10年5月2日判決全集1輯17号3頁，大判昭和11年12月11日判決全集4輯1号27頁，最判昭和38年4月16日民集17巻3号476頁。
80) *Planiol et Ripert, Traité pratique de droit civil français, t. 6, n°563.* は，生け簀を守るために起爆装置を設置した事例をあげている。
81) 前掲大判昭和11年12月11日。

危難」とのみ規定しているから、危難が「他人の物」によるものでも、自然災害でも緊急避難になりうるし、緊急避難行為の対象が第三者の物であっても、他人の身体であっても刑事責任は免れるが、これに対して、民法は「他人の物」による危難に対してしか緊急避難は認めない。したがって、自然災害に対する緊急避難行為は免責されないことになる。判例も、洪水による部落の危険を救うために県道兼用の堤防を決壊した場合には、刑事上緊急避難行為者として無罪の判決を受けても、その行為によって損害を被った他人（県）の権利に対し民事上賠償義務を免れることはできない、と判示している。[82] しかし、立法論的には検討の余地がないわけではない。生命に対する危難が存在するときは、避難行為がより小さい利益すなわち他人の財産に向けられる場合、とりわけ、公共物に向けられる場合には非難可能性は小さい。[83] なお、この場合に自力救済として違法性を阻却すると考えてよいかは問題である。緊急避難が成立しないときには、自力救済の可能性の否定が折り込まれていると考えるべきであろうか。

また、緊急避難行為が人に対して向けられたときも責任を阻却しない。[84]さらに、危難が他人の物から生じた場合に、避難行為が当該のその物に対してしか緊急避難として認められない。たとえばAの犬が咬みついてきたので、やむなくAの庭に飛び込んで植木を壊したような場合（**防御的緊急避難** *Defensivnotstand*）、多くはAの動物占有者責任（718条）が成立するから、正当防衛が認められようが、例外的にAの不法行為責任が成立しないときは、緊急避難として責任を阻却しないことになり不当である。そこで、こうした場合に正当防衛を認めるべきだとする学説が生じる。[85] これに対して、難を避け

---

82) 大判大正3年10月2日法律新聞977号26頁。
83) もっとも水害についての河川管理者の責任（国賠法2条）のように、自然災害といえども、国家賠償法の適用対象として「不法行為」化することによって、緊急避難の成立する範囲が拡大することがある点に注意すべきであろう。
84) 古代ギリシアの哲学者カルネアデスが提出したといわれるいわゆる「カルネアデスの舟板 *Plank of Carneades*」の寓話が有名である。一隻の船が難破し、乗組員は全員海に投げ出され、一人の男が命からがら、壊れた船の板切れにすがりついた。そこへもう一人、同じ板につかまろうとする者が現れたが、二人がつかまれば板そのものが沈んでしまう。そこで先にすがりついた男が後から来た者を突き飛ばして水死させてしまった。その後、救助された男を殺人の罪で裁くことができるだろうか。現代の日本の法律では、刑法第37条の緊急避難に該当すれば、刑事責任は免れるが、民事上は免責されないことになる。

るためBの家に飛び込んだ場合（**攻撃的緊急避難** *Agressivnotstand*）には責任を免れず，また，BのAに対する損害賠償請求も許されない（通説）。これは，720条2項のように最終的に責任を負担すべき者が存在せず，避難行為者を免責すると被害者は泣き寝入りになること，そして，被害者よりも避難行為者に損害を負担させるべきであるとの価値判断に基づいていると思われるが，反対論がある。すなわち，この場合には，民法720条1項が準用されるべきであり，免責されると説く有力な学説がある。緊急避難によって第三者の権利を侵害したときは，避難者は第三者の損害において自己の権利を保全したがゆえに不当利得が成立する，また，危難によって生じた物の所有権が，その滅失・毀損がないために保全された限度において避難者と連帯して不当利得返還義務を負い，その負担部分は全部所有権に存するという。傾聴すべき見解であろう。

(d) **正当業務行為**

公務員による現行犯逮捕（刑訴213条）や，正当な手続によって犯罪容疑者を逮捕（刑訴199条）したり，刑を執行したような場合，刑法35条は刑事責任を否定しているが，それらの行為が民事責任も阻却することはいうまでもない（民法上，明文の規定を置かなかった理由は明らかではないが，おそらくはこれらの行為は「権利の行使」である以上，違法であるはずはないと考えられたためと思われる。）。また，親権者の懲戒権（822条），小学校教師による懲戒権の行使（学校教育11条）のように法令で認められている行為も，それが正当であるかぎり民事上も責任を負わないといえる。

(e) **社会的相当行為**

業務行為とはいえないが（ただし，それとの区分はかならずしも一義的ではない），一定の行為は形式的には他人の権利・利益を侵害している場合でも，それが社会的な相当性を有するために違法性を欠く場合がある。スポーツ活動，労働争議（労調7条），子供の遊戯をあげることができる。医師による施術や注

---

85) 鈴木［117］。
86) 岡村玄治・債権法要論（各論）［1981］284頁以下。我妻・事務管理・不当利得・不法行為［1937］149頁等。
87) 幾代106頁は，親権者でない父母や兄姉が未成年者に加える懲戒行為も社会通念上適当なものであれば，違法性がないという。

射・点滴も身体への侵襲行為であるが，原則として不法行為責任を阻却すると考えられる。ただし，この場合に相手方の承諾がなくその意思に反する場合には，違法性を阻却しない。

【判例59】最判平成12年2月29日民集54巻2号582頁（「エホバの証人」輸血拒否事件）

「エホバの証人」の信者である患者Xが，医師に対して輸血を拒否する意思を明確に表示していたにもかかわらず，肝臓の腫瘍を摘出する手術を受けた際に輸血され，これによって精神的損害を被ったとして，右医師の勤務する病院を設置，運営しているY_1（国）および手術に携わった医師Y_2らを被告として損害賠償を請求した事案。第一審裁判所は，絶対的無輸血の特約は，公序良俗に反するものであって無効であるとしたが，原審裁判所は不法行為責任を認めた。

「本件において，Y_2医師らが，Xの肝臓の腫瘍を摘出するために，医療水準に従った相当な手術をしようとすることは，人の生命及び健康を管理すべき業務に従事する者として当然のことであるということができる。しかし，患者が，輸血を受けることは自己の宗教上の信念に反するとして，輸血を伴う医療行為を拒否するとの明確な意思を有している場合，このような意思決定をする権利は，人格権の一内容として尊重されなければならない。そして，Xが，宗教上の信念からいかなる場合にも輸血を受けることは拒否するとの固い意思を有しており，輸血を伴わない手術を受けることができると期待してA病院に入院したことをY_2医師らが知っていたなど本件の事実関係の下では，Y_2医師らは，手術の際に輸血以外には救命手段がない事態が生ずる可能性を否定し難いと判断した場合には，Xに対し，A病院としてはそのような事態に至ったときには輸血するとの方針を採っていることを説明して，A病院への入院を継続した上，Y_2医師らの下で本件手術を受けるか否かをX自身の意思決定にゆだねるべきであったと解するのが相当である。

ところが，Y_2医師らは，本件手術に至るまでの約一か月の間に，手術の際に輸血を必要とする事態が生ずる可能性があることを認識したにもかかわらず，Xに対してA病院が採用していた右方針を説明せず，同人らに対して輸血する可能性があることを告げないまま本件手術を施行し，右方針に従って輸血をし

---

88) 小学2年生の児童Aが「鬼ごっこ」中に小学1年の児童Bに背負われて逃げようとした際に，誤ってBを転倒させて怪我をさせた事例につき，最判昭和37年2月27日民集16巻2号407頁。

たのである。そうすると，本件においては，Y₂医師らは，右説明を怠ったことにより，Xが輸血を伴う可能性のあった本件手術を受けるか否かについて意思決定をする権利を奪ったものといわざるを得ず，この点において同人の人格権を侵害したものとして，同人がこれによって被った精神的苦痛を慰謝すべき責任を負うものというべきである。」

ただし，こうした意思を表明しうるのは患者本人にかぎるべきであり，とりわけ未成熟の子への施術についての親権者等の拒絶の意思表示ないし合意は，なお公序良俗違反というべきである。

(f) 被害者の同意

「同意は不法行為の成立を阻却する」volenti non fit injuria といわれ，ローマ法以来の違法性阻却事由と考えられてきた。これが典型的に当てはまるのは，侵害行為が契約によって定められた給付それ自体の場合であろう。たとえば，建物の取壊しを請け負った者が，建物を取り壊す行為は形式的には所有権の侵害であろうが，それは債務の履行そのものであるから違法性を欠き，不法行為ではないことは明らかである。ただし，被害者が意思無能力であったり，意思欠缺や詐欺・取消しの場合には，「同意」そのものに瑕疵があるため責任を阻却しない。また，同意そのものが公序良俗に反する場合（自殺幇助，決闘の合意等）も同様である。[89]

(g) 自力救済

権利・利益が侵害された場合には，国家による公的な救済を求めるのが近代法の原則であり，被害者みずからが権利等の保護を実現する自力救済 *justice privée* は原則として禁止され，不法行為を構成する。その理由は単に平和の維持にあるのではなく，権利の存在そのものが自明でないことによる。権利を侵害された（と主張する）者は自己の権利の存在を疑わないが，権利の存否そのものは公正な第三者（裁判所）の判断によって明らかになるのであり，往々にしてそれは主観的な思い込みにすぎない。所有権を侵害されたと主張する者が訴訟におよんで敗訴すれば，かれは所有者ではなかったのである。自力救済禁止の原則は占有訴権制度において明確に現れている。いわゆ

---

89) 決闘罪ニ関スル件参照。

る「九官鳥」事件では，真実の所有者による自力救済を認めず，非所有者の占有回復請求に屈したのである[90]。したがって，自力救済は認められるにしても例外的なものにとどめられるべきである（通説）。判例も，傍論としては自力救済の可能性を認めている（【判例60】）が，現実に自力救済を理由として責任を否定した事例はない[91]。

【判例60】最判昭和40年12月 7 日民集19巻 9 号2101頁

使用貸借の終了した敷地上に建築された仮店舗の周囲に，敷地所有者が終了前の敷地使用借主である仮店舗所有者の承諾を得ないで板囲を設置したので，仮店舗所有者がこの板囲を実力をもって撤去して，旧店舗に復帰して飲食営業を再開した事案である。

「私力の行使は，原則として法の禁止するところであるが，法律に定める手続によったのでは，権利に対する違法な侵害に対抗して現状を維持することが不可能又は著しく困難であると認められる緊急やむを得ない特別の事情が存する場合においてのみ，その必要の限度を超えない範囲内で，例外的に許されるものと解することを妨げない。しかしながら，原審認定の本件における事実関係のもとにおいては，右のごとき緊急の事情があるものとは認められず，上告人は法律に定められた手続により本件板囲を撤去すべきであるから，実力をもってこれを撤去破壊することは私力行使の許される限界を超えるものというほかはない。したがって，右と同趣旨の見解のもとに，右板囲を実力によって撤去破壊した上告人は不法行為の責任を免れないとした原審の判断は，正当である。」

(h) 事務管理

事務管理が成立するときは，それが他人への権利侵犯行為であっても，違法性を阻却する。留守中の隣家の犬に好意で食餌を与えるのは事務管理であるが，そのために隣地に無断で立ち入っても違法ではない。また，他人の物

---

90) 清水・プログレッシブ民法［物権法］127頁参照。
91) 大判昭和11年11月18日刑集15巻1478頁，大判昭和16年 5 月12日刑集20巻246頁。最高裁も，自己の所有家屋を増築する必要上，その借地内に突き出ていた他人の所有する家屋の玄関の軒先の一部をその承諾を得ないで切り取った行為は，たとい右玄関が建築許可を得ないで不法に増築されたものであり，軒先の切除により相手方の被る損害に比しこれを放置することにより自己の受ける損害が甚大であったとしても，自救行為として許されるべきものではないという。最判昭和30年11月11日刑集 9 巻12号2438頁。

に必要費ないし有益費等の費用を支出した場合，出捐者が占有者であれば，196条の特則によって費用償還請求権が認められるから，たとえそれが所有者の意思に反するときであっても，違法性を阻却する（ただし，不法行為による占有取得行為の場合は留置権を有せず（295条2項），出捐が所有者の意思に反するときは，違法性を阻却しないと解すべきであろう）。出捐者が占有をしていない場合でも，事務管理が成立する場合があろう。

　問題は不法行為が完了したが，現状を復帰する緊急の必要性がある場合に，そのような行為は違法性を阻却するかである。たとえば，財布を盗られた被害者が犯人を追跡して逮捕した際に相手を負傷させたような場合には，不法行為は完了しているから正当防衛は成立しないが，自力救済として違法性を阻却することは異論がなかろう。これに対して，周囲の人が被害者に代わり，同様の行動を取った場合には「自力救済」に当らないわけである。ドイツ法では明文の規定がある。わが民法の解釈としては事務管理で説明することになろうか。

5 因果関係

(1) 総　説

　前述のように，故意・過失により権利・利益の侵害がなされても，損害が発生しなければ不法行為は成立しない（刑事責任と際だった特徴である）。生じた損害は故意・過失による権利等の侵害と因果関係があることが必要である。ところが，民法709条は，故意または過失「によって」，権利等を侵害した者は，「これによって」生じた損害の賠償責任を負うものと規定しており，そのため，そこには二種類の「因果関係」があるとする学説が存在する。前者を「責任設定的因果関係」ないし「成立的因果関係」，後者を「責任充足的因果関係」ないし「範囲的因果関係」として区別するのである。しかしこれは文言に捕らわれた空疎な議論であり，前者の「によって」を因果関係と理解するのは独断にすぎない。「故意・過失」はつねに具体的な権利・利益の侵害に向けられており，侵害と切り離した抽象的な「故意・過失」があるわけではない。故意・過失ある侵害行為と損害発生の結果が因果関係で連結される後者こそが重要なのである。[1]

第3章 不法行為

因果関係をどう理解するかについて、判例・学説上長い論争があった。第一に唱えられたのは**条件説**である。これは「あれなければこれなし」conditio sine qua non という標語で表現されるものであり、損害発生という結果について条件が与えられている場合に不法行為が成立するとするものである。しかし、これは賠償額が際限なく拡大され不当である。また、AとBが相互の連絡なしに、同時にCを銃撃して怪我を負わせたような場合に、Aの行為がなくても結果は生じており（「あれなくてもこれあり」）、この場合にAは（Bも）責任を負わないということになりかねない。

そこで、条件説は**相当因果関係理論**にとって代わられた。この理論は侵害行為によって生じるすべての損害ではなく、侵害があれば通常定型的に生じるであろうと考えられる損害に賠償額を限定するものである。この理論は特殊＝ドイツ法的な損害賠償法の理論として生まれたといわれている。すなわち、ドイツ法においては、損害賠償ルールは完全賠償の原則を採っているため、損害に関する差額説（現在の財産状態と不法行為がなければ生じなかったであろう財産状態との差）の下では、賠償範囲が不当に拡がってしまうという懸念から生み出された理論なのである。別の見方からすれば、この理論は、事実上無限の連鎖を生じ、かぎりなく拡大発散する（「風が吹けば桶屋が儲かる」）可能性をもった自然的因果関係に、どの範囲まで賠償責任を限定させるべきであるのかという法的価値判断を加えた概念であるということができる。そして、この理論は上の例にみられるような「あれなくてもこれあり」の場面を包摂しうる点でも優れている。

判例は、富喜丸事件判決以降416条を類推適用し[2]（【判例61】）[3]、あるいは、

---

1) 平井教授は、両者を区別することは、責任原因と賠償範囲とを切断したドイツ民法の損害賠償法においてはじめて法技術的意味をもつものであり、ドイツ損害賠償法と異なる構造に立つわが民法においては意味を有しないと批判される。平井宜雄・損害賠償法の理論 [1971] 431頁。なお、幾代127頁以下は、成立的因果関係を直接的結果、範囲的因果関係を間接的結果と捉えるが、民法709条の2つの「よって」に対応するものではないように思われる。いずれも損害（前者は第一次損害、後者は後続損害）であり、むしろ賠償責任の範囲に入るか否かが問題なのである。

2) 大判大正15年5月22日民集5巻386頁（富喜丸事件）。これについては、清水・プログレッシブ民法［債権総論］114頁。

3) 最判昭和38年9月26日民集17巻8号1040頁。事案は、Aが給油の際にガソリン缶を手にもって傾けながらガソリンを注入したことところ、缶内に残っていたガソリンに引火し炎上し、そのため狼狽して缶を前方に投げ出し、Aの修理作業を助けていた給油所係員Bの身体前面に打ち当っ

相当因果関係の理論に依拠してきた。しかし両者は相互に対立するものではなく，同条は相当因果関係を表現するものと解されてきた。

【判例61】最判昭和48年6月7日民集27巻6号681頁

Xは，本件物件を担保に銀行から融資を受けて会社を設立する計画を立てていたところ，Yによる本件物件の処分禁止の仮処分が執行された。そのため，東京進出計画が遅延し，財産的・精神的損害を被ったとして，Yに対して損害賠償を請求した。本件では，Xの東京進出計画に寄与するため，これを担保に供する予定であった事実およびこれによって得べかりし利益が特別損害か否かが争われた。

「不法行為による損害賠償についても，民法416条が類推適用され，特別の事情によって生じた損害については，加害者において，右事情を予見しまたは予見することを得べかりしときにかぎり，これを賠償する責を負うものと解すべきことは，判例の趣旨とするところであり，いまただちにこれを変更する要をみない。本件において，Xの主張する財産上および精神上の損害は，すべて，Yの本件仮処分の執行によって通常生ずべき損害にあたらず，特別の事情によって生じたものと解すべきであり，そして，Yにおいて，本件仮処分の申請およびその執行の当時，右事情の存在を予見しまたは予見することを得べかりし状況にあったものとは認められないとした原審の認定判断は，原判決（その引用する第一審判決を含む。）挙示の証拠関係に照らして，正当として肯認することができる。」

（民法416条の類推適用に反対する大隅健一郎裁判官の反対意見がある。）

こうした理論に対して鋭い批判を加えたのが平井教授であった。教授は在来の理論が「相当因果関係」という概念で処理してきた問題は，①行為と結

てその作業服はガソリンを浴びて燃え上がった結果Bは大火傷を負い，死亡したものである。裁判所はこれを特別損害として肯定した。最判昭和39年6月23日民集18巻5号842頁（森林の不法伐採した者の森林所有者に対する損害賠償額は416条2項の範囲であるとして適正伐採期の立木価格であるとして認めた）。

4) 最判昭和40年12月3日判例時報436号39頁（税関吏の過失と差押船舶の類焼との間に相当因果関係があるとされた），前出最判昭和43年4月23日（山王川事件），最判昭和43年6月27日民集22巻6号1339頁（偽造の登記済証にもとづく登記申請を受理するについて登記官吏に調査の懈怠があったとされた事例），最判昭和43年11月15日民集22巻12号2614頁，最判昭和48年6月7日民集27巻6号681頁）等。

5) 平井・前掲書。

果との間の**事実的・自然的因果関係**と，②事実的因果関係に立つ損害のうち，どの範囲の賠償がなされるべきかという**保護範囲**の問題，そして，③それをどのように**金銭的評価**するかという問題が区別されるべきであると指摘された。すなわち，事実的因果関係は客観的事実の認識の問題であるのに対して，保護範囲は規範的価値判断であり，また損害の金銭的評価は認められた責任の数額化であるというのである。このような平井教授の理論は**保護範囲説**と呼ばれているが，そうした区分は現在の学界において共通の認識となっている。[6)]

たしかに，債務不履行に関するかぎり，生じた損害のすべてではなく，「通常」生じる損害，そしてそれ以外の「特別」損害については，予見可能性を要件として賠償の範囲に入るという構造（**制限賠償の法理**）を採っている（416条）。その点でドイツ法と異なるものであることは教授の指摘するとおりであろう。しかしながら，不法行為に関しては事情が異なる。民法709条は，「生じた損害を賠償」と規定しており，文言上は完全賠償の原則と親和的なのである。ドイツ民法823条もまた，「これによって生じた損害を賠償する義務を負う」と規定しており，わが709条と同一の構造を有している。換言すれば，同条は因果関係と保護範囲を一致させた規定であって，換言すれば，「生じた損害」とは相当因果関係のフィルターを通して規範的に判断された「損害」を指示するものと考えられる。ただし，後に見るように，保護範囲説が明らかにした「保護範囲」＝損害賠償の範囲と賠償さるべき損害の金銭的評価の峻別はこの学説の最大の成果というべきである。

---

6) 保護範囲説は，主として債務不履行による損害賠償のルールとして従来唱えられてきた相当因果関係説を標的としたアンティテーゼとして重要な意義を有しているといえる。なぜならば，民法は416条において「通常損害」，「特別損害」という判断基準を提示しており，あえて相当因果関係の理論に依拠する必要性に乏しいからである。従来の通説は同条項のルールを相当因果関係を表現するものとして捉えたが，同条項はむしろ制限賠償原則を採るもので，ドイツ法における相当因果関係説と平面を異にするものといわなければならない（幾代138頁は，日本式の「相当因果関係説」であるという）。清水・プログレッシブ民法［債権総論］109頁。これに対して，後述のように，不法行為法における因果関係について，民法は格別の判断基準を置いておらず，なお相当因果関係説を維持することが妥当である。この点，幾代127頁が，「保護範囲（いわゆる「相当因果関係」）」と記述しているのは示唆的である。

(2) 事実的因果関係
(a) 事実的因果関係の意義

事実的(自然的)因果関係は,「あれなければこれなし」というかつての条件説に則って説明されることがある。しかし,それでは先の複数者による銃撃の例のような「あれなくてもこれあり」を説明しえない。被害者のもとに生じた結果は,原因とされる行為のほか,被害者の容態,自然現象,社会現象,第三者の行為の関与等の多様な要因が総合されてもたらされるのが通常であり[7],他の要因があれば不法行為が成立しないというのは不合理である。行為と結果について,経験則上ないし自然法則上の定型性が認められるときは,事実的因果関係ありといってよい。第三者の行為であれ,自然現象であれ,他の原因が競合する場合((α) Aの行為だけでは損害は発生しないが,他の原因と競合した結果損害が発生した場合や,(β) Aの行為のみで損害が発生したが,他の原因と競合した結果損害が拡大した場合)[8]も因果関係が認められる(ただし,どの範囲まで賠償責任を負うかは別個の問題(「保護範囲」))である。

これに対して,Aの行為は定型的に損害結果を生じさせるが,他の原因によって結果が生じなかった場合(他人の家に放火したところ,大雨のために火事にならなかった)には因果関係は否定される(**因果関係の中断**)。また,Aの行為でBという損害結果が生じたが,かりにAの行為がなくても他の事情によってBという結果が生じえた(他人の家に放火して全焼させたが,隣家からも失火しており,放火行為がなくても全焼を免れなかった)場合は,**仮定的因果関係**と呼ばれるが,因果関係は肯定される(賠償責任の成否は別個の問題—保護範囲—である)。

(b) 因果関係の証明

a) 因果関係の証明は従来さほどの重要な問題として意識されてこなかった。ところが,近時の企業の不法行為とりわけ公害や医療事故について証明問題が深刻化してきた。不法行為訴訟においては原告たる被害者が因果関係の証明責任を負わなければならないところ,当事者間の関係が非対称で互換性を欠いており,しかも高度の専門性,技術性のため,立証に成功すること

---

[7] 幾代121頁は,「純粋に事実的・機械的な因果の機序を精密に分析すれば,ある事実にとっての原因たる事実とは,つねに複数のものであるというべきであろう」と指摘される。

[8] 後述する公害責任における共同不法行為に関して重要な課題になる。

が困難である。そのため，裁判所は立証責任を容易化するため腐心してきた。たとえば，麻酔注射をしたところ，医師の過失により体内にブドウ状球菌が繁殖したため，硬膜外膿腫，圧迫性肺炎に罹った事例において，最高裁は，病気の伝染経路として，①注射器具，②施術者の手指，③患者の注射部位（消毒後の汚染を含む）のいずれかに消毒の不完全であるかを確定せずに，責任を認める。また，因果関係の立証は厳密な自然科学にもとづく証明ではなく，経験則上特定の事実が特定の結果の発生を生じさせた蓋然性があれば足りるという。水虫事件においてこうした立場が採られていたが，次の判例においても明確にこれを確認した（**蓋然性説**）。

【判例62】最判昭和50年10月24日民集29巻9号1417頁（東大ルンバール事件）
　　重篤な化膿性髄膜炎に罹患した3歳の幼児が入院治療を受け，病状が軽快していた段階で，医師が治療としてルンバールを実施したところ，嘔吐，痙攣の発作を起こし，これに続いて病変が生じた事例。
　　「訴訟上の因果関係の立証は，一点の疑義も許されない自然科学的証明ではなく，経験則に照らして全証拠を総合検討し，特定の事実が特定の結果発生を招来した関係を是認しうる高度の蓋然性を証明することであり，その判定は，通常人が疑を差し挟まない程度に真実性の確信を持ちうるものであることを必要とし，かつ，それで足りるものである。」

　b）自然的因果関係が複雑な経路を辿る公害型不法行為については，こうした手法がより重要な意義をもつ。すでに昭和40年代の企業災害が深刻な社会問題になる中で，証明方法をめぐって重要な下級審裁判例が現れ，その後の議論を切り開く役割を果たした。とりわけ新潟水俣病事件と四日市イタイイタイ病事件が重要である。

【判例63】新潟地判昭和46年9月29日判例時報642号96頁（新潟水俣病事件）
　　新潟県阿賀野川流域で昭和39年から発生した有機水銀性中毒の患者が，原因

　　9）　最判昭和39年7月28日民集18巻6号1241頁。
　　10）　最判昭和44年2月6日民集23巻2号195頁。事案では，過大なレントゲン照射を行ったこと，皮膚がんの発生が照射部位についてのみ生じたこと，レントゲン照射により皮膚障害が生じることが発見されていること，等から因果関係を肯定した。

がY工場からの排水にあるとして、総額5億2,000万円の賠償を求めた。

「一般に、不法行為に基づく損害賠償事件では、因果関係の立証責任は被害者（原告）にあるとされているが、いわゆる公害事件、なかでも化学工業に関係する企業が事業活動の過程で排出する化学物質によって、多数の住民に疾患等を起こさせる「化学公害」事件などでは、争点のすべてにわたって高度の自然科学上の知識を必須とするから、被害者に対して、因果の環の一つ一つにつき逐次自然科学的な解明を要求することは、民事裁判による被害者救済の途を全く閉ざす結果にもなりかねない。けだし、右の場合、通常、〈1〉被害疾患の特性とその原因（病因）物質、〈2〉原因物質が被害者に到達する経路（汚染経路）、〈3〉加害企業における原因物質の排出（生成・排出に至るまでのメカニズム）が問題となると考えられるが、［……］〈1〉、〈2〉については、その情況証拠の積み重ねにより、関係諸科学との関連においても矛盾なく説明ができれば、法的因果関係の面ではその証明があったものと解すべきであり、右程度の〈1〉、〈2〉の立証がなされ、汚染源の追求がいわば企業の門前にまで達したときは、〈3〉については、むしろ企業側において自己の工場が汚染源になり得ない所以を証明しない限り、その存在を事実上推認され、その結果、すべての法的因果関係が立証されたものと解すべきである。」

　本判決では、水俣病の病因物質が低級アルキル水銀、特にメチル水銀であることは科学的にも明らかにされているから、〈1〉については立証がつくされたといえるとし、〈2〉についても、本件中毒症患者らが阿賀野川河口付近に棲むメチル水銀で汚染された川魚を多量に摂食したことは明らかにされた。これに対して、〈3〉に関しては、Y工場がわからは、昭和39年に発生した新潟地震により被災した新潟港埠頭倉庫内農薬に汚染源を求める農薬説を主張したものの、立証ができなかったことから、因果関係が存在するものと判断された。この判示は「**門前到達理論**」と呼ばれている。

【判例64】名古屋高金沢支判昭和47年8月9日判例時報674号25頁（四日市イタイイタイ病事件）
　被告企業が神通川の上流で鉱業所鉱物の採掘、選鉱、精錬を行っていたところ、操業に伴って排出する廃水、鉱滓中にカドミウム等の重金属が含まれており、これが川を流下して、原告たる住民の居住地域に至った。原告らは飲料水

または作物を通してカドミウムが体内に侵入し、イタイイタイ病を発症させたとして、損害賠償を求めた。

「およそ、公害訴訟における因果関係の存否を判断するに当っては、企業活動に伴って発生する大気汚染、水質汚濁等による被害は空間的にも広く、時間的にも長く隔った不特定多数の広範囲に及ぶことが多いことに鑑み、臨床医学や病理学の側面からの検討のみによっては因果関係の解明が十分達せられない場合においても、疫学を活用していわゆる疫学的因果関係が証明された場合には原因物質が証明されたものとして、法的因果関係も存在するものと解するのが相当である」

疫学とは、個人ではなく集団を対象とする疾病の研究であり、病気と怪我の頻度、そしてその分布を統計的な検証を通して、特定の因子と疾病との因果関係を記述するものが**疫学的因果関係**である。本判決はこの手法を採用した。

c) 近時では**確率的心証論**という考え方が提唱されている。因果関係の存否はオール・オア・ナッシングであるはずであるが、現実の訴訟実務においては、100％の心証が得られないことがある。そこで、心証度に応じて因果関係を認定し、それに応じた損害賠償額の支払を命じるものである。こうした因果関係の割合的認定は、交通事故における下級審裁判例によって生まれて発展したものであり、ほぼ確定した理論となっているが[11]、批判も多い[12][13]。

(3) **保護範囲**（相当因果関係）

判例およびかつての通説は民法416条を類推適用するが、前述のように、相当因果関係と同義で用いられてきた。リーディングケースとされる富喜丸事件は、目的物（船体）価格の増減という損害の金銭的評価に関するものであったが、その依拠する理論としての416条の類推適用説は相当因果関係理論として定着し、最高裁にも受け継がれている[14]。これに対しては、本来債権

---

11) 倉田卓次「交通事故訴訟における事実の証明度」実務民事訴訟講座3［1969］134頁。
12) 水戸地判昭和50年12月8日判例タイムズ336号312頁は、交通事故による受傷と死亡との関係について肯定・否定両方の証拠が存する場合に、相当因果関係の存在が60パーセントを肯定した。
13) 平井86頁。
14) 弁護士費用に関する最判昭和44年2月27日民集23巻2号441頁、墓碑建設および仏壇購入に関する最判昭和44年2月28日民集23巻2号525頁。

債務関係に立たない加害者─被害者間で生じる損害賠償の範囲を制限する基準として予見可能性を用いることは適切でない,との批判がある。同条は契約法に固有の予見可能性による制限,すなわち,個別＝具体的な契約関係に特有の当事者の置かれた状況に照準を合わせたものであって,特定の社会関係に立たない不法行為の被害者・加害者の損害賠償責任を制限する原理として適切でなく,また,既知の当事者間の取引関係において生じた場合はともかく,不法行為は突発的に生じるのが通常であり,そこには予見可能性を容れる余地がないというのである。そこで,相当因果関係説に代わる学説が提唱されることになる。

第1に**義務射程説**が提唱されている。これによると,過失の存否を判断する基準である行為義務（損害回避義務をなす予見可能性に裏づけられた予見義務）の及ぶ範囲によって賠償範囲が定められる。ただし,故意による不法行為については予見可能性を要求すべきでなく,異常な事態の介入による損害（たとえば,交通事故による受傷で入院中に落雷で死亡した）を別とすれば,生じた損害のすべてを賠償すべきであるという。

第2に**危険性関連説**が主張されている。これは,侵害を**第一次的侵害**すなわち権利等の侵害と不可分に結合している損害（たとえば,交通事故による受傷）と,**後続侵害**すなわち,第一次侵害が原因となってさらに損害を生じさせた場合（たとえば,交通事故の負傷者が治療中に医師の過失によって第二の損害を受けた場合）,そして,**結果損害**すなわち,権利等侵害が被害者の総財産に波及して生じた損害（転売利益や弁護士費用等）に3つに分けて考えるものである。これによれば,第一次侵害については義務射程説により,後続侵害については,第一次侵害によって生じた危険の実現の結果が一般生活上の危険の実現の範囲内にあるか否かで判断される。そして,結果損害については,損害発生の「確実性」によって判断されるという。

第3が責任範囲の決定基準を定立することを断念し,個別具体的な状況の下で,「公平」の観念から裁判所が政策的に判断すべきだとするものである。

---

15) 幾代137頁,四宮(中)408頁。立法者もこうした立場であった。
16) 平井125頁。
17) 四宮(中)429頁,447頁。
18) 森島昭夫・不法行為法講義［1987］322頁以下。

思うに、民法416条が本来的には契約不履行を想定したものであり、不法行為による損害賠償責任の範囲を画する基準として適切でないことは明らかである。しかし、賠償範囲につき、これらの諸説によってどれほどの差異が生じるのかはなお明らかでない。義務射程説に対しては、第一次侵害と後続侵害が区別することの意義について疑問が投げかけられている。いずれも相当因果関係の範囲にあるかぎり賠償責任を負うと言ってはいけないのであろうか[19]。また、故意不法行為について、予見可能性をこえて賠償範囲を拡大することは一つの価値判断であろうが、理論の中に矛盾を抱え込んでいるのみならず、それが不法行為責任に刑事責任のような非難可能性という異質の要素を持ち込むものであることは否めない。また、責任範囲の決定はつねに現実の事案ごとにおいて異なるものであり、その点で客観的基準を断念して、個別具体的な事案ごとに決定する見解はある意味で真実を突いている。しかし、それは裁判官の自由裁量という白紙委任を是認するものであるのみならず、不法行為法のもつ計算可能性の機能を堀り崩すものと言わなければならず、賛成しがたい。

このように考えてくると、709条の「これにより生じた損害」を賠償すべきことを命じていることは完全賠償の原則と適合的であるが、損害＝賠償の範囲（保護範囲）は相当因果関係によって画されるべきであると考えることが妥当である。しかし、賠償されるべき損害が抽象的一般的に相当因果関係の範囲内にあるか否かの判断はそれ自体茫漠としており、より明確な判断基準を求めるとすれば、それを民法416条の準則に求めることが許されると思われる。すなわち、「通常損害」とは、不法行為によって定型的に生じるであろう損害であると捉えることができる。交通事故において衝突→受傷がこれに当たることはいうまでもない。のみならず、生命侵害による葬式費用や損害賠償請求訴訟における弁護士費用もまた、通常損害といってよい[20]。これに対して、特別損害は一般に知られていない当該の被害者に特有の事情によるもの（たとえば、被害者の特異体質によってわずかの受傷でも出血が止まらず、失血死をもたらした場合）であるゆえに、加害者において予見可能であるかぎり、

---

[19] 幾代129頁。
[20] 前掲最判昭和48年6月7日、最判昭和49年4月25日民集28巻3号447頁。

賠償責任を負うとするものである。

　このような解釈には，2つの前提が必要である。すなわち，第1に民法416条2項にいう「当事者」とは，不法行為にあっては債務不履行と異なり，「加害者」として捉え直さなければならないことである（不法行為において「当事者」は存在しない。）。予見可能性が問題とならないのは，「被害者」なのであって，「加害者」ではないのである。そして，第2に，予測可能性は，「通常人」を基準とする場合もありうることである。本来，予測可能性は個々の加害者によってさまざまであり，ある者にとっては注意能力の程度により予見が可能であり，ある者にとっては可能でない。このことは，予測可能性が過失と密接な関連を有していることを示している。そうだとすると，賠償されるべき損害の範囲は，具体的な加害者個人の予見能力の程度に依存することになる。責任能力制度が妥当するかぎり，賠償範囲に個人差が出て来ることは確かであろう。しかし，前述のように，現在の不法行為法の通説的見解は客観化された過失概念に依拠するものであり，とりわけ，専門家責任が問題となる場合には，当該加害者の予測能力の大小に依存すべきでない。

　賠償の範囲に入るか否かの具体的検討は後述の「不法行為の効果」で論じよう。

6　特殊の不法行為

(1)　総　説

　在来の民法学においては，民法714条以下に規定するいわゆる「特殊の不法行為」は，民法709条の「一般不法行為」の特則として取り扱われてきた。本書ではこれに対して，単独主体による「一般不法行為」に対置されるべきものは，「企業・法人等団体の不法行為」であると考える。民法714条以下の「特殊の不法行為」もまた，個人的不法行為の特則であり，その亜種にすぎないが，序論でも述べたように，現代型不法行為は，個人的不法行為と団体（企業，法人）的不法行為の差異にそくして組み立てられるべきであり，不法行為法の理論もそうした整序をするべきなのである。しかし，特殊の不法行為はこうした区分に対応していない（本書がこうした区分法を採らないのは，それが，現民法典の構成と整合的でないと考えるからにすぎない）。たとえば，使用者責

任は，今日の社会では従業員の個人的不法行為につき，使用者たる団体が損害賠償責任を負うものと捉えられるべきように思われる。ところが，民法典は使用者責任を個人主義的すなわち個人が個人を雇用する契約関係において生じる損害賠償制度として組み立てている。それは民法典が制定された時代の社会像を反映したものであった。しかし，資本制経済の発展によって，企業活動が個人的活動からしだいに団体的＝法人的活動へと変貌を遂げた結果，そうした古典的な使用者責任像は時代遅れのものとなったのである。今や企業においては，被用者は組織の歯車と化し，被用者の具体的な加害行為を媒介とする使用者責任という建前はフィクションとなりつつある。それゆえ，現代の不法行為法は個人的不法行為と企業活動に伴って生じる損害賠償制度とに分別されてこなければならない。後述する「共同不法行為」も同様である。ここにおいても，民法の立場は個人主義的な不法行為像を想定しているが，今日では，四日市公害裁判に見られるような複数企業体による共同加害が個人的な共同関係から分別的に処理されてこなければならない。

(2) 監督義務者の責任

(a) 意　義

　前述のように，民法は責任無能力者には賠償責任を認めない（712条，713条）。そのために被害者が救済を得られないことは不当であり，無能力者を保護監督する立場にある者が賠償責任を負うものとした。しかし，これには立法論的な批判が強いうえ，次のような批判がなされている[1]。第一に，被害者が監督義務者に損害賠償を請求しうるためには，加害者に責任能力がないことを立証しなければならないとすると，それは困難を強いるものであり，第二に，加害者に責任能力があるときは，保護監督義務者に賠償責任を追及できないことは，加害者に賠償能力がない場合に救済を受けられないに等しい。

---

1) 未成年者の無軌道で無法な犯罪，非行に対して，しばしば「育て方が悪い」，「躾ができていない」等との社会的非難が親に対してしばしば浴びせられる。ことに加害者が有名人の子弟であったり，猟奇的な犯罪事件の場合はメディアの格好の標的になりがちである。しかし，成人した子に親は「意見する」ことはできるとしても，それは監督義務とは別の次元の問題である。監督義務者の責任は沿革的にはゲルマン法における団体主義的責任あるいは家制度にもとづく家長の責任によるものであるといわれるが，過度の親への追及は，時代遅れの江戸時代の「五人組」や家制度における「家長の責任」につながる危険な兆候であり，厳に戒められなければならない。

ところで，加害者本人に対して民法709条にもとづいて損害賠償を請求する場合には，被害者は積極的に加害者の責任能力の存在を立証する責任はなく，加害者側の反対証明により免責されるにすぎない（消極的要件）。そうだとすると，監督義務者に対して責任を追及する場合には一転して原告が行為者の責任無能力を立証しなければならないとすることは首尾一貫性を欠く。[2] むしろ，監督義務者が責任を免れるためには，行為者の責任能力を証明することを要すると解すべきなのである。そして，行為者の責任能力が立証されることによって監督義務者が免責されるのは，同条項の規定に関するかぎりであり，加害者の責任能力の存在が論理必然的に監督義務者の全面的な免責を意味するわけでもない。監督義務者責任は，「他人の行為」についての責任であり，自己責任の原則の例外と捉えるべきものではなく，「監督を怠った」ことそれ自体の責任を問うものなのである。そして，監督義務は「責任無能力者」についてだけ課せられるものであるわけではない。そうだとすると，責任無能力者の加害行為と監督義務を怠ったこととは因果関係があるとしても，その立証はかならずしも容易でないことに鑑み，民法はそうした立証負担を軽減するために監督義務者の責任の制度を定めたと解することができる（**中間責任**）[3]。したがって，責任能力ある未成年者であっても，また，責任能力が不十分である者（心神耗弱者等）であっても，民法709条に則り，監督義務者の責任を追及しうることは否定されていないというべきである。かつての判例・学説は，責任能力ある行為無能力者がした加害行為について，監督者は責任を負わないと解していたが，最高裁はこれを肯定した[4]。学説もこれに賛同する[5]。

【判例65】最判昭和49年3月22日民集28巻2号347頁
15歳（中学3年）の少年 Y_1 が，13歳の少年Aを殺害してその所持金を奪った。

---

2) とりわけ，責任能力者と監督義務者の双方を被告として併合訴訟（とりわけ主観的予備的併合）をする場合に矛盾が避けられない（民事訴訟41条参照）。
3) 中間責任とは，過失責任と無過失責任の狭間にある概念であるが，立証責任を緩和するという意味に過ぎず，本質は過失責任であるが，それ以上に，賠償義務者者の注意能力の程度を通常よりも高めるところに重要な意義がある。
4) 大判昭和8年2月24日法律新聞3529号12頁。
5) 四宮（下）672頁は，709条と714条の責任との統合とする。

Aの母親であるXがY₁およびY₁の両親であるY₂，Y₃を相手どって慰謝料等の請求をした。裁判所はY₁の責任能力を認容して損害賠償請求を認めたが，Y₂およびY₃の責任の有無が争われた。

「未成年者が責任能力を有する場合であっても監督義務者の義務違反と当該未成年者の不法行為によって生じた結果との間に相当因果関係を認めうるときは，監督義務者につき民法709条に基づく不法行為が成立するものと解するのが相当であって，民法714条の規定が右解釈の妨げとなるものではない。そして，上告人[Y₂，Y₃]らのAに対する監督義務の懈怠とY₁によるA殺害の結果との間に相当因果関係を肯定した原審判断は，その適法に確定した事実関係に照らし正当として是認できる。」

ただ，この判例の射程については見解が分かれる。学説の多数は，被害者救済の観点から射程範囲を広く捉えるべきであるとし，監督義務者に具体的な結果を回避すべき監督義務の違反までは認められなくても，民法820条の日常的な監督義務の違反が認められれば，監督義務者は損害賠償責任を負うべきであると主張する[6]。これに対して，監督義務者の責任が認められる場合を比較的厳しく考える見解がある[7]。責任能力ある未成年者による不法行為が今後とも増加していくことが予想される中で，本判決の射程を拡張して民法709条の枠を超えて緩やかに認めようとする現状については評価が分かれるところであろう。それは監督義務者に苛酷な責任を負わせることになりかねず，また，個人責任の原則の観点からも問題だからである。監督義務者が未成年者らに及ぼし得る影響力が限定的なものとなっており，それゆえ監督義務を尽くす手段も限られているような場合には異なった判断がありえよう。そうした点から，親権者の責任を否定した次の最高裁判決が参照されなければならない。

【判例66】最判平成18年2月24日判例時報1927号63頁
少年院を仮退院して保護観察に付されていた未成年者Aらによる強盗傷人事件の被害者であるXが，未成年者らの親権者であるYらに対して，Aらに保護

---

[6] 平井215頁，四宮(下)671頁。
[7] 森島151頁等。

観察の遵守事項を守らせ，また，守らせることができない場合には，Aらを少年院に再入院させるための手続等を執るべき監督義務があったのに，これらを怠ってAを放任したために強盗傷人事件が発生したものであると主張して，不法行為に基づく損害賠償を請求した。原審裁判所は，Aらがいずれも少年院を仮退院中で，保護観察の遵守事項の遵守状況は良くなかったものの，Yらにおいて未成年者らの保護者としての対応を一応はしていたし，強盗傷人事件の発生を具体的に差し迫ったものとして予測させるような特段の事情や情報に接していなかったのであるから，Yらが未成年者らを少年院に再入院させるための手続等を執るべきであったとはいえないとして，Xの請求を棄却した。

「Aらは，いずれも19歳を超えてから少年院を仮退院し，以後本件事件に至るまで特段の非行事実は見られず，AとBは，本件事件の約1週間前まで新宿のクラブで働き，本件事件当時はY_3宅に居住していたというのであり，Cは，本件事件当時，Fの父親の家に居住し，漁業の手伝いをしていたというのであるから，Yらにおいて，本件事件当時，Aらが本件事件のような犯罪を犯すことを予測し得る事情があったということはできない（Cが暴力団事務所に出入りするようになっていたことをY_5が知らなかったことは前記のとおりである。）し，Aらの生活状態自体が直ちに再入院手続等を執るべき状態にあったということもできない。

［……］以上によれば，本件事件当時，Yらに本件事件に結びつく監督義務違反があったとはいえず，本件事件によってXが被った損害について，Yらに民法709条に基づく損害賠償責任を認めることはできない。」

(b) 要　件

監督義務者の責任は，①加害者が責任無能力であること，②責任無能力者につき民法709条の要件が具備していること，③監督義務者が監督義務を怠ったこと[8]，が要件となる。ただし，②については前述のように，消極的要件と解すべきである。

賠償義務者とは監督義務者であり，未成年者については，親権者（820条），親権代行者（833条，867条），後見人（857条），児童福祉施設の長（児童福祉法47

---

[8] 心神喪失の状況にあった精神障害者が他人に傷害を負わせた場合に，両親は，精神障害者の処遇が未成年者の処遇とは異なり困難であること，老齢であること，その者の娘らと共に警察や，保健所に相談に行っている等，精神衛生法上の保護義務者になるべくしてこれを避けて選任を免れていたこともなかった等の事情から，本条の法定監督義務者およびこれに準ずべき者としての責任を問うことはできないとした判決がある。最判昭和58年2月24日判例時報1076号58頁。

条）であり，心身喪失者については，保護義務者（精神保健法20条以下），成年後見開始の審判を受けた場合は，成年後見人（858条）である。これらを**法定監督義務者**という（714条1項）。[9]

監督義務者に代わって責任無能力者を監督する者（**代理監督者**）（同条2項）も同様に責任を負う。代理監督は法律，契約または事務管理によるもので，施設または事業主自体（託児所，保育園，幼稚園，小学校，少年院等）やそれらの教職員，保母等の個人も代理監督者になる。監督義務者と代理監督者の責任は不真正連帯債務と解するのが通説である。

(3) 使用者責任

(a) 意 義

民法715条は，事業のため他人を使用している者に，被用者が第三者に対して損害を加えた場合の賠償責任を課している。使用者責任の性質と根拠については久しく争われてきたが，大別すると，自己責任の例外としての代当責任という見方と，使用者の「選任・監督上の過失」culpa in eligendo による自己責任の現れとする見方が対立する。比較法的にも，使用者自身の過失とみるドイツ法と，コモン・ロー上の *master and servant* の法理，すなわち，「被用者の行為は使用者自身の行為である」qui facit per alium facit per se の原則の対立が背景に存在する。起草者は使用者自身の自己責任であるとの考え方であったが，文言上も「選任・監督上の過失」を要件としており，また，「事業の執行について」の被用者の加害について責任を負うことからして，自己責任の特殊な形と解するのが妥当であろう。「事業の執行について」のみ責任を負う理由は，使用者の注意義務が通常そこに向けられて[10]

---

9) 平井218頁は，監督義務には，特定化された状況の下で損害発生の危険をもつ，ある程度特定化された行為をすることを予見し，かつ，その危険を回避または防止するよう監督すべき義務（「**第一種監督義務**」）と，無能力者の生活全般にわたって看護し，危険をもたらさないような行動をするよう教育し，躾けをする義務（「**第二種監督義務**」）の2つがあるとする。

10) 旧民法財産編371条は「何人ヲ問ハス自己ノ所為又ハ懈怠ヨリ生スル損害ニ付キ其責ニ任スルノミナラス尚ホ自己ノ威権ノ下ニ在スル者ノ所為及ヒ自己ニ属スル物ヨリ生スル損害ニ付キ下ノ区別ニ従ヒテ其責ニ任ス」と規定し，また，373条は「主人，親方又ハ工事，運送等ノ営業人若クハ総テノ委託者ハ其雇人，使用人，職工又ハ受任者カ受任ノ職務ヲ行フ為メ之使用セル者ニ帰ス但此末ノ場合ニ於テハ工事請負人ニ対スル求償権ヲ妨ゲス」と規定していたが，前者については，「責任監督に基づく過失」を要件とする修正を施したうえ，後者については，「煩雑ニシテ却テ脱漏ノ虞」があるため「概括的ニ」指定したとされている（民法修正案理由書）。

おり，それゆえ，「事業の執行」とは離れた被用者の行動について，使用者はコントロールすることができず，それゆえ，過失の有無を論じることはできない，と考えられるからである。とはいえ，現実の裁判例においては使用者が選任・監督上の過失がないことを理由として責任を免れる場合はまれであり，また，被用者自身について民法709条の要件を要求すること自体にも非難があり，できるかぎり使用者責任の範囲を拡大しようとする傾向にあることは後述のとおりである。その意味で使用者責任に関する右の対立は理念的なものにすぎず，現実には重要性を失っている。思うに，現代型の不法行為では企業活動を通して生じる損害発生が圧倒的な比重を占めており，前述のように，使用者責任を「個人Aが雇用しているB個人が第三者Cに損害を与えた場合のAの損害賠償責任」という伝統的な個人主義的な賠償責任に還元することは時代遅れなものとなっており，企業の不法行為責任こそ中心に位置付けられるべきものである。[11],[12]

　使用者が被用者の行為について損害賠償責任を負う実質的な基礎はどこに求められるか。使用者責任の性質を代位責任と捉えるか，使用者自身の過失責任と捉えるかの差異は，ここでは直接の関連をもたない。前者では，使用者はなにゆえ他人の行為について賠償責任を負うのかが，後者では，被用者の行為がなにゆえ使用者自身の責任とされるのかの視点の違いにすぎない。

　11) 平井227頁は，擬人化された「企業自体」の過失を問う学説を批判して，一種の比喩に過ぎないという。「企業」が民法典の予定する法的主体ではない点ではその通りであろう。しかも，いわゆる「法人の不法行為」もまた，代表機関という個人の行為を法人の行為と擬制した法的構成であり，ここでも個人主義的発想は払拭されていない。しかし，現実に取引において登場する一方の当事者がしばしば「企業」を含めた「事業者」ないし「事業体」（「企業」というと営利団体の印象があるから，ここでは非営利団体を含めた「事業体」という言葉を用いよう）であるように，不法行為の場面で登場する加害主体も多くは事業体なのである。「消費者」が法的な意味におけ法的主体であると同様に，事業体もまた法的主体として意味ある概念であり，それを否定することは現実から目を背けるものといわなければならない。
　12) 企業の不法行為責任については，715条ではなく，企業自体について709条の責任を認めるべきだという学説がある（その代表は神田孝夫『不法行為責任の研究』[1988]である）。この理論は公害等に関する下級審裁判例において一定の支持を得られている。これは，現代型不法行為の多くが企業活動を通して発生しているという事態を正面から見据え，使用者責任制度の限界を示したすぐれた着想と思われる。確かに，具体的不法行為について加害者たる被用者を特定することは無意味であり（有害な工場廃液を河川に放流するため，「被用者の誰がバルブを開いたか」），そのような不法行為のタイプが存在することは否定できないであろう。ただし，「被用者」という個人の行為が「使用者」の行為として責任を負うという民法715条の使用者責任が無意味になったわけではない。

これには，報償責任および危険責任による説明がある。前者は多数の者を使用して事業活動を行う者は，それによって多大な利益（この「利益」は具体的に得た収益額とは無関係であり，また，かならずしも財産的利益にとどまらない）を得る以上，それによって発生する損害についても責任を負うのが公平であるとの理念である。後者は，事業活動を営む者は，損害の発生の蓋然性を知って活動することを選択した（「活動をしない」という選択肢もあった）以上，そこから生じるであろう賠償をするのが当然である（「危険を買う」）との理念である。いずれも無過失責任の基礎として考えられた理念であるが，民法は「選任・過失」を（消極的）要件とする点で，過失責任を払拭していない（**中間責任**）。

(b) **使用者責任の要件**
(ア) **使用関係**

使用者責任が認められるためには，まず，「事業のために他人を使用する」関係が存在しなければならない。「事業」とは，営利活動であると非営利活動であるとを問わず，また，それが雇用契約にもとづくか否かも問題ではない。雇用契約の有効・無効を問わないし，報酬の有無や期間の長短も関係がない。また，直接の雇用関係がなくともよく，実質的な指揮監督関係があれば足りる。たとえば，Cが雇用するBを，Aがその事業に使用する場合にも，Aが雇用するCがさらにBを下請に雇う場合も，AB間に使用関係がある。[13] しかし，一方が他方に対して選任監督または指揮命令に服するものでなければならず，たとえば，請負人・受任者は注文者・委任者の「被用者」ではない。それらの者は独立した地位にあり，契約の相手方からのコントロールを受けないからである。[14]

【判例67】最判昭和41年7月21日民集20巻6号1235頁

「Y₁は，その請け負った道路工事に使用するため，訴外A（代表者B）から，

---

13) 最判昭和37年12月14日民集16巻12号2368頁．なお，最判昭和42年11月9日民集21巻9号2336頁は，A商店の被用者Bが，C会社所有の自動車を運転中に事故を起した場合において，A商店はC社代表取締役の経営する同一事業目的の個人企業であって，C会社に従属する関係にあり，事故当時自動車はA商店の車庫に保管されていたが，その管理保管の権限はC会社にあって，Bも当時C会社の許可を受けこれを運転していた等の事情があるときには，C会社は，Bの使用者として民法715条1項による責任を負うものと解するのが相当である，とした．

14) 注文者の請負人に行為に対する責任については，次項で論じる．

その所有のトラック三台を，運転手助手つきで本件事故の発生する40日程前から借り受けたが，Y_2 は，右助手の一人として，Y_1 の道路工事現場に来て，すべて Y_1 の現場監督の指揮に従い砂利，土，石等の運搬に関与し，時には自ら右トラックの運転もし，Y_1 の飯場で Y_1 の作業員と共に生活していたもので，右工事についてはBの指図を受けたことはなかった旨の［……］事実関係のもとにおいては，民法715条の適用上，Y_2 は Y_1 の「被用者」に当ると考えるのが相当である。」

貨物ないし旅客運送業者のような免許を必要とする営業について名義貸がなされた場合に，名義利用者が第三者に損害を与えたときは，貸与者が賠償責任を負うとするのが判例・通説である[15]。しかし，名義貸与者との間に何らかの監督関係が存在する場合はともかく，反対する立場も多い[16]。

(イ) **事業の執行**

「事業ノ執行ニ付キ」（平成16年民法現代語化法以前の文言）につき，起草者は，「事業の執行に際して」では広すぎ，「事業の執行のために」では狭すぎるとして，その中間に当たる基準として選んだとされる。だが，この基準は明確ではないばかりか，使用者責任の有無を判断する機能を果たしていないことは，以下に見るとおりである。

初期の判例は，「事業の執行」を狭く捉えて，「一体不可分の関係」を要求していたが[17]，後に連合部判決によって拡大する。後に「**外形理論**」と呼ばれる理論である。

【判例68】 大連判大正15年10月13日民集 5 巻785頁
庶務課長である株券発行事務に従事するAが，その地位を濫用して株券を発行した事案。
「当院従来ノ判例ニ依レバ，民法第715条ニ所謂被用者ガ使用者ノ事業ノ執行ニ付第三者ニ加ヘタル損害トハ，被用者ノ行為ガ使用者ノ事業ノ範囲ニ属シ而モ其ノ事業ノ執行トシテ為スベキ事項ノ現存スル場合ニ被用者ガ其ノ執行ヲ為

---

15) 大判昭和 8 年 7 月31日民集12巻2421頁，大判昭和10年 8 月 1 日法律新聞3881号11頁，大判昭和11年11月13日民集15巻2011頁，最判昭和41年 6 月10日民集20巻 5 号1029頁。
16) 四宮(下)684頁は，「条理」を根拠として肯定する。
17) 大判大正11年12月16日刑集 1 巻787頁。

スニ因リテ生ジタル損害ヲ指称シ，従テ被用者ガ使用者ノ事業ノ執行トシテ何等為スベキコト現存セザルニ拘ラズ自己ノ目的ノ為其ノ地位ヲ濫用シテ擅ニ為シタル行為ニ因リ損害ヲ加ヘタルトキハ，縦令其ノ行為ガ外形上使用者ノ事業執行ト異ナル所ナシトスルモ使用者ヲシテ賠償ノ責ニ任セシムルベキニ非ズト為シタルモノニシテ，原院モ又右ノ当院従来ノ判例ノ趣旨ヲ踏襲シテ判決ヲ為シタルモノニ外ナラズ，然レドモ本件ノ如キ［……］其ノ者ガ地位ヲ濫用シ株券ヲ発行シタリトスルモ，要スルニ不当ノ事実ヲ執行シタルモノニ外ナラズシテ其ノ事業ノ執行ニ関スル行為タルコトヲ失ハザルモノナレバ，民法第715条ニ所謂「事業ノ執行ニ付」ナル文詞ナルハ如上説明ノ如ク之ヲ広義ニ解釈スルヲ至当トスベク，当院従来ノ判決ノ如ク厳格ナル制限的解釈ヲ採リ，使用者ノ事業ノ執行トシテ具体的ニ為スベキ事項ノ現存セザル場合ニ於ケル被用者ノ行為ニ付テハ総テ使用者ニ於テ全然響責任ナシト為スガ如キハ，同条立法ノ精神ニ鑑ミ且ツ一般取引ノ通念ニ照シ狭隘ニ失スルモノト謂ハザルベカラズ」

この理論は後にも，「被用者ノ行為又ハ事業ノ遂行ヲ助長スル性質ニ属スル被用者ノ行為ノミナラズ被用者ノ当該行為ガ外観上業務執行ト同一ナル外形ヲ有スルモノナルニ於テハ[18]」と明示されるに至って，後の最高裁判例にも受け継がれていく。

① 会社の手形係として手形作成準備事務を担当していた会計係の係員が，手形係を免じられた後に会社名義の約束手形を偽造した場合に，同係員がなお会計係に所属した割引手形を銀行に使送する等の職務を担当し，かつ同係員が権限なしに手形を作成することが客観的に容易である状態におかれている等の事情があるときは，右手形偽造行為は「事業ノ執行ニ付キ」なした行為と解するのが相当である，とした。[19]

② 建設会社の作業所主任の職務権限が，工程表に基づいて工事を進行させると共に，監督官庁へ諸報告をする程度にとどまり，資材の購入や資材代金その他の諸払いも，小口分を除いてはその権限に属しない等の事情がある場合において，右作業所主任のした額面220万円に及ぶ約束手形の振出行為は，他に特段の事情がない限り，外形上も，同人の職務の範囲内に属するものとはいえない。[20]

---

18) 大判昭和15年5月10日判決全集7輯20号15頁。
19) 最判昭和40年11月30日民集19巻8号2049頁。
20) 最判昭和43年1月30日民集22巻1号63頁。（否定例）

③　信用組合の預金課長が，第三者と通じ，偽造にかかる組合理事長の記名印，代表者印を用いて，理事長振出名義の小切手を偽造した場合に，預金課長の職務権限は，預金の受払に関する窓口事務，預金通帳の発行，預金に関する伝票，記帳の整理などの事務に限られ，渉外事務，組合名義の小切手の作成交付などの事務に及ばず，また組合代表者の記名印，代表者印の保管使用も許されることはなかったから，右偽造行為は外形上も同人の職務の範囲に属するものといえない。[21]

④　会社の経理事務担当者として会社の手形振出に関する資金計画を立案し，手形振出を必要とするときはその旨を代表取締役に報告してその指示ないし承認を受け，手形用紙に所要事項を記入し，また会社名，社長名のゴム印等を押捺して，右代表取締役がその名の下に自ら保管する代表取締役印を押捺すれば手形として完成する状態にしたうえ，これを右代表取締役に提出する職務に従事し，手形作成用の代表取締役印以外の印章，文字印，手形用紙等を保管し自由にこれを使用することができ，また手形記入帳には自ら記入することを職務内容としていた者が，手形を偽造，交付した行為は，たとい，実際の交付行為が右被用者の職務内容になっていなかったとしても，会社の「事業ノ執行ニ付キ」なされたものと解して妨げない。[22]

ところで，この理論の出発点が取引法的不法行為に関するものであったことに注意する必要がある。確かに，取引の相手方は，現実の被用者の行為が「事業執行に際して」の逸脱または職務濫用であるかどうかを認識できないことは明らかであり，事前にそれを相手方に調査することを要求することは酷であろう。[23]その意味で外形理論は取引安全の観点からして正鵠を得たものといえよう。外形理論とは，外観法理の不法行為法における現れに他ならない。そして，この理論が意味を持つのは，取引行為として不法行為がなされており，取引としての外形への信頼が存在する場合であり，そうだとすると，そうした信頼が存在しない場合，すなわち，取引の相手方のがわに悪意または重過失がある場合には，使用者責任は当然に否定されることを含んでいると考えられる。

---

21)　最判昭和44年4月25日判例時報560号51頁。（否定例）
22)　最判昭和45年2月26日民集24巻2号109頁。
23)　四宮(下)693頁は，被用者の濫用・逸脱の有無を相手方に調査させることは，現代社会に欠くことのできない雇用制度の円滑な運行にとって障害になることを指摘する。

第3章　不法行為

【判例69】 最判昭和42年11月2日民集21巻9号2278頁

本件事案は，Xが，金額各200万円の融通手形を15通振り出し，その子会社の裏書を得て商業手形の体裁を備えたうえ，その割引先のあっせんを求めたのに対して，預金対策に腐心していたY銀行の支店長Aが，この手形を割り引けばその資金を預金してもらえると考え，銀行の内規，慣行に反して，手形の割引を他の銀行で割り引くことのあっせんを引き受けて預かり，これを手形ブローカーに交付した割引あっせんを依頼したものである。Aの行為は，職務権限外であるのみならず，出資取締法にも違反する疑いのある行為であった。この手形が流通に置かれて，その結果Xが損害を被ったとして，Yに対して使用者責任を追及した。

「被用者のなした取引行為が，その行為の外形からみて，使用者の事業の範囲内に属するものと認められる場合においても，その行為が被用者の職務権限内において適法に行なわれたものでなく，かつ，その行為の相手方が右の事情を知りながら，または，少なくとも重大な過失により右の事情を知らないで，当該取引をしたと認められるときは，その行為にもとづく損害は民法715条にいわゆる「被用者カ其事業ノ執行ニ付キ第三者ニ加ヘタル損害」とはいえず，したがってその取引の相手方である被害者は使用者に対してその損害の賠償を請求することができないものと解するのが相当である。」

【判例70】 最判平成15年3月25日判例時報1826号55頁

AはS郵便局保険課に所属する保険外務員であり，簡易保険の勧誘や保険料の集金等を通じて，X_1およびその妻X_2と知り合い，次第に懇意となった。Aは，貸金業者等に対し多額の債務を負っており，X_1から借金名下に金銭を騙し取ることを思い立った。そこでAはX_1に対し，満期保険金を盗まれ，その日のうちに顧客に保険金を届けなければ勤務先に発覚して免職になるなどと虚偽の事実を述べ，資金の融通を申し込んだ。X_1が，その依頼に応ずることとしたので，Aは，X_1方にあった簡易保険証書の中から5通を選び出し，貸付請求書用紙に保険証書の記号番号と貸付金額を記入してX_1に交付し，X_1はこの用紙の貸付金受領者欄に署名押印して合計5通の貸付請求書を作成した。X_1は，Aと共にS郵便局に出向き，同郵便局の窓口に上記簡易保険証書，貸付請求書等を提出してX_1らを借主とする契約者貸付けの手続をした。窓口担当者は，X_1が本人であることを確認した上，X_1に貸付金を交付し，X_1はこれをAに手渡した。Xらの，Yに対する使用者責任を原審は認めたが，最高裁はこれを破棄した。

「AがXらから融資を受けた行為はAとXらとの個人的な貸借関係であり、X_1がAの言を信じ盗まれた保険金に充てる趣旨で融資金を交付したからといって、これがYの業務に属する公的資金の調達に当たると評価することはできない。また、［……］Aの行為を外形的、全体的にみても、X夫婦は、Aが確実に融資金を返済してくれるというA個人に対する信頼に基づきAに資金を融通したものと評価すべきであって、AがXらに加えた損害は、民法715条1項にいう「被用者カ其事業ノ執行ニ付キ第三者ニ加ヘタル損害」に当たらない。」

では、取引法的不法行為ではなく、事実的不法行為についてはどう考えるべきであろうか。最高裁は早くから、交通事故に関して職務権限を広く解していた。たとえば、①官庁の自動車運転手が、大臣秘書官者としていつもその自動車に乗車し、辞表提出後ではあったがまだ官を失っていなかった者の依頼によって私用（競輪見物）のためその者と子供を乗せて運転中に事故を起した場合は、事業の執行につき生ぜしめたものと判示し[24]、②社交喫茶店の営業中、客の飲食した代金の支払に関する紛争から営業上の被用者が客を殴って負傷させた場合も、事業の執行につき加えた損害というべきであるとした[25]。③タクシー会社の自動車運転助手兼整備係として雇われ、会社からの注意にもかかわらず運転資格も持たないで、平素洗車給油等の目的で車庫から給油所まで短距離の間営業用自動車の運転をしていた者が、運転技術習得のため他の場所で同会社の営業用自動車を運転中、追突事故により他人に損害を与えたときは、右損害は同会社の「事業ノ執行ニ付キ」生ぜしめたものと解すべきであるとした[26]。④測量機械等の販売を業とする会社の商品の外交販売に従事し、仕事上の必要に応じ随時会社の自動車を運転使用できる被用者が会社の自動車を運転して私用に供した場合であっても、これを会社の「事業ノ執行」につきなされたものと認めた[27]。

そして、次の判決によって、最高裁は外形理論が事実的不法行為にも適用されることを明らかにした。

---

24) 最判昭和30年12月22日民集9巻14号2047頁。
25) 最判昭和31年11月1日民集10巻11号1403頁。
26) 最判昭和34年4月23日民集13巻4号532頁。
27) 最判昭和37年11月8日民集16巻11号2255頁。

【判例71】最判昭和39年2月4日民集18巻2号252頁

　Y_1は，自動車，その部品及び附属品の販売，車体の製作並びにその取付を営業目的とする会社であり，Y_2は，Y_1の被用者としてその販売課に勤務していたところ，勤務を終えて退社し，市内で映画見物をした後帰宅すべく駅に赴いたが，最終列車に乗り遅れたため一旦Y_1会社に引き返し，Y_1所有の自動車（ジープ）を引き出して，これを運転しつつ帰宅する途中で本件追突事故を惹き起した。Y_2は，平素Y_1会社に通勤するには国鉄を利用して居り，Y_1会社においては，車は会社業務のために使用する場合であっても上司の許可を得なければならず，私用に使うことは禁止されていた。

　「このような事実関係の下においては，Y_2の本件事故当夜における右ジープの運行は，会社業務の適正な執行行為ではなく，主観的には同の私用を弁ずる為であったというべきであるから，Y_1会社の内規に違反してなされた行為ではあるが，民法715条に規定する「事業ノ執行ニ付キ」というのは，必ずしも被用者がその担当する業務を適正に執行する場合だけを指すのでなく，広く被用者の行為の外形を捉えて客観的に観察したとき，使用者の事業の態様，規模等からしてそれが被用者の職務行為の範囲内に属するものと認められる場合で足りるものと解すべきであるとし，この見地よりすれば，Y_2の前記行為は，結局，その職務の範囲内の行為と認められ，その結果惹起された本件事故による損害はの事業の執行について生じたものと解するのが相当であるから，被用者であるY_2の本件不法行為につき使用者であるY_1がその責任を負担すべきものであるとした原審の判断は，正当である。」

　これ以降も，最高裁は外形理論を事実的不法行為にも適用する（いずれも交通事故に関するものである）。

⑤　被用者Aが勤務終了後，私用に赴くため無断で使用者所有の原動機付自転車を運転して事故を起した場合において，Aが自動車助手として雇われ，平素貨物用自動車に乗って荷物の積み降しに従事していた外，社長から急用の際には車を運転使用してもよいとの許諾を得，かつ車の鍵の所在も教えられていて，三日に一度くらいの割合で，随時，鍵を取り出して車を会社の業務のために運行していたような事実関係の下では，Aによる車の運転は外形上，職務の範囲内の行為と認められ，したがって右事故による損害は会社の事業の執行につき生じたものというべきである。[28]

---

28)　最判昭和46年12月21日判例時報658号32頁。

⑥ 自動車修理業者であるYに修理工見習として雇用されたAは，休日，Yの専属的な塗装下請業者であるB所有の車が工場敷地内に鍵をつけたまま置いてあったのを見て，無断で持ち出し，練習のため道路上を運転中本件事故を起こした。Aは，運転免許をもたず，職務に関して自動車を運転することはなく，右整備士資格取得のための受講もYの指示もしくは勧奨によるものではなかった。こうした事実関係の下で，裁判所は，「本件事故当時のAの加害車の運転は，その本来の職務行為でないことはもとより，職務行為の延長ないしはこれと密接な関連を有する行為であるとも認めがたく，外形上も同人の職務の範囲内に属する行為ということはできないとして，Yの使用者責任を認めなかった原判決の判断は，正当として是認することができる。」とした。[29]

⑦ Y建設会社の従業員Aが市外に出張して作業をするよう命じられて，マイカーで出かけ，出張目的を終えて帰途，交通事故を起こした事案。「YがAに対し同人の本件出張につき自家用車の利用を許容していたことを認めるべき事情のない本件においては，同人らが米子市に向うために自家用車を運転したことをもって，行為の外形から客観的にみても，Yの業務の執行にあたるということはできず，したがって，右出張からの帰途に惹起された本件事故当時における同人の運転行為もまたYの業務の執行にあたらない旨の原審の判断は，正当というべきである。」とした。[30]

しかし，被害者たる相手方は行為の外形を信頼しているはずはなく，外形理論はここでは妥当しない。そこで，加害行為が使用者の支配領域内のものとみられるかぎり使用者が責任を負うとする**支配領域説**[31]，加害行為と被用者の職務との関連性および「被用者が加害行為を行うことが客観的に容易である状態に置かれていること」（加害行為との近接性）という基準を提案する**職務関連性説**[32]等が提案されている。判例にもこれに親和的なものが近時現れてきている。[33]

---

29) 最判昭和49年10月22日交通民集7巻5号1245頁。（否定例）
30) 最判昭和52年9月22日民集31巻5号767頁。（否定例）
31) 加藤182頁，四宮（下）693頁。
32) 平井235頁。
33) 同様の判決として，最判昭和46年6月22日民集25巻4号566頁（寿司屋の店員2名が，使用者所有の車を運転して出前に行く途中で，自動車の方向指示器を点灯させたまま直進したため，これと衝突しそうになった他の車の運転者と口論になり，そのあげく暴行を加えたもの）。

【判例72】最判昭和44年11月18日民集23巻11号2079頁
　Aは，土木建築業を営むYに配管工として雇用され，Yが行なっていた上水道管敷設工事に従事中，同じく右工事の作業をしていたXに対し，作業に使用するため「鋸を貸してくれ」と声を掛けたところ，Xが自分の持っていた鋸をAの方に向けて投げたことから喧嘩となり，AがXに対し暴行を加えた。
　「Xが被った原判示損害は，Aが，Y会社の事業の執行行為を契機とし，これと密接な関連を有すると認められる行為によって加えたものであるから，これを民法715条1項に照らすと，被用者であるAがY会社の事業の執行につき加えた損害に当たるというべきである。」

　外形理論の基礎が職務行為の外観に対する信頼にあるに対して，支配領域説ないし職務関連性説は使用者責任の積極的基礎をどこに求めるべきか。これに関して，帰責の根拠を使用者の「選任・監督」義務（715条1項但書）に求める学説がある（平井）。すなわち，使用者は被用者が職務権限を濫用・逸脱しないように監督義務を負っており，そうした義務違反が賠償責任の根拠だというのである。確かに，使用者責任を使用者の過失責任と捉える立場に立つ限りそうした帰結が論理的であろう。しかし，これは個人主義的な過失責任原則に偏した議論といわなければならない。雇用関係を通じて多数の従業員を抱える企業・団体が一人一人の被用者を具体的にコントロールすることは現実には困難であって，「過失」はかぎりなくフィクションである。むしろ，多数の人間を使えば第三者への加害の蓋然性が高まるという危険責任の理念が現代型の使用者責任制度に投影されており，それゆえ，被用者を「人的危険源」としてそれを管理する者の責任と捉えるほうが妥当ではなかろうか。

　補論13　「出入り」は事業？
　民法715条の「事業」は営利活動のみならず非営利活動でも良いが，では非合法活動も「事業」といってよいであろうか。被用者の行為＝不法行為が「職務の執行」でないことは明らかであるが，では，それが使用者の指示による場合でも同様であろうか。最判平成16年11月12日民集58巻8号2078頁では，暴力団抗争において下部組織の構成員がした殺傷行為について上位組織の組長に使用者責任が問えるか否かが問題になった（暴力団A組の第三次組織であるB組の

組員らが，以前から対立関係にあるC組の系列組織との間で抗争状態が生じた際に，警備に当たっていた警察官を対立組織の構成員と誤認して拳銃で射殺した。そこで，射殺された警察官の妻子が，実行犯2名およびその直属の組長であるB組組長，系列最上位のA組組長を被告として，共同不法行為または使用者責任に基づき損害賠償を請求した事案である）。暴力団組長の使用者責任については，下級審の裁判例は肯定例と否定例に分かれていたが，最高裁は「〈1〉暴力団にとって，縄張や威力，威信の維持は，その資金獲得活動に不可欠のものであるから，他の暴力団との間に緊張対立が生じたときには，これに対する組織的対応として暴力行為を伴った対立抗争が生ずることが不可避であること，〈2〉A組においては，下部組織を含むA組の構成員全体を対象とする慶弔規定を設け，他の暴力団との対立抗争に参加して服役した者のうち功績のあった者を表彰するなど，その資金獲得活動に伴い発生する対立抗争における暴力行為を賞揚していたことに照らすと，A組の下部組織における対立抗争においてその構成員がした殺傷行為は，A組の威力を利用しての資金獲得活動に係る事業の執行と密接に関連する行為というべきであ［る］」として，肯定説に踏み切った。しかし，「資金獲得活動」(「シノギ」）に際して生じる暴行・脅迫と異なり，暴力団どうしの抗争（「出入り」）との関連性は弱い。抗争はかならずしも経済的目的ではなく，威信の回復や私怨を晴らす目的でなされることもある。本事例では目的（組長の責任の追及それ自体に異論はなかろう）が手段を正当化したとの批判は免れまい（なお，北川弘治裁判官は対立抗争行為自体を暴力団組長の事業そのものであるとの補足意見を述べるが，極論というべきであろう。被告が反社会的勢力であるからといって理性的な議論をおろそかにすべきではない。）。むしろ，端的に共同不法行為をもって擬することで足りたと思われる。なお，平成16年4月から施行された改正暴対法31条の2は，指定暴力団の代表者等についての損害賠償責任を法定したものであり，改正法施行後に発生した抗争事件については指定暴力団組長の責任を問うことが容易になった。

(ウ) 被用者の不法行為

使用者責任の第三の要件は被用者が第三者に損害を加えたことであるが，これは被用者自身に民法709条の不法行為の要件が具備していることと解されている（通説）。それは，使用者責任を自己責任の原則の例外として位置付ける態度と対応するものであり，現代型不法行為像と相容れない。これに対応して，被用者の責任能力を要しないとする見解も唱えられている。

⑷ 被用者の選任・監督について過失のあること

使用者は被用者の選任および監督について相当の注意をする義務があり、それを欠いたときに賠償責任を負うが、立証責任は使用者の側にある（免責要件）。しかし、現実に免責を認めた裁判例はほとんどなく、使用者責任は実質的に無過失責任化している。ただし、個人主義的な使用者責任、すなわち、家事使用人や個人営業の使用関係など、Aという個人が雇用したBが第三者Cに加害行為をしたような場合には比較的容易に免責を認めるべきであろう。

(c) 使用者責任の効果

⑺ 賠償責任者

使用者が損害賠償責任を負うが、「使用者に代わって事業を監督する者」（代理監督者）もまた、賠償責任を負う（715条2項）。もっとも、代理監督者について報償責任ないし危険責任を観念することはできない。その意味で狭義の使用者責任と本質的に異なるものであり、代理監督者の責任は過失責任の原則に則り、使用者よりも広く免責の余地を許すべきものであろう。

判例によれば、代理監督者とは、客観的に観察して、実際上現実に使用者に代って事業を監督する地位にある者をいう[34]。したがって、B会社の営業所の事業を監督すべき地位にあるYが、経理業務に従事する従業員Aに自分の認印を預け、営業取引上の預金の出入や、Y名義による小切手振出の権限をも任せていた場合、AがYのゴム印、認印を冒用して手形を偽造した不法行為につき、代理監督者として賠償の義務がある[35]。また、代理監督者というためには、単に代表取締役であったというだけでは足りず、具体的に監督する関係にあることが必要である[36]。

【判例73】最判平成20年4月24日民集62巻5号1178頁
大動脈弁閉鎖不全のためB大学医学部附属病院に入院して手術を受けたAが翌日に死亡したことについて、Aの相続人であるXらが本件手術についてのチ

---

[34] 最判昭和35年4月14日民集14巻5号863頁。
[35] 最判昭和38年6月28日判例時報344号36頁。
[36] 最判昭和42年5月30日民集21巻4号961頁。事案は、タクシーに跳ねられて負傷したXが、タクシー会社のほか、その会社の代表取締役を相手どって損害賠償を求めたものである。

ーム医療の総責任者であり、かつ、本件手術を執刀した医師であるYに対し、説明義務違反等を理由として不法行為にもとづく損害賠償を求めた。

「一般に、チーム医療として手術が行われる場合、チーム医療の総責任者は、条理上、患者やその家族に対し、手術の必要性、内容、危険性等についての説明が十分に行われるように配慮すべき義務を有するものというべきである。しかし、チーム医療の総責任者は、上記説明を常に自ら行わなければならないものではなく、手術に至るまで患者の診療に当たってきた主治医が上記説明をするのに十分な知識、経験を有している場合には、主治医に上記説明をゆだね、自らは必要に応じて主治医を指導、監督するにとどめることも許されるものと解される。そうすると、チーム医療の総責任者は、主治医の説明が十分なものであれば、自ら説明しなかったことを理由に説明義務違反の不法行為責任を負うことはないというべきである。また、主治医の上記説明が不十分なものであったとしても、当該主治医が上記説明をするのに十分な知識、経験を有し、チーム医療の総責任者が必要に応じて当該主治医を指導、監督していた場合には、同総責任者は説明義務違反の不法行為責任を負わないというべきである。このことは、チーム医療の総責任者が手術の執刀者であったとしても、変わるところはない。」

(イ) 求 償

使用者が被害者に対して損害を賠償したときは、被用者に対して求償することができる（715条3項）。通説は、使用者責任の成立要件として被用者自身の不法行為の成立を要求するから、そこからは求償権が当然に認められることになると説く。しかし、これは被用者が使用者の「手足」となって行動する現代の企業活動に際して生じる不法行為については、かならずしも妥当しない。それゆえ、求償権の有無は次の3つの類型に即して処理されるべきものである。

① 被用者が使用者の「手足」となって行動する場合、ここでは、具体的な被用者を特定することは意味がない。被用者が誰であっても、使用者の指示命令にしたがって行動せざるを得ない立場にあり（たとえば、工場のバルブを捻って廃液を河川に放流する）、被用者自身に責任を追及することは酷であろう。まして、この場合には、求償権そのものを観念すること自体が疑わしく、使用者責任というよりは、企業自体の民法709条の不法行為責任のみが追及さ

② 被用者自身の不法行為としての要素も共存する場合，ここでは，損害発生の寄与度に応じての割合負担において，使用者の求償権が認められるべきである。

③ もっぱら被用者自身の不法行為が中心であるが，ただそれが外形的に事業執行についてなされたか（取引的不法行為），使用者の支配領域において生じた（事実的不法行為）場合に使用者は賠償責任を負わなければならないが，全額求償が認められるべきである。

【判例74】最判昭和51年7月8日民集30巻7号689頁
　　石油等の輸送・販売等を業とするX社が，業務上タンクローリーを運転する被用者のYが引きおこした自動車事故により損害を被ったAに対して損害賠償義務を履行したうえ，Yに対して求償を求めた。
　　「使用者が，その事業の執行につきなされた被用者の加害行為により，直接損害を被り又は使用者としての損害賠償責任を負担したことに基づき損害を被った場合には，使用者は，その事業の性格，規模，施設の状況，被用者の業務の内容，労働条件，勤務態度，加害行為の態様，加害行為の予防若しくは損失の分散についての使用者の配慮の程度その他諸般の事情に照らし，損害の公平な分担という見地から信義則上相当と認められる限度において，被用者に対し右損害の賠償又は求償の請求をすることができるものと解すべきである。」
　　「［使用者が業務用車輛を多数保有しながら保険に加入せず，また右事故は被用者が特命により臨時的に乗務中生じたものであり，被用者の勤務成績は普通以上である等の事実関係のもとでは，］「Xがその直接被った損害及び被害者に対する損害賠償義務の履行により被った損害のうちYに対して賠償及び求償を請求しうる範囲は，信義則上右損害額の四分の一を限度とすべきであ［……］る旨の原審の判断は，正当として是認することができ，その過程に所論の違法はない。」

　被用者自身が損害賠償義務を履行した場合に，使用者に対して求償（**逆求償**）をすることができるかの問題も，上の類型にそくして考えるべきである。すなわち，①は全額を，②については，寄与度に応じた求償がなされるべきであるが，③については，求償できないと解すべきである。

(d) 隣接する制度との関連・異同

(ア) 法人の不法行為との関係

　一般社団法人法78条（民法旧44条）は，「代表理事その他の代表者がその職務を行うについて第三者に加えた損害を賠償する責任を負う」と規定しており，使用者責任との関連が問題となる。同条の「職務を行うについて」の意義については，使用者責任における「職務に執行について」と同様の問題がある。理念的には後者が代位責任であるのに対して，前者は法人自体の不法行為となろうが[37]，使用者責任は事実上無過失責任と化しており，その限りで両者の差異は形式的なものにすぎない。

(イ) 運行供用者責任との関係

　自動車事故によって生じる損害につき，自動車損害賠償保障法（自賠法）3条は**運行供用者責任**を定めている。同法の制定は使用者責任の適用領域とオーヴァーラップするため，両者の関係が重要な問題となった。両制度は，運転者と賠償義務者との関係（「自己の為に自動車を運行の用に供する」という関係のほうが広い）や，加害方法，運転者の責任の要件（自賠法責任は運転者の過失をかならずしも要求しない），被害者の範囲，免責事由（自賠法によるほうが免責要件が狭い）等の諸点において違いがある（詳細は自賠法による賠償責任に箇所で論じる）が，重なり合うかぎりで法条競合関係にあると解して良い。

(ウ) 国家賠償法による責任との関係

　国または公共団体の公権力の行使に当たる公務員が「その職務を行う」について，故意または過失によって違法に他人に損害を加えたときは，国家賠償法1条が適用される。同条は民法715条の特別規定であるが，①国等の免責規定がないこと，②公務員に故意または重過失があった場合でないかぎり，国等の公務員に対する求償が認められないこと，③被害者は直接の加害者たる公務員に対する不法行為責任を追及できないと解されている点に違いがある[38]。

---

37) 最判昭和31年7月20日民集10巻8号1059頁は民法44条による法人の責任と同法715条による法人の責任とは，発生要件を異にし法律上別個のものと解すべきであるという。

38) 最判昭和30年4月19日民集9巻5号534頁。しかし，故意・重過失による場合であっても公務員に対する損害賠償請求を否定することには疑問があり，補充的に民法709条の責任を追及できると解すべきであろう。

3 共同不法行為

1 序　説

　損害発生について複数の者が関与することがあるが，通常は加害者相互間に共同関係が存在している。民法は719条において「共同不法行為」として規定するが，行為者の一人につき，民法709条以外の規定によって損害賠償責任が認められ，これと競合する場合や，また，行為者間に共同関係がまったく存在しない場合もありうる。最初のものを**狭義の共同不法行為**，第2のものを**複合的共同不法行為**（両者を含めて**広義の共同不法行為**という），第3のものを**競合的不法行為**と呼ぶことにする（三者の上位概念は**複合的不法行為**と呼ぶのが適切であろう）。最後のものについては民法典上には直接の規定は存しないというべきである（法の欠缺）が，ここでは，便宜的に共同不法行為に含めて説明することにする。

　さて，共同不法行為について，民法719条は，①数人が共同の不法行為で他人に損害を加えたとき（同条1項前段），②共同行為者のいずれの者が損害を加えたか不明であるとき（同条項後段），③行為者に教唆・幇助したとき（同条2項）の三つの場面を規定しており，各自が連帯して損害賠償責任を負うものとしている。しかし，「共同」の概念はかならずしも明らかではなく，また，「連帯」の意義をめぐっても学説上一致を見ない。そのため，同条項の根拠や適用範囲をめぐって議論が多く，現在なお終熄をみない状況にある。[1] その背景には民法典制定当時の不法行為像からの変貌がある。同条項は，個人的不法行為を基軸として設計され，集団的不法行為について，全員が責任を負担する制度として組み立てられていた。ところが，不法行為はこうした古典的な個人的不法行為像から，次第に企業・法人等の事業活動に伴って発生する損害発生に対する法的処理制度の処理へと重心を移していったのであ

---

1)　同条の前身である旧民法財産編378条は，「数人ガ同一ノ所為ニ付キ責ニ任ジ各自ノ過失又ハ懈怠ノ部分ヲ知ル能ハザルトキハ各自全部ニ付キ義務ヲ負担ス但共謀ノ場合ニ於テハ其義務ハ連帯ナリ」と規定していた。前段が本条2項に対応するが，現行法は後段の「共謀」要件を外すことによって，より広く共同不法行為の成立場面を拡げることにしたのである。

る。前述のように，判例・学説の進展により，一般的不法行為像が事業活動が単一の企業・法人によって行われる形態に変化していったように，共同不法行為においても同様の事情が生じた。すなわち，各事業体が単独行動において引き起こす損害発生にとどまらず，事業体の複合的形態（その典型としてコンビナート企業群）によって広汎かつ深刻な損害をもたらしたのである。

2 共同不法行為の諸類型

① まず，数人が共同の意思をもって不法行為をする場合があり，古典的な共同不法行為である。たとえば，数人が共謀して暴行を加えたり，強窃盗をするような場合である。ここでは，加害行為につき各行為者に故意があり，かつ，行為者相互に主観的連絡（共謀）がある。判例・通説はこの場合に719条1項前段を適用する（**主観的関連共同**）。ここでは，各人の行為がそれぞれ独立して不法行為を構成し，したがって709条の要件を満たさなければならないとされる。しかし，これだけでは民法719条の意義は明らかではない。たとえば，S_1，S_2，S_3の三人がGを襲撃して負傷させた場合に，各人が損害賠償責任を負うのは民法709条の適用によって可能であり，あえて民法719条の適用をまつまでもないからである。むしろ，同条の適用は次の点にあると考えられる。すなわち，第1に，各人が「連帯して」全損害について責任を負うことである。Gの負傷による入院・治療費が30万円であるとすれば，民法の原則は分割債務であり（427条），各人が10万円づつの賠償責任を負うに過ぎないから，各人の支払能力のリスクを債権者たるGが負担することにならざるをえない。第2に，各人の行為と損害結果との因果関係はかならずしも必要ではないことにある。むろん，「共同行為がなければ損害は生じなかったであろう」という意味での因果関係の存在は必要であるが，それは，個々の具体的な損害結果との関係を意味するものではない。たとえば，S_1は頭を殴り，S_2が腹を蹴った場合に，709条によってはS_1に腹部の

---

[2] 判例として，脱法の目的で取締役個人名義をもって会社の計算による無尽講を経営し他人に損害を及ぼしたときは，その決議に加わった取締役全員に責任がある，とした大判昭和16年4月15日民集20巻528頁，内縁の不当破棄における夫とその両親の共同不法行為を認めた最判昭和37年10月23日家月15巻2号94頁，最判昭和38年2月1日民集17巻1号160頁。

怪我につき，S_2 に頭部の怪我につき，賠償責任を負わせることはできない。[3] また，共謀があれば，S_3 は現実に加害行為をしていなくても賠償責任を負う。[4] 同条2項は教唆および幇助もまた賠償責任を負う旨規定しているが，特則というよりは前段の注意的規定というべきである。要するに，各人の加害行為が一体となって社会観念上一個の不法行為と認められるがゆえに全員が責任を負うのである。[5]

② 「共同行為」性は，一方のみが共同の意思をもつ場合でもよい。S_1 の加害行為に対して，後から S_2 がこれに乗じて加害行為に加わった場合（加功）には，厳密には「共同意思」が存在するのは S_2 についてのみであるが，両者は賠償責任を負う。このような連結行為が共同不法行為となるのは後行行為が故意の場合であるが，判例はそれのみならず，後行行為が過失による[6]

---

3) これに対して，S_1 が G の頭を殴り，G が倒れていることを偶々発見した S_2 が腹を蹴ったようなときは，「共同行為」は存在しないから，S_1 は腹に怪我について，S_2 は頭の怪我について損害賠償責任を負わないことは当然である。ところが，後述するように，S_1 が車で轢いて，病院に運ばれた G を医師の S_2 が治療ミスで死亡させたような場合に，判例は共同不法行為をもって論じる。厳密には共同不法行為ではなく，後述の競合的不法行為である。

4) 判例上も，集団行動そのものに加害の可能性が高い場合には，直接の加害者でなくとも，参加者も責任を負うと解するものがある。大判大正13年7月24日民集3巻376頁の事案は，小学校の合併案をめぐる村会で傍聴席の住民が騒いで，その中の一人が議員を殴打して負傷させたものであるが，大審院は，「民法719条1項前段によって数人が共同不法行為者として責任を負うには，権利侵害に対し客観的に共同の原因のあることを必要とする。」と判示した。傍聴者の集団による「共同行為」があったとはいえないからである。これに対して，大判昭和9年10月15日民集13巻1874頁では，水利組合間に争論を生じ，騒擾にまで発展した場合，闘争に訴えても目的を達成する旨の決議を行った者や助勢・暴行によってそれに参加した者は，すべて共同不法行為者としての責任を負うと判示した。ここでは，「騒擾」という「共同行為」が問題となっているが，むしろ，本条項後段によって規律することも可能であった。

5) たとえば，甲が，乙の請負人として行った埋立工事のための岩石採掘により丁に与えた損害と，次いで丙の請負人としてなした岩石採掘により丁に与えた損害とは，全然別個のものであるから，丙は共同不法行為者として全部の損害につき賠償責任があるとはいえない。大判大正8年11月22日民録25輯2068頁。また，賃借人 Y が賃借建物を無断で Z_1 および Z_2 に転貸した場合に，Y と Z_1 および Y と Z_2 は賃料相当額について共同不法行為というべきであるが，Z_1 は自己の占有しない Z_2 の占有部分について Z_2 と共同不法行為を冒したとはいえず，Z_2 もまた，Z_1 の占有部分について同様である。最判昭和29年4月2日民集8巻4号794頁。しかし，一個の行為か複数の行為かは，現実には本文のように明確であるとはかぎらない。また，共謀行為以外の不法行為とりわけ，故意行為と過失行為の共同や，複数の過失行為の共同が問題となるときは，一個の行為と解すべきか否かは，すぐれて規範的な判断といえる。

6) 大判大正2年4月26日民録19輯281頁（倉庫証券の発行者が誤って不正の記載をし，寄託者がそれを利用する犯罪行為によって第三者に損害を与えた），大判大正8年12月9日刑録25輯1255頁（窃盗犯と賍物の牙保および買受を行った者），最判昭和32年3月26日民集11巻3号543頁（X から盗んだ杉丸太を悪意で買い受けた Y 会社資材係 A の行為を，事情を知りながら Y 会社の社

ときも共同不法行為とする。この場合を「加功」といえるか疑問であるが、1個の損害を発生させる2個の行為の連結性が強いときは、本条項の適用を認めてよいであろう。

③　主観的関連共同は、共同行為者中の主観的連絡すなわち全員の故意行為が前提とされている。これに対して、一部または全部について故意がなく、過失のみが問題となるときは共同意思（共謀）は存在しない。しかし判例・通説は社会観念上、不可分一体の行為が存在しているかぎり、共同不法行為の成立を認めている。すなわち、大審院は、重い材木を積んで無燈火の荷車で薄暮時に進行する場合において、過失によって転覆して他人に損害を加えた事案に関する運搬に従事する者全員について責任を認めたが、最高裁は一部の者の不作為があっても共同不法行為を認める。

【判例75】最判昭和62年1月22日民集41巻1号17頁（鉄道レール置石事件）
　　Yが中学校の友人であるA、B、CおよびDと雑談している間に、電車軌道のレール上に物を置くことに話がおよび、各自の経験を話したりなどして興じているうち、C次いでBが金網柵を乗り越えて軌道敷内に入り、レール上にガムを置くなどし、続いてDが同様にして軌道敷内に入ったうえ、軌道敷から拳大の石を拾ってレール上に一個ずつ置いた。Yは、Aと共に、軌道敷内には入らず本件道路上にいたが、右のとおりC、BおよびDが軌道敷内に入り、かつ、Dが大阪行軌道上に置石行為をするのを見ていた。もっとも、Yは、脱線した京都行軌道上の置石については認識していなかった。Dは、YあるいはAから置石行為をやめるように言われたが、置石をそのまま放置したため、Cが、大阪行軌道上の置石を見て危険を感じ、これを取り除いたものの、京都行軌道上

長が承認して他に処分させた）。
　7）　大判昭和18年7月6日民集22巻593頁（他人から株式の名義書換を依頼されたY₁が代理資格を冒用して取引員Y₂に取引を委託し、その証拠金代用として株式を差し入れ、委託者に損害を与えた場合、Y₁Y₂間に主観的共同関係は存しなくても、Y₁は故意によりY₂は過失によって共同不法行為を行ったとした）、銀行の取締役が虚偽の公告をし、監査役もこれを真実なものとみなして公告をするに至らせ、預金者に損害を与えた場合（大判明治45年5月6日民録18輯454頁）、電鉄会社が踏切に保安設備を置かなかった過失と、その被用者である運転手が電力遮断の標識のある電柱の所で電流を遮断しなかった過失とが、損害の原因である場合（大判昭和7年12月23日法律新聞3517号14頁）、地面師が偽造された登記済証等を利用して他人の土地を第三者に転売した場合における地面師と登記官吏の共同不法行為（最判昭和43年6月27日民集22巻6号1339頁）、自動車の運転予定者に飲酒を勧めた場合（最判昭和43年4月26日判例時報520号47頁）等。
　8）　大判昭和5年4月24日法律新聞3132号11頁。

の本件置石には気が付かず，これを除去しなかったところ，その直後に本件列車が進行して来て本件置石を踏み，本件事故が発生するに至った。急行電車はレール上に置かれていた拳大の石を踏み，前部二両が脱線転覆し，一両目が民家の庭先に突っ込んで全損し，二両目が横転大破したが，その際，右民家の建物等が損壊するとともに，乗客104名が負傷した。

「およそ列車が往来する電車軌道のレール上に物を置く行為は，多かれ少なかれ通過列車に対する危険を内包するものであり，ことに当該物が拳大の石である場合には，それを踏む通過列車を脱線転覆させ，ひいては不特定多数の乗客等の生命，身体及び財産並びに車両等に損害を加えるという重大な事故を惹起させる蓋然性が高いといわなければならない。このように重大な事故を生ぜしめる蓋然性の高い置石行為がされた場合には，その実行行為者と右行為をするにつき共同の認識ないし共謀がない者であっても，この者が，仲間の関係にある実行行為者と共に事前に右行為の動機となった話合いをしたのみでなく，これに引き続いてされた実行行為の現場において，右行為を現に知り，事故の発生についても予見可能であったといえるときには，右の者は，実行行為と関連する自己の右のような先行行為に基づく義務として，当該置石の存否を点検確認し，これがあるときにはその除去等事故回避のための措置を講ずることが可能である限り，その措置を講じて事故の発生を未然に防止すべき義務を負うものというべきであり，これを尽くさなかったため事故が発生したときは，右事故により生じた損害を賠償すべき責任を負うものというべきである。」

本判決は，一般に作為義務がある場合の不作為が不法行為になることを認めたものと理解されている。作為義務は先行行為（置石）によって生じたものであり，その意味で先行行為と不作為が不可分一体の置石行為を構成していると考えられよう。

④　③の場合と異なって，衝突事故等のように「共同」行動は存在しないが，一個の損害発生について複数の過失が共働することがある。判例は古くから共同不法行為として処理してきた。すなわち，甲乙両船の船員の双方の過失によって第三者に損害を加えた事例において，共同不法行為として各船主は各自連帯して賠償の責に任ずべきである，と判示する。[9]

---

9)　大判大正2年6月28日民録19輯560頁。この類型は敢えて言えば，競合的不法行為の変種というべきであろうか。

⑤ それ自体は不法な行為ではない共同行動であっても，損害結果に各行為者に過失が認められる場合にも，共同不法行為を肯定することができるものと考えられている。ここでは損害発生についての主観的連絡は存在せず，それゆえ**客観的関連共同**を語らなければならない。リーディングケースとなったのが次の最高裁判決である。

【判例76】最判昭和43年4月23日民集22巻4号964頁（山王川事件）
　Xら121名は，山王川流域でその流水を利用して水稲耕作を営んでいたが，上流にある国営アルコール工場から排出される窒素を含有するアルコール蒸留廃液によって，稲作に重大な損害を被ったとして国家賠償を求めた。本件では，被告である国営工場Yのみならず，複数の工場からも廃液を排出し，また都市下水も山王川に流入して流水を汚染しているという事情があった。
　「共同行為者各自の行為が客観的に関連し共同して違法に損害を加えた場合において，各自の行為がそれぞれ独立に不法行為の要件を備えるときは，各自が右違法を加害行為と相当因果関係にある損害についてその賠償の責に任ずべきであり，この理は，本件のごとき流水汚染により惹起された損害の賠償についても，同様であると解するのが相当である。これを本件についていえば，原判示の本件工場廃水を山王川に放出したYは，右廃水放出により惹起された損害のうち，右廃水放出と相当因果関係の範囲内にある全損害について，その賠償の責に任ずべきである。」

　本判決に対して，各人の行為に709条の要件を満たすことを要求することは，719条1項前段の存在理由がなきに等しいものになるとの批判がある。[10]しかし，709条の要件を各行為者が満たす場合には当然に連帯責任となるというのは独断にすぎない。複数の賠償責任者 S_1〜S_n が存在するとしても，賠償額が一定であれば（「給付の一倍額性」），分割債権関係（427条）の原則によって均等に損害賠償債務が生じるのである。むしろ本判決の意義は，そうした立場に立ったYがわの減責の主張を許さず全部賠償を命じた点，そして「共同」性を広く認めたところにこそあるというべきである。
　⑥　客観的関連共同は，さらにいくつかの類型に分けて考えることができ

---

10) 平井宜雄「共同不法行為に関する一考察」[1971] 著作集Ⅱ所収。

る。かりに，損害を d，共同行為者を S_1，S_2 とした場合に，ⅰ）各人についてそれぞれ損害を生じさせる場合 [$S_1>d$, $S_2>d$]，ⅱ）特定の者の行為のみが損害を生じさせるが，他の者の行為は単独では損害を生じさせない場合 [$S_1>d$, $S_2<d$, $S_1+S_2>d$]，ⅲ）共同行為者のいずれも単独では損害結果を生じさせないが，集合して損害を生じさせる場合 [$S_1<d$, $S_2<d$, $S_1+S_2>d$] が考えられる。

　四日市公害裁判[11]は，こうした客観的関連共同の理論に対して画期的な契機をもたらした。すなわち，客観的関連共同には，結果発生に対して社会通念上全体として一個の行為と認められる程度の一体性のある「**弱い客観的関連共同**」と，工場コンビナート群のような，より機能的・技術的・経済的に緊密な一体性のある「**強い客観的関連共同**」があることを明らかにしたのである。そして，前者は，各人の行為は，それだけでは結果を発生させないが，他の行為と相合してはじめて結果を発生させたと認められる場合であり，このような場合は，いわば，「特別事情による結果の発生であるから，他の原因行為の存在およびこれと合して結果を発生させるであろうことを予見し，または，予見しえたことを要すると解すべきである」としたうえ，被害者が加害者間に関連共同性のあることおよび共同行為により結果が発生したことを立証すれば，各加害者の行為と結果発生との間の因果関係が推定される。したがって，個別的因果関係がない旨の立証をまって免責される。これに対して，後者では，各行為がそれ自体としては結果の発生との間に因果関係が存在しないと認められるような場合においても，因果関係が擬制され，責任を免れない，とされたのである。

　これを上の類型にそくして考えるならば，ⅰ）については特別の問題は生ぜず，分割責任が認められないのは当然である。ⅱ）は免責立証を許す弱い客観的関連共同に対応し，ⅲ）はこれを許さない強い客観的関連共同に対応することになろう。

　⑦　加害者不明の民法719条１項後段は，「共同行為者のうちいずれの者がその損害を加えたかを知ることができない」ときも，全員が連帯して損害賠

11）　津地四日市支判昭和47年７月24日判例時報672号30頁。

償責任を負うものと規定する。文言からすれば，同条項後段は不法行為についての各行為者間の・主・観・的・連・絡があるが，現実の損害発生について各人の行為との間の因果関係が明らかでない場合を想定している。たとえば，S_1, S_2, S_3 がGを襲撃して負傷させたが，具体的に手を出した者が三人のうちの誰であるかを特定できないとき，本条がなければ，誰に対しても損害賠償を請求できないという不当な結果になる。後段はそれに対する手当であるというのである。すなわち，前段が各共同行為者について因果関係の存在を前提としているのに対して，後段は因果関係の立証を問題とした規定なのであり，平面を異にする。しかし，後段がなくても，S_1 は前段によって責任を負うのであり，後段の存在理由はそれを明確にした注意規定であると解すべきであろう。

　ところで，後段の規定の適用をこうした「共謀」行為に限定することは，客観的関連共同による共同不法行為が承認されている現在の判例・通説の立場からは狭きに失するものであり，同条項後段は次のように理解されるべきである。すなわち，不法行為についての主観的連絡（「共謀」）ないし各人についての故意が存在する場合にかぎらず，損害発生を生じさせる「共同」行動の結果，過失の共働により損害が発生した場合もまた，後段の適用場面である。たとえば，S_1, S_2, S_3 の3人のハンターのグループが周囲の確認をしないで雑打ちをしたところ，いずれかの発射した銃弾が付近にいたGに当たって負傷させたような場合である（狩猟活動の共同そのものは「不法行為」ではない）。ここでは，GはSらが共同行動をしたことを立証すれば，いずれに対しても損害賠償を請求できる。これに関して，S_1 が，自分の発射した銃弾はGに当たらず，付近の木に当たったことを立証することによってはじめて免責される，と主張する学説がある[12]。傾聴すべき見解であるが，Sらの狩猟という，それ自体は不法ではない共同行動による損害発生があるかぎり，因・果・関・係・の・推・定が働くというべきであり，共同行為そのものが不法である場合（3人のハンターが共同でGを銃撃したが，いずれの弾が当たったか不明の場合）にまで及ぼすべきではない。

---

12) 前田132頁。

これに反して，Sとは独立して別にDも狩猟に出かけて同時刻に銃弾を発射していた場合において，Gを負傷させた銃弾がSかDのいずれか不明であるときは，SらとDは「共同」行動とはいえないから，損害賠償責任を負わないことになる。[13]

3 複合的不法行為

民法は具体的な行為者以外の者にも賠償責任を認めており（使用者責任，注文者責任，工作物責任，工作物責任等）これらの者との間に共同不法行為を観念することができるか問題となる。場合を分けて考えよう。

① 判例には不法占有に関するものが多い。すなわち，建物の不法占有者が従業員，妻子等に使用ないし居住させている場合に，それらの者も共同不法行為者となるか否かである。判例は，一般論としては，家屋に夫と共に妻が居住する場合，妻の居住は夫の占有の範囲内において行われ，独立の占有をなすということはできないとしつつも，夫の不法占拠に加担して，共に所有権を侵害した場合には，共同不法行為者として夫と共に連帯責任を負うとする。[14] また，他人の建物の無断賃貸における賃貸人と借家人[15]，土地の不法占有者とその者からの建物借家人[16]，建物の不法占有者とその者からの借家人[17]，地上権者に対して建物収去義務を負っている者とその者からの借家人[18]，は共同不法行為になるとする。これに対して使用人については特別の理由がないかぎり不法占有者ではない。[19]

② 使用者責任が成立する場合の使用者と被用者については，判例の多数は共同不法行為を認めている。[20]

---

13) 反対，幾代229頁。これは次項の競合的不法行為である。
14) 大判昭和10年6月10日民集14巻1077頁。
15) 大判昭和10年12月20日民集14巻2064頁。
16) 最判昭和31年10月23日民集10巻10号1275頁。
17) 最判昭和34年6月25日民集13巻6号779頁。
18) 最判昭和44年7月8日判例時報567号49頁。
19) 最判昭和35年4月7日民集14巻5号751頁。
20) 大判昭和8年4月18日民集12巻807頁，最判昭和32年3月26日民集11巻3号543頁，最判昭和41年11月18日民集20巻9号1886頁。共同不法行為の成否については触れずに不真正連帯関係にあるとするものとして，最判昭和45年4月21日判例時報595号54頁，最判昭和46年9月30日判例時報646号47頁。

③ 法人とその代表機関の責任についても同様の問題があるが,判例は共同不法行為を認める。[21]

④ 責任無能力者の行為と監督義務者の責任については,損害賠償責任は二者択一の関係にあるから,原則として共同不法行為にはならない。しかし,前述のように,近時の判例は責任能力者であっても,監督義務者は民法709条にもとづいて損害賠償責任を負うとしているので,そのかぎりで,共同不法行為が成立するというべきであろう。[22]

⑤ 工作物責任については,占有者と所有者の損害賠償責任は二者択一の関係にあるから,そのかぎりで共同不法行為は成立しない。しかし,たとえば,火災の原因として占有者の防災上の不注意と防災設備の瑕疵による所有者の責任が競合することがありうる。その場合には,占有者に民法709条の要件が具備するかぎりで,共同不法行為が成立するというべきである。[23]

⑥ 請負人が仕事について第三者に損害を加えた場合に注文者と請負人は共同不法行為の関係に立つか。原則として注文者は責任を負わないが,注文または指図について過失がある場合(716条但書)には,注文者のみが損害賠償責任を負うわけではないから,その場合には共同不法行為が成立するとみるべきであろう。

4 競合的不法行為

① 一個の損害について複数の者の行為が関与し,それぞれ民法709条の要件を満たしているが,加害行為について共同関係(主観的関連共同)がなく,損害を発生させる共同の行動(客観的関連共同)も存在しない場合がある。これを**競合的不法行為**と呼ぶが,これには次の2つのタイプが存在する。[24]

一つは,複数(通常は2個)の行為の連結性が強い場合である。前述のように(252頁),共同不法行為として処理をするのが妥当であろう。たとえば,薬剤としてのキノホルムの製造等の許可・承認に関する国の過失と製薬会社

---

21) 大判昭和7年5月27日民集11巻1069頁(「ああ玉杯に花うけて」事件)。
22) 前出【判例65】。
23) 四宮(下)766頁。
24) 平井・前掲論文では,共同不法行為の一類型としての「独立的共同不法行為」としているが,後に改説されて,共同不法行為とは別個の類型とされている。平井206頁。

の製造・販売行為や、HIV（ヒト免疫不全ウイルス）に汚染された非加熱血液製剤を投与された患者がエイズ（後天性免疫不全症候群）を発症して死亡した薬害事件についての国の責任と医療機関等がこれに当たろう。[25][26]

これに対して、連結性が存在しないか弱い場合がある。たとえば、Ｓが雉打ちに行き、Ｄも雉打ちに出かけて、別方向から射撃をしたところ、銃弾がＧの頭と心臓に命中してＧが死亡したような場合、ＳＤが共同行動をしていないかぎり、719条の適用は困難であろう。ここでは、連結性は存在せず、競合的不法行為を語らなければならない。また、交通事故と医療事故が競合するような場合には連結性があるが、損害発生にはかなりの偶然性が支配している。しかし、判例はここでも共同不法行為を認める。

【判例77】最判平成13年3月13日民集55巻2号328頁

　　Ａは、自転車を運転中タクシーと接触して転倒して頭部等を打撲し、頭蓋骨骨折を伴う急性硬膜外血腫の傷害を負った。急性硬膜外血腫は、脳障害が始まってからの救命率は著しく低いものの早期に血腫の除去手術を行えば高い確率での救命の可能性があることが知られている。しかし、Ａが搬送されたＹ病院の医師は、経過観察をするかあるいは看護者に対し、急性硬膜外血腫の具体的症状等を説明し、経過観察を怠らないよう注意する義務があるのにこれを怠り、頭部打撲挫傷などと診断し、「明日も診察を受けに来るように」「何か変わったことがあれば来院するように」等の指示をしただけで帰宅させた。そのため、Ａは、帰宅後に嘔吐してそのまま食事もせずに、いびきをかくなどして寝てしまった。家族はＡの容態を重大なことと考えず、夜半、けいれん様の症状が出るなどして初めて異常に気付き、救急車で病院に搬送したものの、Ａはまもなく死亡した。

　　「本件交通事故と本件医療事故とのいずれもが、Ａの死亡という不可分の一個の結果を招来し、この結果について相当因果関係を有する関係にある。したがって、本件交通事故における運転行為と本件医療事故における医療行為とは民法719条所定の共同不法行為に当たるから、各不法行為者は被害者の被った損害の全額について連帯して責任を負うべきものである。本件のようにそれぞれ独立して成立する複数の不法行為が順次競合した共同不法行為においても別

---

[25]　広島地判昭和54年2月22日判例時報920号19頁。
[26]　最判平成20年3月3日刑集62巻4号567頁参照。

異に解する理由はないから，被害者との関係においては，各不法行為者の結果発生に対する寄与の割合をもって被害者の被った損害の額を案分し，各不法行為者において責任を負うべき損害額を限定することは許されないと解するのが相当である。けだし，共同不法行為によって被害者の被った損害は，各不法行為者の行為のいずれとの関係でも相当因果関係に立つものとして，各不法行為者はその全額を負担すべきものであり，各不法行為者が賠償すべき損害額を案分，限定することは連帯関係を免除することとなり，共同不法行為者のいずれからも全額の損害賠償を受けられるとしている民法719条の明文に反し，これにより被害者保護を図る同条の趣旨を没却することとなり，損害の負担について公平の理念に反することとなるからである。」

　競合的不法行為を共同不法行為として処理しないときは，分割債権関係の原則に則って寄与度減責を許すことに繋がるであろう。近時の学説の中にも共同不法行為としながらもそうした分割責任を許すものがある。しかし，共同不法行為の重要な効果は，それが連帯債務か，不真正連帯債務かはともかく，連帯責任であり，全部賠償義務の原則を貫き，寄与度については求償のレヴェルで処理するところにある。問題は競合的不法行為について，そうした処理をすべきかどうかの評価に関わる。複雑かつ困難な問題であり，最終的な結論は留保したいが，私は現時点ではさしあたって，次のように考える。
　競合的不法行為にはさまざまな形態が考えられる。2個の行為が連結性が強い場合は，前述のように共同不法行為に準じて処理するのが望ましい（したがって，719条を類推して連帯責任を負い，減免責を許さない）が，連結性が弱い場合では，別個の評価と法的処理が必要である。判例の事案のような交通事故と医療過誤の競合形態では分割責任を原則とすべきかもしれない。しかし，これまでの下級審裁判例の多くが共同不法行為として減免責を否定していることは，多くの場合に損害が一体となっており，個別的損害に分解・特定して主張することを要求することが被害者に不可能を強いるに等しく，裁判例もこうした現実を反映しているように思われる。交通事故と医療機関の過失についても種々の態様が考えられ，連結性が弱いときは，各不法行為の損害を区分し，不法行為の独立性を肯定し得る場合も存在すると考えられる。そうした場合でも，分割責任ではなく連帯責任を認めたうえで，寄与度減免責

を許すべきものと考えられる。

②　加害者が複数存在する場合において被害者の側にも過失がある場合に，過失相殺（722条2項）は，どのように適用されるかという問題がある。共同不法行為の場合は，**絶対的過失相殺**すなわち，加害者全員と被害者との関係で過失割合を決めるのが原則であろう。共同行為者は一体となって一個の損害を生じさせたのであるから，加害者側の過失の割合を被害者との利益調整に考慮すべきでない。そうでなければ，損害賠償額についての減免責を許すことに繋がる。これに対して，競合的不法行為においては，加害者間には共同関係が存在せず，過失割合も被害者と各加害者との関係で調整する**相対的過失相殺**の考え方は十分に理由がある。【判例77】はこうした考え方を採用した（被害者Gは加害者S_1との関係では，過失割合はGが3割，S_2との関係では1割，というように）。これに対して，近時の判例は後者の考え方に拠るものがある。

【判例78】最判平成15年7月11日民集57巻7号815頁

　　Y_1の被用者であるAは，片側1車線の本件道路上に，非常点滅表示灯等を点灯させることもなく，トラックをはみ出るような状態で駐車させ，X会社の被用者であるBは，そのころ，トラックを運転して，本件道路を南方から北方に向けて進行し，Y_1の車を避けるため，中央線からはみ出して進行したところ，本件道路を北方から南方に向けて，最高速度として規制されている時速40kmを上回る時速80km以上で進行してきたY_2の運転に係る普通乗用車と衝突した。A，B，Y_2の各過失割合は1対4対1であるとされている。本件交通事故により，Xは270万円余の損害を被り，Y_2は581万円余の損害を被った。本件は，Y_1に対し，Xが自動車損害賠償保障法3条または民法715条に基づき損害賠償を請求し，Xの負担部分を超えてY_2に損害賠償金を支払ったY_3が保険代位に基づいて，Y_1がXに対して負う求償義務の履行を求めた事案である。

　「複数の加害者の過失及び被害者の過失が競合する一つの交通事故において，その交通事故の原因となったすべての過失の割合（以下「絶対的過失割合」という。）を認定することができるときには，絶対的過失割合に基づく被害者の過失による過失相殺をした損害賠償額について，加害者らは連帯して共同不法行為に基づく賠償責任を負うものと解すべきである。これに反し，各加害者と被害者との関係ごとにその間の過失の割合に応じて相対的に過失相殺をすることは，被害者が共同不法行為者のいずれからも全額の損害賠償を受けられるとす

ることによって被害者保護を図ろうとする民法719条の趣旨に反することになる。」

しかし、事案からも明らかなように、本件では、A，B，Y_2三者とも、相互に損害を与えており、たまたまY_2が原告になったにすぎない。とすれば、純然たる被害者が原告になった場面とは事情を異にするものというべきである。とすれば、本件判例はかならずしも相対的過失相殺説から転換したとみるべきでないと思われる。

5 共同不法行為の効果

① 共同不法行為者は、「各自が連帯して」損害賠償責任を負う。従来の通説・判例はここでいう「連帯」と、連帯債務であると解してきた[27]。しかし、連帯債務であるときは、民法434条ないし440条の適用があることになり、したがって、加害者の一人について更改、免除、混同、時効などの事由が生じた場合には、他の加害者のためにも効力を生じることになり、被害者（債権者）に不利益である。また、連帯債務では各債務者間に債務負担に関する主観的連絡があるばかりか、通常、内部的負担部分の取決めがなされているのに対して、共同不法行為については、そうした内部関係は存在しない（加害行為についての主観的連絡はあっても、損害賠償責任についての主観的連絡はない）。そのため、学説はしだいに不真正連帯債務と解する立場が多数を占めるに至っている。しかし、問題は不真正連帯債務にどのような内容を盛るかにあり、近時では、こうした概念そのものの有用性を疑問視する見解も有力である[28]。以下、具体的に検討しよう。

② 連帯債務者の一人について履行請求がなされれば、債務者全員にために効果を生じる（434条）点は、共同不法行為について認めてよいであろう。したがって、加害者の一人に対して損害賠償請求をすれば、他の加害者についても時効中断の効果が生じ（147条）[29]、また、遅滞に陥る（412条3項）。

---

27) 大判大正3年10月29日民録20輯834頁。
28) 淡路剛久「不真正連帯債務概念についての一考察―共同不法行為の場合を中心として―」『民法学の現代的課題』［1972］。
29) 反対、最判昭和57年3月4日判例時報1042号87頁。

③　債務者の一人について弁済その他の債権を消滅させる事由が発生したときは，かつては，不真正連帯債務については本来的な負担部分がないゆえ，求償関係は生じないと解されていたが，今日では，内部的法律関係に応じた求償関係が生ずるものとする点で異論を見ない。判例も，ⅰ）被用者と第三者の共同不法行為につき，民法715条の使用者責任を負う使用者が第三者に対して求償することを認め[30]，また，ⅱ）第三者から使用者に対して求償することを認めている（下記【判例79】）。ⅲ）さらに，複数の被用者の共同不法行為につき，使用者相互間の求償を認める[31]。

【判例79】最判昭和63年7月1日民集42巻6号451頁

Xは，自動車を運転中，交差点にさしかかった際，Yの被用者A（タクシー運転手）の運転するタクシーが交差点内の対向車線側の右折車線上を進行してくるのを発見した。Xは，Aの運転車両は交差点中央部の停止線付近で停止するものと考え，青色信号に従いそのまま同交差点に進入し，いったんハンドルを左に切った後交差点中央部付近でこれを右に切って同一速度で進行しようとした瞬間，前記停止線のやや東側付近において右折進行してきたAの運転車両の右前部がX運転車両の右側後部に衝突し，その衝撃によりXはハンドルを右へ取られ，急制動の措置をとったものの，X運転車両は対向車線上に進出したため，B運転の自動車の前部に接触し，次いでC運転の乗用自動車の右後部に接触し，更に，D運転の原動機付自転車に急制動を余儀なくさせてこれを路上に転倒させた。本件事故は，Aが交差点で右折するに際し，前方から直進してくるXの運転車両の動静を十分確認しないまま漫然と右折進行した過失と，Xが右折進行してくるAの運転車両の動静を十分確認しないまま漫然と同一速度で同一進路を進行した過失とによって発生したものであり，原審裁判所は，その過失割合を，X2割，A8割とするのが相当であるとした。そこで，XはBら3名に対し，右合計30万円余を損害賠償として支払った。本件訴訟は，XがBらに損害賠償として支払った額について求償するものである。

「被用者がその使用者の事業の執行につき第三者との共同の不法行為により他人に損害を加えた場合において，右第三者が自己と被用者との過失割合に従って定められるべき自己の負担部分を超えて被害者に損害を賠償したときは，右第三者は，被用者の負担部分について使用者に対し求償することができるも

---

30) 前掲，最判昭和41年11月18日。
31) 最判平成3年10月25日民集45巻7号1173頁。

のと解するのが相当である。けだし,使用者の損害賠償責任を定める民法715条1項の規定は,主として,使用者が被用者の活動によって利益をあげる関係にあることに着目し,利益の存するところに損失をも帰せしめるとの見地から,被用者が使用者の事業活動を行うにつき他人に損害を加えた場合には,使用者も被用者と同じ内容の責任を負うべきものとしたものであって,このような規定の趣旨に照らせば,被用者が使用者の事業の執行につき第三者との共同の不法行為により他人に損害を加えた場合には,使用者と被用者とは一体をなすものとみて,右第三者との関係においても,使用者は被用者と同じ内容の責任を負うべきものと解すべきであるからである。」

　求償権行使の要件も連帯債務の場合と異なる。連帯債務については,民法442条により,連帯債務者の一人が,自己の負担部分を超えていなくても,一部でも弁済すれば,負担部分につき,他の債務者に対して求償することができるが,これに対して,不真正連帯債務については説が分かれており,負担部分を超えて賠償するときにかぎって求償できるとする説と,負担部分以下の賠償でも求償できるとする説が対立する。【判例79】は前者の立場を明らかにした。したがって,共同不法行為の場合には,共同の免責を得たことだけで求償権が発生するのではなく,自己の負担部分を超えて免責を得た場合に,その超過部分につき初めて求償権が発生することになる。問題は負担部分はどのように決定されるべきかであり,困難な問題であるが,判例は過失割合等によって決定されるべきであるとする。

　④　連帯債務については,債権者が連帯債務者の一人に対してその債務を免除した場合には,その債務者の負担部分について他の債務者も債務を免れるものとされている(絶対効)(437条)。これに対し,共同不法行為者の一人に対してした免除が他の共同不法行為者に対してどのような効力を及ぼすかについては,連帯債務と同様に437条に則り絶対的効力を認める見解,相対的効力しか認めない見解に分かれている。とりわけ,被害者が共同不法行為者の一人と和解ないし示談をして,「今後一切の請求をしない」旨の免除特約がなされる場合の取扱いをめぐって問題が生じる。

---

32)　大判大正6年5月3日民録23輯863頁。
33)　最判昭和41年11月18日民集20巻9号1886頁,前出【判例79】。

判例は，共同不法行為に関するかぎり，民法437条の適用を否定する。すなわち，電車の軌道の敷設された道路上で歩行者が電車に接触して傷害を受けた事案において，被害者に対する電鉄会社の損害賠償債務と，信号機の設置の瑕疵に基づく地方公共団体の損害賠償債務とは，「連帯債務の関係に立つものではないから」，被害者と右電鉄会社との間の訴訟上の和解による債務免除は，右公共団体の債務を消滅させるものではない」と判示し，不貞行為により婚姻関係が破綻した事案において，不貞行為を冒した妻とその相手方による夫に対する共同不法行為は「いわゆる不真正連帯債務であって連帯債務ではないから，その損害賠償債務については民法437条の規定は適用されない」[34]という[35]。しかし，それは被害者が他の共同不法行為者のためにも免除する意思を有している場合に絶対的効力を認めない趣旨と考えるべきではないであろう。とりわけ，被害者が損害賠償額が減額されるのを知りながら，あえて紛争の一体的解決を図るために共同不法行為者の一人と和解したような場合には，絶対的効力を認める余地があるように考えられる。近時判例もその後この理論を承認するに至った。

【判例80】最判平成10年9月10日民集52巻6号1494頁

自動車販売等を業とする会社であるYは，Aを従業員として雇用し，自動車販売に従事させていた。他方，Xは自動車販売業を営み，自動車の販売代金の分割払につき，顧客とB会社（ジャックス）との間のオートローン契約の締結を仲介していた。Aは，販売実績を挙げたように見せかけるため，実際には販売されていない自動車が販売されたと本社に報告し，新車登録をしていたが，その代金の穴埋めのために，オートローン契約を利用した仮装の自動車販売を企て，知人に仮装の買主となることの承諾を得た上，Xに仮装の買主のためにオートローン契約を使うことを依頼し，その了承を得た。Xはこれに応じてB社と仮装の買主33名との間の架空のオートローン契約の締結を仲介し，これにより，Bは売買代金合計3,300万円余をXに立替払し，XはそれをAに交付した。AとXとの右共同不法行為における責任割合は6対4とされている。BとXは，別訴において，(1)XはBに対し，XがAと共同してBに加えた損害につき，2,000万円の支払義務があることを認める，(2)Bはその余の請求を放棄す

---

34) 最判昭和48年2月16日民集27巻1号99頁。
35) 最判平成6年11月24日判例時報1514号82頁。

る，との内容の訴訟上の和解をし，XはBに和解金2,000万円を支払った。原審は，186万円余の遅延損害金の支払を求める限度で，Xの求償金請求を認容した。

「1　甲と乙が共同の不法行為により他人に損害を加えた場合において，甲が乙との責任割合に従って定められるべき自己の負担部分を超えて被害者に損害を賠償したときは，甲は，乙の負担部分について求償することができる。

2　この場合，甲と乙が負担する損害賠償債務は，いわゆる不真正連帯債務であるから，甲と被害者との間で訴訟上の和解が成立し，請求額の一部につき和解金が支払われるとともに，和解調書中に「被害者はその余の請求を放棄する」旨の条項が設けられ，被害者が甲に対し残債務を免除したと解し得るときでも，連帯債務における免除の絶対的効力を定めた民法437条の規定は適用されず，乙に対して当然に免除の効力が及ぶものではない。

しかし，被害者が，右訴訟上の和解に際し，乙の残債務をも免除する意思を有していると認められるときは，乙に対しても残債務の免除の効力及ぶものというべきである。そして，この場合には，乙はもはや被害者から残債務を訴求される可能性はないのであるから，甲の乙に対する求償金額は，確定した損害額である右訴訟上の和解における甲の支払額を基準とし，双方の責任割合に従いその負担部分を定めて，これを算定するのが相当であると解される。

3　以上の理は，本件のように，被用者（A）がその使用者（Y）の事業の執行につき第三者（X）との共同の不法行為により他人に損害を加えた場合において，右第三者が，自己と被用者との責任割合に従って定められるべき自己の負担部分を超えて被害者に損害を賠償し，被用者の負担部分について使用者に対し求償する場合においても異なるところはない。」

⑤　連帯責任においては，共同行為者の寄与度等に応じた減免責を認める見解が有力である。前述の四日市公害裁判でも，「弱い客観的関連共同」の場合の免責立証を許していた。しかし，共同不法行為における損害賠償責任が連帯債務ではなく，不真正連帯債務であることはこのことの十分な根拠にはならない。719条を適用しつつ減免責を認めることは論理矛盾であり，分割債権関係に接近するものといわなければならない。とりわけ，共同不法行為にもとづく損害賠償請求訴訟が必要的共同訴訟でないという通説的見解にしたがえば，行為者の一人に対する制限賠償額の認定は，他の共同行為者に対する訴訟における既判力が及ばないため，被害者にきわめて不利に働く。

判例には一部連帯を認めたものがあるが[36]，賛成しがたい。特別損害ないし寄与度については，求償の場面でのみ働くものと考える。

以上を整理すると以下のようになる。

共同不法行為	主観的関連共同	故意（共謀）	連帯責任（719条1項前段）	
		連結行為（加功行為）（過失＋故意）（判例）	連帯責任（719条1項前段）	
		連結行為（故意＋過失）（判例）		
		加害者不明	連帯責任（719条1項後段）。ただし，免責立証を許す学説あり	
		教唆・幇助	連帯責任（719条2項）	
	客観的関連共同	強い客観的関連共同	連帯責任	
		弱い客観的関連共同	連帯責任。ただし減免責立証を許す（判例）	
	複合的共同不法行為	一般不法行為＋特殊不法行為	連帯責任	
競合的不法行為	法規欠缺（719条の類推）	連帯責任。ただし減免責立証を許す（判例）		

---

36) 大判昭和13年12月17日民集17巻2465頁。

4 不法行為の効果

1 序説

　不法行為の被害者は生じた損害の賠償を請求する権利を有するが，**金銭賠償**だけが普遍的な方法ではなく，不法行為がなかった状態に復させることを求めたり（**原状回復**），現に継続している侵害行為を差し止めたり（**差止請求**），侵害結果を除去し，あるいは将来の侵害を禁止すること（**妨害排除・妨害予防請求**）なども重要な救済手段と考えられる。金銭賠償に代えて原状回復を要求する立法例も存在するが（ドイツ民法249条，251条），わが民法は金銭賠償を原則とし，それ以外の救済手段を例外的なものとした（722条，417条）。1),2) 商品経済社会における貨幣の果たす圧倒的な重要性と救済手段としての便宜性がその最大の理由であろう。また，損害賠償請求権そのものが「財産権」として被害者の一般財産となる機能も無視できない。たしかに，「お前が自分で直せ」，「買って返せ」という発想は自然の正義感に合致し，今日でもなおかなりの説得力がある。しかし，故意による不法行為はいざ知らず，過失による場合でも加害者みずからが手を下して原状に復帰させることは，刑事法的制裁に接近し，しばしば苛酷なものとなりがちである。手間と時間もかかり，修復結果について再度紛争が生じることもありうる。ただ，後に見るように，金銭賠償の原則は賠償額を計量できることを想定しているから，現実にそれがフィクションとなった場合には，妥当性を失うという限界があることも留意しておく必要がある。この点は，公害型不法行為に典型的にみられる差止請求の可否とも絡んで重大かつ困難な問題を提起している。なお，民法修正案理由書は，金銭賠償の原則を採用した理由として，「不法行為ニ因ル損害ト債務不履行ニ因ル損害トハ其性質ヲ異ニスルト雖モ之ヲ賠償セシムルニ付キ別段ノ意思表示ナキ限ハ金銭ヲ以テ其額ヲ定メシムルノ便宜ニ至リテハ敢テ異ナル所」がないと説明する。しかし，そうした特約とは，不法行為によ

---

　1) 特別法上原状回復請求を認めるものとして，著作権法115条および鉱業法111条2項等。
　2) 解釈論として原状回復請求を認める学説として，浜田稔「不法行為の効果に関する一考察——不法行為の効果としての原状回復について」私法15号〔1956〕91頁。

って損害が発生し，その事後処理をめぐって加害者・被害者間で和解類似の合意（示談契約）がなされた結果にすぎず，不法行為法的救済とは別個のものである。

2 金銭賠償

(1) 総　説

(a) 効果論としての賠償額の画定

不法行為の効果が損害賠償請求権の発生であることはいうまでもない。損害の発生が不法行為の成立要件であり，賠償はその効果である。在来の民法学においては，損害＝損害額であり（差額説），かつ，損害額＝賠償額（完全賠償の原則）との帰結を回避するため，賠償額を一定限度に画する**相当因果関係の理論**が採られてきた。ところが，これによるとき，賠償額の画定は「要件」論の中で取り扱われることになり，「効果」論との分化が不透明になる。保護範囲説の登場によって，賠償論（金銭的評価）が明確に効果論として要件論から分別されることになったのである。しかしながら，この理論は，前述のように，不法行為に関しては妥当しない。民法709条は損害額＝賠償額として構成しており，むしろ，完全賠償の原則およびそれを制約する相当因果関係の理論がより適合的であるからである。

(b) 賠償額算定の性格

通説・判例は，賠償されるべき損害額もまた原告の証明責任事項であるとする。これは，賠償額の確定も損害の発生という不法行為成立の要件である，

---

3)　債務不履行に関し，清水・プログレッシブ民法［債権総論］109頁以下。

4)　不法行為に関する種々の教科書を参照すると，損害賠償の説明が，あるものでは，要件論における因果関係に関連して論じられ，また，あるものでは，効果論で扱われる等区々になっており，軌を一にしていないことに気づく。しかし，それはいずれかが「要件・効果」の構成について体系的な誤りを冒しているわけではない。本文でも触れたように，民法709条が損害額＝賠償額という構造をもつがゆえに，そうした区分が不明瞭なものとなっており，それゆえ，形式的には，要件論からも効果論からも論じることが可能であるためである。換言すれば，賠償されるべき金額の具体的算定を不法行為の成立要件の問題として捉えることは背理とは言えないし，これとは逆に，要件論を抽象的な因果関係にとどめ，具体的な賠償額決定は効果論に委ねるという行き方も理論的誤謬とはいえない。では，不法行為において，「要件」・「効果」の明確な分離は不徹底とならざるをえないのであろうか。私は相当因果関係の理論においても，賠償の範囲とその具体的数額の画定は独立して論じることができると考える。それゆえ，本書では，因果関係と保護範囲（「相当」因果関係）は要件論で扱い，賠償額の画定（金銭的評価）は効果論として論じることにする。

との理論的立場（かつての相当因果関係理論）からの当然の帰結であった。これに対して，平井教授は保護範囲説の立場から，損害の算定は裁判官の裁量に委ねられる非訟的性格のものであり，当事者の主張に拘束されないと主張された。これによれば，賠償額は申立額より大きくなることも許されることになる。私も賠償額の具体的な算定は効果論において扱われるべきであると考えるが，そのことから当然に，賠償額の画定を裁判官の自由裁量に委ねるべきであるとは考えない。たしかに，損害賠償責任は肯定されるのに損害額を立証することができないときは請求を棄却すべきだというのでは被害者に酷であり，裁判官への白紙委任をする見解はそれなりの説得力がある。これに関して，民事訴訟法248条は，「損害が生じたことが認められる場合において，損害の性質上その額を立証することが極めて困難であるときは，裁判所は，口頭弁論の全趣旨及び証拠調べの結果に基づき，相当な損害額を認定することができる」と規定し，立法的解決を図っている。そうだとすると，債務者の主張する損害額は訴訟物の上限を画するというべきではなく，一応の目安に過ぎず，裁判所はこれに拘束されないというべきであろう。とはいえ，賠償額の画定はつねにアドホックなものであって基準を決めることができないというのは独断であり，より明確で客観的な賠償額の算定基準を提示することが重要である。確かに，不法行為はつねに非定型的であり，具体的であって，事案により賠償額は千差万別である。しかし，無制限のカズイスティークに帰する裁判官への白紙委任には疑問がある。それは予測可能性という取引安全の配慮だけにとどまるものではない。損害賠償請求訴訟において迅速かつ効率的な法的解決を保障するという意味でも，また，同種の事案であるにもかかわらず，賠償額の算定が個々の裁判所の裁量に委ねられる結果として区々になるという不均衡を是正し，格差を平均化する意味でも望ましい。その点で，人身損害につき，現実の裁判実務，とりわけ交通事故訴訟における裁判所の永年による知恵と経験の蓄積に学ぶべき点が少なくないように思われる。判例は，ここでも差額説の立場を採りながらも，実は個別に類型化

---

5) 最判昭和28年11月20日民集7巻11号1229頁。
6) 平井132頁。
7) 債務不履行についても，清水・プログレッシブ民法［債権総論］115頁。

された**損害項目**の積上げを通して，賠償額をより客観的に算定する技法を練り上げてきた（**個別損害積上げ方式**）。

　他方で積上げ方式の下では，各損害項目について，弁論主義（民訴179条）の原則からは，各損害項目のいちおうの主張が必要であると考えるべきであろう（たとえば，裁判所は生命侵害の場合の葬儀費用の具体的数額の主張に拘束されないが，その主張がないかぎり損害項目として認めるべきではない）。

(c) 定期金賠償

　金銭賠償は一回的賠償が通常であり，ドイツ民法と対照的に，民法には定期金賠償を認める直接の規定は存しない。しかし，一時的賠償の場合には，賠償額が多額であるときは義務者の支払能力を超えてしまうことや，被害者が受領した金銭を浪費するおそれ，あるいはインフレ等経済的事情の変化に対応できない点が指摘されている。これに引き換え，定期金賠償はこうした点で効果的な役割を期待することができ，とりわけ，身体・健康への継続的損害については適切な救済方法となりうると考えられる。身体・健康に対する侵害による損害は本質的に将来取得しうる定期の収入の喪失であると考えることができ，その意味でも定期金賠償と親和的である。民法398条の2第3項の「特定の原因に基づいて債務者との間に継続して生ずる債権」を担保する根抵当権もそうした場面を想定したものと思われる。公害・薬害等の企業による不法行為については，和解等で加害者側が一時的に定額の基金を出し，協会を作ってその基金の運用により被害者の将来の生活維持に役立たせる方式も考案されている。問題は履行確保であるが，今日離婚給付に関して，家庭裁判所によって履行確保の制度が設けられている（家事事件手続法289条参照）ことからして，さほどの困難はないであろう。すでに大審院は若干の判

　8）　ドイツ民法843条は，身体もしくは健康が侵害された場合に，生計能力の喪失もしくは減少，あるいは，侵害によって生じた需要の増大，を理由として定期金賠償を認め，さらに，844条2項は，扶養料相当額の賠償について定期金による旨定めている。いずれの場合でも，重大な理由があるときは，被害者は元本の支払を請求できるとする。重大な理由とは，賠償義務者が多数の相続人を残して死亡した場合や，被害者が外国に居住し，あるいは，被害者が住所を移し定期金を取り立てるのに著しく費用を要する場合，賠償義務者が定期金支払のための担保を供しえない場合，一時支払が被害者にとって好都合な影響をもつ見込みがある場合等である。山田晟＝来栖三郎「損害賠償の範囲および方法に関する日独両法の比較研究」『損害賠償責任の研究(上)』(我妻還暦) [1957] 203頁。

　9）　四宮(下)470頁。

例において定期金賠償を認めていたが，最高裁も間接的ながら定期金賠償を肯定している。[10][11]

補論14　懲罰的損害賠償

　英米法上，損害賠償には損害の補塡のための賠償以外に，懲罰的損害賠償 *exemplary damages* の制度が存在する。これは，不法行為訴訟において加害行為の悪性が高い場合に，加害者に対する懲罰および一般的抑止効果を目的とするものである。18世紀後半にイギリスにおいて確立し，アメリカに継受されたといわれている（近時のアメリカ法の動向については，手塚裕之「米国各州の懲罰的賠償判決の性質・法的機能と本邦での執行可能性」ジュリスト1020号［1993］117頁）が，損害賠償の目的を原状回復に求めるわが国の不法行為法と異質なものといってよい。しかし，懲罰的損害賠償は，弁護士費用を補塡する機能があり，また非財産的損害の賠償方法として評価することもできよう（田中英夫『法の実現における私人の役割』［1987］）が，アメリカでも二倍額訴訟，三倍額訴訟等にあらわれるように賠償額の巨額化が社会問題となっており，弊害も多く指摘され，内外からも批判が多い。賠償額の大半が被害者の救済よりも訴訟代理人たる弁護士の利益になっていること（「訴訟はビジネスである」），賠償判決によって企業等が財政破綻し，倒産等に追い込まれること，とりわけ，医療事故裁判では病院が閉鎖に追い込まれ，地域から医療施設が消滅すること等であるために，賠償額の上限を定める不法行為法改革が試みられたこともある。近時，合衆国カリフォルニア州裁判所が命じた判決にもとづいてわが国において執行判決（民執24条4項，22条6号）を求めた事案につき，懲罰的損害賠償の支払を命ずる部分を除き，本件外国判決による強制執行を許すべきものとした最高裁判決（最判平成9年7月11日民集51巻6号2573頁）が注目される。

(2) 財産的損害

　物が滅失させられたときは，通常はその交換価値すなわち市場価値が賠償額になる（転売価格は，それが予定されているときは通常損害，そうでないときは特別損害として賠償されるべきである（416条の類推適用，相当因果関係の基準でも同様））。通常の商品であれば小売価格，中古品の場合も中古市場価格が標準となる。

10）　大判大正5年9月16日民録22輯1796頁，大判昭和3年3月10日民集7巻152頁。
11）　最判昭和62年2月6日判例時報1232号100頁は，原告が一時払を請求している場合には，定期金賠償を命じることはできないと判示する。

市場価格の基準時をどこに求めるかについては、富喜丸事件判決は416条2項の問題として解決したが、賠償の範囲の問題ではなく損害の金銭的評価として捉えるべきだとの学説が有力である。これについては、債務不履行において論じたのでそちらに譲る[12]。また、交換価値以外に使用価値を合わせて賠償請求することは二重取りになるから許されないが、代物を取得できるまでに得られたであろう運用利益は賠償の範囲に入ると考えられる。

損傷の場合は、修理費用が賠償さるべき額であり、買換費用は原則として賠償額というべきではない[13]。困難であるのは市場性のない物の場合である。たとえば、築数十年を経過した家屋の損壊について、新たな建物の建築費用をもって賠償額とすべきでないことは明らかである。しかし、場合によっては、「焼け太り」を許すことが妥当な場合もあろうが、原則としては、当該建物の現在の使用状態にそくした利用価値を基準に算定すべきであろう[14]。なお、修理中の使用不能による損害(休業損害)もまた賠償額と考えられる[15]。

(3) 生命侵害

ⅰ) 生命侵害における逸失利益をどのように評価し、賠償額を算定するかは困難な問題であり、損害賠償請求権者の問題とも密接に関連する(後述)が、2つの対蹠的な捉え方が存在する。一つは、損害を具体的な収入の喪失として捉えた上で、その稼働年数を乗じて総額を計算する方法である。判例がこの立場を採る。これに対して、もう一つは、金銭的差額ではなく労働能力の喪失それ自体を損害として捉える見解(**労働能力喪失説**)である。この説は、被害者に生じた不利益そのものを損害と捉える**損害事実説**の生命侵害における一態様と考えられるが、損害とその金銭的評価を峻別する点で正当なものを含んでおり、また、賠償額の定額化とも親和的である。

---

12) 清水・プログレッシブ民法[債権総論]112頁。
13) 最判昭和49年4月15日民集28巻3号385頁は、自動車に関して、「所有者が、これを売却し、事故当時におけるその価格と売却代金との差額を損害として請求しうるのは、被害車両が事故によって物理的または経済的に修理不能と認められる状態になったときのほか、フレーム等車体の本質的構造部分に重大な損傷の生じたことが客観的に認められ、被害車両においてその買替えをすることが社会通念上相当と認められときをも含むと解すべきである」という。
14) 当該建物を賃借した場合の賃料相当額に予想されるべき残耐用年数を乗じた額、といういちおうの試論を提示しておく。
15) 最判昭和33年7月17日民集12巻12号1751頁。

ⅱ) 裁判実務では，前者の考え方に則り，各損害項目に分別してそれぞれに賠償額を算定するという形で具体的に賠償額を決定する。すなわち，財産的損害と非財産的損害（精神的損害）に分け，財産的損害は，「逸失利益」，葬式費用，弁護士費用等というふうに，それぞれの金額を計算して積み上げる。

ⅲ) 逸失利益は，原則として，現実の収入の個々の個別具体的な被害者の収入を基準として算定される。すなわち，判例は，被害者の死亡直前の給与額を基準にして，これに就労可能年数を乗じて総収入を算出し，生活費および中間利益を控除して計算する[16]。昇給率も考慮される[17]。個人営業者については，原則として，企業収益中に占める企業主の労務その他企業に対する個人的寄与に基づく収益部分の割合によって算定すべきであるとされる[18]。

営業収益に対して課せられるべき所得税その他の租税額については，控除すべきではないとするのが最高裁判例である[19]。問題となるのは，被害者が受給していた公的年金は逸失利益となるかである。判例は，公務員であった者が受けるべき恩給[20]，国民年金法による老齢年金[21]，公務員の退職年金[22]，国民年

---

16) 中間利息の控除の方式としては，単式ホフマン方式（現在価額 x に年利率 r（＝5％）で，期間 n 分の単利利息を乗じたものを将来取得しうる受領利益額とする），ライプニッツ方式（複利計算で中間利息を控除），複式ホフマン方式，カルプツォフ方式等がある。最高裁は複式ホフマン方式を採っているが（最判昭和37年12月14日民集16巻12号2368頁，最判平成2年3月23日判例時報1354号85頁），近時の下級審判決の趨勢はライプニッツ方式に収斂しつつあるといわれている。各方式についての詳細は，篠原弘志「逸失純収益とその現在額の測定」現代損害賠償法講座7〔1974〕180頁以下参照。なお，利率は法定利率（5％）で計算するとするのが判例である（大判大正15年1月26日民集5巻71頁，最判平成17年6月14日民集59巻5号983頁）。

ホフマン方式 （単利計算法）

$$x = \frac{A}{1+nr}$$

r：年利率（5％）
n：年数
A：全収入額

複式ホフマン方式

$$x = a\left(\frac{1}{1+r} + \frac{1}{1+2r} + \cdots\cdots + \frac{1}{1+nr}\right)$$

a：各期ごとに発生する収入額

ライプニッツ方式

$$x = a \cdot \frac{1-(1+r)^{-n}}{r}$$

17) 最判昭和43年8月27日民集22巻8号1704頁。
18) 最判昭和43年8月2日民集22巻8号1525頁。
19) 最判昭和45年7月24日民集24巻7号1177頁。
20) 最判昭和59年10月9日判例時報1140号78頁。
21) 最判平成5年9月21日判例時報1476号120頁。

金法による障害基礎年金について，これを肯定して相続により取得するという。これに対して，障害年金の妻・子の加給分[24]，軍人恩給扶助料[25]，厚生年金法による遺族厚生年金[26]については逸失利益性を否定する（後述の損益相殺とオーバーラップする）。

iv）上記のように，賠償額の算定が被害者の現実に得ている所得を標準とするならば，被害者が収入を得ていない場合（失業者，専業主婦，幼児等）には，どのように算定されるべきか問題となる。とりわけ，幼児の場合には，職業，稼働年数，収入等予測がきわめて困難であり，あるいは限りなくフィクション化する。そのため，3歳2ヶ月の男児が交通事故で死亡した場合につき，得べかりし利益を適確に推認しえないとして逸失利益の賠償請求を否定した判例もあったが[27]，後に，最高裁は「諸種の統計表その他の証拠資料に基づき，経験則と良識を活用してできる限り客観性のある額を算定すべきであり，一概に算定不可能として得べかりし利益の喪失による損害賠償請求を否定することは許されない」と判示し[28]，確定した判例理論となっている。また[29]，女児の死亡についても，算定が困難なときは，女子労働者の平均賃金を基準とすべきだとする[30]。

ところで，賃金センサスの基礎をなす女子労働者の平均賃金は男子のそれよりも低いことから，逸失利益の算定にも格差が反映される不合理が生じる。

---

22) 地方公務員については，最判昭和50年10月21日判例時報799号39頁が，逸失利益から控除されるとしていたのを，最大判平成5年3月24日民集47巻4号3039頁が改め（【判例94】），また，国家公務員については，最判昭和50年10月24日民集29巻9号1379頁が逸失利益性を認める。
23) 最判平成11年10月22日民集53巻7号1211頁。
24) 同判決。
25) 最判平成12年11月14日判例時報1732号83頁。
26) 最判平成12年11月14日民集54巻9号2683頁。
27) 最判昭和43年8月2日民集22巻8号1525頁。
28) 最判昭和37年5月4日民集16巻5号1044頁。
29) 最判昭和39年6月24日民集18巻5号874頁。
30) 最判昭和49年7月19日民集28巻5号872頁。最判昭和54年6月26日判例時報933号59頁。その後も，5歳の女児の逸失利益の算定につき，賃金センサスの18歳ないし19歳の女子労働者の平均賃金を基準として収入額を算定しても不合理ではないといい（最判昭和56年10月8日判例時報1023号47頁），8歳の女児の逸失利益の算定につき，パートタイム労働者を除く女子労働者の平均給与額を基準として収入額を算定した。最判昭和62年1月19日民集41巻1号1頁。また，最判昭和61年11月4日判例時報1216号74頁は，満一歳の女児の逸失利益につき，女子労働者の全年齢平均額を基準として算定しても不合理でない，という。

そのため，全労働者の平均賃金を算定基準とするべきだとの主張があり，下級審裁判例でもそれにしたがう趨勢にある。

v）なお，口頭弁論終結後の物価上昇ないし賃金上昇を斟酌すべきかは問題であるが，判例は否定している。[31]

vi）生命侵害の場合，逸失利益のほか，入院治療費（即死でない場合）や，介護費用等が財産的損害となることは異論はない。葬儀費用や墓地建設費についてはやや問題である。前者につき，判例は，それが社会通念上不相当なものでない限り，人の死亡事故によって生じた必要な出費として，加害者側の賠償すべき損害という。[32] しかし，人はかならずいつかは死ぬ運命であり，出費は避けられない。それが予想よりも早まったに過ぎないとすれば損害とは認められないということになりそうである。しかし不意の出費ということであれば，次項の慰謝料の算定において顧慮されるべきであろう。

墓碑建設費についても同様の問題がある。判例はここでも肯定するが，[33] 学説には反対する者が多い。

vii）生命侵害による慰謝料請求権が成立するかは問題であるが，損害賠償請求権の主体の問題として後述する。

|補論15| 西原理論——死傷損害説

　本文でも示したように，在来の理論においては，差額説であれ，損害事実説であれ，生命侵害における損害賠償額の算定は，他の財産権と同様に，労働力商品としての価値にそくしてなされてきた。とりわけ，判例のように，労働価値の金銭的実現を将来にわたる収入の総額として捉えるとき，損害の総体的把握は不確定的要素を含んだ蓋然性ある「逸失利益」としてあらわれる。賠償額の算定が非現実的なフィクションに化する原因はこうした点に根ざしている。このような発想に対して痛烈な批判を浴びせたのが西原道雄教授であった。教授は次のように述べる。

　人の生命は無限であって，本来金銭に換算することのできないものである。にもかかわらず在来の理論は財産的損害と非財産損害を分け，前者を重視し，後者を補充的・調整的なものとして扱っている。しかし，個々の被害者の所得

---

31) 最判昭和58年2月18日判例時報1073号65頁。
32) 大判昭和5年5月12日法律新聞3127号9頁，最判昭和43年10月3日判例時報540号38頁。
33) 最判昭和44年2月28日民集23巻2号525頁。

にそくして賠償額を決定することは，結果として富める者に有利な結果をもたらすものであり，平等，そして人間の尊重に反するものとなっている。職業や社会的地位が何であれ，人の生命の価値に違いはない。のみならず，賠償額は将来の不確定な事実にかかわるがゆえに予見不可能であり，曖昧で不正確である。それゆえ，生命・身体の侵害は死傷それ自体として捉えるべきであり（**死傷損害説**），人身損害は一つの非財産的損害として，全体としての賠償額を定めるべきであるとする（**一括評価方式**）。この一括評価のために**損害の定型化**が求められ，収入の多寡によらず一定額を賠償させるべきだとの帰結が導かれる。

　西原理論は学界に大きな衝撃を与え，その後の裁判実務にも多大な影響を与えた。とりわけ，高度経済成長期に入った昭和40年代以降，激増した交通事故や公害によって生じる多数の被害者の救済に貴重な指針を与えることになった。裁判実務では，差額説によりつつも，平均賃金を基礎とする賠償額の平準化が定着し，定額化の方向に進んでいると見ることができ，また，多数の被害者原告を産み出した公害訴訟における一律請求・包括請求の手法等も西原理論なしにはありえなかった。しかし，なによりも，経済合理性による捉え方に対する反省を促し，人間の平等や個人の尊厳という根源的な価値に目を向けさせ，損害賠償制度の理念を反省させた功績は巨大なものといわなければならないであろう。しかし，西原理論が従来の理論を塗り替える新たな賠償額算定の基準を提示することに成功したかというと，なお疑問が残る。教授の提唱した定額化論に対しても，「低額化」に堕する結果になっているとの批判があり（そのもっとも尖鋭な批判として，楠本安雄「人身損害の個別性を考える―『定額化』・『定型化』論批判のために―」『現代私法学の課題と展望(上)』（林還暦）［1981］151頁等），経済事情の変化や生活水準の向上，価値観の多様化・流動化をつねとする現代社会の中で十分に機能しうるか問われている。その意味で教授の提起した問題に対する解答は，まさに将来に向けて残されているといえるのである。

(4) 身体侵害

　ⅰ）身体損害による逸失利益は労働能力の減少であり，判例は生命侵害と同様に収入の減少として捉えている。

　困難な問題は労働能力の減少は生じたが，現実に収入の減少をもたらさない場合である。判例には，交通事故により労働能力が減少しても，被害者が，その後従来どおり会社に勤務して作業に従事し，労働能力の減少によって格別の収入減を生じていないときは，被害者は，労働能力減少による損害賠償

の請求をすることができないとしたものがある(【判例82】)。しかし、将来労働能力の減少のため収入減が生じる可能性があるかぎり責任を否定すべきではないであろう。

【判例81】最判昭和56年12月22日民集35巻 9 号1350頁

　Xは本件交通事故によって右手、右臀部に加療 5 日間を要する挫傷を受け、約 2 年10ヶ月にわたる通院治療の結果、身体障害等級14級に該当する腰部挫傷後遺症を残して症状が固定し、右下肢に局部神経症状があるものの、上・下肢の機能障害および運動障害はないとの診断を受けた。右後遺症は多分に心因性のものであるとされている。Xは、A研究所に技官として勤務し、本件事故前はかなり力を要するプラスチック成型加工業務に従事していたが、本件事故後は腰部痛および下肢のしびれ感があって従前の仕事がやりづらいため、坐ったままでできる測定解析業務に従事するようになった。しかし、本件事故後も給与面については格別不利益な取扱いは受けていない。

　「かりに交通事故の被害者が事故に起因する後遺症のために身体的機能の一部を喪失したこと自体を損害と観念することができるとしても、その後遺症の程度が比較的軽微であって、しかも被害者が従事する職業の性質からみて現在又は将来における収入の減少も認められないという場合においては、特段の事情のない限り、労働能力の一部喪失を理由とする財産上の損害を認める余地はないというべきである。」

　「〔……〕現状において財産上特段の不利益を蒙っているものとは認め難いというべきであり、それにもかかわらずなお後遺症に起因する労働能力低下に基づく財産上の損害があるというためには、たとえば、事故の前後を通じて収入に変更がないことが本人において労働能力低下による収入の減少を回復すべく特別の努力をしているなど事故以外の要因に基づくものであって、かかる要因がなければ収入の減少を来たしているものと認められる場合とか、労働能力喪失の程度が軽微であっても、本人が現に従事し又は将来従事すべき職業の性質に照らし、特に昇給、昇任、転職等に際して不利益な取扱を受けるおそれがあるものと認められる場合など、後遺症が被害者にもたらす経済的不利益を肯認するに足りる特段の事情の存在を必要とするというべきである。」

ⅱ）被害者が受傷後に他の原因によって死亡した場合に、死亡後の逸失利

---
34)　最判昭和42年11月10日民集21巻 9 号2352頁。

益分は控除されるべきか。差額説の立場からすると，死亡時点までの収入取得の可能性に限定されるため，賠償額がその限度に減縮されることになるが，これに対して，労働価値説の立場では抽象的な所得可能性を問題とするため，顧慮されない。判例は後者の立場に立ち，交通事故による症状が固定した後，心臓麻痺によって死亡した事案につき，次のようにいう。[35]

【判例82】最判平成8年4月25日民集50巻5号1221頁
「交通事故の時点で，その死亡の原因となる具体的事由が存在し，近い将来における死亡が客観的に予測されていたなどの特段の事情がない限り，右死亡の事実は就労可能期間の認定上考慮すべきものではない。けだし，労働能力の一部喪失による損害は，交通事故の時に一定の内容のものとして発生しているのであるから，交通事故の後に生じた事由によってその内容に消長を来すものではなく，その逸失利益の額は，交通事故当時における被害者の年齢，職業，健康状態等の個別要素と平均稼働年数，平均余命等に関する統計資料から導かれる就労可能期間に基づいて算定すべきものであって，交通事故の後に被害者が死亡したことは，前記の特段の事情のない限り，就労可能期間の認定に当たって考慮すべきものとはいえないからである。また，交通事故の被害者が事故後にたまたま別の原因で死亡したことにより，賠償義務を負担する者がその義務の全部又は一部を免れ，他方被害者ないしその遺族が事故により生じた損害のてん補を受けることができなくなるというのでは，衡平の理念に反することになる。」

これに対して，死亡後の介護費用についても同様に考えるべきか問題となったものがある。判例は減縮を認めた。

【判例83】最判平成11年12月20日民集53巻9号2038頁
亡Aは，Y運転の普通乗用自動車に衝突されて傷害を負い，脳挫傷による知能障害等により，いわゆる寝たきりで，食事，用便等日常生活のすべての面で他人の介護を要する状態にあったが，本件訴訟の係属中に胃がんにより死亡した。亡Aの相続人であるXらは，主位的に，損害額の算定に当たり亡Aが胃がんにより死亡した事実を考慮すべきではないとして，亡Aの傷害による損害の

---

35) 同趣旨の判例として，最判平成8年5月31日民集50巻6号1323頁。

賠償を求め，その死亡後の逸失利益および介護費用を右交通事故による損害として主張した。

「1　交通事故の被害者が事故に起因する傷害のために身体的機能の一部を喪失し，労働能力の一部を喪失した場合において，逸失利益の算定に当たっては，その後に被害者が別の原因により死亡したとしても，右交通事故の時点で，その死亡の原因となる具体的事由が存在し，近い将来における死亡が客観的に予測されていたなどの特段の事情がない限り，右死亡の事実は就労可能期間の認定上考慮すべきものではないと解するのが相当である。」

「2　しかし，介護費用の賠償については，逸失利益の賠償とはおのずから別個の考慮を必要とする。すなわち，㈠介護費用の賠償は，被害者において現実に支出すべき費用を補てんするものであり，判決において将来の介護費用の支払を命ずるのは，引き続き被害者の介護を必要とする蓋然性が認められるからにほかならない。ところが，被害者が死亡すれば，その時点以降の介護は不要となるのであるから，もはや介護費用の賠償を命ずべき理由はなく，その費用をなお加害者に負担させることは，被害者ないしその遺族に根拠のない利得を与える結果となり，かえって衡平の理念に反することになる。㈡交通事故による損害賠償請求訴訟において一時金賠償方式を採る場合には，損害は交通事故の時に一定の内容のものとして発生したと観念され，交通事故後に生じた事由によって損害の内容に消長を来さないものとされるのであるが，右のように衡平性の裏付けが欠ける場合にまで，このような法的な擬制を及ぼすことは相当ではない。㈢被害者死亡後の介護費用が損害に当たらないとすると，被害者が事実審の口頭弁論終結前に死亡した場合とその後に死亡した場合とで賠償すべき損害額が異なることがあり得るが，このことは被害者死亡後の介護費用を損害として認める理由になるものではない。以上によれば，交通事故の被害者が事故後に別の原因により死亡した場合には，死亡後に要したであろう介護費用を右交通事故による損害として請求することはできないと解するのが相当である。」

　本判決は，下級審裁判例の趨勢が平成8年の射程として肯定的に受け止められていたのに対し，その立場を修正して，介護費用については別個の扱いをすべきことを認めた点に意義がある。学説も概ね賛成する。ただ，本判決も指摘するように，口頭弁論終結前と後とでの不均衡は避けられない。口頭弁論終結後に死亡した場合には，事情変更の原則の適用による介護費用分の

不当利得返還請求権を認めるべきであろうか。

　iii）外国人不法就労者の負傷事故についても賠償額の算定が問題となることがある。短期滞在（観光目的）の在留資格で入国しながら就労し，在留期間経過後も残留して就労中に受傷事故によって負傷した事案における逸失利益の算定に当たり，最高裁は，事故の約5ヶ月後まで勤めた会社を退社した日の翌日から3年間を超えて認めなかった原審裁判所の認定判断を是認している。[36] 逸失利益については，被害者が外国人であろうと事故がなければ将来得ていたであろう収入の状況を想定し，それが失われ，または減少したことによる損害額を算定すべきことはいうまでもない。しかし，他方で当該外国人がいつまで日本に居住して就労するかを相当程度の蓋然性が認められる程度に予測して，将来のあり得べき収入状況を想定せざるを得ないであろう。

　iv）身体侵害の場合，治療費，入院費が賠償額になることは異論がない。[37] リハビリ費用，付添料，見舞費用もこれに含まれる。[38]

【判例84】最判昭和49年4月25日民集28巻3号447頁

　　Xは，本件交通事故により脳挫傷等の傷害を受け，直ちに外科病院に入院したが，当時は危篤状態で一週間にわたり意識が混濁した状況にあり，その後精神障害治療のため56日間他の病院に転入院し，その後さらに27回にわたり病院に通院して治療を受けた。他方，Xの娘であるAは，ウィーンに留学すべく横浜からナホトカ経由で出発したが，途中モスクワに到着した際，本件交通事故の通知を受けたため急遽帰国し，入院中のXに付添って看護し，翌年改めてウィーンに赴いたが，その結果，XがAのために調達した留学のための諸費用のうち横浜からナホトカ経由ウィーンまでの旅費が無駄となったのみならず，XはAが帰国のために要したモスクワからナホトカ経由横浜までの旅費の支出を余儀なくされた。

　「おもうに，交通事故等の不法行為によって被害者が重傷を負ったため，被害者の現在地から遠隔の地に居住又は滞在している被害者の近親者が，被害者

---

36)　最判平成9年1月28日民集51巻1号78頁。
37)　現実に出捐した金額が賠償額となるが，不相応な出費（病院の個室代）や客観的に必要とはみられない高額治療費は認められない。
38)　最判昭和46年6月29日民集25巻4号650頁は，付添看護をした者が近親者であるため，現実に看護料の支払をせずまたはその支払請求を受けていない場合であっても，近親者としての付添看護料相当額の損害を被ったものとして，加害者に対しその賠償請求をすることができる，とする。

の看護等のために被害者の許に赴くことを余儀なくされ，それに要する旅費を出捐した場合，当該近親者において看護等のため被害者の許に赴くことが，被害者の傷害の程度，当該近親者が看護に当たることの必要性等の諸般の事情からみて社会通念上相当であり，被害者が近親者に対し右旅費を返還又は償還すべきものと認められるときには，右旅費は，近親者が被害者の許に往復するために通常利用される交通機関の普通運賃の限度内においては，当該不法行為により通常生ずべき損害に該当するものと解すべきである。そして，国際交流が発達した今日，家族の一員が外国に赴いていることはしばしば見られる事態であり，また，日本にいるその家族の他の構成員が傷病のため看護を要する状態となった場合，外国に滞在する者が，右の者の看護等のために一時帰国し，再び外国に赴くことも容易であるといえるから，前示の解釈は，被害者の近親者が外国に居住又は滞在している場合であっても妥当するものというべきである。」

(5) **弁護士費用**

被害者が不法行為にもとづく損害賠償請求訴訟を提起する場合，弁護士に依頼することが多い。ところが，わが国では弁護士強制制度を採っておらず，本人訴訟が原則であり，訴訟費用にも弁護士費用は含められていないため，弁護士費用が損害額となるか問題となる。大審院は，不法な訴に応訴するため弁護士に支払った費用中，相当範囲の報酬および手数料その他の費用は，該訴により通常生ずべき損害として賠償を請求することができるとしたが，最高裁は提訴の場合でも損害と認める。[39]

【判例85】最判昭和44年2月27日民集23巻2号441頁

亡A，Bは，Xの代理人と称して根抵当権等を設定し，その後，Yに所有権移転登記がなされたが，Xは，Yに対して，これらの担保権設定契約はABがXに無断でYと締結したものであるから無効であるとして，Yに所有権取得登記の抹消登記手続を命じた判決が確定した。

「思うに，わが国の現行法は弁護士強制主義を採ることなく，訴訟追行を本人が行なうか，弁護士を選任して行なうかの選択の余地が当事者に残されているのみならず，弁護士費用は訴訟費用に含まれていないのであるが，現在の訴

---

39) 大連判昭和18年11月2日民集22巻1179頁。

訟はますます専門化され技術化された訴訟追行を当事者に対して要求する以上，一般人が単独にて十分な訴訟活動を展開することはほとんど不可能に近いのである。従って，相手方の故意又は過失によって自己の権利を侵害された者が損害賠償義務者たる相手方から容易にその履行を受け得ないため，自己の権利擁護上，訴を提起することを余儀なくされた場合においては，一般人は弁護士に委任するにあらざれば，十分な訴訟活動をなし得ないのである。そして現在においては，このようなことが通常と認められるからには，訴訟追行を弁護士に委任した場合には，その弁護士費用は，事案の難易，請求額，認容された額その他諸般の事情を斟酌して相当と認められる額の範囲内のものに限り，右不法行為と相当因果関係に立つ損害というべきである。」

(6) **精神的損害**（慰謝料）

ⅰ）民法710条は財産権の侵害と財産以外の侵害についての賠償を認めており，通説・判例はそこから，損害を**財産的損害**と**精神的損害**に分類する。[40] 精神的損害に対する賠償は**慰謝料**と呼ばれるが，非財産的損害を精神的損害とすることには批判がある。たとえば，法人は生身の肉体をもたないゆえに精神的損害は考えにくいが，財産的損害以外の損害をこうむることはありうる。判例も**無形損害**として認める。

【判例86】最判昭和39年1月28日民集18巻1号136頁
　　Xは診療を行う財団法人であったが，Y新聞は，その発行する新聞紙上に，「躍る赤い衛生兵！」「都内で一千名待機」「代々木診療所から指令を流す」「黒幕に医学界の権威」などの見出しをつけた記事を掲載した。Xは，その内容が真実に反するばかりでなく，ことさらにXの名誉信用を傷つけようとする意図の下に作成されている，として慰謝料および謝罪広告を求めて本訴におよんだ。
　　「民法710条は，財産以外の損害に対しても，その賠償を為すことを要すと規定するだけで，その損害の内容を限定してはいない。すなわち，その文面は判示のようにいわゆる慰藉料を支払うことによって，和らげられる精神上の苦痛だけを意味するものとは受けとり得ず，むしろすべての無形の損害を意味するも

---

40) 財産的損害・非財産的損害と財産損害・非財産損害とは，区別されなければならない。前者は内容による区別であるのに対して，後者は対象による区別であり，たとえば，愛着ある衣服が損傷したような財産的損害であっても非財産損害であることも，また，たとえば，身体損害による所得の減少のように，非財産的損害であっても財産損害であることもありうる。

のと読みとるべきである。従って右法条を根拠として判示のように無形の損害即精神上の苦痛と解し、延いて法人には精神がないから、無形の損害はあり得ず、有形の損害すなわち財産上の損害に対する賠償以外に法人の名誉侵害の場合において民法723条による特別な方法が認められている外、何等の救済手段も認められていないものと論詰するのは全くの謬見だと云わなければならない。

　思うに、民法上のいわゆる損害とは、一口に云えば、侵害行為がなかったならば惹起しなかったであろう状態（原状）を(a)とし、侵害行為によって惹起されているところの現実の状態（現状）を(b)としa−b＝x そのxを金銭で評価したものが損害である。そのうち、数理的に算定できるものが、有形の損害すなわち財産上の損害であり、その然らざるものが無形の損害である。しかしその無形の損害と雖も法律の上では金銭評価の途が全くとざされているわけのものではない。侵害行為の程度、加害者、被害者の年令資産その社会的環境等各般の情況を斟酌して右金銭の評価は可能である。その顕著な事例は判示にいうところの精神上の苦痛を和らげるであろうところの慰藉料支払の場合である。しかし、無形の損害に対する賠償はその場合以外にないものと考うべきではない。そもそも、民事責任の眼目とするところは損害の塡補である。すなわち前段で示したa−b＝xの方式におけるxを金銭でカヴァーするのが、損害賠償のねらいなのである。かく観ずるならば、被害者が自然人であろうと、いわゆる無形の損害が精神上の苦痛であろうと、何んであろうとかかわりないわけであり、判示のような法人の名誉権に対する侵害の場合たると否とを問うところではないのである。尤も法人の名誉侵害の場合には民法723条により特別の手段が講じられている。しかし、それは被害者救済の一応の手段であり、それが、損害塡補のすべてではないのである。このことは民法723条の文理解釈からも容易に推論し得るところである。そこで、判示にいわゆる慰藉料の支払をもって、和らげられるという無形の損害以外に、いったい、どのような無形の損害があるかという難問に逢着するのであるが、それはあくまで純法律的観念であって、前示のように金銭評価が可能であり、しかもその評価だけの金銭を支払うことが社会観念上至当と認められるところの損害の意味に帰するのである。それは恰も民法709条の解釈に当って侵害の対象となるものは有名権利でなくとも、侵害されることが社会通念上違法と認められる利益であれば足るという考え方と志向を同じうするものである。

　以上を要約すれば、法人の名誉権侵害の場合は金銭評価の可能な無形の損害の発生すること必ずしも絶無ではなく、そのような損害は加害者をして金銭でもって賠償させるのを社会観念上至当とすべきであり、この場合は民法723条

に被害者救済の格段な方法が規定されているとの故をもって，金銭賠償を否定することはできないということに帰結する。」

　たしかに，法人について精神的苦痛を問うことはナンセンスであり，その意味で慰謝料請求権はありえないともいえる。しかし，法人がこうむる損害が直接的な財産的損害にかぎられるとはいえない。名誉・信用の失墜によって事業遂行が支障を来し，あるいは事業目的が困難ないし不可能になることは十分にありうる。それも広い意味では財産的損害といえる。しかし，そうした損害の発生を具体的に証明することは，しばしばきわめて困難である。判例が用いる無形損害という表現はそのようなものとして理解されるべきであろう。民法710条にいう「財産以外の損害」とはそのように解され，財産以外の損害＝精神的損害→慰謝料という限定をすべき理由は存しない。「慰謝料」という表現にこだわるときは，幼児や精神病者等には否定されるという不当な結果をもたらしかねない。

　ⅱ）慰謝料請求権の性格が精神的損害の回復であるとしても，それは多分にフィクションであり，それゆえ，私的制裁としての機能を指摘する考え方が古来より存在した。しかし，制裁は刑事責任に委ね，不法行為上の救済はもっぱら損害の分配であるというのが現在の通説的見解といってよい。

　精神的損害は，本来，金銭的評価をすることができない。損害額は個人差が大きく，主観的なものである。それゆえ，算定の客観的根拠は存在せず，裁判官の裁量に委ねられているといえる。最高裁も，「当事者双方の社会的

---

41)　幾代279頁がこの点を指摘する。
42)　大判昭和11年5月13日民集15巻861頁は，「慰謝料請求権ハ肉体上若ハ精神上ニ於ケル苦痛感受ノ存在ヲ前提トシテ初メテ肯認シ得ベキ権利タルコト素ヨリ言ヲ俟タザランモ右苦痛ヲ感受シ得ルノ性能ハ必ズシモ其ノ被害ノ当時現ニ具有セザルベカラザルモノニ非ズ苟モ当時既ニ将来ニ於ケル右感受性ノ発生ヲ通常期待シ得ベキモノタル以上此ノ種請求権ヲ認ムルニ何等妨ゲナキモノト解スルヲ相当トス」と判示して，1歳4ヶ月の幼児について慰謝料を認めている。
43)　もっとも，近時に芸能人の名誉毀損について，多額の慰謝料（800万円）を認めた裁判例が現れ（東京地判平成19年6月25日判例時報1988号39頁），注目される。
44)　大判明治34年12月20日刑録7輯11巻105頁は，損害額の証明がなくても，裁判所は諸種の事情を参酌して定めるべきものであるとし，大判明治43年4月5日民録16輯273頁は，財産以外の損害は各場合における事情を考慮し，自由心証をもって数額を量定すべく，数額を認定した根拠を示さなくてもよいという。大判昭和7年7月8日民集11巻1525頁も，婚姻予約不履行につき慰謝料の数額は事実審判所で諸般の事情を参酌して自由に量定することができるという。

地位，職業，資産，加害の動機および態様，被害者の年令，学歴等諸般の事情を参酌すべきである」と判示する。したがって，原告は算定の根拠を立証する必要はないが，賠償額の認定は原告の主張する数額が上限になると解するのが適切であろう。

ところで，慰謝料がそのようなものであるとすると，数額は個別的具体的な不法行為ごとにバラバラになるが，定型的に発生する不法行為についてもそれでもよいかが問題とされる。そのため，昭和40年代から激増した交通事故紛争の効率的な処理として，定額化が有力に唱えられることになり，実務でも算定基準が定められるに至っている。

iii）近時，慰謝料請求権はその機能が変化ないし拡大していることが指摘されている。すなわち，通説・判例の立場では財産的損害額が原告の立証責任とされる関係上，立証がかならずしも十分でない場合に賠償額が低くなる点を調整するため，実務では慰謝料額によって調整しようとするものである（**慰謝料の調整的機能・補完的機能**）。この場合には，裁判所は，原告が慰謝料として主張する額を超えて賠償額の支払いを命じることができると考えるべきである。

補論16 **一律請求・包括請求**

広汎かつ多数の被害者を生じさせる公害訴訟や薬害訴訟の場合には，通常の不法行為訴訟と異なる特徴がある。すなわち，原告が多数にのぼること，罹患にして進行する期間が長期にわたり，訴訟に至るのは損害が蓄積されてからであることが多いこと，症状にも個体差があること，損害は被害者や家族の生活にまでおよぶこと等である。そのため，個々の被害者につき損害額を具体的に立証することはきわめて困難であり，訴訟が長期化し，被害者の救済が遅れるおそれがある。さらに，逸失利益についても，個々の被害者の収入の多寡で賠償額に差が生じることは，原告団の結束や強調を乱すおそれもある。そこで，加害原因が同一であり，また被害が同質であることに鑑みて，損害項目ごとに評価する方式に代えて**包括請求**（または**一括請求**）の方式が採られることになる。具体例としては，新潟水俣病判決（新潟地判昭和46年9月29日下民集22巻9・10号別冊1頁），カネミ油症事件判決（福岡地判決昭和48年3月20日判例時報

---

45) 最判昭和40年2月5日裁判集民事77号321頁。

696号15頁)，スモン訴訟（東京地判昭和53年8月3日判例時報899号48頁等），近時では，西淀川水害訴訟（大阪地判平成3年3月2日判例時報1383号22頁）がある。

3 賠償額の縮減

(1) 損益相殺

不法行為によって，損害とともに利益を得た場合には，賠償額の算定に関してそれを斟酌すべきかの問題がある。これを広い意味での**損益相殺**と呼ぶ。広義では賠償額からの中間利息や生活費等の控除を含むが，狭義の損益相殺とは，被害者が損害賠償請求権を取得すると同時に，第三者に対して請求権を取得した場合の処理を指すものとする（ただし，第三者の給付がすでに実行されている場合のように，両者は厳密に区分されるものではなく，重なり合う関係にある）。なお，ここでいう相殺とは，民法505条に規定する相互に対立する債務相互の差引ではないことはいうまでもない。

差額説の立場では，損害を現在の財産額とあるべき財産額の差と捉えるため，損益相殺を認める余地はきわめて広くなるが，それが不当な結果をもたらすことについては，かねてより批判がある。そこで，差額説と結びついた相当因果関係理論は，賠償されるべき損害の範囲が「相当因果関係」によって画定されるのと同様に，損益相殺されるべき利益もまた，当該の不法行為との「相当因果関係」にあるものに限ると主張する。保護範囲説はこの理論を批判するが，これに代わる一義的に明確な損益相殺の基準を提示しない。損害と利益はネガとポジの関係ではなく，結局，控除すべきか否かは，それぞれに給付の発生原因を定めた法律の規定の趣旨または規範目的の解釈に帰着するという。おそらく，受益が不法行為と相当因果関係があることは必要

---

1) この場合において，第三者の支払能力が問題視されるときは議論の対象とすべきではない。こうした場合にまで控除を認めると，支払のリスクを加害者ではなく，被害者に転嫁させるものであって，容認することはできないからである。むしろ第三者の支払をまって，賠償者代位の問題として処理することが適切であろう。

2) 四宮(下)601頁は，たとえば，資産家の生命を侵害した者は，遺族が取得することのある相続という利益（正確にいえば，相続が早められたことによる利益）を生じさせ，それは不法行為に関連して生じた利益であるけれども，損益相殺により遺族の扶養利益の侵害による賠償責任を免れるという事態は，規範目的（人命を保護する規範の目的，不法行為の予防的機能）に反する，と批判する。

3) 平井147頁。平井教授は損益相殺の概念そのものも疑問視されている。

であるが，それに加えて，2個の給付請求権が「同性質であり」，「相互補完性を有する関係にある場合」であることを要すると解するべきであろう。[4]

以下では，第三者が被害者に対して金銭給付義務を負う場合において損益相殺が問題となった場合を検討する。

1　生命侵害によって，加害者に対して損害賠償請求権を取得するとともに，生命保険請求権を取得する場合がある。通説・判例はこの場合に損益相殺を否定する。

【判例87】最判昭和39年9月25日民集18巻7号1528頁
「生命保険契約に基づいて給付される保険金は，すでに払い込んだ保険料の対価の性質を有し，もともと不法行為の原因と関係なく支払わるべきものであるから，たまたま本件事故のように不法行為により被保険者が死亡したためにその相続人たるX両名に保険金の給付がされたとしても，これを不法行為による損害賠償額から控除すべきいわれはないと解するのが相当である。」

2　火災保険についても同様である。[5]
3　恩給扶助料は，損失補償と生活保障という同一目的の給付の二重取りを防止するため，扶助料の限度で賠償額から控除される。[6]

【判例88】最判昭和41年4月7日民集20巻4号499頁
「国の公務員であった者が一定期間勤務した後退職したことを要件として支給を受ける普通恩給は，当該恩給権者に対して損失補償ないし生活保障を与えることを目的とするものであるとともに，その者の収入に生計を依存している家族に対する関係においても，同一の機能を営むものと認められる。そして，恩給を受けていた者が死亡したときには，これにより生計を維持し，または，これと生計を共にしていた一定の遺族に扶助料が支給されるが，右扶助料は右遺族に対する損失補償ないし生活保障の目的をもって給付されるものであるこ

---

4) 最判昭和62年7月10日民集41巻5号1202頁。本件では，労災保険または厚生年金法による保険給付と被用者の損害賠償請求権との関係が問題になった。
5) 最判昭和50年1月31日民集29巻1号68頁。
6) 本判決は，不法行為によって死亡した者の配偶者が共済組合から遺族年金を受けたときは，その配偶者の不法行為者に対して有する損害賠償請求権から損益相殺されるとの大判昭和3年3月10日民集7巻152頁を一部変更するものである。

とは明らかである。このように、恩給権者固有の恩給と遺族の扶助料の両者が、当該遺族について、その目的あるいは機能を同じくすることを考えると、恩給を受けている者が、他人の不法行為によって死亡し、これによって被った財産的損害の中に、その者がなお生存すべかりし期間内に取得すべき恩給受給利益を喪失した損害が計上されており、右財産的損害賠償債権の全部もしくは一部が、相続により、一相続人に承継された場合において、右相続人が、他方において、前記恩給受給者の死亡により、扶助料の支給を受ける権利を取得したときは、右相続人の請求できる財産的損害賠償額の算定にあたり、右損害賠償債権の中の恩給受給の利益に関する部分は、右扶助料額の限度において、当然、減縮しなければならないと解するのが相当である。けだし、このように解することが、同一目的の給付の二重取りを許すにも等しい結果の不合理を避け得る所以であるとともに、不法行為に基づく損害賠償額の範囲を定めるにあたり依拠すべき衡平の理念に適合するからである。」

4　遺族年金

最高裁は、死亡者の逸失利益をその遺族が請求する場合、死亡者に退職年金と遺族につき遺族年金が支払われるべきときには、退職年金額から本人の平均余命を基準として、その間に支給を受けるべき遺族年金額を控除しなければならない、としたが[7]、後に大法廷を開いて、これを一部修正して立場を明確にした[8]。

【判例89】最大判平成5年3月24日民集47巻4号3039頁

　　交通事故によって死亡したAの相続人（妻）であるXが、地方公務員等共済組合法の規定する退職年金を受給していたAが生存していればその平均余命期間に受給することができた退職年金の現在額などを同人の損害として、その賠償を求めるものである。

　　①　「被害者が不法行為によって損害を被ると同時に、同一の原因によって利益を受ける場合には、損害と利益との間に同質性がある限り、公平の見地から、その利益の額を被害者が加害者に対して賠償を求める損害額から控除する

---

7)　前出、最判昭和50年10月21日。
8)　本判決の多数意見に対しては、反対意見も多く、①将来分の控除が原則として必要だとする意見、②既払分の控除も不要だとする意見、③退職年金を基礎として逸失利益を算定することはできないとする意見等が付されている。

ことによって損益相殺的な調整を図る必要があり，また，被害者が不法行為によって死亡し，その損害賠償請求権を取得した相続人が不法行為と同一の原因によって利益を受ける場合にも，右の損益相殺的な調整を図ることが必要なときがあり得る。このような調整は，前記の不法行為に基づく損害賠償制度の目的から考えると，被害者又はその相続人の受ける利益によって被害者に生じた損害が現実に補てんされたということができる範囲に限られるべきである。」

②「被害者又はその相続人が取得した債権につき，損益相殺的な調整を図ることが許されるのは，当該債権が現実に履行された場合又はこれと同視し得る程度にその存続及び履行が確実であるということができる場合に限られるものというべきである。」

③「1　法の規定する退職年金及び遺族年金は，本人及びその退職又は死亡の当時その者が直接扶養する者のその後における適当な生活の維持を図ることを目的とする地方公務員法所定の退職年金に関する制度に基づく給付であって，その目的及び機能において，両者が同質性を有することは明らかである。そして，給付義務を負う者が共済組合であることに照らせば，遺族年金については，その履行の不確実性を問題とすべき余地がないということができる。しかし，法の規定によれば，退職年金の受給者の相続人が遺族年金の受給権を取得した場合においても，その者の婚姻あるいは死亡などによって遺族年金の受給権の喪失が予定されているのであるから（法96条），既に支給を受けることが確定した遺族年金については，現実に履行された場合と同視し得る程度にその存続が確実であるということができるけれども，支給を受けることがいまだ確定していない遺族年金については，右の程度にその存続が確実であるということはできない。

2　退職年金を受給していた者が不法行為によって死亡した場合には，相続人は，加害者に対し，退職年金の受給者が生存していればその平均余命期間に受給することができた退職年金の現在額を同人の損害として，その賠償を求めることができる。この場合において，右の相続人のうちに，退職年金の受給者の死亡を原因として，遺族年金の受給権を取得した者があるときは，遺族年金の支給を受けるべき者につき，支給を受けることが確定した遺族年金の額の限度で，その者が加害者に対して賠償を求め得る損害額からこれを控除すべきものであるが，いまだ支給を受けることが確定していない遺族年金の額については損害額から控除することを要しないと解するのが相当である。」

5　労災保険給付

労災保険給付（労災法12条の４）については，第三者に対する損害賠償債権額からの控除を認めるが，ただし，政府が将来にわたり継続して保険金を給付することが確定していても，いまだ現実の給付がないときは，控除されない。[9] 使用者が民法715条にもとづいて被用者に対して損害賠償債務を負担する場合でも同様である。[10] また，従業員の Y_1 が他の従業員 Y_2 と口論の末暴行を受けた事例につき，「保険給付の対象となる損害と民事上の損害賠償の対象となる損害とが同性質であり，保険給付と損害賠償とが相互補完性を有する関係にある場合をいうものと解すべきであって，単に同一の事故から生じた損害であることをいうものではない。」として，逸失利益からの控除のみを認め，積極損害・慰謝料は同性質とはいえないとして控除を否定した。[11]

(2)　過失相殺

(a)　総　説

民法722条２項は，「被害者に過失があったときは，裁判所は，これを考慮して，損害賠償の額を定めることができる」と規定している。これを**過失相殺**と呼ぶ。過失相殺は，ローマ法の「自らの過失により損害を被ればその者は損害を被ったと解されない」（si quis ex culpa damnum sentit, non intellegitur damnum sentire）との法諺に由来するものといわれるが，近代法は損害の公平な分担という不法行為の理念からこれを緩和して，賠償額の減額の制度とした。損害発生に被害者にも過失があるときに賠償請求権そのものを否定することは過剰であり，むしろ一定限度においてそれを被害者に負担させるのが適切であるからである。ここでいう過失とは，たとえば，二台の自動車が双方の運転者の過失によって衝突し，双方に損害が生じた場合のように，被害者の過失が同時に709条の要件たる過失を意味することもある（その場合，民法505条の相殺と重なり合う）けれども，過失相殺は本来，そうした２個の債務の発生を想定したものではない。

---

[9]　最判昭和52年５月27日民集31巻３号427頁。
[10]　最判昭和52年10月25日民集31巻６号836頁。
[11]　前出最判昭和62年７月10日。

(b) 過失相殺における「過失」

a）古典的な過失概念においては，過失は心理状態（不注意）にそくして捉えられ，それゆえ，そうした注意能力を欠いている場合（責任無能力）には責任を負わないものとされている（712条）。それを前提として，過失相殺についても，被害者の責任能力が過失の要素と考えられた。ところが，現代型不法行為では「過失の客観化」が語られることになり，責任能力が問題とならない不法行為像が重心を占めてくると，過失相殺におけるそれも変容することになる。被害者の過失もまた客観的に，すなわち，「被害者に期待される行動のパターンからの逸脱」として捉えられることになる（たとえば，赤信号を無視して道路を横断しようとしたところ，暴走してきた車に跳ねられる）。しかし，古典的な不法行為（個人的不法行為）が問題となるかぎり，過失相殺における過失は，なお従来どおりのしかたで捉えられなければならないであろう。

被害者の過失はいくつかの類型に分けて考えるのが適切である。

第1が加害者の過失と被害者の過失が共働する場合であり，これが本来の過失相殺である。しかし，第2に，賠償義務者に過失はないが責任を負わなければならない無過失責任や中間責任の場合にも，被害者の過失を考慮しなければならないとするのが判例である。土地工作物の設置または保存の瑕疵によって損害が生じた場合に，被害者の過失があるときは，過失相殺が認められ，また，民法（旧）44条［現一般社団法人法78条，177条］の法人の不法行為責任についても，被害者の過失による相殺を認めている。思うに，法文は「被害者」の過失について規定しているのみで，加害者および賠償義務者に過失がある場合に限られるか否かは文言上明らかではないが，「相殺」は過失相互ではなく，賠償額についてであると解すべきであり，損害の公平な分担ということからすれば，「加害者側の過失」を含めて理解するのが適切であろう。第3に，加害者に故意がある場合にも過失相殺を認めるべきか

---

12) 四宮（下）618頁。
13) 大判大正7年5月29日民録24輯935頁。事案は，電気会社が仮支持線につき危険防止の処置を怠りそのまま放置していたところ，電工が勝手に仮支持線を取り外して，誤って送電線に接触させたために漏電し感電死した事例である。
14) 最判昭和41年6月21日民集20巻5号1078頁では，第三者が市長振出の約束手形に関して市に損害賠償を求めたが，手形取得の際に市議会の議決の有無などに関する調査を怠ったことが過失相殺の対象となると判示している。

は問題である。学説では否定説が多数であるが、その根拠として、みずから得た不法な利益を最終的に保有することを認める結果になることが指摘されているが[15]、なお十分に説得的ではない。加害行為を行った者が、その行為によって直接に利益を得た場合はともかく、たとえば、被用者が不正行為によって使用者に損害を生じさせたような場合に、使用者自身も十分な監督を尽くしていなかったときは、過失相殺を認めることによって被用者に利益を保有させる（実質的に求償を得たことになる）という説明は技巧的にすぎよう[16]。むしろ、故意による不法行為による場合は、被害者の過失によっても加害行為の非難可能性（違法性）を減じるものではない、という点が強調されるべきである。

b）個人的不法行為においては、前述のように、過失の基礎に責任能力を置いていたことから、被害者の過失についても責任能力を必要とすることが想定されていたといえる。大審院は、5歳未満で是非の弁別のない児童の被害に関する過失は参酌すべきでない、と判示した[17]。最高裁もこれを踏襲して、満8歳の少女の交通事故による死亡につき、慰謝料請求について722条2項を適用すべきでないとした[18]。しかし、その後判例はこれを変更して、責任能力必要説から事理弁識能力必要説に転換した[19]。学説もこの立場が通説的見解となっている。

【判例90】最大判昭和39年6月24日民集18巻5号854頁
　「未成年者が他人に加えた損害につき、その不法行為上の賠償責任を問うには、未成年者がその行為の責任を弁識するに足る知能を具えていることを要す

---

15) 幾代323頁。
16) 判例には、同条により被用者の身元保証人の責任について否定したものがある。大判昭和8年5月24日民集12巻1293頁。しかしこの事案では、保険会社の会計係のための身元引受人は、反対の証拠がない限り、会社が被用者に対して相当な監督をすることを条件として身元引受をしたものと解すべきであるから、被用者が不正な行為によって会社に損害を被らせても、会社の監督が当を得なかったときは、身元引受人の賠償義務は、その程度に応じて全部または一部の減免を受けるべきであるとするもので、被用者の損害賠償義務の減免に関するものではない。
17) 大判大正4年6月15日民録21輯939頁。同趣旨のものとして、大判大正4年10月13日民録21輯1683頁、大判昭和13年5月30日法律新聞4298号7頁。
18) 最判昭和31年7月20日民集10巻8号1079頁。
19) 傍論であるが、同趣旨を述べるものとして、最判昭和43年9月19日民集22巻9号1923頁。

ることは民法712条の規定するところであるが，他人の不法行為により未成年者がこうむった損害の賠償額を定めるにつき，被害者たる未成年者の過失をしんしゃくするためには，未成年者にいかなる知能が具わっていることを要するかに関しては，民法には別段の規定はなく，ただ，この場合においても，被害者たる未成年者においてその行為の責任を弁識するに足る知能を具えていないときは，その不注意を直ちに被害者の過失となし民法722条2項を適用すべきではないとする当裁判所の判例があることは，所論のとおりである。しかしながら，民法722条2項の過失相殺の問題は，不法行為者に対し積極的に損害賠償責任を負わせる問題とは趣を異にし，不法行為者が責任を負うべき損害賠償の額を定めるにつき，公平の見地から，損害発生についての被害者の不注意をいかにしんしゃくするかの問題に過ぎないのであるから，被害者たる未成年者の過失をしんしゃくする場合においても，未成年者に事理を弁識するに足る知能が具わっていれば足り，未成年者に対し不法行為責任を負わせる場合のごとく，行為の責任を弁識するに足る知能が具わっていることを要しないものと解するのが相当である。したがって，前示判例は，これを変更すべきものと認める。」

この事案では，被害者は事故当時8歳の男児であったが，責任能力はなくとも，少なくとも被害を避けることはできた（事理弁識能力の有無）ことを問題としたのである。これに対して，近時学説では事理弁識能力すら必要でないとする見解が有力になりつつある。それは，過失相殺における過失とは，文言上，損害賠償額の算定のための要素であって，損害賠償責任そのものの有無にかかわるものではないこと，また，事理弁識能力もない幼児について過失相殺しようとすると，次に述べる監督義務者の義務違反を問題とせざるを得ないが，それだと，具体的な事故発生の場面でつねにそれを肯定することができるわけではないこと[20]，そして，同様に不法行為の態様でありながら被害者が事理弁識能力があるか否かは偶然的な事情であり，それによって賠償額に差異が生じるのは公平に反すること，などを理由とする。

---

20) たとえば，最判昭和35年12月6日判例時報247号18頁は，自動車事故により幼児が傷害を受けた場合，同児の監護を任せられていた祖母が庭先で同児の遊んでいるのを確かめて外出したこと，本件事故現場は交通上特段注意を要する場所でもないこと，等の事情の下では同児の親権者に過失は認められない，とする。

(c) 「被害者」側の過失

　上に述べたように，判例によれば，少なくとも被害者に事理弁識能力がないときは722条2項の適用はないことになるが，それでは，被害者を保護監督する立場にある者が現場にいたようなときでも，過失相殺は認められないのであろうか。たとえば，3歳の幼児が道路に飛び出したところをトラックに跳ねられた場合，その幼児を連れていた母親の過失は問題にならないのであろうか。そこで，広くこれを「被害者側」の過失として賠償額を減額できるか問題とされる。判例は，このような監督義務者が同伴しており，被害者を抑制できたにもかかわらず，不注意にも抑制しなかったときは，「被害者」側の過失があるとして相殺を認めた。[21]

　被害者を抑制できる立場にある者とは，判例は，上のような監督義務者（親権者，後見人，精神病院の医者等）にかぎらず，被害者と身分上ないしは生活関係上一体をなすとみられる関係にある者（代理監督者（714条2項）や，家事使用人）の過失を含むとする。これに反して，保育園の保母はこうした一体関係がないため過失相殺は否定されている。[22]

　判例は，さらに「被害者側」を拡大する傾向を見せている。第1が履行補助者の過失に関する。すなわち，自動車と電車とが衝突したが，被害者の従業員であった自動車の運転手に過失があった場合，[23]電動機の故障修理中に生じた工場の火災に際し，他の職工たちがほうきを持って引火した電動機を叩き，そのために室内の引火した綿ぼこり等を飛散させた結果火勢を急激に拡大させた場合，過失相殺が肯定されている。[24]

　第2に，被害者に過失相殺の対象となりうるような行為態様が存在していない場合がある。こうした場合にも過失相殺を認める判例が現れており，注目される。すなわち，自動車の好意同乗（同乗そのものは過失相殺の対象たる行為ではない）に関して過失相殺を認めた次の最高裁判決が重要である。

---

21) 最判昭和34年11月26日民集13巻12号1573頁。
22) 最判昭和42年6月27日民集21巻6号1507頁。
23) 大判大正9年6月15日民録26輯884頁，大判昭和12年7月28日法律新聞4172号18頁。
24) 大判昭和12年11月30日民集16巻1896頁。

【判例91】最判昭和51年3月25日民集30巻2号160頁

「民法722条2項が不法行為による損害賠償の額を定めるにつき被害者の過失を斟酌することができる旨を定めたのは、不法行為によって発生した損害を加害者と被害者との間において公平に分担させるという公平の理念に基づくものであると考えられるから、右被害者の過失には、被害者本人と身分上、生活関係上、一体をなすとみられるような関係にある者の過失、すなわちいわゆる被害者側の過失をも包含するものと解される。したがって、夫が妻を同乗させて運転する自動車と第三者が運転する自動車とが、右第三者と夫との双方の過失の競合により衝突したため、傷害を被った妻が右第三者に対し損害賠償を請求する場合の損害額を算定するについては、右夫婦の婚姻関係が既に破綻にひんしているなど特段の事情のない限り、夫の過失を被害者側の過失として斟酌することができるものと解するのを相当とする。このように解するときは、加害者が、いったん被害者である妻に対して全損害を賠償した後、夫にその過失に応じた負担部分を求償するという求償関係をも一挙に解決し、紛争を一回で処理することができるという合理性もある。」

ここでも、「身分上、生活関係上の一体性」が要件となっている。したがって、内縁の夫婦についても同様に過失相殺が認められる[25]。しかし、恋人同士については、婚姻していたわけでも同居していたわけでもない同乗被害者は、運転者と身分上生活関係上一体をなす関係にあったということはできないとして、被害者側の過失を否定し[26]、また、職場の同僚についても被害者側の過失を否定する[27]。

近時、共同暴走行為について過失相殺を認める最高裁判決があらわれた。

【判例92】最判平成20年7月4日判例時報2018号16頁

　AとBは中学校時代の先輩後輩の関係であり、事故当時友人ら約20人とともに自動二輪車3台、乗用車数台に乗って暴走行為を繰り返しており、AとBは本件自動二輪車に2人乗りし交代で運転しながら走行していた。暴走行為を取り締まるために本件パトカーを運転して出動した警察官Cは本件自動二輪車を発見し、これを停止させる目的でパトカーを国道上に中央線をまたぐ形で斜め

---

25) 最判平成19年4月24日判例時報1970号54頁。
26) 最判平成9年9月9日判例時報1618号63頁。
27) 最判昭和56年2月17日判例時報996号65頁。

に進出させ，本件自動二輪車が走行してくる車線を完全にふさいだ状態で停車させた。付近の道路は暗く，本件パトカーは前照灯及び尾灯をつけていたが，赤色の警光灯はつけず，サイレンも鳴らしていなかった。Ａは，本件小型パトカーがいるのに気付き，制限速度を大幅に上回る時速70〜80kmに加速して駐車場の前を通過し逃走しようとしたが，その際に駐車場内の本件小型パトカーに友人が捕まっているのではないかと思い，その様子をうかがおうとしてわき見をしたため，前方の本件パトカーの発見が遅れてこれに衝突し（本件事故），この事故により同乗していたＢが死亡した。

　「以上のような本件運転行為に至る経過や本件運転行為の態様からすれば，本件運転行為は，ＢとＡが共同して行っていた暴走行為から独立したＡの単独行為とみることはできず，上記共同暴走行為の一環を成すものというべきである。したがって，上告人との関係で民法722条2項の過失相殺をするに当たっては，公平の見地に照らし，本件運転行為におけるＡの過失もＢの過失として考慮することができると解すべきである。」

　友人関係には生活関係の一体性も経済的一体性も存在しないから，被害者側の過失は考慮されないであろう。しかし，本件において，注意義務違反という意味ではＡの本件運転行為をもってＢの過失とすることはできないとしても，本件事故発生時点ではたまたまＡが運転しておりＢは同乗者にすぎなかったものの，Ａの本件運転行為はそれまでの共同暴走行為の一環として評価すべきものであり，過失相殺の局面においては，Ｂが自らの損害発生を助けた事情として考慮されると解したものと思われる（比喩的には，共同不法行為の反対形相における「共同過失」相殺（？）ともいうべきものである）。

　このような過失相殺の拡大が意味するものはなんであろうか。第1に，監督義務者の過失が問題となる場面では，監督義務者が固有の損害賠償請求権者として請求する場合には，被害者に事理弁識能力がなくとも過失相殺が可能であるのに対して，幼児の損害賠償請求権の相続人として，あるいは幼児が損害賠償請求権を行使する場合（傷害の場合）には過失は斟酌されないという不均衡を解消するためと考えられる。また，保護監督者等に保護義務違反がある場合は，加害者と共同不法行為の関係に立つことになり，連帯責任を負う（719条1項）が，この者は被害者と生活上一体の関係（「財布はひとつ」）

があるため，被害者から保護監督者に賠償請求することはほとんど期待できず（826条参照），さらに，加害者から保護監督者に対する求償も現実には困難である（権利濫用として退けられる可能性も高い）ことからすると，そうした方法を迂回する意味がある。しかし，そうした事情が存在しないときは，過失相殺を認めず，求償ないし代位で処理するのが妥当だということになろう。

(d) 過失相殺の効果

債務不履行における過失相殺の効果と比較すると，①債務不履行については損害賠償の責任および額について斟酌するのに対して，不法行為では損害賠償額についてのみ斟酌されるにすぎない。[28] ②債務不履行については過失相殺は義務的であるが，不法行為では裁判所の裁量事項とされている。[29] おそらくこうした違いは，債務不履行に比べて不法行為がより違法性が大きいという価値判断が投影されているように思われる。それは，被害者に過失の割合が大きいときは，債務不履行責任そのものが否定されるのに反して，不法行為では賠償額はゼロに近づくのみで観念的な賠償責任は否定されないという点に表れている。[30] そして，それは，不法行為では債務不履行と異なって，賠償額の算定は損害賠償責任の効果論として位置付けられることになり，それゆえ，裁判所は当事者の主張・立証に拘束されず，自由に算定することができるとの主張にも根拠を与えている。

しかし，不法行為像が大きく転換し，刑事責任と異なって，非難可能性よりも損害の公平な分担という性格が全面化している現代型不法行為にあっては，こうした建前は説得力を欠いた形式的なドグマとなっている。現実にも

---

28) 大判昭和12年5月14日民集16輯618頁。
29) 大判明治39年5月14日刑録12輯1375頁，大判大正9年11月26日民録26輯1911頁，大判昭和11年1月28日民集15巻69頁，最判昭和34年11月26日民集13巻12号1562頁（妻あることを知りながら肉体関係を結び姦通をなし，これにより夫としての人格的利益を侵害し慰謝料の支払義務がある場合に，被害者の過失を斟酌すると否とは裁判所の自由裁量に属する）。最判昭41年6月21日民集20巻5号1078頁。ただし，裁量権の逸脱は問題となりうる。最判平成2年3月6日判例時報1354号96頁は，断食道場で断食療法を受けていた糖尿病患者がインシュリン不足で死亡した事故につき，患者の過失割合を7割とした原審判決を破棄し，患者の過失を3割と認めるべきとした。
30) 大判昭和11年12月11日判決全集4輯1号27頁，大判昭和12年5月14日民集16輯618頁，大判昭和14年5月10日判決全集6輯18号3頁，大判昭和15年12月23日評論全集30巻民法279頁，大判昭和18年2月15日法学12巻797頁。

両者の差異はほとんどないように考えられる。

(e) **過失相殺の類推適用**

類推適用の第1は，損害発生について被害者側の過失は存在しないが，生じた損害の拡大について被害者側に過失があることがある。すなわち，損害発生後に，その拡大を防止ないし軽減することができたのに，それを怠った場合は厳密には過失相殺とはいえない。ドイツ民法には *obligenheit* として規定があるが，明文の規定がないわが民法では過失相殺の法理の類推によって処理されることが妥当であろう[31]。

第2に，近時において，被害者に過失相殺の対象となりうるような行為態様が存在しないが，不法行為の際に損害を発生・拡大させる原因（素因）が存在する場合にも，判例は，722条2項の類推適用を認めている。これについての最初の最高裁判決は次のものである。

【判例93】最判昭和63年4月21日民集42巻4号243頁

Xは，夫Aの運転する被害車に同乗していて，Y_1の運転する加害車に追突されて，外傷性頭頸部症候群（鞭打ち症）の障害を受け，入院加療・通院を余儀なくされたと主張してY_1と加害車の保有者Y_2を相手どって損害賠償を請求した。

「Xは本件事故により頭頸部軟部組織に損傷を生じ外傷性頭頸部症候群の症状を発するに至ったが，これにとどまらず，Xの特異な性格，初診医の安静加療約50日という常識はずれの診断に対する過剰な反応，本件事故前の受傷及び損害賠償請求の経験，加害者の態度に対する不満等の心理的な要因によって外傷性神経症を引き起こし，更に長期の療養生活によりその症状が固定化したものと認めるのが相当であり，このXの症状のうち頭頸部軟部組織の受傷による外傷性頭頸部症候群の症状がYの惹起した本件事故と因果関係があることは当然であるが，その後の神経症に基づく症状についても右受傷を契機として発現

---

31) 交通事故の被害者が入院中，医師および付添看護人の指示や注意に従わなかったため，患部等が悪化した事例（東京地判昭和38年4月26日判例タイムズ145号158頁），交通事故により受傷した被害者が通院治療後治癒したものとして初期の安静，治療を怠ったため事故に基づく傷病が後に至り特に増悪した形態で顕在化し，長期化した事例（大阪地判昭和47年1月13日判例タイムズ276号333頁），動産強制執行手続で執行官が著しく低廉な価格での競落許可決定をした場合で，被ることのある損害を減縮する措置をとり得たにもかかわらずこれを放置した事例（東京地判昭和55年4月28日判例時報972号68頁）。

したもので，その症状の態様からみて，B病院退院後自宅療養を開始したのち約三か月を経過した日，すなわち事故後3年を経過した昭和47年3月20日までに，右各症状に起因して生じた損害については，本件事故との間に相当因果関係があるものというべきであるが，その後生じた分については，本件事故との間に相当因果関係があるものとはいえない。また，右事実関係のもとにおいては，Xの訴えている右症状のうちにはXの特異な性格に起因する症状も多く，初診医の診断についてもXの言動に誘発された一面があり，更にXの回復への自発的意欲の欠如等があいまって，適切さを欠く治療を継続させた結果，症状の悪化とその固定化を招いたと考えられ，このような事情のもとでは，本件事故による受傷及びそれに起因して3年間にわたってXに生じた損害を全部Yらに負担させることは公平の理念に照らし相当ではない。すなわち，右損害は本件事故のみによって通常発生する程度，範囲を超えているものということができ，かつ，その損害の拡大についてXの心因的要因が寄与していることが明らかであるから，本件の損害賠償の額を定めるに当たっては，民法722条2項の過失相殺の規定を類推適用して，その損害の拡大に寄与したXの右事情を斟酌することができるものというべきである。そして，前記事実関係のもとでは，事故後昭和47年3月20日までに発生した損害のうちその4割の限度に減額してYらに負担させるのが相当であるとした原審の判断は，結局正当として是認することができる。」

　こうした交通事故による損害の場合には，事故原因が軽微であっても被害者からの長期の頭痛，めまい，吐き気等が多いわりには医学的所見の裏付けに乏しく，しかもその程度が被害者の心因的要素によるため，損害額をめぐって争われるケースが増えている。その法的処理に関して，下級審裁判例では，特別損害として予見可能性がないとするものや，因果関係を確率的心証により割合的に認定し，あるいは，一般条項によって減額をするもの等さまざまである。これに対して，最高裁は過失相殺の類推適用による減額を認めた。学説も過失相殺類推適用説が多数を占めつつある。

　心因的要素とならんで，不法行為前から存在していた被害者の疾患についても，過失相殺の有無が問題となる。これについては，心因的要因とは異なって，損害賠償額の減額事由とすべきではないという見解も有力であり，そ

---

32) 東京地判平成元年9月7日判例時報1342号83頁は次のようにいう。「原告は精神的打撃を

のような裁判例も散見される。上記の【判例93】の射程が被害者の疾患に及ぶかは議論の余地があったところ，次の判例は明確にこうした見解を退けたわけである。[33]

【判例94】最判平成 4 年 6 月25日民集46巻 4 号400頁
　高速道路の走行車線に停止していた被害車両に加害車両が追突したという交通事故による損害賠償請求事件であるが，事案では，被害者が事故の約 1 月前に仮眠中の車内で一酸化炭素中毒に罹患しており，事故の数日後に精神障害を呈し，以後，3 年近く入院を続けて死亡するに至ったという特殊な事情があった。
　「被害者に対する加害行為と被害者のり患していた疾患とがともに原因となって損害が発生した場合において，当該疾患の態様，程度などに照らし，加害者に損害の全部を賠償させるのが公平を失するときは，裁判所は，損害賠償の額を定めるに当たり，民法722条 2 項の過失相殺の規定を類推適用して，被害者の当該疾患をしんしゃくすることができるものと解するのが相当である。けだし，このような場合においてもなお，被害者に生じた損害の全部を加害者に賠償させるのは，損害の公平な分担を図る損害賠償法の理念に反するものといわなければならないからである。」

　では，疾患にあたらない体質的素因，すなわち身体的特徴も同様に過失相殺の対象となるのであろうか。最高裁はこれを消極的に解した。

【判例95】最判平成 8 年10月29日民集50巻 9 号2474頁
　Yの運転する自動車が，前方不注視の過失により，Xの運転する車に追突し，Xは運転席のシートに頭部を強く打ちつけ，頸椎捻挫と診断されて入院し，投

受け易い類型の人間であることは前記のとおりであるが，不法行為の被害者がいわゆる賠償神経症であるためその賠償請求を認めないことがかえって当該被害者の救済となる場合又は損害の拡大が被害者の精神的・心理的状態に基因するためそのすべてを加害者に負担させるのが公平の観念に照らして著しく不当と認められるような場合には，当該賠償請求を棄却し又はその一部を減額すべきと解するのは格別，「加害者は被害者のあるがままを受け入れなければならない。」のが不法行為法の基本原則であり，肉体的にも精神的にも個別性の強い存在である人間を基準化して，当該不法行為と損害との間の相当因果関係の存否等を判断することは，この原則に反するから許されない［。］」と。
　33）　同趣旨のものとして，最判平成 8 年10月29日交通民集29巻 5 号1272頁。

薬，理学療法等の治療を受けた。退院後も通院加療を継続したが，その後視力低下の症状も見られた。Xは平均的体格に比して首が長く多少の頸椎の不安定症があるという身体的特徴を有していたところ，これに本件事故による損傷が加わって，症状を悪化・拡大させたものであった。Yはこうしたxがわの素因により賠償額の減額がなされるべきと主張した。原審はこれを認めたので，X上告。最高裁はこれを破棄して，次のように判示した。

「被害者に対する加害行為と加害行為前から存在した被害者の疾患とが共に原因となって損害が発生した場合において，当該疾患の態様，程度などに照らし，加害者に損害の全部を賠償させるのが公平を失するときは，裁判所は，損害賠償の額を定めるに当たり，民法722条2項の規定を類推適用して，被害者の疾患を斟酌することができることは，当裁判所の判例とするところである。しかしながら，被害者が平均的な体格ないし通常の体質と異なる身体的特徴を有していたとしても，それが疾患に当たらない場合には，特段の事情の存しない限り，被害者の右身体的特徴を損害賠償の額を定めるに当たり勘酌することはできないと解すべきである。けだし，人の体格ないし体質は，すべての人が均一同質なものということはできないものであり，極端な肥満など通常人の平均値から著しくかけ離れた身体的特徴を有する者が，転倒などにより重大な傷害を被りかねないことから日常生活において通常人に比べてより慎重な行動をとることが求められるような場合は格別，その程度に至らない身体的特徴は，個々人の個体差の範囲として当然にその存在が予定されているものというべきだからである。」

なお，近時では，労働者が過労からうつ病に罹患して自殺した事案において，「労働者の性格及びこれに基づく業務遂行の態様等が労働者の心身に生じた損害の発生・拡大に寄与しているとしても，右性格が同種の業務に従事する労働者の個性の多様さとして通常想定される範囲を外れるものでないときは，労働者がうつ病に罹患し自殺したことによる使用者に対する損害賠償額を決定するに当たり，右性格を民法722条2項の類推適用により心因的要因として斟酌することはできないというべきである」との最高裁判決が出ている。[34]

---

34) 最判平成12年3月24日民集54巻3号1155頁。

補論17　過失相殺の理論的位置

　過失相殺の理論的位置をどう捉えるべきかをめぐっては対立がある。第1は709条における不法行為の成立要件としての因果関係において捉える見方である。これによれば，加害者の行為のみならず被害者の過失もまた不法行為の原因である場合に責任が分担されるとする（**部分的因果関係の理論**）。これに対しては，損害発生には自然的・事実的に無数の原因が存在しており，とりわけ被害者の過失を事実的因果関係の中で問題とすることは適切ではないし，また加害者・被害者双方の割合的寄与を証拠にもとづいて決定することは不可能であるという批判がなされている。第2は，過失相殺を加害行為の違法性の判断基準として考えるものである。被害者に過失があれば，それだけ加害者の非難可能性は小さくなるというのである。この考え方からは，被害者には責任能力ないし事理弁識能力すら必要でないという結論が導かれる（西原，川井，森島）。しかし，これにも，裁判実務において過失相殺が取り扱われている実態とそぐわないとの批判がある。第3が過失相殺を損害の金銭的評価の問題として位置付けるものである（平井）。これによると，裁判所は賠償額を決定するに際して，諸般の事情を考慮して自由な裁量によって過失を斟酌しているという実務に合致するという。また，こうした見方は，同条項の文言（責任ではなく賠償額）にもっとも適合的でもある。

　しかし，被害者の過失がなければ損害は発生しなかったであろうという意味での因果関係の契機を否定することはできない。たとえば，制限速度30キロの道路を80キロオーバーで自動車を走行していて，赤信号を無視して道路に飛び出した歩行者を跳ねたとしよう。80キロオーバーでの走行は事故と結びつかない限り損害賠償責任は生じない（交通法規違反による罰則は別として不法行為ではない。仮に，100キロオーバーであれば，歩行者はすでに道路を渡り終わっているから事故は生じない）。しかし，因果関係を肯定したからといって，割合的賠償額が不可避とはいえないであろう。また，第2の見方についても，たしかに，文言上は，722条2項は，損害賠償責任ではなく，賠償額の算定について被害者の過失を斟酌しているにすぎない。そのかぎりで，違法性という成立要件に関するものではないといえる。しかし，現実の裁判例ではそうした建前はフィクションになっており，被害者の過失を違法性判断のファクターと考えるほうが，現在の多数説である違法性論と親和的であるように思われる。被害者の過失を損害の金銭的評価の一資料と見る第3の見方はより説得的であるように思われる。しかし，前述のように，賠償額の決定を裁判所に白紙委任して自由裁量に委ねることには疑問なしとしない。過失相殺に関しても，できるかぎり透

明で明晰な判断基準を示すことが重要であろう。

4 特定的救済

不法行為に対する救済方法は損害賠償が原則であるが，例外的にそれ以外の救済方法が認められている（**特定的救済**）。これには，名誉毀損等の場合の救済，原状回復，差止請求がある。

(1) 名誉毀損等における救済手段

民法723条は，名誉毀損の場合に，「被害者の請求により，損害賠償に代えて，又は損害賠償とともに，名誉を回復するのに適当な処分を命ずることができる」と規定している。ここでの「適当な処分」が何を意味するものかは，かならずしも明らかではないが，通常は看板の撤去，碑文の削除のほか，取消訂正記事や謝罪広告等が上げられている。

民法がこのような救済手段を規定したのは，おそらくは名誉毀損については，損害は通常，精神的損害であるためその算定が容易でないことや，金銭の支払はかならずしも被害者の救済に有効でないことによるものである。

名誉回復手段として通常用いられるのは謝罪広告であるが，これが憲法19条の保障する良心の自由に反するのではないかが争われたことがある。

【判例96】最大判昭和31年7月4日民集10巻7号785頁
「民法723条にいわゆる『他人の名誉を毀損した者に対して被害者の名誉を回復するに適当な処分』として謝罪広告を新聞紙等に掲載すべきことを加害者に命ずることは，従来学説判例の肯認するところであり，また謝罪広告を新聞紙等に掲載することは我国民生活の実際においても行われているのである。尤も謝罪広告を命ずる判決にもその内容上，これを新聞紙に掲載することが謝罪者の意思決定に委ねるを相当とし，これを命ずる場合の執行も債務者の意思のみに係る不代替作為として民訴734条に基き間接強制によるを相当とするものもあるべく，時にはこれを強制することが債務者の人格を無視し著しくその名誉を毀損し意思決定の自由乃至良心の自由を不当に制限することとなり，いわゆる強制執行に適さない場合に該当することもありうるであろうけれど，単に事態の真相を告白し陳謝の意を表明するに止まる程度のものにあっては，これが強制執行も代替作為として民訴733条の手続によることを得るものといわなけ

ればならない。そして原判決の是認したXの本訴請求は、Yが判示日時に判示放送、又は新聞紙において公表した客観的事実につきY名義を以てXに宛て『右放送及記事は真相に相違しており、貴下の名誉を傷け御迷惑をおかけいたしました。ここに陳謝の意を表します』なる内容のもので、結局Yをして右公表事実が虚偽且つ不当であったことを広報機関を通じて発表すべきことを求めるに帰する。されば少くともこの種の謝罪広告を新聞紙に掲載すべきことを命ずる原判決は、Yに屈辱的若くは苦役的労苦を科し、又はYの有する倫理的な意思、良心の自由を侵害することを要求するものとは解せられないし、また民法723条にいわゆる適当な処分というべきであるから所論は採用できない。」

　学説にはこれに反対するものが多い。たとえば、ある学説は、謝罪広告にかぎらず取消広告や訂正記事掲載の強制も違憲であると主張する。そこで、「被告何某の原告何某に関するこれこれの行為は、原告の名誉を毀損する不法行為を構成するものである。これは当裁判所が何年何月何日言渡しの判決において示した判断である」といった文言の、当該裁判所名義での広告を裁判所指定の方法でなすよう被告に命ずること、が提唱されている[1]。思うに、憲法の保障する良心の自由は個人の基本的人権であり、そのかぎりで、謝罪広告は違憲の可能性が高い。しかし、上の提言ではなお、「名誉を回復するに適当な処分」といえるか疑問がある。そうした方法では、「損害賠償とともに」と言いうるとしても、独立した「損害賠償に代えて」と言うのは困難であるように思われる。他方で、加害者が個人でなくメディア等の団体・企業である場合には、その意に反する謝罪広告は許されるべきはないだろうか。このように考えるならば、加害者が個人であるか否かによって別異に処理すべきであると考えたい。

　近時では、「**反論権**」が議論の対象となっている。反論権とは、新聞等のマス・メディアによって批判や攻撃をされた者が、当該マス・メディアを通じて反論文を書いて掲載を求める権利であり、名誉回復の手段として最近注目されるようになった。フランス法やドイツ法においても、反論権に対する立法例がある[2]。わが国では、いわゆる「サンケイ新聞事件」において問題と

---

[1] 幾代309頁。
[2] 山口俊夫「反駁権―フランス法を中心として―」現代損害賠償法講座2［1974］267頁

なった。

【判例97】 最判昭和62年4月24日民集41巻3号490頁
　新聞の朝刊にＹ（自民党）の意見広告が掲載され，その中で批判・論調の対象とされたＸ（共産党）は，これがＸを誹謗中傷するものとして，同じスペースの反論文を無料かつ無修正で掲載することを求めて出訴した。
　「しかしながら，所論のような反論文掲載請求権は，これを認める法の明文の規定は存在しない。民法723条は，名誉を毀損した者に対しては，裁判所は，『被害者ノ請求ニ因リ損害賠償ニ代ヘ又ハ損害賠償ト共ニ名誉ヲ回復スルニ適当ナル処分ヲ命スルコト』ができるものとしており，また，人格権としての名誉権に基づいて，加害者に対し，現に行われている侵害行為を排除し，又は将来生ずべき侵害を予防するため侵害行為の差止を請求することができる場合のあることは，当裁判所の判例とするところであるが，右の名誉回復処分又は差止の請求権も，単に表現行為が名誉侵害を来しているというだけでは足りず，人格権としての名誉の毀損による不法行為の成立を前提としてはじめて認められるものであって，この前提なくして条理又は人格権に基づき所論のような反論文掲載請求権を認めることは到底できないものというべきである。さらに，所論のような反論文掲載請求権は，相手方に対して自己の請求する一定の作為を求めるものであって，単なる不作為を求めるものではなく，不作為請求を実効あらしめるために必要な限度での作為請求の範囲をも超えるものであり，民法723条により名誉回復処分又は差止の請求権の認められる場合があることをもって，所論のような反論文掲載請求権を認めるべき実定法上の根拠とすることはできない。所論にいう『人格の同一性』も，法の明文の規定をまつまでもなく当然に所論のような反論文掲載請求権が認められるような法的利益であるとは到底解されない。」

　本判決では，名誉毀損の成立そのものが認められておらず傍論にすぎないといえる。しかも，反論権の議論はアメリカ法におけるアクセス権と関連されてなされるため，多くは公法上の権利として論じられることが多い。しかし，民事責任に関するかぎり，反論権を認める実益はあると思う。それが不法行為すなわち名誉毀損が成立する場面での名誉回復手段として謝罪広告よ

以下。

りも有効性があることは否定できない。むろんそれは，違法性なき論評や批判等に対する反論権を意味するものではない。違法性なき論評に対しても反論をなし得ることは言論の自由（憲法21条）から自明のことがらであり，それをことさらに反論権という必要はない。反論権は，相手方被告の費用において反論文を掲載することを求めるところにこそ眼目があるというべきなのである。

ただ，反論権をそのようなものと捉えたとしても，なおこれに対して，学説は否定的なものが多い。すなわち，反論文の掲載を強制することは過剰なものになりがちである点である。原告が求める通りの内容と分量の文章を掲載することを認容したり，場合によっては反論文の内容自体が，逆に相手方の名誉毀損を引き起こすという事態もありうる。それは紛争を際限なく拡大させることにもなりかねないとの懸念であろう。しかし，そうした場合にこそ，裁判所の「適当な処分を命じる」裁量行為が活きるのだと思う。

(2) **差止請求**

公害などの不法行為は侵害行為が継続的であるところに特徴があり，生じた損害を賠償させるだけでは救済方法として十分でないことは古くから指摘されてきたところである。ところが，民法は不法行為そのものを制止する明文の規定を有しないために，その対応が著しく立ち後れてきたといってよい。

むろん，侵害行為が所有権その他の物権的権利である場合には，物権的請求権の行使によってその排除を求めることができるし，人格権についても物権に準じてそうした処理が認められることに異論はない。

【判例98】最大判昭和61年6月11日民集40巻4号872頁（北方ジャーナル事件）

元旭川市長であるYは1979年の北海道知事選挙に立候補を予定していたところ，Xはその発行する月刊誌「北方ジャーナル」に掲載予定であった記事において「北海道知事たる者は聡明で責任感が強く人格が清潔で円満でなければならない」と立言したうえ，Yは右適格要件を備えていないとの論旨を展開し，「Yは，嘘と，ハッタリと，カンニングの巧みな」少年であったとか，「Y（中略）のようなゴキブリ共」「言葉の魔術師であり，インチキ製品を叩き売って

---

3) その意味で，幾代309頁以下の示される懸念は杞憂というべきである。

いる（政治的な）大道ヤシ」「天性の嘘つき」「美しい仮面にひそむ，醜悪な性格」「己れの利益，己れの出世のためなら，手段を選ばないオポチュニスト」「メス犬の尻のような市長」「Yの素顔は，昼は人をたぶらかす詐欺師，夜は闇に乗ずる凶賊で，云うならばマムシの道三」などという表現をもってYの人格を評し，Yは「北海道にとって真に無用有害な人物であり，社会党が本当に革新の旗を振るなら，速やかに知事候補を変えるべきであろう。」との文章を記すことになっていた。Yはこれを名誉毀損として，その申立てにもとづき，出版・頒布禁止の仮処分命令がなされた。本件はその違法性を主張して，国およびYに対して損害賠償を求めたのが本件である。

「実体法上の差止請求権の存否について考えるのに，人の品性，徳行，名声，信用等の人格的価値について社会から受ける客観的評価である名誉を違法に侵害された者は，損害賠償（民法710条）又は名誉回復のための処分（同法723条）を求めることができるほか，人格権としての名誉権に基づき，加害者に対し，現に行われている侵害行為を排除し，又は将来生ずべき侵害を予防するため，侵害行為の差止めを求めることができるものと解するのが相当である。けだし，名誉は生命，身体とともに極めて重大な保護法益であり，人格権としての名誉権は，物権の場合と同様に排他性を有する権利というべきであるからである。」

【判例99】最判平成14年9月24日判例時報1802号60頁（「石に泳ぐ魚」事件）

Xは，昭和44年に東京都で生まれた韓国籍の女性であり，幼少時に血管奇形に属する静脈性血管腫に罹患し，幼少時からの多数回にわたる手術にもかかわらず完治の見込みはなく，その血管奇形が外貌に現れている。他方，Y_1は，芥川賞を受賞するなど著名な小説家であるが，Xがモデルとして登場する本件小説を執筆し，その中において，Xのモデルとされる人物「朴里花」の顔面の腫瘍につき，通常人が嫌う生物や原形を残さない水死体の顔などに例えて描写するなど，異様なもの，悲劇的なもの，気味の悪いものなどと受け取られる苛烈な表現がされている。Xは，本件小説が公表されたことを知ってこれを読むまで，Y_1がXをモデルとした人物が登場する本件小説を執筆していたことを知らず，また，本件小説の公表を知った後も，Y_1に対し，本件小説の公表を承諾したことはなかった。Xは，本件小説を読み，本件小説に登場する「朴里花」が自分をモデルとしていることを知るとともに，Y_1を信頼して話した私的な事柄が本件小説中に多く記述されていること等に激しい憤りを感じ，これにより，自分がこれまでの人生で形成してきた人格がすべて否定されたような衝撃を覚えた。そこで，Xは，本件小説中の記述によって名誉，プライバシー

および名誉感情が侵害されたとして，作者である Y_1 および編集・発行者，出版社たる Y_2 らに対し不法行為に基づく慰謝料の支払を求めるとともに，謝罪広告，本件小説を掲載した雑誌の回収依頼広告，本件小説，その修正版の出版の差止めなどを請求した。

「人格的価値を侵害された者は，人格権に基づき，加害者に対し，現に行われている侵害行為を排除し，又は将来生ずべき侵害を予防するため，侵害行為の差止めを求めることができるものと解するのが相当である。どのような場合に侵害行為の差止めが認められるかは，侵害行為の対象となった人物の社会的地位や侵害行為の性質に留意しつつ，予想される侵害行為によって受ける被害者側の不利益と侵害行為を差し止めることによって受ける侵害者側の不利益とを比較衡量して決すべきである。そして，侵害行為が明らかに予想され，その侵害行為によって被害者が重大な損失を受けるおそれがあり，かつ，その回復を事後に図るのが不可能ないし著しく困難になると認められるときは侵害行為の差止めを肯認すべきである。

Xは，大学院生にすぎず公的立場にある者ではなく，また，本件小説において問題とされている表現内容は，公共の利害に関する事項でもない。さらに，本件小説の出版等がされれば，Xの精神的苦痛が倍加され，Xが平穏な日常生活や社会生活を送ることが困難となるおそれがある。そして，本件小説を読む者が新たに加わるごとに，Xの精神的苦痛が増加し，Xの平穏な日常生活が害される可能性も増大するもので，出版等による公表を差し止める必要性は極めて大きい。

以上によれば，被上告人の Y_1 及び Y_2 らに対する本件小説の出版等の差止め請求は肯認されるべきである。」

上記の最高裁判決は，【判例98】は名誉毀損，【判例99】はプライヴァシー侵害に関するものであるが，後者については，差止請求の要件が加重されており，物権的請求権に比してより厳格なものになっているように感じられる（傍点部分）。おそらくは作家の表現の自由との調整を意識したものであろう。しかし私は反対である。プライヴァシー侵害であるにもかかわらず，差止請求ができず損害賠償請求に甘んじなければならないというのは奇妙なことである。プライヴァシーは価値的に表現の自由よりも劣位にあるのであろうか。たしかに，この権利は新しい権利であり，法律上明文の規定は存在しないことは前述の通りであるが，憲法に根拠がないわけではない。それは表現の自

由と並ぶ国民の基本的人権というべきなのである（13条「幸福追求権」）。出版者や作家の営利目的や文学的野心のために他人を不幸に陥れる権利があるはずはない。

　しかし，そうした絶対権でない権利ないし法律上保護されるべき利益に対する侵害について差止請求を認めるべきかは，困難な問題である。

　思うに，明文の規定が存在しないことは差止請求を否定する積極的根拠となりえない。物権的請求権もまた直接明文規定が存しないにもかかわらず認められているのである。また，民法722条1項も否定論の論拠とはならない。同条項が否定するのは，過去に生じた損害の原状回復請求であるが，これに対して，差止請求は将来において生じるであろう損害の回避を目的とするもので，両者は異なった平面にあるものといえる。さらに，民法が想定する不法行為像は，一回的な加害行為によって損害を生じさせた場合のものであって，将来にわたる反復的かつ継続的な不法行為像を想定したものではないということも留意しなければならない。こうした意味からすれば，差止請求の可能性は退けられるべきではなく，不法行為に対する救済手段として原則として肯定されなければならないと考える。

　しかし，差止請求権を不法行為の効果として認めるとしても，その要件は損害賠償請求権と同一であるとはいえない。現在継続中の不法行為はともかく，将来新たに生じるであろう不法行為について「故意・過失」を観念することはできないからである。そこに差止請求の特殊な性格を認めることができる。

　判例には差止請求について肯定したものがある。すなわち，道路の通行自由権を侵害した事案に関し，「通行の自由権は公法関係から由来するものであるけれども，各自が日常生活上諸般の権利を行使するについて欠くことのできない要具であるから，これに対しては民法の保護を与うべきは当然の筋合である。故に一村民がこの権利を妨害されたときは民法上不法行為の問題の生ずるのは当然であり，この妨害が継続するときは，これが排除を求める権利を有することは，また言を俟たないところである。」と述べる[4]。しかし，

4）　最判昭和39年1月16日民集18巻1号1頁。

これは通行自由権という物権に類似する権利について認められたものであり，不法行為の一般的効果としてはむしろ否定的であった。しかし，こうした差止請求を否定する判例の射程が公害ないし生活妨害の事例にまでおよぶと考えるべきかは議論の余地があろう。現在に至るまで差止請求を認めた最高裁判決は現れていないが，下級審裁判例では，差止請求を認めるものも散見される。その場合の基準は受忍限度とされている（**新受忍限度論**）。すなわち，加害者側と被害者側の諸事情を比較考慮して違法性を判断するものであり，とりわけ，加害者たる事業者の公共性・社会的有用性にまたその判断ファクターとして考えるものである。学説の多数もこのような受忍限度論に立つものが多い。すなわち，①被侵害利益の性質と内容，②侵害行為のもつ公共性の内容と程度，③受益と受忍の彼此相補性，④被害の防止に関する措置の内容等をその判断ファクターとする。しかし，それを損害賠償請求と同一基準とすべきか，違法性に段階を設けるべきかは議論が分かれている。近時の最高裁は，一般論として差止請求の可能性を否定してないと考えられるが，道路騒音につき，いわゆる**違法性段階説**を採ったと評価されるものがある。

【判例100】最判平成7年7月7日民集49巻7号1870頁
　「道路等の施設の周辺住民からその供用の差止めが求められた場合に差止請求を認容すべき違法性があるかどうかを判断するにつき考慮すべき要素は，周辺住民から損害の賠償が求められた場合に賠償請求を認容すべき違法性があるかどうかを判断するにつき考慮すべき要素とほぼ共通するのであるが，施設の

---

5)　最判昭和43年7月4日裁判集民事91号567頁は，工作物の設置・保存に瑕疵がある場合に，損害が発生しないにもかかわらず，将来損害を生じるおそれがあることを理由として，その予防のために工作物の修復を求め，あるいは，使用の差止を請求することはできない，と判示する。
6)　人格権または環境権にもとづく航空機の離着陸のためにする国営空港の供用の差止を求めた大阪空港訴訟（最大判昭和56年12月16日民集35巻10号1369頁），米軍の離着陸の差止請求に関する最判平成5年2月25日民集47巻2号643頁，国の管理する一級河川の堤防上に成育する欅の木からの落葉による被害が，受忍限度内であり違法でないとして，右欅の木の切除および損害賠償請求を否定した原審の判断を是認した最判昭和61年7月14日判例タイムズ606号99頁，工場操業による騒音差止請求に関する最判平成6年3月24日判例時報1501号96頁，道路騒音による道路供用差止請求に関する最判平成7年7月7日民集49巻7号2599頁，道路建設の差止請求に関する最判平成10年7月16日訟月45巻6号1055頁。
7)　騒音防止につき，大阪地判昭和43年5月22日判例タイムズ225号120頁，日照妨害につき，東京地判昭和43年9月10日判例タイムズ227号89頁，大気汚染につき，名古屋地判昭和47年10月19日判例時報683号21頁。

供用の差止めと金銭による賠償という請求内容の相違に対応して，違法性の判断において各要素の重要性をどの程度のものとして考慮するかにはおのずから相違があるから，右両場合の違法性の有無の判断に差異が生じることがあっても不合理とはいえない。」

　このような「受忍限度」論に対しては，**環境権論**の立場からの批判がある。個人に具体的な損害が生じていなくても，「良好な環境」が侵害され，あるいは侵害される危険があれば，原則として差止請求が認められるべきであると主張するのである。[8]

　思うに，公害型生活妨害に関しては，事後の救済よりも事前の救済が重要であり，損害賠償は次善の手段にすぎない。古典的な不法行為像は，損害賠償によって恰も不法行為が存在しなかったであろう状態への復帰（原状回復）が可能であることを前提とするものであり，不法行為それ自体に対する否定的な評価は後景に引いている（「賠償さえすれば良い」）。しかし回復がフィクションであるときは，不法行為に対する否定的評価が全面に出てくると考えるべきなのである。在来の判例学説は，この類型の不法行為において被害者が広汎かつ多数で，生命，身体，健康への回復不能な損害をもたらし，しかも被害者のみならずその家族を含めた生活破壊から環境破壊につながる重大な脅威となっていることに無自覚であったと思われる。それは70年代以降のわが国における経済成長の負の部分を示すものであった。環境問題が国の重要施策として遍くコンセンサスを得る時代になった今日においても，それは今なお重要課題となり続けている。差止請求の判断基準を損害賠償請求のそれよりも厳格に捉えることは時代に逆行した本末転倒ではないだろうか。

　以下では差止請求の要件につき，次のような試論を提示しておきたい。

　第1に，加害行為が現在継続中のものであるときは，それが一般不法行為の要件を満たす限りで，無条件に差止請求を認めるべきである。

　第2に，現在では損害の発生を見ないが，それが将来において生じるであろう場合には，故意・過失は問題とならない。そこでは，むしろ，侵害行為によって生じるであろう損害の重大性こそ要件とすべきである。しかし，被

---

[8]　大阪弁護士会環境研究会(編)・環境権 [1973] 77頁以下。

侵害利益が絶対権（所有権等の物権，人格権）の場合は，その侵害はつねに差止請求権を生じさせるものと考える。公害型生活妨害的不法行為はしばしば人格権（生命・健康）の侵害となり，無条件に差止請求が認められるべきである。[9]

第3に，絶対権ほど被侵害利益の重大性が大きくない場合でも，それが行為者の故意による場合や，法規違反として刑事責任を問われるような場合，あるいは生じるであろう損害が重大で，損害賠償によって十分にカバーすることができないような事態が考えられる場合には，差止請求が認められると考える。

5 損害賠償請求権の主体

(1) 総　説

不法行為により損害賠償請求権を取得するのは，直接，「権利又は法律上保護される利益」を侵害された者であるのが原則である。しかし，民法709条は賠償権利者を明示しておらず（同条は権利等を侵害された「他人」が賠償請求権を取得すると規定しているわけではない），被害者と損害賠償請求権者が一致しない場合がありうる。[10] また，711条も，被害者と賠償権者とが一致しないことを明文で認めている。そこで，直接侵害を受けた者（被害者）以外の者は，どのような条件において，またどの範囲において損害賠償請求権の主体となりうるか問題となりうる。これを広い意味で「**間接被害者**」と呼ぶことがで[11]

---

9) 騒音，振動，汚染等の公害はしばしば所有権への侵襲という性格をもち，物権的妨害排除請求権を導く。しかし，所有者であるか否かは重要ではない。賃借人は債権者であるがゆえに差止請求を否定されるべきではないのは自明であり，所有者であると否とにかかわらず救済を受けなければならない。環境権論もそうした点を直視したものであるが，さしあたって，人格権侵害として差止請求が可能である。

10) これに対して，ドイツ民法823条は，「他人の生命……その他の権利を違法に侵害した者は，その他人に対して……損害を賠償する義務を負う」と規定しており，被害者と賠償権者が一致している。

11) ただし，直接損害と間接損害の区別はかならずしも明確ではない。たとえば，Aの加害行為によってBの身体が損害を被り，そのためBが代表取締役であったC会社が営業上の損害を被った場合に，Bが直接被害者，Cが間接被害者であると一応はいいうるが，Aの行為によってCが「法律上保護される利益」を侵害されたと考えるならば，Cを直接被害といっても言語上の矛盾はない。とりわけ，AがCに損害を与える目的でBの身体を侵害した場合がそうである。また，後述のように，AがBの生命を侵害した場合に，Bの扶養家族Cは間接被害者といっても，扶養の利益を侵害された直接被害者といっても誤りとはいえない。したがって，以下の行論では直接，間接の区別は便宜的なものにすぎない。

(2) 生命侵害による損害

(a) 財産的損害

　生命が侵害された場合の損害賠償について，判例は古くから**相続構成**を採っている。すなわち，死者について損害賠償請求権が発生し，それが相続承継されるとする立場である。これに対して，学説は当初はこれに従う者もあったが，現在では，相続構成を採る者は少なく，相続人に固有の損害として考えるべきだとする**扶養構成**が多数である。

　相続構成には，次のような難点が指摘されている。その最大のものは，被害者は生命を侵害された瞬間に権利能力を失うため，損害賠償請求権は生じる余地がない点である。このため，相続構成からは様々な理論が示されている。すなわち，時間的間隔説（加藤），極限概念説，死者人格存続説（末川），人間収益機械説等が主張されているが，技巧的にすぎるのみならず，なお，論理的矛盾を克服したものとはいえない。また，相続構成の下では，被害者の年齢が低ければ低いほど賠償額が大きくなるという矛盾が生じる。とりわけ，親が子を相続するような場合（逆相続）には，被害者の死によって経済的不利益を生じないはずなのに，多額の賠償額が得られる反面，親の死亡の場合には，死者の収入に経済的に依存している子は，相対的に賠償額が小さくなるという矛盾が避けられない。扶養の必要のない者，とりわけ年長の兄弟姉妹が相続によって賠償請求しうることは，いわゆる「笑う相続人」を産

---

12) 被害者が自然人の場合には出生によって権利能力を取得する（3条1項）ため，胎児が損害賠償権利者となりうるか問題となる。民法は721条は，胎児であっても損害賠償請求権に関しては「既に生まれたものとみなす」と規定して立法的解決を図っているが，その法的性質については議論がある。詳細は民法総則のテキストに譲る。

13) 大判大正9年4月20日民録26輯553頁，大判大正15年2月16日民集5巻150頁。最高裁もこれを踏襲している。前出最判昭和39年6月24日民集18巻5号874頁。

14) たとえば，時間的間隔説は，受傷によってまず被害者につき身体損害による損害賠償請求権が発生し，時間の経過によって死に至れば生命侵害に変化すると考えるものであるが，即死の場合の説明に窮するうえ，身体損害と生命損害は異なる損害である。そこで，極限概念説は，死によって死者につき生命侵害による損害賠償請求権が発生するが，次の瞬間に相続人に承継されると説くが，死によって権利主体でなくなる（それまでは身体損害であって，相続できるのはそれにもとづく損害賠償請求権にすぎない）から承継はありえない。死者人格存続説は，相続の包括承継性（896条）を理由とするものであり，死者の人格が承継されると説くものであるが，それは死者と相続人との人格的一体性を意味するものではない。

み出すおそれがある。さらに死者に相続人が存在しないときは，損害賠償請求権が宙に浮いてしまう（239条参照）。これとは逆に，扶養構成によるときは，扶養の必要のない相続人を賠償権者から排除できるし，内縁の妻や事実上の養子なども賠償権者としての処遇を受けることができる。起草者も扶養構成に近い立場であった[15][16]。にもかかわらず，判例が相続構成をなお保持しているのは，死者の収入を基準とする損害賠償算定の方法がより簡明であることや，数額の立証が容易であること，また，賠償額が扶養構成によるときよりも高額になるなどの実際的理由にもとづくものと思われる。逆相続から生じる不均衡もライプニッツ方式および慰謝料額の抑制によって対処できるとの反論もある[17]。たしかに，相続構成は損害額の算定を死者本位にするため客観的に明確な数額を示すことが容易であるのに対して，扶養構成は遺族本位の賠償額算定となるため，個々の事案に応じて具体的数額が区々になる。それは，人身損害賠償実務での定額化傾向とも調和しない。もっとも，扶養構成を採るドイツにおいても賠償額は必ずしも低いものではないとの指摘もある[18]。

思うに，理論的には扶養構成が優れているが，さらに被害者破産の問題を指摘することができる。すなわち，相続構成の場合には損害賠償請求権が一般財産となるため，被害者に多額の債務があるとき相続しても相続人は優先的配当を得ることはできない。そのうえ，債務が遺産額を超える場合には，放棄ないし限定承認をしないかぎり，相続人は負債を抱え込むことになる。しかしそれでは損害賠償請求権の相続が扶養家族の扶養のためである現状からすると，それと背馳することになろう。遺族に固有の損害賠償請求権を認める実益はここにもあると思われる。

【判例101】最判平成12年9月7日判例時報1728号29頁

X_1 はAの妻，X_2 および X_3 はAの子であり，Xらは，その生活をAに依存していた。ところが，AはBらに殺害された。Yは，右殺害行為の実行前にB

---

15) 自賠法72条1項の「被害者」に関するが，最判平成5年4月6日民集47巻6号4505頁。
16) 梅謙次郎・民法要義巻之五874頁。
17) 平井173頁。
18) 倉田卓次「相続構成から扶養構成へ」現代損害賠償法講座7［1974］93頁。

らから依頼を受けて偽装工作をすることを約束し，これにより右殺害行為を容易にした。Aは，死亡時前年度に780万円の収入を得ていたが，他方，約48億円の負債を抱えていた。Aの相続人であるXらは，相続の放棄をした。本件は，Xらが，Yに対し，Aから受けることができた将来の扶養利益の喪失等の損害についてその賠償を求めるものである。

「不法行為によって死亡した者の配偶者及び子が右死亡者から扶養を受けていた場合に，加害者は右配偶者等の固有の利益である扶養請求権を侵害したものであるから，右配偶者等は，相続放棄をしたときであっても，加害者に対し，扶養利益の喪失による損害賠償を請求することができるというべきである。しかし，その扶養利益喪失による損害額は，相続により取得すべき死亡者の逸失利益の額と当然に同じ額となるものではなく，個々の事案において，扶養者の生前の収入，そのうち被扶養者の生計の維持に充てるべき部分，被扶養者各人につき扶養利益として認められるべき比率割合，扶養を要する状態が存続する期間などの具体的事情に応じて適正に算定すべきものである。」

以上の点から，私は扶養構成に与したいと考える。それは，相続構成であっても，その目的は遺産の継承・分配が目的なのではなく，あくまでも死者の生計に依存する者の保護のためのものであり，そうだとすると扶養構成がことがらの本質にもっとも適合的なものと考えられるからである。そして，相続構成から生じるさまざまな矛盾を回避することができる点でも優れている。賠償額の高額化の要請に応えることができるかどうかこそが，扶養構成の最大の問題点であろう。扶養構成の立場からは，**生活保持義務**（752条）と**生活扶助義務**（730条）の区別にそくして処理することが主張される。本書でもこれに則り，以下に若干の基準を示すことにしたい（平井175頁以下の記述に依拠する）。

まず，死者が生活保持義務を負う者は賠償請求権が認められる。配偶者は，法律婚であると事実婚であるとを問わず，婚姻生活から得る財産的利益を失うから，当然に賠償請求権者であり，死者の逸失利益から死者自身の生活費等を控除した残額が賠償額と考えるべきである。ただし，別居等婚姻共同生活を営んでいなかった場合には減縮される。

子は未成熟子と成熟子が区別され，前者については—事実上の養子であっ

ても一，配偶者と同様に請求権者となり，扶養利益の喪失が損害額というべきであるが，死者から扶養が期待される年数にかぎって賠償されるべきである。これに対して，後者は死者との共同生活から独立して生計を営んでいる場合には，賠償請求権を認めることは困難である。死者の父母についても同様である。独立した生計を営んでいる場合には賠償請求は認められないが，死者の生計に依存している場合には，未成熟子と異なって扶養を要する年数は未確定であり，賠償額の算定は困難である。その平均余命にいたるまでの扶養利益を基準とすべきであろうか。

　これ以外の相続人は，扶養利益を害されたことを立証しないかぎり賠償請求権を有しない。すなわち，成熟子，兄弟姉妹等は，死者がこれらの者に対して生活扶助義務を負うかぎりで，賠償請求権を有すると考えるべきである。

　いずれにせよ，扶養利益の喪失による賠償額は死者の逸失利益を超えるべきではないであろう。

(b) 精神的損害

　ⓐ　生命を侵害された場合の慰謝料請求権に関しても問題がある。抑も，死者について慰謝料請求権そのものが成立するか問題である。民法710条は文言上「生命」を外しているし，慰謝料の本質からすれば，慰謝料の支払によって被害者は精神的苦痛，悲嘆を補償または軽減されなければならないはずなのに，生命侵害にはそれはありえないからである。むしろ，端的には，生命侵害によって近親者等の精神的苦痛としての慰謝料の支払を認めれば足りるとも考えられる。しかし，ここでも相続構成すなわち，死者について慰謝料請求権が発生したうえ，それが相続承継されるとする立場と，死者について慰謝料請求権は観念し得ず，近親者等についての固有の慰謝料請求権のみが成立するとする立場の対立がある。起草者は後者の立場であったと言われている。判例は古くから相続構成を採っているが，当然相続か，生前の被害者本人の意思表明が必要かが問題とされた。判例は意思表明を要件として慰謝料請求権が相続されるとする立場を明らかにしてきた。[19] その代表的な判

---

19) 大判明治43年10月3日民録16輯621頁，大判大正2年10月20日民録19輯910頁。大判大正8年6月5日民録25輯962頁，【判例102】，大判昭和8年5月17日法律新聞3561号13頁（第二残念事件）。

決が次の「残念事件」である。

【判例102】大判昭和2年5月30日法律新聞2702号5頁（残念事件）
「按ずるに不法行為に因り身体を傷害せられ之が為に苦痛を被りたる場合に於ける慰謝料請求権は被害者の死亡と共に消滅し，相続人と雖之を承継し得るを原則とし，唯被害者が加害者に対し慰謝料を請求するの意思を表示したるとき移転性を有するに至るものなること及び右の意思表示は単に其の請求を為すの意思を表白すれば足り，必ずしも加害者に到達することを要せざること当院の判例とするところにしてするところにして［……］原審は前示の如く被害者Aは残念々々と叫びつつ死亡せる事実を認め而も之を以て慰謝料請求の意思表示をしたるものに非ずと判断したるが如しと雖，右の言語は自己の過失に出でたるを悔やみたるが如き特別の事情なき限り加害者に対して慰謝料を請求する意思を表示したるものと解し得られざるにあらず」

これに対して，学説は意思表明を要件とせずに慰謝料請求権は相続されるとするのが多数説であった。その根拠は，わが民法上慰謝料請求権もまた損害賠償請求権であり，一身専属権とする理由がないこと，即死の場合や意識不明のため意思表明ができない場合との不均衡，意思表明の解釈が不明確であることが上げられている。最高裁は判例を変更して無条件相続説を明らかにした。[20][21]

【判例103】最大判昭和42年11月1日民集21巻9号2249頁
Y会社の従業員であるAは，Y保有のトラックを運行中，通行中のBの自転車に衝突させて転倒させ，同人に重傷を負わせ，死亡するに至らせた。Bは死亡当時慰藉料請求の意思表示はしなかったが，相続人たるX等姉妹を含む4名（内2名は代襲相続人）は当然Bの取得した慰藉料請求権を相続したとして本訴請求におよんだ。

---

20) 死に際して，「向こうが悪い向こうが悪い」（大判昭和12年8月6日判決全集4巻15号10頁）や，「口惜しい」（大阪地判昭和9年6月18日法律新聞3717号5頁），「残念々々」というのは意思表明であるが，「助けてくれ」（東京控判昭和8年5月26日法律新聞3568号5頁）は意思表明とはいえない等，「意思表明」の解釈は擬制的，恣意的ではないかとの批判がある。

21) 本判決には，慰謝料請求権は一身専属権であるとの立場からする松田二郎裁判官，岩田誠裁判官および田中二郎裁判官の反対意見が付せられている。

「案ずるに，ある者が他人の故意過失によって財産以外の損害を被った場合には，その者は，財産上の損害を被った場合と同様，損害の発生と同時にその賠償を請求する権利すなわち慰藉料請求権を取得し，右請求権を放棄したものと解しうる特別の事情がないかぎり，これを行使することができ，その損害の賠償を請求する意思を表明するなど格別の行為をすることを必要とするものではない。そして，当該被害者が死亡したときは，その相続人は当然に慰藉料請求権を相続するものと解するのが相当である。ただし，損害賠償請求権発生の時点について，民法は，その損害が財産上のものであるか，財産以外のものであるかによって，別異の取扱いをしていないし，慰藉料請求権が発生する場合における被害法益は当該被害者の一身に専属するものであるけれども，これを侵害したことによって生ずる慰藉料請求権そのものは，財産上の損害賠償請求権と同様，単純な金銭債権であり，相続の対象となりえないものと解すべき法的根拠はなく，民法711条によれば，生命を害された被害者と一定の身分関係にある者は，被害者の取得する慰藉料請求権とは別に，固有の慰藉料請求権を取得しうるが，この両者の請求権は被害法益を異にし，併存しうるものであり，かつ，被害者の相続人は，必ずしも，同条の規定により慰藉料請求権を取得しうるものとは限らないのであるから，同条があるからといって，慰藉料請求権が相続の対象となりえないものと解すべきではないからである。」

思うに，慰謝料請求権はそれを請求するか否かは被害者の意思に委ねられているという意味で一身専属権（896条）というべきであり（ドイツ法には明文の規定がある），相続の対象とはならないというべきである。しかし，意思表明がなされて具体的に数額が確定することによって，金銭債権として財産権としての性格を取得するものと考えるべきである。[22] ところで，本判決において反対意見を述べた裁判官も，被害者が慰謝料請求権を相続取得すること自体には反対しないようである。しかし，生命侵害に関する限り，慰謝料請求権を認めるべきではなく，したがって，相続もありえないというべきである。それは慰謝料の支払によって，死者は慰謝されるわけではないという単純な理由にもとづく。身体等を侵害された者が慰謝料請求権を取得するのに，一番価値の大きい生命を侵害されたときは慰謝料請求権が発生しないというの

---

[22] ただし，損害賠償請求訴訟の特徴として具体的な数額は勝訴判決の確定によってはじめて具体的に確定するという意味で，具体的な慰謝料請求権は暫定的なものにすぎない。

は不公平だというのは感情論にすぎない。それは，かえって慰謝料支払によって加害者に対する民事的制裁的機能を認めることにつながる。裁判実務が相続構成に執着する理由の一つは，損害項目を増やすことによって賠償額の低下を押さえようとすることろにある（慰謝料の調整的機能）と思われるが，かえって賠償額算定の基準を不透明にするものではないだろうか。民法は近親者に対して固有の慰謝料請求権を認めており（711条），かつ，それで十分である。本件事案では相続人は被害者の兄弟姉妹であり，711条の適用は困難であった。しかし翻って考えるならば，相続人がつねに固有の精神的苦痛を被るわけではない。精神的損害は被害者との親密度や生活的連帯感から生じるものであって，相続人ならぬ「赤の他人」であっても損害賠償請求権を与えられるに相応しい精神的苦痛はありうる。そうであるとすれば，近親者は711条によって，それ以外の者は一般不法行為の原則にしたがって，709条に基づいて慰謝料請求をなしうると考えるべきであろう。

ⓑ　民法711条は父母，配偶者および子に固有の慰謝料請求権を認めている[23]。これらの者の精神的損害は710条によっても請求することは可能である（710条は同条の「他人」自身が賠償請求権者であるとは規定していない）。父母・配偶者・子という関係の存在のみを立証すれば慰謝料請求権が認められる点に本条の趣旨があると解される。したがって，同条の近親者以外の者についても，慰謝料請求権が認められることは明らかである。判例は，兄弟姉妹について同条の類推適用を認めている。

【判例104】最判昭和49年12月17日民集28巻10号2040頁

「不法行為による生命侵害があった場合，被害者の父母，配偶者及び子が加害者に対し直接に固有の慰藉料を請求しうることは，民法711条が明文をもって認めるところであるが，右規定はこれを限定的に解すべきものでなく，文言上同条に該当しない者であっても，被害者との間に同条所定の者と実質的に同視しうべき身分関係が存し，被害者の死亡により甚大な精神的苦痛を受けた者は，同条の類推適用により，加害者に対し直接に固有の慰藉料を請求しうるも

---

23) 相続構成の下では，慰謝料請求権は二本立てになるのに対して，被害者の慰謝料請求権それ自体を否定する立場では近親者の慰謝料請求権一本になるが，現実の賠償額は同一でなければならない。

のと解するのが，相当である。本件において，原審が適法に確定したところによれば，X_1は，Aの夫であるX_2の実妹であり，原審の口頭弁論終結当時46年に達していたが，幼児期に罹患した脊髄等カリエスの後遺症により跛行顕著な身体障害等級二号の身体障害者であるため，長年にわたりAと同居し，同女の庇護のもとに生活を維持し，将来もその継続が期待されていたところ，同女の突然の死亡により甚大な精神的苦痛を受けたというのであるから，X_1は，民法711条の類推適用により，Yに対し慰藉料を請求しうるものと解するのが，相当である。」

下級審裁判例においても，同条の拡張適用は，被害者の身の回りを世話していた祖母や被害者と同居して生活を営んでいた兄，被害者の母代わりになっていた姉，嫡出子同様に養育していた未認知の子の父等につき，同条が類推適用されている。死者との親密度や生活関係上の一体性が基準となろう。

(3) 生命侵害以外の人身侵害

生命侵害以外の侵害の場合に民法710条は慰謝料請求権を認めるが，では，被害者以外の者も慰謝料請求権を取得するのであろうか。判例は，ここでも711条の類推適用を認めている。

【判例105】最判昭和33年8月5日民集12巻12号1901頁
「原審の認定するところによれば，X_1は，Yの本件不法行為により顔面に傷害を受けた結果，判示のような外傷後遺症の症状となり果ては医療によって除去しえない著明な瘢痕を遺すにいたり，ために同女の容貌は著しい影響を受け，他面その母親であるX_2は，夫を戦争で失い，爾来自らの内職のみによって右X_1外一児を養育しているのであり，右不法行為により精神上多大の苦痛を受けたというのである。ところで，民法709条，710条の各規定と対比してみると，所論民法711条が生命を害された者の近親者の慰藉料請求につき明文をもって規定しているとの一事をもって，直ちに生命侵害以外の場合はいかなる事情があってもその近親者の慰藉料請求権がすべて否定されていると解しなければならないものではなく，むしろ，前記のような原審認定の事実関係によれば，X_2はその子の死亡したときにも比肩しうべき精神上の苦痛を受けたと認められるのであって，かゝる民法711条所定の場合に類する本件においては，X_2は，同法709条，710条に基いて，自己の権利として慰藉料を請求しうるものと解する

のが相当である。」

　この後も父母については同趣旨の最高裁判決があるが[24]、妻、子については否定されている[25]。

　以上を図にまとめれば以下のようになる。

	生命侵害		生命侵害以外の人身侵害
	財産的損害	精神的損害	精神的損害
父母・配偶者・子 （近親者）	相続構成 or 扶養構成	相続構成 711条	711条の類推適用
近親者以外の相続人		相続構成 711条の類推適用	711条の類推適用（？）
相続人以外の者	扶養構成	710条（？） 711条の類推適用	710条（？）

補論18　死者の名誉

　権利能力は死によって消滅するから、死者に対する名誉毀損はありえない。刑法は死者の名誉を毀損した者を罰する規定を置いており（230条2項）、著作権法も死者の著作者人格権を保護している（60条）が、民法には明文の規定がなく、人格権の保護は与えられないとするのが通説である。ところが、近時これを認める学説が台頭してきた（五十嵐清・昭和52年度重要判例解説76頁等）。きっかけは、いわゆる「落日燃ゆ」事件判決（東京高判昭和54年3月24日高民32巻1号33頁）である。内容は、A級戦犯として東京裁判で処刑された広田弘毅をモデルにした小説「落日燃ゆ」の中、主人公が部下の女性と姦通する記述があり、それが死者の名誉を毀損したものとして遺族から慰謝料の支払と謝罪広告の掲載を求めたものである。裁判所は請求を認めなかったものの、一般論として、「他人に対する遺族の敬愛追慕の情も一種の人格的利益としてこれを保護すべきものであるから、これを違法に侵害する行為は不法行為を構成する」と判示した。思うに、死者の名誉毀損そのものを認めるとしても実際にこれを請求するのは遺族等であるから、死者について生じた損害賠償請求権が相続承継

---

24)　【判例111】以後も、最判昭和44年4月24日判例時報558号57頁（両親）、最判昭和43年9月19日民集22巻9号1923頁も同趣旨

25)　最判昭和42年6月13日民集21巻6号1447頁。

されるという構成を採らざるをえない。そうだとすると、損害賠償ないし謝罪広告によって死者が慰謝されることはありえないことは、生命侵害による慰謝料と等質の問題といえる。遺族等が精神的苦痛を受けたのならば、遺族自身に対する不法行為の成否こそ問題とすべきであって、「敬愛追慕の情」は「法律上保護される利益」として救済されよう。近時、これを肯定する下級審裁判例が散見される。エイズ患者の写真と過去の経歴等を掲載した写真週刊誌の報道記事の内容が死者の敬愛追慕の情を侵害したとされた判決（大阪地判平成元年12月27日判例時報1341号53頁）、ロス疑惑に関連して、逮捕され死亡した者の妻が、亡夫に係わる記事を配信した新聞社が亡夫の手錠姿の写真を掲載したことに対して、遺族の死者に対する敬愛追慕の情を侵害したとして、遺族の死者に対する敬愛追慕の情を受忍し難い程度に侵害したもので不法行為を構成するとされた判決がある（東京地判平成23年6月15日判例時報2123号47頁）。なお、遺族でなく恩師の名誉毀損については不法行為を認めなかった判決（東京地八王子支判平成元年11月9日判例時報1334号209頁）参照。反面、名誉回復処分はありえないことになる。

(4) 企業損害（間接損害）

　被害者と賠償権者が一致しない場合は企業損害としても現れる。たとえば、A会社の従業員Bが車に跳ねられて死傷したために、A会社に損害が生じたような場合である。これが狭義の**間接損害**である。これにはいくつかの類型にそくして検討することが有用である。

　第1に、AがBの入院費、治療費等を支出した場合、本来これらの出捐はBが被った損害と考えられるから、Aは独立して加害者Cに対して損害賠償を請求することはできない。ただし、Aはこの場合には423条にもとづきBの権利を代位行使することができる。

　第2に、Bの死傷等によって就労ができなくなったにもかかわらず、Aがなお賃金支払義務や労災給付等を免れない場合がある。この場合には、Aは加害者Cと不真正連帯債務の関係にあり、それゆえ、Aが出捐したときは窮極的な賠償責任者であるCに対して求償権を行使することができると考えることができるから、独立して不法行為による損害賠償請求権を認めるべきではないといえる。

第3に、Aが固有の損害を被る場合は別個に考えなければならない。たとえば、Bの死傷あるいは入院のため営業活動に支障を来して収益に影響が生じたような場合である。これに関するリーディングケースは次のものである。

【判例106】最判昭和43年11月15日民集22巻12号2614頁
　薬種業を営んでいたAは、Yの引き起こした交通事故で負傷した。AはYに対して治療費等の支払を請求したが、それとともに、Aが経営をしていた薬局Xも営業利益が低下したとして、損害賠償を求めた。Xの社員はAとその妻Bだけで、Aが唯一の取締役であると同時に、Xを代表する取締役であり、Bは名目上の社員であるにとどまっており、XにはA以外に薬剤師はおらず、Aは実質上A個人の営業であった。
　「すなわち、これを約言すれば、Xは法人とは名ばかりの、俗にいう個人会社であり、その実権は従前同様A個人に集中して、同人にはXの機関としての代替性がなく、経済的に同人とXとは一体をなす関係にあるものと認められるのであって、かかる原審認定の事実関係のもとにおいては、原審が、YのAに対する加害行為と同人の受傷によるXの利益の逸失との間に相当因果関係の存することを認め、形式上間接の被害者たるXの本訴請求を認容しうべきものとした判断は、正当である。」

　この事案では、実質的にAとXは一体であり、Aの損害と見ることも可能であった。しかし、一般的には、このような損害の賠償請求は否定すべきものと考える。たしかに、今日では圧倒的多数の国民は勤労者であり、事故による営業に支障を来すことは漠然とは予測できるかもしれない。しかし、それと具体的な不法行為において加害者がそうした損害を予測できるということとは別である。営業を妨害するために従業員に加害行為を加える等の故意による場合はともかく、通常それは予測可能性を超えていると思われる。また、債権侵害が抑制的に扱われるべきこと、従業員の事故による企業利益の損失は、企業計算とりわけ保険によってカバーすることが期待されることからすると、限られた場面でしか認めるべきではないように思われる。

---

26) 清水・プログレッシブ民法［債権総論］129頁。

6 損害賠償請求権の法的性質

(1) 総　説

不法行為による損害賠償請求権は金銭債権である（722条1項，417条）が，債務不履行にもとづくそれと同様の処遇を受けるべきかは検討を要するべきことがらである。なぜならば，不法行為法の理念たる被害者の救済そして損害の公平な分担という理念と財産権としての損害賠償請求権制度とはかならずしも一致するとは言えないからである。むろん，物損の場合には損害賠償請求権は物の交換価値が転形したものであるがゆえに，一般財産を形成し，総債権者のための責任財産となることは疑う余地はない。しかし，人損の場合にもそのように言うことができるかは検討を要する。以下では，相続性，譲渡性，差押可能性等について考えることにしよう。

(2) 相続性

物損についての財産的損害にもとづく賠償請求権は純然たる財産権であるから，当然相続の対象となる（896条本文）ことは異論がない。これに対して，前述のように，生命侵害による損害賠償請求権は相続されるとするのが判例である（相続構成）が，扶養構成に拠るときは相続性は否定される。

慰謝料請求権の相続性は認められるべきか，一身専属権（同条但書）として否定されるべきか。慰謝料請求権が精神的苦痛を補償するためのものであり，それゆえその有無ないし程度は被害者の個人的性格に依存することからすれば，この権利が一身専属性を有することは争う余地がないであろう。しかし，慰謝料の支払を訴求した場合には，その具体的数額が確定していなくても（最終的には判決等債務名義によって確定する），相続性を取得すると解すべきであろうか。名誉毀損の事例につき，判例は否定する。

【判例107】最判昭和58年10月6日民集37巻8号1041頁
　　Aに対して破産が宣告されたが，Aは，破産宣告前に自己が賄賂を収受したとの罪で起訴されたことが違法な公権力の行使によるものであり，これによって自己の名誉を毀損されたと主張して，国家賠償法1条1項に基づいて慰藉料2,000万円の損害賠償を求める本件訴えを提起していた。Aは本件訴えが原審に係属中に死亡した。

「思うに，名誉を侵害されたことを理由とする被害者の加害者に対する慰藉料請求権は，金銭の支払を目的とする債権である点においては一般の金銭債権と異なるところはないが，本来，右の財産的価値それ自体の取得を目的とするものではなく，名誉という被害者の人格的価値を毀損せられたことによる損害の回復の方法として，被害者が受けた精神的苦痛を金銭に見積ってこれを加害者に支払わせることを目的とするものであるから，これを行使するかどうかは専ら被害者自身の意思によって決せられるべきものと解すべきである。そして，右慰藉料請求権のこのような性質に加えて，その具体的金額自体も成立と同時に客観的に明らかとなるわけではなく，被害者の精神的苦痛の程度，主観的意識ないし感情，加害者の態度その他の不確定的要素をもつ諸般の状況を総合して決せられるべき性質のものであることに鑑みると，被害者が右請求権を行使する意思を表示しただけでいまだその具体的な金額が当事者間において客観的に確定しない間は，被害者がなおその請求意思を貫くかどうかをその自律的判断に委ねるのが相当であるから，右権利はなお一身専属性を有するものというべきであって，被害者の債権者は，これを差押えの対象としたり，債権者代位の目的とすることはできないものというべきである。しかし，他方，加害者が被害者に対し一定額の慰藉料を支払うことを内容とする合意又はかかる支払を命ずる債務名義が成立したなど，具体的な金額の慰藉料請求権が当事者間において客観的に確定したときは，右請求権についてはもはや単に加害者の現実の履行を残すだけであって，その受領についてまで被害者の自律的判断に委ねるべき特段の理由はないし，また，被害者がそれ以前の段階において死亡したときも，右慰藉料請求権の承継取得者についてまで右のような行使上の一身専属性を認めるべき理由がないことが明らかであるから，このような場合，右慰藉料請求権は，原判決にいう被害者の主観的意思から独立した客観的存在としての金銭債権となり，被害者の債権者においてこれを差し押えることができるし，また，債権者代位の目的とすることができるものというべきである。」

学説も確定判決等を要するとするが[1]，そこまで厳格に解さなければならない理由はないであろう。最高裁は，請求権を行使する意思を表示しただけでいまだ具体的な金額が確定していないことを理由とするが，裁判の結果具体額が確定するのは，慰謝料にとどまらず，損害賠償請求権一般に言えることなのである。また，慰謝料の定額化が裁判実務の趨勢であることからして，

---

1) 幾代340頁以下。

数額の未確定を理由とすることは説得力を欠く。しかし，少なくても被害者の確定的な意思という点において，裁判外の請求では足りず，訴えの提起は必要であるというべきである。

なお，前述のように，生命侵害による慰謝料請求権は相続されるとするのが判例であるが，疑問であり，近親者の固有の慰謝料請求権で足りると解すべきである。

 (3) **譲渡性**

譲渡性の可否も金銭債権たる損害賠償請求権に財産権的性格を付与すべきかの価値判断にかかる。たとえば，名誉毀損においては，損害賠償に「代えて」名誉回復に適当な処分が命じられる場合（723条）に，それにしたがった一定の行為が財産的価値を有するわけではない。そこで，私は次のように考える。

第1に，名誉毀損による損害賠償請求権については，それが当然に被害者の一般財産を構成すると解することはできない。損害賠償請求権は，裁判所が加害者の行為に対して否定的な価値判断を与えたというところに最大の存在理由があると思われる。「被害者は加害者に対しいくら請求できるのか」ということよりも，「裁判所が被告の行為は不法行為である」ということを認めた，という点こそ重要なのであって，判決それ自体で精神的苦痛が緩和される面は否定できないのではないだろうか。英米法における名目的損害賠償 nominal damages（1ドルの損害賠償）も同様の発想であろう。そうだとすると，債務名義等で具体的金額が確定しないかぎり譲渡性は否定されるべきであろう。慰謝料請求権一般についても，経済取引においては数額が確定しなくとも譲渡することはありうる。しかし，損害賠償債権の譲渡契約を認めつつ，その額が将来の債務名義等によって確定するというのでは，取引そのものが投機性を帯びることになり，妥当ではないと思われる（466条1項但書）。

第2に，これに反して，侵害された権利ないし法律上保護される利益が財産的価値を有する以上，その転形としての損害賠償請求権は同様に財産的価値を有するものとして，一般の債権と同様に譲渡性（466条）が与えられなければならない。差押えもその限りで許されると解する。

(4) 相殺禁止

　不法行為による損害賠償責任を負う加害者は，被害者に対する債権をもって相殺することはできない（509条）。その趣旨は，現実に被害者に救済を受けさせる（「膏薬代は現金で」）とともに，相手方の債務不履行や不法行為に逢った債権者が腹癒せのために不法行為を行ってその損害賠償債務を自己の債権と棒引きにすることを防ぐところにあるといわれる。ただし，これとは逆に不法行為による損害賠償請求権を自働債権とする相殺は許されると解されている。

　不法行為債権を受働債権とする相殺を広く禁止する本条は比較法的にもまれであり，その立法的当否は疑問視されている。相殺禁止はおそらくは加害者に対する倫理的非難が背景にあるが，それは刑事責任的発想を民事責任にもちこむものであり，また，被害者の現実的救済は不法行為に限られるものでもなく，債務不履行についてもいいうることであって，たとえば，弁済期が到来しているにもかかわらず，相殺の目的で未到来の貸金債権の到来まで履行を拒絶して遅滞を継続するといった場合にも問題となりえよう。債務不履行と不法行為との区分が不分明になっている現在の学説・判例の状況の下で同条がいまなお妥当性を維持しうるかは疑問である。そこで，本条の適用をいかに制限的に解釈すべきか問題とされよう。

　第1に，双方が不法行為の場合でも相殺禁止が認められるべきか。判例は肯定する。また，同一の交通事故のような交叉的不法行為についても，同条を適用する。

---

2) 最判昭和42年11月30日民集21巻9号2477頁。
3) ドイツ民法393条は故意による不法行為に限定しており，フランス民法および旧民法においても不法行為債権を自働債権とする相殺禁止の規定は見られない（フランス民法1293条，旧民法財産編526条参照）。
4) 銀行取引における相殺の担保的機能に関して問題となる。この点については，清水・プログレッシブ民法［債権総論］315頁以下参照。
5) 大判昭和3年10月13日民集7巻780頁（被告の殴打による損害賠償請求権と以前の原告の横領行為による損害賠償債務）。
6) 同趣旨の判例として，最判昭和54年9月7日判例時報954号29頁。

【判例108】最判昭和49年6月28日民集28巻5号666頁

　　Y₁の被用者たるY₂の運転するマイクロバス（乙車）が，Aの運転するX所有の乗用車（甲車）と衝突し，その結果両車ともに破損した。本件事故は，Y₂がY₁の業務である乙車を陸送中その過失が主たる原因となって発生したものであるが，甲車を運転していたAの過失もその一因となっていた。本件事故によりXは，甲車の代車購入費および使用不能による喪失利益の損害を被り，一方，本件事故によりY₁は乙車の修理代金相当の損害を被った。原審裁判所は，本件のように双方の債権が双方の過失による一個の衝突事故によって生じた物損に基づく損害賠償債権である場合には，民法509条の適用がなく，損害賠償債権を受働債権とする相殺が許されると判示した。

　　「しかしながら，民法509条の趣旨は，不法行為の被害者に現実の弁済によって損害の塡補を受けさせること等にあるから，およそ不法行為による損害賠償債務を負担している者は，被害者に対する不法行為による損害賠償債権を有している場合であっても，被害者に対しその債権をもって対当額につき相殺により右債務を免れることは許されないものと解するのが，相当である。したがって，本件のように双方の被用者の過失に基因する同一交通事故によって生じた物的損害に基づく損害賠償債権相互間においても，民法509条の規定により相殺が許されないというべきである。」（大塚裁判官の反対意見がある）

　　学説の多数はこれに反対する。過失相殺の制度とも矛盾するうえ交叉的不法行為については，509条の趣旨である現実の弁済によって損害の塡補を受けさせなければならない点や，不法行為の誘発を防止するという事情も存在しないからである。不法行為が過失による場合にも同様の事情が存する。

　　私見としては，相殺禁止規定は限定的に解されるべきであると考える。第1に，双方的不法行為ないし交叉的不法行為の場合でも，違法性の度合いのより小さい者が相殺を主張することは不当ではない。また，交通事故でAが物損を，Bが人損を被った場合に，Aからする相殺は許されないが，Bからする相殺は許されて良いのではなかろうか。第2に，無資力のリスクの問題がある。相殺を許さないときは，破産の場面では一方の債権は按分配当しか受けられないのに対して，他方の債権は全額が回収できるという不合理が生じる。それゆえ，一方当事者の支払不能の場合には，相殺禁止の規定は適用されないと解すべきではないだろうか。さらに，強制責任保険制度との関連

も指摘されている。すなわち，自動車事故の場合には現実に保険金の支払が受けられる状況からして，相殺によってそれを否定する結果になるのは妥当ではない。第3に，一方の不法行為債権が消滅時効に罹った場合も問題であり，相殺を許す合理性があると思われる。

民法509条は強行法規であろうか。それとも，特約によって排除することができるであろうか。たとえば，建物賃貸借終了後の賃借人は，建物明渡しまでの占有につき賃料相当額の損害金債務を負担する。これと賃貸人に対する債権とを相殺する合意は有効であろう。特約がなくても，敷金関係において，賃貸人は未払賃料のみならず賃貸借終了後の賃料相当額の損害金債権をも敷金から控除することが許容されており，それとのバランスを考えるならば，賃借人の側からする敷金からの控除請求を認めるのが妥当であろう。

(5) 賠償者代位

債務不履行については，債権者が損害賠償として，給付の目的物たる物または権利の価額の全部の支払を受けたときは，債務者はその物または権利について債権者に代位する（422条）。不法行為については明文の規定が存しないが，通説は422条の類推適用を認めている。間接損害に関して述べたように，被用者が身体に侵害を受けて就労不能となった場合に使用者が労災等の給付義務を支出した場合には，加害者に対して求償権を行使することができるが，422条の趣旨を類推して代位により損害賠償請求権を取得すると解する学説が有力である。判例も労基法にもとづき遺族補償義務について代位を認めたものがある。

---

7) 四宮(下)643頁。
8) 四宮・同書643頁。
9) 敷金返還請求権については明渡時説（明渡しによって発生する）が判例・通説であるので，そのかぎりで問題は生じない。これに対して終了時説（賃貸借終了時に発生する）の立場においては，509条の適用問題が生じる。賃貸人からする相殺は許されるが，賃借人からする相殺は許されない。しかし敷金に関する特約によって相殺を許容することが許されるか問題となる。
10) 東京高判昭和56年6月25日東高(民)時32巻6号152頁参照（賃料相当額の損害金債権を受働債権とする未払給料債権との相殺が否定された事例）。
11) 清水・プログレッシブ民法［債権総論］121頁以下。

【判例109】最判昭和36年1月24日民集15巻1号35頁

　Xの父であるAがX会社の営業責任者としてトラック運送会社に商品の運送を委託し，みずからもトラックに同乗して行く途中，踏切で車と電車が衝突して即死した。電車の運転手には過失がなかった。原審ではトラックの運転手と踏切番に過失があるとされて，両者の共同不法行為として715条にもとづく損害賠償責任が認められた。

　「労働基準法は，同法79条に基き，使用者が遺族補償を行った場合において，補償の原因となった事故が第三者の不法行為によって発生したものであるとき，使用者はその第三者に対し，補償を受けたものが，第三者に対して有する損害賠償の請求権を取得するか否かについて何ら規定してはいないが，右のような場合においては，民法422条を類推して使用者に第三者に対する求償を認めるべきであると解するのが相当である［。］」

(6) 損害賠償請求権の消滅時効

(a) 総　説

　民法724条は，「不法行為による損害賠償の請求権は，被害者又はその法定代理人が損害及び加害者を知った時から三年間行使しないときは，時効によって消滅する。不法行為の時から二十年を経過したときも，同様とする。」と定める。一般の債権の消滅時効（167条）の特則になる。同条の文言上は，「同様とする」とされているため，前段も後段も請求権時効を規定したものと解されるが，多数説は，前段は消滅時効，後段は除斥期間を規定したものと解している。

(b) 消滅時効

① 「損害を知った時」

　民法が前段において短期の消滅時効期間を定めた理由については，さまざまな見解がある。学説の多数は，長期間の経過により事実の証明が困難になること，また，被害者感情が薄れることや宥恕の意思の擬制，被害者の態度に対する加害者側の信頼の保護等を理由とする。さらに近時では，不法行為の当事者は未知の者どうしであるのが多いため，加害者としては，損害賠償の請求を受けるかどうか，いかなる範囲まで賠償義務を負うか等が不明である結果，極めて不安定な立場におかれることが強調されている。しかしこの

ような説明は十分に説得的ではない。不法行為の成立要件の証明は原告たる被害者にあり、それゆえ立証困難のリスクは加害者にあるのではなく、自己に責任がない旨の立証の困難に逢着することはまれである。また、3年の期間経過で被害者感情が薄れるというのも常識に反する。生命・身体等への侵害においては宥恕の意思など論外であろう。被害者は多くの場合、損害賠償請求訴訟を提起するかどうか迷いつつ、期間が経過してしまうというのが実情ではないだろうか。抑も被害者の態度に対する加害者の信頼が保護に値するかもきわめて疑問である。近時の判例が724条の立法趣旨につき新たな説明を与えようと腐心しているのも、こうした時効観への疑義が反映されているように思われる。しかもそれはなお説得的ではない。たしかに不法行為では加害者と被害者は「赤の他人」であり、賠償請求の場ではじめて関係性を生じる。しかし、みずから不法行為を冒した者は損害賠償請求を受けることを覚悟すべきであり、法的に不安定な立場は加害者が背負うべきリスクといえるのではないだろうか。契約取引関係については、債権管理としての側面から消滅時効は合理性をもつといえるが、不法行為については当てはまらない。このように見てくると、不法行為に関するかぎり消滅時効制度の意義は、法律関係の早期の安定性の確保以外には考えにくいように思われる（そのような価値判断そのものにも疑問はあるが）。

民法が消滅時効期間を3年と定めた理由は明らかでないが、上述のような時効観からしても、期間は不当に短いとの立法論的批判が強い。[13]後述のように、判例・学説はそこから生じる不合理を克服するため腐心してきたといってよい。

時効の起算点は、「損害」および「加害者」を知った時である。不法行為を知った時ではない。[14]さもないと、「損害を知る」とは、損害賠償を命じる判決が確定した時ということになりかねず、724条の規定が無意味なものになる。しかし、必ずしも損害の程度または数額を知ることを要しないが、[15]少

---

12) 判例も抽象論としてこの理を述べる。最判昭和49年12月17日民集28巻10号2059頁、後出、【判例110】（最判平成14年1月29日）。
13) 平井167頁。
14) 大判明治41年5月25日民録14輯600頁。
15) 大判大正9年3月10日民録26輯280頁。なお、最判昭和45年6月19日民集24巻6号560頁は、

なくとも加害行為が不法なものであることを知ったことは必要である。この点はしばしば不当訴訟をめぐって問題になる。不当訴訟の場合，不当であるか否かは，まさに判決によって明らかになるのであって，それまでは「損害を知った」といえるかどうか問題だからである。大審院も，不当な仮処分執行について，本案訴訟の勝訴判決による仮処分の解除日から時効が進行すると判示している。最高裁にも，AがBの代理人と称するCを通じてB所有の土地を買い受けて，その地上に建物を建築所有していたところ，その後BからCは代理人でなく，土地を売り渡したこともないとして建物収去土地明渡を求める訴を提起されて敗訴した場合に，Aは敗訴判決の確定の日に自己に損害が発生したとして，判決確定の日から消滅時効が進行するとした判決がある。

また，損害発生の原因行為を知った時ではなく，結果発生を知った時が起算点になるといわなければならない。

次に，「損害」を知った時とは，「知りうべき」時ではない点に注意する必要がある。しかし，近時これを「知った時」の意義に関する新しい判例が現れた。

【判例110】最判平成14年1月29日民集56巻1号218頁

いわゆるロス疑惑報道について，Xの記事を掲載した新聞社Y_1およびY_1に記事を配信した通信社Y_2に対して名誉毀損を理由とする損害賠償を請求した一連の訴訟の一つであり，本件では，損害賠償請求権の消滅時効の起算点が

不法行為にもとづく損害賠償請求訴訟において弁護士費用相当額の損害は，現実に支払額が確定していなくても，訴え提起を委任して報酬金の支払を約した時である時をもって「損害を知った」に当たるとする。また，最判昭和46年7月23日民集25巻5号805頁は，相手方の有責行為により離婚をやむなくされ精神的苦痛を被ったとしてその損害の賠償を求める場合には，当該損害は，離婚が成立して初めて評価されるものであるから，相手方が有責と判断される離婚判決が確定するなど，離婚が成立したときに初めて，離婚に至らしめた相手方の行為が不法行為であることを知り，かつ損害の発生を確実に知ったこととなるものと判示する。

16) 大判大正7年3月15日民録24輯498頁，大判昭和15年8月19日判決全集7輯32号3頁。
17) 最判昭和43年2月23日判例時報512号38頁。
18) 個人的経験で恐縮だが，以前同僚との間で次のような会話をしたことがあった。原因行為が起算点だとすると，「20年経過後に爆発するように爆弾をセットした場合に，爆発時に時効が完成しているという不合理が生じてしまうではないか」（笑），と。純然たる教室事例であるが，近時ニュースとなった不発弾の処理をめぐってはこうした法律問題が生じるかもしれない。

争われた。Xは、Y_2が昭和60［1985］年9月12日に配信し、Y_1がその翌日掲載した記事がXの名誉を毀損するものであるとして、その約10年後である平成7［1995］年7月25日にYらに対し本件訴えを提起した。Y_1の記事はY_2からの配信記事をそのまま掲載したものである。Yらが、損害賠償請求権の消滅時効を援用したところ、一、二審とも、消滅時効の抗弁をいれ、請求を棄却したが、最高裁はこれを破棄して次のようにいう。

「民法724条は、不法行為に基づく法律関係が、未知の当事者間に、予期しない事情に基づいて発生することがあることにかんがみ、被害者による損害賠償請求権の行使を念頭に置いて、消滅時効の起算点に関して特則を設けたのであるから、同条にいう『損害及ヒ加害者ヲ知リタル時』とは、被害者において、加害者に対する賠償請求が事実上可能な状況の下に、その可能な程度にこれらを知った時を意味するものと解するのが相当である。そして、次に述べるところに照らすと、同条にいう被害者が損害を知った時とは、被害者が損害の発生を現実に認識した時をいうと解すべきである。

不法行為の被害者は、損害の発生を現実に認識していない場合がある。特に、本件のような報道による名誉毀損については、被害者がその報道に接することなく、損害の発生をその発生時において現実に認識していないことはしばしば起こり得ることであるといえる。被害者が、損害の発生を現実に認識していない場合には、被害者が加害者に対して損害賠償請求に及ぶことを期待することができないが、このような場合にまで、被害者が損害の発生を容易に認識し得ることを理由に消滅時効の進行を認めることにすると、被害者は、自己に対する不法行為が存在する可能性のあることを知った時点において、自己の権利を消滅させないために、損害の発生の有無を調査せざるを得なくなるが、不法行為によって損害を被った者に対し、このような負担を課することは不当である。他方、損害の発生や加害者を現実に認識していれば、消滅時効の進行を認めても、被害者の権利を不当に侵害することにはならない。」

本事例は「損害を知った時」を厳格に貫いた場合に不当な結果をもたらすことがあることを示している。「知っている」か否かは被害者の内心の事情であるから、それを立証することはきわめて困難である。「知りうべき」（「諸般の事情から知らないはずはない」）として、認識を客観的レヴェルに引き上げることでこれをクリアすることはできるかもしれないが、それは明らかに文言に反する。原判決の立場はこれに近いものであった。「知った」にこだ

われば，知らない限り半永久的に時効は完成しないことになる。その意味で「知った」は多かれ少なかれフィクション化しなければならないであろう。

　ところで，継続的不法行為のように，損害発生後も侵害が反復継続している場合には，損害が日々新たに発生していると考えられるから，新たな損害発生を起算点に置くという処理（**逐次進行説**と呼ばれる）が可能である[19]。もっとも，不法占有のような場合には，損害が日々発生しているとするのは正確ではない。占有開始時点から損害は累積していくが，ここでは，損害は1個であり，複数個に分別されているわけではないからである。しかし，賠償額の算定において，724条を損害賠償請求がなされた時点から遡って算定したうえ，適用するのが妥当であろう[20]。

　「損害を知った」については，後遺症に関して困難な問題がある。不法行為によって受傷したが，相当期間経過後に，受傷当時の医学水準では通常予想し得なかった症状が発生し，そのための治療のための新たな出費を余儀なくされた場合の法的処理に関する。当初の受傷から時効期間が経過してしまうと賠償請求できなくなるおそれがある。この問題は一回的不法行為の処理と異なるばかりでなく，上の継続的不法行為とも質的に異なったものがあり，同日に論じることはできない。たしかに，侵害行為と後遺症の発生が相当因果関係にあるかぎり，損害賠償請求権は認められなければならない。そこで，最高裁は，①「被害者が不法行為に基づく損害の発生を知った以上，その損害と牽連一体をなす損害であって当時においてその発生を予見することが可能であったものについては，すべて被害者においてその認識があったものとして，民法724条所定の時効は前記損害の発生を知った時から進行を始めるものと解すべきではある」が，②「受傷時においては医学的にも通常予想しえなかったような治療方法が必要とされ，右治療のため費用を支出することを余儀なくされるにいたった場合には，724条の時効は進行しない」と判示した[21]。

　19）　大(連)判昭和15年12月14日民集19巻2325頁。
　20）　たとえば，不法占有が5年以上継続している場合には，月あたりの賃料相当額を基準として損害賠償請求権が成立すると考え，請求権を行使した時点を基準として3年前まで遡って計算することになる。なお，不貞行為の継続という不法行為については，最判平成6年1月20日家月47巻1号122頁。

② 「加害者を知った時」

被害者が不法な損害の事実を認識しても、損害賠償請求は具体的な相手方を被告としてなされるのであるから、現実に特定できなければ請求できない（夜道で集団に襲われて負傷したような場合でも、具体的な個人を特定できないかぎり、損害賠償請求権の消滅時効の期間は進行を開始しない）から、この要件は当然のことであろう。しかし、「加害者を知った」についても、「損害を知った」と同様の問題がある。最高裁は、「加害者に対する賠償請求が事実上可能な状況の下に、その可能な程度にこれを知った時を意味する」と判示した。[22]

【判例111】最判昭和58年11月11日判例時報1097号38頁

Xは、昭和48［1973］年に起きた交通事故について事故当時から被疑者として取調べを受け、Yほか8名を被害者とする業務上過失致死傷罪で起訴され、昭和52［1977］年禁錮1年6月執行猶予3年の有罪判決を受けたが、控訴したところ、無罪判決が昭和53［1978］年確定した。本件は国を相手方とする国家賠償請求である。

「このような事実関係のもとにおいては、Xに対する前記無罪判決が確定した時をもって、民法724条にいう「加害者ヲ知リタル時」にあたるとした原審の判断は、正当として是認することができる。」

使用者責任のように直接の加害者と賠償責任者が一致しない場合には、どのように考えるべきか。判例は、「民法724条の加害者を知るとは、被害者が、使用者ならびに使用者と不法行為者との間に使用関係がある事実に加えて、一般人が当該不法行為が使用者の事業の執行につきなされたものであると判断するに足りる事実をも認識することをいう、と判示する。[23]

---

21) 最判昭和42年7月18日民集21巻6号1559頁。そのかぎりで、前出大判大正9年3月10日（註3）は修正されたと理解すべきである。
22) 最判昭和48年11月16日民集27巻10号1374頁。事案は、スパイの容疑者として逮捕されている間に警察官から不法行為を受けた被害者が、当時加害者の姓、職業、容貌を知ってはいたものの、その名や住所を知らず、引続き身柄拘束のまま取調、起訴、有罪の裁判およびその執行を受け、釈放された後も加害者の名や住所を知ることが困難であったというものである。このような場合には、その後、被害者において加害者の氏名、住所を確認するに至った時をもって、民法724条にいう「加害者ヲ知リタル時」というべきであると判示した。
23) 最判昭和44年11月27日民集23巻11号2265頁。

(c) 除斥期間

通説・判例は，724条後段を除斥期間として，その趣旨は不法行為から20年が経過することによって一律に損害賠償請求権を消滅させて法律関係を安定させるところにあると解している[24]。消滅時効と除斥期間の違いは，①中断事由の有無，②当事者の援用の要否，③起算点，④遡及効，停止の有無，⑤利益の放棄の有無，⑦確定判決による期間延長（民法174条の2），⑧相殺の可否（民法508条）とされている。しかし，民法の規定だけから時効期間と除斥期間を区別することは容易でないものが多く，学説は，権利の性質や規定の趣旨・目的などに従って実質的に判定すべきであると解している（詳細は民法総則のテキストに譲る）。

しかし，判例が除斥期間であるがゆえに，20年経過後であっても一切の例外を許さず，信義則・権利濫用等の一般条項の適用を否定するという態度には批判が強い。そうした批判を受けて，近時最高裁は，これを緩和する姿勢を示している。

【判例112】最判平成10年6月12日民集52巻4号1087頁（予防接種ワクチン禍事件）

X_1は，生後5月時に予防接種法に基づき痘そうの集団接種を受けたが，その一週間後から痙攣，発熱を発症し，全く意思能力を有しない寝たきりの状態になった。接種の時から22年経過後，Xら（X_1およびX_1の両親X_2，X_3）は，X_1が予防接種によって右の状態になったことについて，Y（国）に対し，国賠法1条に基づく損害賠償，安全配慮義務違反による損害賠償等を求める本件訴訟を提起した。原審は，Xらの請求は除斥期間の経過後のものであるとして棄却。最高裁はこれを一部破棄して，次のように判示した。

「不法行為の被害者が不法行為の時から20年を経過する前6箇月内において心神喪失の常況にあるのに後見人を有しない場合には，右20年が経過する前に右不法行為による損害賠償請求権を行使することができないまま，右請求権が消滅することとなる。

しかし，これによれば，その心神喪失の常況が当該不法行為に起因する場合であっても，被害者は，およそ権利行使が不可能であるのに，単に20年が経過したということのみをもって一切の権利行使が許されないこととなる反面，心

---

[24] 最判平成元年12月21日民集43巻12号2209頁。

神喪失の原因を与えた加害者は，20年の経過によって損害賠償義務を免れる結果となり，著しく正義・公平の理念に反するものといわざるを得ない。そうすると，少なくとも右のような場合にあっては，当該被害者を保護する必要があることは，前記時効の場合と同様であり，その限度で民法724条後段の効果を制限することは条理にもかなうというべきである。

　したがって，不法行為の被害者が不法行為の時から20年を経過する前6箇月内において右不法行為を原因として心神喪失の常況にあるのに法定代理人を有しなかった場合において，その後当該被害者が禁治産宣告を受け，後見人に就職した者がその時から6箇月内に右損害賠償請求権を行使したなど特段の事情があるときは，民法158条の法意に照らし，同法724条後段の効果は生じないものと解するのが相当である。」（なお，河合裁判官の反対意見があるが，結論には賛成する）

　本判決の意義は，第1に除斥期間について時効停止の規定を類推適用している点にある。たしかに，除斥期間の趣旨が法律関係の安定ということからすると，一般条項による修正は限定的でなければならないと考えられる。被害者が制限能力者のときは，法定代理人を通じて権利を行使することができ，それゆえ不法行為から20年の経過によって請求権が時効消滅することに異論はなかろう。これに対して，意思無能力のときは当然に法定代理人が存在するわけではないから同日に論じることはできない。しかし，本件の事案では，当該の意思無能力者は未成年者でもあり，両親は法定代理人であって，そのかぎりで724条後段の適用はかならずしも不当ではなかった。ただ，意思無能力の状態に陥ったのが不法行為の結果であったという点に，本件の特殊性がある。判決は具体的に妥当なものと思われるが，この点こそまさに重要であり，意思無能力者が被害者である場合一般におよぼすべきではない。

【判例113】最判平成21年4月28日民集63巻4号853頁
　Aは，小学校教諭として勤務していたが，本件小学校に学校警備主事として勤務していたYが，昭和53［1978］年8月14日，本件小学校内においてAを殺害し，その死体をYの自宅の床下に掘った穴に埋めて隠匿した。Aの両親であるBおよびCは，Aの行方が分からなくなったため，警察に捜索願を出したが，手掛かりをつかむことができなかった。Bはその後死亡し，CおよびXら（A

の弟）がその権利義務を相続した。Yの自宅を含む土地は平成6［1994］年ころ，土地区画整理事業の施行地区となり，最終的には明渡しを余儀なくされたため，Yは死体が発見されることは避けられないと思い，本件殺害行為から約26年後の平成16［2004］年8月21日に警察署に自首した。Yの自宅の捜索により床下の地中から白骨化した死体が発見され，DNA鑑定の結果，それがAの死体であることが確認された。Xらは，平成17［2005］年本件訴えを提起した。

「これに対し，民法724条後段の規定を字義どおりに解すれば，不法行為により被害者が死亡したが，その相続人が被害者の死亡の事実を知らずに不法行為から20年が経過した場合は，相続人が不法行為に基づく損害賠償請求権を行使する機会がないまま，同請求権は除斥期間により消滅することとなる。しかしながら，被害者を殺害した加害者が，被害者の相続人において被害者の死亡の事実を知り得ない状況を殊更に作出し，そのために相続人はその事実を知ることができず，相続人が確定しないまま除斥期間が経過した場合にも，相続人は一切の権利行使をすることが許されず，相続人が確定しないことの原因を作った加害者は損害賠償義務を免れるということは，著しく正義・公平の理念に反する。このような場合に相続人を保護する必要があることは，前記の時効の場合と同様であり，その限度で民法724条後段の効果を制限することは，条理にもかなうというべきである。

そうすると，被害者を殺害した加害者が，被害者の相続人において被害者の死亡の事実を知り得ない状況を殊更に作出し，そのために相続人はその事実を知ることができず，相続人が確定しないまま上記殺害の時から20年が経過した場合において，その後相続人が確定した時から6か月内に相続人が上記殺害に係る不法行為に基づく損害賠償請求権を行使したなど特段の事情があるときは，民法160条の法意に照らし，同法724条後段の効果は生じないものと解するのが相当である。」

本件の結論部分は異論のないところであるが，その意義はどこにあるのであろうか。ここでも，除斥期間について時効停止の規定を類推適用するという【判決112】の立場が踏襲されている。本件では，刑事責任は免れた（刑訴250条以下）としても，凶悪な犯罪および犯罪遂行後の被告の行動に対する強い否定的な価値判断が反映していることは間違いがない。そして，相続人の不確定が不法行為に起因するという意味でかなり特殊なケースといえよう。

しかし，ここではあえて異論（暴論？）を述べよう。不法行為に対する否

定的評価は724条によって緩和されており，例外を設けることは制度そのものを否定することになるおそれなしとしない。724条後段は不法行為の内容や質（故意か過失か，犯罪か非犯罪か）を問わず，免責させるものであり，不法行為者に対するマグナカルタ的側面を有していると考えられる。日本人の平均年齢が高くなった現在でも20年の期間は決して短いものではなく，一世代の年数に近い。そして，加害者はみずから招いたとはいえ，20年間は責任追及の怖れの中で生活しているという苛酷な事実も考慮されるべきではないだろうか。その意味で，本判決の射程は刑事責任を問われるような事例に限定すべきではないかと考えたい。[25]

---

[25] 本判決をめぐって、研究会での筆者の「20年も経ったことだし、遺族に経済的損害を生じているわけでもないのだから、許してやったらどうか」との発言が周囲の顰蹙を買ったことは確かであるが。

5 特別法による不法行為

1 失火責任法

　木造建築が建物の大半を占めている日本社会では，大火が多い（「火事は江戸の花」）。しかも，火災による被害が甚大であること，失火者自身の建物も焼失することから，失火者に責任を問うことが苛酷な結果になることを考慮して，明治32年に失火責任法が制定された（「民法第七百九条ノ規定ハ失火ノ場合ニハ之ヲ適用セズ但シ失火者ニ重大ナル過失アリタルトキハ此ノ限ニ在ラズ」）。同法は，民法709条の例外として，失火者に故意または重過失がある場合にかぎり損害賠償責任を認めることにしたのである。しかし，今日では，都市部では建物も防火構造となっていることが多く，また，建物の形態が伝統的な木造瓦葺建物から，鉄筋・鉄骨建物の増加へと変化していることからすると，その立法的当否は疑わしい。

　失火責任法は民法709条の特則であるから，不法行為責任を免れさせるにとどまり，債務不履行（賃借人の失火等）は免責されない（通説）。大審院はかつて賃借人についても重過失を要求したが，後にこれをあらため，最高裁もこれを踏襲している。すなわち，賃貸借契約終了後に家屋が焼失した場合には同法は適用がないという。なお，無断転借人の失火の場合，故意・重過失がないときは賃貸人は転借人に損害賠償を請求できないが，賃借人に対しては，債務不履行による損害賠償を，また，賃借人は転借人に対して同様に損害賠償を請求することができることはいうまでもない。

　国賠法1条の責任についても失火責任法が適用されるとするのが判例である。

　1）　大判明治38年2月17日民録11輯182頁。
　2）　大判明治45年3月23日民録18輯315頁，大判明治45年3月23日民録18輯284頁。
　3）　最判昭和30年3月25日民集9巻3号385頁。ちなみに，近時，債務不履行と不法行為の区別が不分明であることからして，失火責任法の立法的妥当性が疑わしいことは，本件事案でも明らかなように思われる。すなわち，賃貸借契約終了後であるので，厳密に言えば明渡義務の不履行というよりは不法占拠という不法行為状態にあり，失火責任法の適用を認めることもできた事案であった。
　4）　横浜地判昭和25年12月26日下民集1巻12号2049頁参照。

失火責任法の規定が714条および715条の責任の特則と解すべきかは問題であるが，前者につき，傍論ながら肯定する裁判例がある。後者については，判例は肯定する。

717条の工作物責任との関係について裁判例が分かれるが，延焼部分と工作物から直接生じた火災を区別して，前者についてのみ失火責任法を適用するものが多い。学説にも危険責任論を根拠として適用を否定する見解が有力である（我妻）。国家賠償法2条の営造物瑕疵についても適用を認める裁判例があるが，否定すべきであろう。

2 運行供用者責任

(1) 総　説

昭和30年代ころから，日本社会はモータリゼーション化し，自動車事故の爆発的な増加をもたらした。自動車事故を中心とする交通事故は，不法行為法の進展に大きな影響を与えることになったが，他方で自動車事故に固有の損害賠償責任の問題性が意識されるにいたって，昭和30年には自動車損害賠償保障法（自賠法）が制定された。同法は民法の不法行為の特則として，新たに「**運行供用者責任**」を定めるとともに，被害者救済のための強制責任保険制度を導入している。本書では，前者に限定して概説する。

自賠法3条は，①自己のために自動車を運行の用に供する者は，②その運行よって，③他人の生命または身体を害したときは，④これによって生じた損害を賠償する責に任ずる，と規定する。責任主体が運転者にかぎらない点で自己責任の例外であり，また，①自己および運転者が注意を怠らなかったこと，②被害者または運転者以外の第三者に故意または過失があったこと，③自動車に構造上の欠陥または機能の障害がなかったこと，を立証しないか

---

5) 最判昭和53年7月17日民集32巻5号1000頁，最判平成元年3月28日判例時報1311号66頁。
6) 福岡昭和46年7月9日下民集22巻7・8号779頁，延焼部分についてのみ適用を肯定する福岡地判昭和47年1月31日判例時報683号117頁。
7) 大判大正4年1月30日刑録21輯58頁。
8) 東京地判昭和43年2月21日判例時報530号51頁，仙台地判昭和45年6月3日判例タイムズ254号271頁，仙台高判昭和41年11月9日下民集17巻11・12号1051頁。
9) 神戸地伊丹支判昭和45年1月12日判例タイムズ242号191頁。

ぎり免責されない点で，過失責任を修正するものである（中間責任）。

また，同法の賠償責任は人身損害にのみ関するものである点，そして，3条の規定が保険会社への直接請求をするための要件ともなっている点に，特色がある。

(2) 運行供用者

「運行供用者」とは，自動車の運行に対する支配（**運行支配**）と自動車の運行による利益（**運行利益**）を有する者である（通説）。運行支配とは，自動車の運行という危険性を有する物を支配していることから生じる危険責任と考えられ（「走る凶器」），また，運行利益とは，自動車の運行によって得る利益を受ける者が責任を負う（報償責任）ということに基づいている。このことから運行供用者は，学説・判例上広く解される結果となっているが，その内容はかならずしも明らかではない。運行供用者は一次的には自動車運転者と考えられるが，それに限られないし，また，自動車所有者は運転者でない場合であっても運行供用者とされることもある。

判例上，問題となったものには，次のようなものがある。

① 自動車の貸与者は運行供用者責任を負うか。ドライブ・クラブ方式による自動車賃貸業者から自動車を借り受けた者が運転使用して事故を起こした場合に賃貸業者は運行供用者にあたらないとしたものがあるが[10]，レンタカー業者については運行供用者責任を認めるものが多い[11]。

② 無断運転や泥棒運転によって事故が発生した場合は，自動車の所有者は損害賠償責任を負わないと考えられるが，状況によっては責任が認められる場合がある。

【判例114】最判昭和48年12月20日民集27巻11号1611頁

Yは，タクシー業を営む会社であり，本件自動車もYの所有に属していた。事故当時，本件自動車は当番乗務員が無断欠勤したのに，朝からドアに鍵をかけず，エンジンキーを差し込んだまま，Yの車庫に駐車されていたところ，AがYとは雇傭関係等の人的関係をなんら有しないにもかかわらず，Yの車を窃

---

10) 最判昭和39年12月4日民集18巻10号2043頁。
11) 最判昭和46年11月9日民集25巻8号1160頁，最判昭和50年5月29日判例時報783号107頁。

取してタクシー営業をし，そのうえで乗り捨てようと企て，扉が開いていた車庫の裏門から侵入したうえ本件自動車に乗り込んで盗み出し，タクシー営業を営むうち，翌日事故を起こして客として同乗していたXに傷害を負わせた。

「右事実関係のもとにおいては，本件事故の原因となった本件自動車の運行は，訴外Aが支配していたものであり，Yはなんらその運行を指示制御すべき立場になく，また，その運行利益もYに帰属していたといえないことが明らかであるから，本件事故につきYが自動車損害賠償保障法3条所定の運行供用者責任を負うものでないとした原審の判断は，正当として是認することができる。」

③ 第三者が引き起こした交通事故につき，所有者と第三者との間に雇傭関係等の密接な関係が存在し，かつ，日常の自動車の運転・管理状況等から客観的，外形的に自動車所有者のためにする運行と認められるときは，自動車の所有者は運行供用者になる。[12] 使用者責任と同様の考え方であろう。

④ 子が起こした事故について親が責任を負う場合がある。[13] 責任無能力者の不法行為とオーバーラップすることも多いが，子が責任能力を有する場合でも親が責任を負う場合がある点で，民法の制度より広い。

⑤ 貸金の担保として自動車を預かった者は，事実上同車の運行を支配管理しうる地位にあるといえるから，その支配管理下における同車の運行について運行供用者責任を負う。[14] これに対して，割賦販売による所有権留保がなされている場合の売主については責任は否定される。

【判例115】最判昭和46年1月26日民集25巻1号126頁

自動車販売会社のYは，Aに対して本件自動車を所有権留保付で売り渡した。代金完済前にAはBに車を転売し，Cが運転しBが同乗する本件自動車がXの子Dを跳ねて即死させた。Dを相続したXがYに対して自賠法3条にもとづき

---

12) 最判昭和39年2月11日民集18巻2号315頁，最判昭和40年9月7日判例タイムズ184号146頁，最判昭和42年11月30日民集21巻9号2512頁，最判昭和44年3月28日民集23巻3号680頁。
13) 最判昭和49年7月16日民集28巻5号732頁，最判昭和50年11月28日民集29巻10号1818頁。これとは逆に，父親が息子から自動車を借り受けて自己の営業に常時使用しており，息子は自動車の運行自体について直接の支配力を及ぼしえない関係にある場合には，息子は運行供用者にあたらないとしたものがある。最判昭和43年9月24日判例時報539号40頁。
14) 最判昭和46年1月26日民集25巻1号126頁，最判昭和43年10月18日判例時報540号36頁。

損害賠償を請求した。

「所有権留保の特約を付して，自動車を代金月賦払いにより売り渡す者は，特段の事情のないかぎり販売代金債権の確保のためにだけ所有権を留保するにすぎないものと解すべきであり，該自動車を買主に引き渡し，その使用に委ねたものである以上，自動車の使用についての支配権を有し，かつ，その使用により享受する利益が自己に帰属する者ではなく，したがって，自動車損害賠償保障法三条にいう『自己のために自動車を運行の用に供する者』にはあたらないというべきである。」

⑥　自動車修理業者が修理のため預かった自動車をその被用者が運転して事故を起した場合には，右修理業者は，特段の事情のないかぎり，運行供用者としての責任を負う。[15]

⑦　名義貸与者は責任を負うか。実質的に名義人が運行に関与しているかどうかによって決まる。[16]

⑧　自動車を無償で貸した場合の貸主は運行供用者か。貸主の運行支配がどの程度まで及んでいるかによる。[17]

⑨　運転代行業者，たとえば，自動車で出かけていったが，飲酒のため運転ができなくなったので，他人に運転を代行してもらう場合に，代行業者が事故を起こしたならば，代行業者が責任を負うか。判例は肯定する。[18]

⑩　運送業者については，運行供用者責任が認められている。[19]

⑪　元請人は下請人が起こした事故について責任を負うかについては，元請人の関与による。下請人に対して，配車等の指図や指揮監督関係の有無が判断のファクターとなろう。[20]

(3)　「他人」性

自賠法3条は，「他人の生命又は身体を害した」場合に責任を認めているが，ここでいう「他人」とは何を指すかが問題である。最高裁は，「自己の

---

15) 最判昭和44年9月12日民集23巻9号1654頁。
16) 最判昭和44年9月18日民集23巻9号1699頁，最判昭和50年11月28日民集29巻10号1818頁。
17) 東京地判平成14年10月24日判例時報1805号96頁。
18) 最判平成9年10月31日民集51巻9号3962頁。
19) 最判昭和47年10月5日民集26巻8号1367頁。
20) 最判昭和46年12月7日判例時報657号46頁，最判昭和50年9月11日判例時報797号100頁。

ために自動車を運行の用に供する者および当該自動車の運転者を除く，それ以外の者をいうもの」と規定した。したがって，同乗者は「他人」に当たる。夫が運転する自動車に妻が同乗していた場合も，判例は「他人」に当たると判示する。好意同乗者(無償同乗者)も同様である。ただし，過失相殺等によって減額される場合が多いといわれている。

【判例116】最判昭和50年11月4日民集29巻10号1501頁
「XはYの業務終了後の深夜に本件自動車を業務とは無関係の私用のためみずからが運転者となりこれにBを同乗させて数時間にわたって運転したのであり，本件事故当時の運転者はBであるが，この点も，XがYの従業員であるBに運転を命じたという関係ではなく，Xみずからが運転中に接触事故を起こしたために，たまたま運転を交代したというにすぎない，というのであって，この事実よりすれば，Xは，本件事故当時，本件自動車の運行をみずから支配し，これを私用に供しつつ利益をも享受していたものといわざるをえない。もっとも，原審認定のYによる本件自動車の管理の態様や，XのYにおける地位・身分等をしんしゃくすると，Xによる本件自動車の運行は，必ずしも，その所有者たるYによる運行支配を全面的に排除してされたと解し難いことは，原判決の説示するとおりであるが，そうであるからといって，Xの運行供用者たる地位が否定される理由はなく，かえって，Yによる運行支配が間接的，潜在的，抽象的であるのに対し，Xによるそれは，はるかに直接的，顕在的，具体的であるとさえ解されるのである。

それゆえ，本件事故の被害者であるXは，他面，本件事故当時において本件自動車を自己のために運行の用に供していた者であり，被害者が加害自動車の運行供用者又は運転者以外の者であるが故に「他人」にあたるとされた当裁判所の前記判例の場合とは事案を異にするうえ，原判示のとおりYもまたその運行供用者であるというべきものとしても，その具体的運行に対する支配の程度態様において被害者たるXのそれが直接的，顕在的，具体的である本件においては，XはYに対し自賠法3条の「他人」であることを主張することは許されないというべきである。」

---

21) 最判昭和42年9月29日判例時報497号41頁。
22) 最判昭和47年5月30日民集26巻4号898頁。
23) 前掲最判昭和42年9月29日。

3 製造物責任法

(1) 売買目的物に瑕疵や欠陥がある場合に、買主は売主に対して、担保責任を追及して契約の解除または損害賠償を請求することができ（570条）、売主に故意・過失等の帰責事由が存するときは、債務不履行責任を追及することができる（415条）。ところが、目的物の瑕疵や欠陥の原因が生産者にある場合には、買主と生産者との間には直接の契約関係は存在しない。買主が売主の前売主に対する請求権を代位行使し、前売主が前々売主に対する権利を代位行使することは可能であるかもしれないが、迂遠であり現実性を欠く。他方で、工作物等不動産の瑕疵によって損害が生じた場合には、その物の所有者・占有者と被害者との間に契約関係がなくても不法行為責任が認められ（717条）、動物による加害についても同様に不法行為責任が認められる（718条）。これに対して、動産の瑕疵・欠陥一般についての損害賠償責任を認める明文の規定は存在しない。むろん、被害者は民法709条にもとづいて一般不法行為責任を追及することができるし、現にそれが唯一の救済方法となっていた。製造物の欠陥により末端の消費者の下で生命、身体等の重大な損害が発生することは定型的に生じる社会事象といってよく、また報償責任あるいは危険責任の理念からして、生産者が損害賠償責任を負うことが正面から肯定されてしかるべきである。製造物責任 product liability と呼ばれ、諸外国、とりわけアメリカ合衆国では、厳格責任 strict liability として発展し、30年以上の理論的蓄積を有している。また、ヨーロッパにおいても1993年にEC（欧州共同体、現EU）が1993年には閣僚理事会指令を出している。わが国でもスモン訴訟や、森永ヒ素ミルク事件、カネミ油症事件等の薬害、食品被害事件は記憶に新しい。こうした点から、1994年（平成6年）に製造物責任法が制定されたのである。[24],[25]

(2) 製造物責任法は、生産者の「過失」ではなく、製造物それ自体の「欠陥」を要件として製造業者に損害賠償責任を認めており、その意味で「無過失責任」である（3条）。ただし、免責を全面的に排除しているわけではない。

---

[24] 立法の経緯については、基本法コンメンタール債権各論Ⅱ［2005］140頁以下（朝見行弘執筆）。本書の叙述はこれ（とくに146頁以下）に負うところが大きい。

[25] 同法の詳細な解説については、升田純・詳解製造物責任法［1997］参照。

すなわち，①引渡時点における科学技術に関する知見によっては，欠陥を認識することができなかったことを立証したときは，免責される（4条1項）。これを**開発危険の抗弁** *defense of developpement risk* という。また，②製造物が他の製造物の部品または原材料として使用された場合に，その欠陥がもっぱら当該他の製造物の製造業者が行った設計に関する指示にしたがったことから生じ，かつ，その欠陥が生じたことにつき過失がないときは，同様に免責される（同条2号）。

(3) 製造物責任が問題となるのは，「製造又は加工された動産」（2条1項）であり，したがって，土地建物等の不動産，電気やコンピュータ・ソフトウェアなどの無体物，収穫された魚介類，農産物，また，自然産物等は対象外である。臓器・血液製剤・ワクチン等については議論があるが，多数説は製造物にはあたらないと解している。また，家畜は「製造物」といえるかもしれないが，民法718条が適用されるから，製造物責任に対象とならないと解すべきであろう。

(4) 「欠陥」とは，当該製造物が通常有すべき安全性を欠いていることを指す。欠陥は一般に3つの類型があると解されている。すなわち，第1が「**製造上の欠陥**」，すなわち，製品の製造過程において生じた欠陥であり，設計と異なった物が製造された場合である。第2が「**設計上の欠陥**」であり，

---

26) この抗弁権の採用の可否については議論があり，立法提案の多くは，開発危険においても製造物責任を認めるべきであるとするものであった。しかし，産業界の強い反対のため設けられることになったのである。その理由は，開発危険の抗弁が認められないのであれば，技術革新が阻害され，開発意欲が損なわれること，その結果有用な新製品が市場に出ないという消費者にとって不利な結果が生じるというのである。これに対して，抗弁権を認めるときは，①消費者が新製品のモルモットにされる危険がある，②「科学技術水準」の捉え方によっては，その適用範囲が過度に拡大されるおそれがある，③裁判における科学論争を排除することができず，迅速な紛争解決に有害である等の指摘がなされている。前掲・朝見180頁。

27) もっとも，不動産が本法の対象外とされたことは，土地と建物が別個の不動産とされているわが国特有の事情からして疑問がある。建売建築やプレハブ住宅のように，大量かつ画一的に生産される建物については，建物の安全性を語ることができ，一般動産と同様に，製造物責任の対象とするのが合理的であるように考えられる。

28) 自然産物は製造物でないことは明らかであるが，農林水産物の場合には，自然状態から収穫された一次産品をなんらかの形で「製造」あるいは「加工」している場合があり，製造物責任を問う余地はある。具体例として，イシガキダイを調理し，アライ（白身魚の刺身を冷水で締めた料理）や兜等の塩焼きにした料理を食べたところ，これに含まれていた毒素を原因とする食中毒に罹患した事案に関して，「製造物の欠陥」に当たるとした京都地判平成14年12月13日判例時報1805号14頁参照。

製品の設計それ自体に内在する危険の存在である。第3が「**指示，警告上の欠陥**」であり，製造物が適切な指示や警告を伴っていないことである。欠陥の判断基準としては，①当該製造物の特性，②通常予見される使用形態，③引渡時期，④その他の当該製造物にかかる事情とされる（2条2項）。したがって，製品が通常備えているべき性能・品質を備えていない場合にとどまるときは，同法の適用対象外ということになる。

【判例117】最判平成25年4月12日民集67巻4号899頁（イレッサ薬害訴訟事件）
　本件は，Yが平成14年7月に厚生労働大臣の輸入承認を得て輸入販売した抗がん剤「イレッサ錠250」を服用後，間質性肺炎を発症して死亡した末期の肺がん患者らの遺族であるXらが，イレッサには添付文書における副作用の記載が不適切であるなど製造物責任法2条2項に規定する欠陥があり，そのために上記患者らは死亡したものであるなどとして，Yに対し，損害賠償を求めた事案である。
　「医薬品は，人体にとって本来異物であるという性質上，何らかの有害な副作用が生ずることを避け難い特性があるとされているところであり，副作用の存在をもって直ちに製造物として欠陥があるということはできない。むしろ，その通常想定される使用形態からすれば，引渡し時点で予見し得る副作用について，製造物としての使用のために必要な情報が適切に与えられることにより，通常有すべき安全性が確保される関係にあるのであるから，このような副作用に係る情報が適切に与えられていないことを一つの要素として，当該医薬品に欠陥があると解すべき場合が生ずる。そして，前記事実関係によれば，医療用医薬品については，上記副作用に係る情報は添付文書に適切に記載されているべきものといえるところ，上記添付文書の記載が適切かどうかは，上記副作用の内容ないし程度（その発現頻度を含む．），当該医療用医薬品の効能又は効果から通常想定される処方者ないし使用者の知識及び能力，当該添付文書における副作用に係る記載の形式ないし体裁等の諸般の事情を総合考慮して，上記予見し得る副作用の危険性が上記処方者等に十分明らかにされているといえるか否かという観点から判断すべきものと解するのが相当である。」

(5)　賠償請求権者は，「消費者」ではなく，「被害者」であることは注意を要する。すなわち，製造物責任を追及できる者は，製造物を使用・消費する

最終的な立場にある者にかぎらず，たとえば，欠陥自動車が惹起した交通事故によって損害を受けた通行人や，欠陥を有する産業機械によって被害をこうむった工場従業員も含まれる[29]。これに対して，被害者に対して賠償した製造業者が，製品に組み込まれた部品・原材料に欠陥があるとしてこれらの製造業者に求償を行う場合には，ここでいう賠償権者には含まれないと解されている[30]。

(6) 賠償義務者は「製造業者等」とされている。そこで，①製造業者のみならず，②輸入業者，すなわち外国の製造業者によって製造された製品を国内に輸入した業者もまた，責任主体となる（2条3項1号）。③**表示製造業者**，すなわち，「自ら当該の製造物の製造業者として当該製造物にその氏名，商号，商標その他の表示をした者」および「当該製造物にその製造業者と誤認させるような氏名等の表示をした者」も責任主体となる（2条3項2号）。④**実質的製造業者**，すなわち，「当該製造物の製造，加工，輸入又は販売に係る形態その他の事情からみて，当該製造物にその実質的な製造業者と認めることができる氏名等の表示をした者」は責任主体となる（同条3項2号）。これは，販売業者が製造物に関して設計上あるいは製造上の指示を与え，製造物の一手販売を行っているような場合には，現実に製造に携わっていなくても責任を認めるのが妥当であるとの判断にもとづく[31]。これに対して，製造物の販売業者は本法による責任主体とはならない。

(7) 損害は，引き渡した製造物の欠陥により生じた人身損害および物的損害を含むが，後者については製造物責任に特有の問題がある。すなわち，消費者被害のみならず事業用の損害を含むべきか（たとえば，産業機械の欠陥によって工場が焼失した場合），また，製造物のみがその欠陥に起因して滅失損傷した場合はどうか，である。前者については議論が分かれているが，後者については，3条但書により適用されない旨規定がある。

(8) 製造物責任法による損害賠償請求権は，①損害および賠償義務者を知

---

29) 前掲，注24）146頁。
30) 同書151頁。
31) 具体例として，スモン訴訟（武田薬品工業は，日本チバガイギーの製造したキノホルム剤を一手販売契約をしていた）をあげることができる。

ったときから3年，②引渡しの時から10年で消滅する（5条1項）。前者は消滅時効，後者は除斥期間と解される。注意すべきは，後者は「引渡し」の時点から進行を開始するから，民法724条と異なって，賠償請求権が発生する前から進行することである。したがって，製造物が製造業者によって流通業者に引き渡されて流通過程に置かれた後に，最終消費者に引き渡されたときには，賠償請求権が消滅しているという事態がありうる。解釈によって起算点を操作する必要があろう。[32]

4 国家賠償法

(1) 私経済活動は別として，戦前は公権力の行使による国や公共団体に対する損害賠償責任は認められず（**国家無答責の原則**），公務員個人の責任のみが問題とされていたにすぎない。[33] 戦後の憲法は国・公共団体の損害賠償責任を認め（17条），これを受けて国家賠償法が制定された（以下，国賠法と略記する）。

国賠法は，「人の行為」については，民法の使用者責任（715条）の特則として（1条），また，「物の行為」については，工作物責任（717条）の特則として規定されている（2条）。

(2) 国賠法1条は，①国または公共団体の公権力の行使に当たる公務員が，②その職務を行うにつき，③故意または過失によって違法に他人に損害を加えたときは，国または公共団体が賠償責任を負うものと定める。同法の規定は民法の使用者責任と同様に，「自己責任の例外」＝代位責任と捉えるのが通説的見解であるが，疑問である。使用者責任においては，使用者は個人である場合も，団体である場合もありうる点で差違がある。すなわち，国賠法では，公務員の行為は，国または公共団体そのものの行為として評価されるのである。なぜならば，国・公共団体は生身の肉体を有しないゆえに，つねに公務員という個人の行為を通してしか行動できないからである。公務員への求償権が制限される（1条2項）のも，また，判例上公務員個人に対する責

---

[32] 前掲書184頁。
[33] 民法旧311条4号，旧320条も，「公吏の職務上の過失」による損害賠償請求権のための「動産の先取特権」を認めていた。ただし，大判明治39年5月14日民録12輯817頁はいずれの責任も否定する。

5　特別法による不法行為　353

任が一切生じないとされるのもそのためである。

　公権力の行使とは，厳密には，警察官の捜査活動や職務質問，逮捕・勾留や，検察官の公訴提起，裁判官の裁判等司法行為，租税の徴収行為等純然たる権力的な作用を指し，かつてはこうした作用に限られるとするのが立法担当者の立場であり，通説もこのように解していた。しかし，次第に私経済活動を除く非権力的作用にまで広く捉えられるに至っている。たとえば，国公立学校の授業中の事故についても国賠法の適用が認められる。

　公務員とは，警察官等公務員法によって公務員の身分を有する者が典型であるが，これにかぎられず，公務を委託されて従事する者を含むと解されている。なお，近時の傾向として，行政権限の不行使という形で国家賠償責任が認められる事例が増えつつある。じん肺訴訟（【判例118】）や熊本水俣病による健康侵害の拡大についての国・県の権限不行使の例が典型例である。

【判例118】最判平成16年4月27日民集58巻4号1032頁
　本件は「筑豊じん肺訴訟」と呼ばれる事件に関するものである。この訴訟は，筑豊地区に存在した炭鉱で粉じん作業に従事したことによりじん肺に罹患した元従業員Xらが原告となり，炭鉱の経営企業6社および国に対する損害賠償を求めて提起されたものである。被告企業の関係での請求は安全配慮義務違反を理由とし，被告国の関係での請求は国家賠償法1条1項に基づくものであるが，本判決は，このうち，被告国の上告受理申立てに係るものである。
　「国又は公共団体の公務員による規制権限の不行使は，その権限を定めた法令の趣旨，目的や，その権限の性質等に照らし，具体的事情の下において，その不行使が許容される限度を逸脱して著しく合理性を欠くと認められるときは，その不行使により被害を受けた者との関係において，国家賠償法1条1項の適用上違法となるものと解するのが相当である。
　通商産業大臣は，遅くとも，昭和35年3月31日のじん肺法成立の時までに，

　34）　最判昭和30年4月19日民集9巻5号534頁，最判昭和47年3月21日判例時報666号50頁。ただし，学説の多数は故意または重過失がある場合には，公務員個人の責任を認めるべきだと反論する。
　35）　最判昭和62年2月6日判例時報1232号100頁。
　36）　ただし，最判昭和57年4月1日民集36巻4号519頁は，保健所に対する国の嘱託に基づいて地方公共団体の職員である保健所勤務の医師が，国家公務員の定期健康診断の一環として行った検診等の行為は，公権力の行使に当る公務員の職務上の行為に当らず，民法715条の問題とした。
　37）　最判平成16年10月15日民集58巻7号1802頁。

前記のじん肺に関する医学的知見及びこれに基づくじん肺法制定の趣旨に沿った石炭鉱山保安規則の内容の見直しをして，石炭鉱山においても，衝撃式さく岩機の湿式型化やせん孔前の散水の実施等の有効な粉じん発生防止策を一般的に義務付ける等の新たな保安規制措置を執った上で，鉱山保安法に基づく監督権限を適切に行使して，上記粉じん発生防止策の速やかな普及，実施を図るべき状況にあったというべきである。そして，上記の時点までに，上記の保安規制の権限（省令改正権限等）が適切に行使されていれば，それ以降の炭坑労働者のじん肺の被害拡大を相当程度防ぐことができたものということができる。

　本件における以上の事情を総合すると，昭和35年4月以降，鉱山保安法に基づく上記の保安規制の権限を直ちに行使しなかったことは，その趣旨，目的に照らし，著しく合理性を欠くものであって，国家賠償法1条1項の適用上違法というべきである。」

(3)　国賠法2条は，道路，河川等の公の**営造物**の設置または管理の瑕疵によって損害が生じた場合に，国または公共団体が損害賠償責任を負うものとした。営造物は民法の工作物に類似する概念であるが，その範囲はより広く，また，免責を認めない点に差違がある（無過失責任）。

　営造物とは，公の目的に供される物または物的設備をいうが，道路，橋梁，堤防，下水道，官公庁の庁舎や公の施設が含まれる。また，工作物と異なって，土地への接着性も要しない。航空機や船舶，銃器もまた営造物に当たる。裁判例としては道路の瑕疵によるものと水害によるものが多い[38]。その他，騒音に関する大阪空港訴訟[40]，基地騒音訴訟[41]が重要である[39]。

　本条による賠償責任が生じる場合に，他に損害の原因について責任を負う者があるときは，国または公共団体は，この者に対して求償権を有する（2条2項）。

---

[38]　落石事故に関する最判昭和45年8月20日民集24巻9号1268頁，道路の穴による死亡事故に関する最判昭和37年9月4日民集16巻9号1834頁，最判昭和40年4月16日判例時報405号9頁，最判昭和50年7月25日民集29巻6号1136頁。道路による騒音に関する最判平成7年7月7日民集49巻7号1870頁。

[39]　最判昭和59年1月26日民集38巻2号53頁（大東水害訴訟），最判平成2年12月13日民集44巻9号1186頁（多摩川水害訴訟），最判平成8年7月12日民集50巻7号1477頁（平作川水害訴訟）。

[40]　前出最大判昭和56年12月16日民集35巻10号1369頁。

[41]　最判平成5年2月25日民集47巻2号643頁（厚木基地訴訟），最判平成5年2月25日判例時報1456号53頁（横田基地訴訟）。

【文献案内】

　不法行為法の領域は広大無辺であり，参照すべき重要な文献は膨大なものがある。そのうえ，不法行為に関する判例は増加の一途を辿り，理論ともどもめまぐるしく変転し続けている。その全容をここに紹介することは筆者の能力を超える。ここでは代表的と思われるごく一部に限定せざるをえない。

　まず，全般的なものとしては，①『現代損害賠償法講座(1)〜(8)』[1972]（日本評論社）および②『新・現代損害賠償法講座(1)〜(5)』[1997]（日本評論社）があり，不法行為法の主要な論点を網羅的に扱っている。不法行為法の沿革については，③広中＝星野(編)『民法典の百年Ⅲ個別的観察(2)』[1998]（有斐閣），学説史については，④星野英一(編)『民法講座(6)』[1984]（有斐閣）がある。

　不法行為法制度のあり方に関しては，⑤石原治『不法行為改革』[1996]（勁草書房），法と経済学に関する⑥森島昭夫「損害賠償責任ルールに関するカラブレイジ理論」『私法学の新たな展開（我妻追悼）』[1975]，⑦浜田宏一『損害賠償制度の経済分析』[1977]（東大出版会），⑧平井宜雄「現代不法行為理論の一展望」（平井『不法行為法理論の諸相』[2011] 所収）（有斐閣）をあげておく。また，不法行為法を被害者救済システムの中で捉えようとする意欲的な⑨加藤雅信「現行の不法行為被害者救済システムとその問題」『現代不法行為法学の展開』[1991]（有斐閣）がおもしろい。

　過失責任・無過失責任に関する論考は，不法行為法文献の中でもいちばん多いであろう。古くは，⑩岡松参太郎『無過失損害賠償責任論』[1953（初出1916）] があるが，⑪石本雅男『民事責任の基礎理論』[1979]（有斐閣）および⑫石本雅男『無過失損害賠償責任原因論』[1984〜] は過失責任と無過失責任の統合をめざすきわめて重厚かつ浩瀚な業績である。不法行為を「意思責任的不法行為」と「行為責任的不法行為」に分化して捉える刺激的な⑬石田穣『損害賠償法の再構成』[1977]（東大出版会），⑭平井宜雄「不法行為における『過失』の意義」『不法行為法理論の諸相』，⑮前田達明『不法行為帰責論』[1978]（創文社），⑯柳沢弘士「不法行為法における違法性」私法28号 [1966]，⑰綿織成史「民事不法の二元性」法学論叢98巻１号以下 [1975] も逸することはできない。

　違法性論論は，⑱末川博『権利侵害論』[1949] は今日の議論の出発点となった古典であり，我妻・相関関係理論とともに現在の通説的見解となっている。現在の有力な理論のひとつである新受忍限度論の代表である⑲淡路剛久『公害賠償の理論』（有斐閣）[1975]，⑳淡路＝野村『公害判例の研究―その生成と展開』[1971]（都市開発研究会）は今日も読み継がれるべき作品である。個別的なものとして，㉑吉田邦彦『債権侵害論再考』（有斐閣）[1991]，人格権に関する五十嵐教授の一連の業績（㉒五十嵐＝田宮『名誉とプライバシー』[1968]（有斐閣），㉓五十嵐清『人格権論』[1990]（一粒社）等），㉔斉藤博『人格権法の研究』[1979]（一粒社），やや古くなったが，㉕伊藤正己『プライバシーの権利』[1963]（岩波書店）はパイオニア的著作として今なお輝きを放っている。近時のものとして，㉖棟居快行「プライヴァシ

一概念の新構成」神戸法律雑誌36巻1号［1986］，㉗佐伯仁志「プライヴァシーと名誉の保護」法学協会雑誌101巻7号以下［1984］がある。公害に関しては，上記の⑲⑳のほか，㉘大阪弁護士会環境権研究会(編)『環境権』[1973]（日本評論社），㉙加藤一郎編『公害法の生成と展開』[1968]，㉚沢井裕『公害の私法的研究』[1969]が重要である。

因果関係については，まず㉛平井宜雄『損害賠償法の理論』[1971]（東大出版会）をあげなければならない。従来の相当因果関係理論を批判して，損害賠償法のパラダイムの転換をなしとげた画期的な業績であり，今日の学説判例にも多大な影響を及ぼした。㉜浜上則雄「損害賠償法における『保証理論』と『部分的因果関係』の理論」民商法雑誌66巻4号以下［1972］と併せて読まれたい。因果関係については立証の問題も重要である。実務の経験から産み出された叡智には学ぶべきところが多い。㉝楠本安雄「事実的因果関係とその立証」『現代実務法の課題』[1974]（有信堂)，㉞倉田卓次『民事実務と証明論』[1987]が参照されるべきである。

慰謝料の研究については，まず，㉟植林弘『慰藉料算定論』[1962]（有斐閣）が参照されなければならないであろう。慰謝料の算定要素にとどまらず，判例・学説を整理し，比較法的研究に及んでいる名著である。近時では，㊱加藤一郎(編)「慰謝料の比較法的研究」比較法研究44[1982]，㊲斉藤修『慰謝料算定の理論』[2010]がある。慰謝料に関する判例は膨大であるが，その整理として㊳千種達夫『総合判例研究叢書・民法4慰謝料額の算定』[1957]（有斐閣）は旧いものになった。新たな研究が待たれる。

特殊の不法行為を見よう。使用者責任に関して，㊴神田孝夫『不法行為責任の研究―責任主体論を中心に―』[1998]（一粒社)，㊵神田孝夫『使用者責任』（叢書民法総合判例研究）[1998]（一粒社）は企業責任論の嚆矢ともいうべき業績である。近時のものとして，㊶藤村和夫『使用者責任の法理と実務』[2013]（三協法規出版）がある。

共同不法行為も文献の多い領域であるが，まず，㊷大作の能見善久「共同不法行為責任の基礎的考察」法学協会雑誌94巻2号以下をあげておく。学説・学説を整理した㊸右近健男「共同不法行為論学説史1‐2」法律時報50巻6号［1978］以下，㊹川井健「判例共同不法行為法」法律時報34巻11号［1962］があるが，理論的進展を促した㊺淡路剛久「共同不法行為に関する諸問題」ジュリスト431号［1969］，㊻清水兼男「共同不法行為の成立要件」民商法雑誌73巻3号［1975］，㊼椿寿夫「共同不法行為理論の再検討」法律時報34巻11号［1962］，㊽平井宜雄「共同不法行為に関する一考察」『不法行為法理論の諸相』，㊾國井和郎「共同不法行為」民商法雑誌72巻1号［1975］が重要である。

不法行為の効果についての文献も多い。定期金賠償に関する㊿楠本安雄「定期金賠償」判例タイムズ212号［1967］，㉛池田辰夫「定期金賠償の問題点」実務民事訴訟講座4［1969］（日本評論社)，名誉毀損に対する「適当な処分」をめぐって，㉜幾代通「名誉毀損につき謝罪広告を命ずる判決」『損害賠償責任の研究(上)』（我妻

還暦）［1968］，近時の㊾松井茂記『表現の自由と名誉毀損』［2013］，差止請求については，物権的請求権との対峙の中で問題の本質を掘り下げた㊾原島重義「権利論」法の科学4［1976］が古典的な地位を占めるが，公害に関しては，㊾沢井裕『公害差止の法理』［1976］がある。近時本格的研究（㊾根本尚徳『差止請求権の理論』［2011］（有斐閣））があらわれた。

　なお，本書では触れられなかったが，不法行為は自賠法や製造物責任法等の多くの特別立法があり，交通事故，医療事故，専門家責任といったように社会類型的に不法行為像を捉えることができる。そうした視点からする重要な具体的な業績も多数にのぼるが，ここでは紹介しきれなかった。

事項索引

あ
あれなければこれなし …220

い
「石に泳ぐ魚」事件………309
慰謝料 ………………284
　――の調整的機能・補完
　　的機能 ……………287
慰謝料請求権 …………318
遺族年金 ………………290
一律請求 ………………287
一括請求 ………………287
一括評価方式 …………278
逸失利益 ………………275
一身専属権 …………319,320
違法性一元論 …………211
違法性段階説 …………312
違法性論 …………166,210
因果関係 ………………219
　――の中断 …………223

う
「宴のあと」事件………189
運行供用者 ……………344
　――責任 ……161,249,343
運行支配 ………………344
運行利益 ………………344

え
営造物 …………………354
疫学的因果関係 ………226
「エホバの証人」輸血拒否
　事件 …………………216

お
応報刑 …………………139
大阪アルカリ事件 ……156

恩給扶助料 ……………289

か
外形理論 ………………237
介在型 ………………81,82
蓋然性説 ………………224
介入権説 …………………20
開発危険の抗弁 ………349
加害者不明 ……………256
確率的心証論 …………226
過失 ……………………152
　――の推定 …………158
　――の客観化 ………154
過失一元論 ……………211
過失責任の原則 ………142
過失相殺 ………………292
　――の類推適用 ……300
仮定的因果関係 ………223
環境型 …………………177
環境権 …………………202
　――論 ………………313
間接損害 ………………324
間接被害者 ……………314

き
機会の喪失 ……………177
企業損害 ………………324
危険性関連説 …………227
危険責任論 ……………143
期限前弁済………………68
期待権 …………………176
義務射程説 ……………227
逆求償 …………………248
客観的関連共同 ………255
客観的自己の事務 ………6
客観的他人の事務 ………6
求償利得………………29,119
給付 ………………………76

　――利得 ……………29,33
狭義の共同不法行為 …250
狭義の非債弁済 ………61,62
競合的不法行為 ……250,259
行政法上の責任 ………139
共同行為 ……………251,252
緊急事務管理……………12
緊急避難 ………………213
金銭的評価 ……………222
金銭賠償 ………………269

く
具体的過失 ……………152
雲右衛門レコード事件 …164

け
軽過失 …………………152
契約自律性の原則………83
結果回避義務説 ………156
結果損害 ………………227
欠陥 ……………………349
原因において自由な行為
　………………………163
原状回復 ………48,49,269
「権利侵害」から「違法性」
　へ ……………………164
権利侵害論 ……………166

こ
故意 ……………………152
公害 ……………………201
広義の共同不法行為 …250
工業所有権 ……………172
攻撃的緊急避難 ………215
後続侵害 ………………227
衡平説 ……………………25
国家賠償法 …………249,352
国家無答責の原則 ……352

個別損害積上げ方式 ……272

さ

財産的損害 ……273, 284, 315
差額説 ………………45, 270
指図 …………………………88
差止請求 ……………269, 308
サンケイ新聞事件 ………306
三者間給付利得 ……………81
残念事件 …………………319
三分法 ……………………151

し

事業の執行 ………………237
自己債務弁済型 ……………97
自己責任の原則 …………142
指示，警告上の欠陥 ……350
事実的因果関係 …………223
事実的・自然的因果関係…222
事実的双務契約説 …………46
死者の名誉 ………………323
支出利得 ……………………29
死傷損害説 …………277, 278
失火責任法 ………………342
実質的製造業者 …………351
私的自治の原則 …………142
自動車損害賠償保障法
　………………………249, 343
支配領域説 ………………243
事務管理 ……………………1
　――意思 …………………7
　――肯定説 ………………20
氏名権 ……………………192
社会観念上の因果関係……97
謝罪広告 …………………305
重過失 ……………………152
主観的関連共同 ……251, 253
主体的責任の原則 ………142
「出費の節約」の理論 ……43
受忍限度 …………………202
　――論 ……………………204
準事務管理 ………………19
条件説 ……………………220

使用者責任 ………………234
肖像権 ……………………194
消滅時効 …………………332
職務関連性説 ……………243
除斥期間 …………………338
自力救済 …………………217
事理弁識能力 ……………295
　――必要説 ……………294
侵害利得 ……………29, 92
　――の補充性 …………107
人格権 ……………………175
新受忍限度論 ………211, 312
身体侵害 …………………278
振動 ………………………205
心理状態説 ………………155

す

水質汚濁 …………………208

せ

生活扶助義務 ……………317
生活妨害 …………………201
生活保持義務 ……………317
制限賠償の法理 …………222
制裁説 ………………………20
精神的損害 …………284, 318
製造業者 …………………351
製造上の欠陥 ……………349
製造物責任 ………………348
正当防衛 …………………212
生命侵害 ……………274, 315
責任能力 ……153, 160, 162
責任保険 …………………148
設計上の欠陥 ……………349
絶対権 ……………………167
絶対的過失相殺 …………262
選任・監督上の過失 ……234
「占有の不当利得」論 ……55

そ

素因 ………………………300
騒音 ………………………205
相関関係説 ………………167

相殺 ………………………329
相続構成 …………………315
総体差額説 …………34, 115
相対的過失相殺 …………262
相当因果関係 ……226, 228, 288
　――（の）理論 ……220, 270
相当程度の可能性 ………177
損益相殺 …………………288
損害項目 …………………272
損害事実説 ………………274
損害の定型化 ……………278

た

第一次的侵害 ……………227
対価型 ……………………177
対価関係 ……………………87
大学湯事件 ………………165
大気汚染 …………………207
対抗言論の法理 …………185
第三者受益型 ………………97
第三者のためにする契約…87
第三者への弁済 ………61, 64
第三者弁済 ………61, 64, 82
代償請求権 …………………53
代当責任 …………………148
代弁済請求権 ………13, 15
代理監督者 …………234, 246
他人 ………………………346
　――の財貨からの利得…92
単式ホフマン方式 ………275

ち

逐次進行説 ………………336
知的財産権 ………………172
中間責任 …………………231, 236
抽象的過失 …………152, 153
中性の事務 …………………7
懲罰的損害賠償 …………273

つ

追認説 ………………………20
強い客観的関連共同 ……256

事項索引 *361*

て

定期金賠償 …………………272
訂正記事掲載 ………………306
添付 …………………………106
転用物訴権 …………………126

と

動機の不法 ……………………74
特定的救済 …………………305
取消広告 ……………………306

に

日照権 ………………………203

の

ノンフィクション『逆転』
　事件判決 …………………189

は

賠償額の画定 ………………270
賠償者代位 …………………331
配信サービスの抗弁 ………183
パブリシティ権 ……194,197
ハンドの定式 ………………157
反論権 ………………………306

ひ

「被害者」側の過失 ………296
非債弁済 …………………34,61
表示製造業者 ………………351
費用償還請求権 …57,130,131
費用利得 ……………29,119,122
　──の補充性 ……………122
ピンク・レディ事件 ………198

ふ

富喜丸事件 …………………274

複合的(共同)不法行為
　……………………250,258
複式ホフマン方式 …………275
不真正事務管理 ………………19
不真正連帯債務 ……………263
物権的(返還)請求権
　………………………30,41,57
不当利得 ………………………25
不当利得返還請求権の補充
　性 ……………………30,92
部分的因果関係の理論 ……304
不法 ……………………………70
不法原因給付 …………………69
不法行為 ……………………137
扶養構成 ……………………315
プライヴァシー ……………188

へ

弁護士費用 …………………283

ほ

妨害排除・妨害予防請求
　……………………………269
包括請求 ……………………287
防御的緊急避難 ……………214
報償責任 ……………………344
　──論 ……………………143
法定監督義務者 ……………234
法律事実 ………………………31
保険代位 ……………………147
保護範囲 ……………222,226
　──説 ……………222,271
補償関係 ………………………87
北方ジャーナル事件 ………308
ホフマン方式 ………………275

む

無過失責任 ……143,348,354

無形損害 ……………………284
無体財産権 …………………172

め

名誉毀損 ……………178,305

も

目的不到達 ………………34,58
門前到達理論 ………………225

ゆ

有益な費用 ……………………14
有責性の要件 ………………160

よ

予見可能性説 ………………156
四日市公害裁判 ……………256
弱い客観的関連共同 ………256

ら

ライプニッツ方式 …………275
「落日燃ゆ」事件 …………323

る

類型論 ……………………27,28

れ

連鎖型 …………………………81

ろ

労災保険給付 ………………292
労働能力喪失説 ……………274

わ

割当内容 ………………………92

判 例 索 引

大判明治32年12月25日民録5輯11巻118頁……6
大判明治33年3月10日民録6輯51頁………108
大判明治34年3月28日民録7輯88頁…………67
大判明治34年12月20日刑録7輯11巻105頁…286
大判明治35年10月14日刑録8輯9巻58頁……96
大判明治35年10月30日民録8輯162頁………109
大判明治36年5月12日民録9輯589頁………81
大判明治36年7月10日民録9輯922頁………110
大判明治36年10月1日刑録9輯1425頁……200
大判明治37年5月12日民録10輯666頁………17
大判明治37年5月31日民録10輯781頁…65,107
大判明治37年9月27日民録10輯1181頁………67
大判明治38年2月2日民録11輯102頁………108
大判明治38年2月17日民録11輯182頁………342
大判明治38年11月30日民録11輯1730頁…53,114
大判明治38年12月8日民録11輯1665頁……178
大判明治39年5月14日刑録12輯1375頁……299
大判明治39年10月11日民録12輯1236頁………38
大判明治40年2月8日民録13輯57頁…………62
大判明治41年3月30日刑録14輯331頁………200
大判明治41年5月9日民録14輯546頁………71
大判明治41年5月25日民録14輯600頁………333
大判明治41年6月15日民録14輯723頁………15
大判明治41年10月1日民録14輯937頁………104
大判明治42年2月27日民録15輯171頁………71
大判明治43年4月5日民録16輯273頁………286
大判明治43年10月3日民録16輯621頁………318
大判明治43年10月20日民録16輯719頁………145
大判明治43年11月2日民録16輯745頁………186
大判明治43年11月25日民録16輯795頁………112
大判明治44年11月27日民録17輯719頁………67
大判明治45年3月23日民録18輯284頁………342
大判明治45年3月23日民録18輯315頁………342
大判明治45年5月6日民録18輯454頁………253
東京地判明治45年6月3日法律新聞800号21頁………205
大判大正2年4月26日民録19輯281頁………252
大判大正2年6月28日民録19輯560頁………254

大判大正2年10月20日民録19輯910頁………318
大判大正3年4月23日民録20輯336頁………173
大判大正3年4月24日刑録20輯615頁………16
大判大正3年6月15日民録20輯476頁………69
大判大正3年7月1日民録20輯570頁………112
大判大正3年7月4日刑録20輯1360頁………164
大判大正3年10月2日法律新聞977号26頁…214
大判大正3年10月29日民録20輯834頁………263
大連判大正4年1月26日民録21輯49頁……199
大判大正4年1月30日刑録21輯58頁………343
大判大正4年3月13日民録21輯371頁………53
大判大正4年5月12日民録21輯692頁………163
大判大正4年5月20日民集21輯730頁………113
大判大正4年6月12日民録21輯924頁………76
大判大正4年6月15日民録21輯939頁………294
大判大正4年8月26日民録21輯1417頁………112
大判大正4年9月20日民録21輯1481頁………170
大判大正4年10月13日民録21輯1683頁………294
大判大正5年2月29日民録22輯172頁………6
大判大正5年3月17日民録22輯476頁………2,6
大判大正5年4月21日民録22輯796頁………59
大判大正5年6月1日民録22輯1121頁………74
大判大正5年6月10日民録22輯1149頁………38
大判大正5年9月16日民録22輯1796頁………273
大判大正5年12月22日民録22輯2474頁………156
大判大正6年2月7日民録23輯128頁………85
大判大正6年2月28日民録23輯292頁………60
大判大正6年3月31日民録23輯619頁………14
大判大正6年4月30日民録23輯715頁………163
大判大正6年5月3日民録23輯863頁………265
大判大正6年12月11日民録23輯2075頁………63
大判大正7年3月8日民録24輯391頁………112
大判大正7年3月15日民録24輯498頁………334
大判大正7年5月29日民録24輯935頁………293
大判大正7年7月10日民録24輯1432頁………6
大判大正7年7月16日民録24輯1488頁………60
大判大正7年9月18日民録24輯1710頁………164
大判大正7年9月23日民録24輯1722頁………62

判例索引　*363*

大判大正7年12月7日民録24輯2310頁…65, 107
大判大正7年12月19日民録24輯2367頁………12
大判大正8年3月3日民録25輯356頁………201
大判大正8年4月18日民録25輯574頁 ………11
大判大正8年5月12日民録25輯855頁 ………38
大判大正8年5月24日法律新聞1590号16頁
　………………………………………………157
大判大正8年5月26日民録25輯900頁………109
大判大正8年6月5日民録25輯962頁………318
大判大正8年6月26日民録25輯1154頁 ………7
大判大正8年9月15日民録25輯1633頁………71
大判大正8年10月20日民録25輯1890頁………93
大判大正8年11月22日民録25輯2068頁 ……252
大判大正8年12月9日刑録25輯1255頁 ……252
大判大正8年12月12日民録25輯2286頁………91
大阪控判大正8年12月27日法律新聞1659号11
　頁………………………………………………157
大判大正9年3月10日民録26輯280頁…333, 337
大判大正9年4月20日民録26輯553頁………315
大判大正9年5月12日民録26輯652頁 ………98
大判大正9年6月15日民録26輯884頁………296
大判大正9年11月18日民録26輯1714頁 ……120
大判大正9年11月24日民録26輯1862頁………96
大判大正9年11月26日民録26輯1911頁 ……299
大判大正10年11月18日民録27輯1966頁 ……120
大判大正11年11月21日法律新聞4080号10頁…62
大判大正11年12月16日刑集1巻787頁………237
大判大正12年12月12日民集2巻668頁 ………79
大判大正13年2月15日民集3巻10頁 ………112
大判大正13年5月22日民集3巻224頁…170, 171
大判大正13年7月18日法律新聞2309号18頁…98
大判大正13年7月24日民集3巻376頁………252
大判大正14年1月20日民集4巻1頁…………55
大判大正14年11月28日民集4巻670頁………165
大判大正15年1月26日民集5巻71頁………275
大判大正15年2月16日民集5巻150頁………315
大判大正15年4月20日民集5巻262頁 ………71
大判大正15年5月22日民集5巻386頁………220
大決大正15年7月20日刑集5巻318頁………200
大判大正15年9月28日刑集5巻387頁 ………13
大連判大正15年10月13日民集5巻785頁………237
大判昭和2年5月30日法律新聞2702号5頁
　………………………………………………319

大判昭和2年12月26日法律新聞2806号15頁…52
大判昭和3年1月30日民集7巻12頁 …………6
大判昭和3年3月10日民集7巻152頁…273, 289
大判昭和3年10月13日民集7巻780頁………329
大判昭和4年10月26日民集8巻799頁 ………71
大判昭和5年4月24日法律新聞3132号11頁 253
大判昭和5年5月12日法律新聞3127号9頁…277
大判昭和5年10月15日法律新聞3199号13頁…38
大判昭和5年10月23日民集9巻993頁 ………38
大判昭和6年4月22日民集10巻217頁 ………68
大判昭和7年1月26日民集11巻169頁………105
大判昭和7年2月16日民集11巻138頁………170
大判昭和7年5月27日民集11巻1069頁 ……259
大判昭和7年5月27日民集11巻1289頁 ……172
大判昭和7年7月8日民集11巻1525頁 ……286
大判昭和7年10月24日民集11巻2187頁 ……109
大判昭和7年10月26日民集11巻1920頁………38
大判昭和7年10月26日民集11巻2043頁 ……110
大判昭和7年12月23日法律新聞3517号14頁
　………………………………………………253
大判昭和8年2月23日法律新聞3531号8頁 …39
大判昭和8年2月24日法律新聞3529号12頁 231
大判昭和8年3月2日民集12巻295頁 ………93
大判昭和8年3月3日民集12巻309頁 ………37
大判昭和8年3月29日民集12巻518頁 ………76
大判昭和8年4月18日民集12巻807頁………258
大判昭和8年4月24日民集12巻1008頁………10
大判昭和8年5月17日法律新聞3561号13頁 318
大判昭和8年5月24日民集12巻1293頁 ……294
東京控判昭和8年5月26日法律新聞3568号5
　頁………………………………………………319
大判昭和8年6月28日法律新聞3581号8頁
　………………………………………………109
大判昭和8年7月31日民集12巻2421頁 ……237
大判昭和8年10月18日大審院裁判例7巻民
　242頁…………………………………………112
大判昭和8年10月24日民集12巻2580頁………67
大判昭和8年11月21日民集12巻2666頁………38
大判昭和8年12月11日判決全集1輯3号43頁
　………………………………………………213
大阪地判昭和9年6月18日法律新聞3717号5
　頁………………………………………………319
大判昭和9年7月5日法律新聞3728号11頁

…………………………………109
大判昭和9年7月25日法律新聞3728号9頁
…………………………………109
大判昭和9年9月29日法律新聞3756号7頁 …2
大判昭和9年10月15日民集13巻1874頁 ……252
大判昭和9年10月19日民集13巻1940頁 ……169
大判昭和10年2月7日民集14巻196頁 ………87
大判昭和10年5月2日判決全集1輯17号3頁
…………………………………213
大判昭和10年5月13日民集14巻876頁………105
大判昭和10年6月10日民集14巻1077頁 ……258
大判昭和10年8月1日法律新聞3881号11頁
…………………………………237
大判昭和10年12月20日民集14巻2064頁 ……258
大判昭和11年1月17日民集15巻101頁 ………98
大判昭和11年1月28日民集15巻69頁 ………299
大判昭和11年5月13日民集15巻861頁………286
大判昭和11年5月26日民集15巻998頁………105
大判昭和11年6月30日判決全集3輯7号17頁
…………………………………53
大判昭和11年7月8日民集15巻1350頁………54
大判昭和11年11月13日民集15巻2011頁 ……237
大判昭和11年11月18日刑集15巻1478頁 ……218
大判昭和11年12月11日判決全集4輯1号27頁
…………………………………213,299
大判昭和12年5月14日民集16巻618頁………299
大判昭和12年7月3日民集16巻1089頁…53,114
大判昭和12年7月28日法律新聞4172号18頁
…………………………………296
大判昭和12年8月6日判決全集4巻15号10頁
…………………………………319
大判昭和12年10月18日民集16巻1525頁………85
大判昭和12年11月30日民集16巻1896頁……296
大判昭和13年4月19日民集17巻758頁………105
大判昭和13年5月30日法律新聞4298号7頁…294
大判昭和13年7月1日民集17巻1339頁………68
大判昭和13年8月17日民集17巻1627頁………54
大判昭和13年11月12日民集17巻2205頁………98
大判昭和13年12月17日法律新聞4377号14頁
…………………………………105
大判昭和13年12月17日民集17巻2465頁 ……268
大判昭和14年5月10日判決全集6輯18号3頁
…………………………………299

大判昭和14年8月24日民集18巻877頁………105
大判昭和14年9月8日民集18巻1059頁 ……109
大判昭和15年1月18日法律新聞4528号9頁
…………………………………105
大判昭和15年3月9日判決全集7輯13号3頁
…………………………………9,31
大判昭和15年5月10日判決全集7輯20号15頁
…………………………………238
大判昭和15年7月2日法律新聞4601号12頁
…………………………………112
大判昭和15年8月19日判決全集7輯32号3頁
…………………………………334
大判昭和15年8月30日民集19巻1521頁 ……173
大判昭和15年11月15日法律新聞4646号9頁 …2
大連判昭和15年12月14日民集19巻2325頁 …336
大判昭和15年12月20日民集19巻2215頁………37
大判昭和15年12月23日評論全集30巻民法279頁
…………………………………299
大判昭和16年2月19日法律新聞4690号6頁…38
大判昭和16年4月15日民集20巻528頁………251
大判昭和16年4月19日法律新聞4707号11頁…62
大判昭和16年5月12日刑集20巻246頁………218
大判昭和16年10月25日民集20巻1313頁………36
大判昭和17年5月23日法律新聞4778号5頁…37
大判昭和17年5月27日民集21巻604頁 ………71
大判昭和17年8月6日民集21巻850頁 ……2,10
大判昭和17年10月27日法学12巻421頁………105
大判昭和17年11月20日法律新聞4815号17頁…67
大判昭和18年2月15日法学12巻797頁………299
大判昭和18年2月18日民集22巻91頁………105
大判昭和18年7月6日民集22巻593頁………253
大連判昭和18年11月2日民集22巻1179頁 …283
大判昭和18年12月22日法律新聞4890号3頁…37
横浜地判昭和25年12月26日下民集1巻12号
2049頁 ………………………………342
最判昭和27年3月18日民集6巻3号325頁…72
最判昭和28年1月22日民集7巻1号56頁……81
最判昭和28年6月16日民集7巻6号629頁…51
最判昭和28年9月22日民集7巻9号969頁……81
最判昭和28年11月20日民集7巻11号1229頁
…………………………………271
最判昭和29年4月2日民集8巻4号794頁…252
最判昭和29年8月31日民集8巻8号1557頁…75

判例索引　*365*

最判昭和29年11月5日刑集8巻11号1675頁…96
最判昭和30年3月25日民集9巻3号385頁…342
最判昭和30年4月19日民集9巻5号534頁
　　……………………………………249,353
最判昭和30年5月13日民集9巻6号679頁…113
最判昭和30年10月7日民集9巻11号1616頁…73
最判昭和30年11月11日刑集9巻12号2438頁
　　………………………………………………218
最判昭和30年12月22日民集9巻14号2047頁
　　………………………………………………241
最判昭和31年2月21日民集10巻2号124頁…199
最大判昭和31年7月4日民集10巻7号785頁
　　………………………………………………305
最判昭和31年7月20日民集10巻8号1059頁
　　……………………………………179,249
最判昭和31年7月20日民集10巻8号1079頁
　　………………………………………………294
最判昭和31年10月23日民集10巻10号1275頁
　　………………………………………………258
最判昭和31年11月1日民集10巻11号1403頁
　　………………………………………………241
最判昭和32年3月26日民集11巻3号543頁
　　……………………………………252,258
最判昭和32年4月16日民集11巻4号638頁…112
最判昭和32年7月9日民集11巻7号1203頁　152
最判昭和32年11月15日民集11巻12号1962頁…66
最判昭和32年12月24日民集11巻14号2322頁…34
新潟地判昭和33年3月17日下民集9巻3号
　　415頁……………………………………13
最判昭和33年4月11日民集12巻5号789頁…199
最判昭和33年6月3日裁判集民事32号9頁…93
最判昭和33年7月17日民集12巻12号1751頁
　　………………………………………………274
最判昭和33年8月5日民集12巻12号1901頁
　　………………………………………………322
最判昭和34年4月23日民集13巻4号532頁…241
最判昭和34年6月25日民集13巻6号779頁…258
最判昭和34年11月26日民集13巻12号1562頁
　　……………………………………200,299
最判昭和34年11月26日民集13巻12号1573頁
　　……………………………………141,296
最判昭和35年4月7日民集14巻5号751頁…258
最判昭和35年4月14日民集14巻5号849頁…66

最判昭和35年4月14日民集14巻5号863頁…246
最判昭和35年5月6日民集14巻7号1127頁…63
最判昭和35年9月16日民集14巻11号2209頁…71
最判昭和35年9月20日民集14巻11号2227頁　105
最判昭和35年12月6日判例時報247号18頁…295
最判昭和36年1月24日民集15巻1号35頁　…332
最判昭和36年2月16日民集15巻2号244頁…154
最判昭和36年11月30日民集15巻10号2629頁…17
最判昭和37年2月27日民集16巻2号407頁…216
最判昭和37年3月8日民集16巻3号500頁　…71
最判昭和37年5月4日民集16巻5号1044頁　276
最判昭和37年5月25日民集16巻5号1195頁…81
最判昭和37年6月12日民集16巻7号1305頁…73
高松高判昭和37年6月21日高民集15巻4号
　　296頁…………………………………116
最判昭和37年8月28日民集16巻8号1799頁
　　………………………………………………110
最判昭和37年9月4日民集16巻9号1834頁
　　……………………………………145,354
最判昭和37年10月23日家月15巻2号94頁　…251
最判昭和37年11月8日民集16巻11号2255頁
　　………………………………………………241
最判昭和37年12月14日民集16巻12号2368頁
　　……………………………………236,275
最判昭和38年2月1日民集17巻1号160頁
　　……………………………………199,251
最判昭和38年4月16日民集17巻3号476頁…213
東京地判昭和38年4月26日判例タイムズ145
　　号158頁………………………………300
最判昭和38年6月28日判例時報344号36頁…246
最判昭和38年9月26日民集17巻8号1040頁
　　………………………………………………220
最判昭和38年12月24日民集17巻12号1720頁…55
最判昭和39年1月16日民集18巻1号1頁　…311
最判昭和39年1月24日判例時報365号26頁　…96
最判昭和39年1月28日民集18巻1号136頁
　　……………………………………180,284
最判昭和39年2月4日民集18巻2号252頁…242
最判昭和39年2月11日民集18巻2号315頁…345
最判昭和39年6月23日民集18巻5号842頁…221
最大判昭和39年6月24日民集18巻5号854頁
　　………………………………………………294
最判昭和39年6月24日民集18巻5号874頁

................................276, 315
最判昭和39年7月28日民集18巻6号1241頁
....224
最判昭和39年9月25日民集18巻7号1528頁
....289
東京地判昭和39年9月28日判例時報385号12頁 189
最判昭和39年12月4日民集18巻10号2043頁
....344
最判昭和40年2月5日裁判集民事77号321頁
....287
最判昭和40年3月25日民集19巻2号497頁 …71
最判昭和40年4月16日判例時報405号9頁…354
最判昭和40年9月7日判例タイムズ184号146頁 345
最判昭和40年11月30日民集19巻8号2049頁 238
最判昭和40年12月3日判例時報436号39頁…221
最判昭和40年12月7日民集19巻9号2101頁
....218
最判昭和40年12月17日民集19巻9号2178頁…76
最判昭和40年12月21日民集19巻9号2221頁…63
最判昭和41年4月7日民集20巻4号499頁…289
最大判昭和41年4月20日民集20巻4号702頁
....65
最判昭和41年6月10日民集20巻5号1029頁
....237
最判昭和41年6月21日民集20巻5号1078頁
....293, 299
最判昭和41年6月23日民集20巻5号1118頁
....182
最判昭和41年7月21日民集20巻6号1235頁
....236
仙台高判昭和41年11月9日下民集17巻11・12号1051頁 343
最判昭和41年11月18日民集20巻9号1886頁
....258, 264, 265
最判昭和42年3月31日民集21巻2号475頁 …97
最判昭和42年5月30日民集21巻4号961頁…246
最判昭和42年6月13日民集21巻6号1447頁
....323
最判昭和42年6月27日民集21巻6号1507頁
....296
最判昭和42年7月18日民集21巻6号1559頁

....337
最判昭和42年9月29日判例時報497号41頁…347
最判昭和42年9月29日民集21巻7号2034頁
....120, 347
最判昭和42年10月31日判例時報499号39頁…205
最大判昭和42年11月1日民集21巻9号2249頁
....319
最判昭和42年11月2日民集21巻9号2278頁
....240
最判昭和42年11月9日判例時報506号36頁…108
最判昭和42年11月9日民集21巻9号2336頁
....236
最判昭和42年11月10日民集21巻9号2352頁
....279
最判昭和42年11月30日民集21巻9号2477頁
....329
最判昭和42年11月30日民集21巻9号2512頁
....345
最判昭和43年1月30日民集22巻1号63頁 …238
東京地判昭和43年2月21日判例時報530号51頁
....343
最判昭和43年2月23日判例時報512号38頁…334
最判昭和43年4月2日民集22巻4号733頁 …95
最判昭和43年4月23日民集22巻4号964頁
....208, 221, 255
最判昭和43年4月26日判例時報520号47頁…253
大阪地判昭和43年5月22日判例タイムズ225号120頁 312
最判昭和43年6月27日民集22巻6号1339頁
....221, 253
最判昭和43年6月27日民集22巻6号1415頁
....112
最判昭和43年7月4日裁判集民事91号567頁
....312
最判昭和43年8月2日民集22巻8号1525頁
....275, 276
最判昭和43年8月27日民集22巻8号1704頁
....275
東京地判昭和43年9月10日判例タイムズ227号89頁 312
最判昭和43年9月19日民集22巻9号1923頁
....294, 323
最判昭和43年9月24日判例時報539号40頁…345

判例索引　*367*

最判昭和43年10月3日判例時報540号38頁…277
最判昭和43年10月18日判例時報540号36頁…345
最判昭和43年11月15日民集22巻12号2614頁
………………………………………221, 325
最判昭和43年12月17日判例時報544号38頁…205
大阪地判昭和43年12月19日判例タイムズ232
　号202頁………………………………………3
最判昭和44年2月6日民集23巻2号195頁…224
最判昭和44年2月27日民集23巻2号441頁
………………………………………226, 283
最判昭和44年2月28日民集23巻2号525頁
………………………………………226, 277
最判昭和44年3月28日民集23巻3号680頁…345
最判昭和44年4月24日判例時報558号57頁…323
最判昭和44年4月25日判例時報560号51頁…239
最判昭和44年5月27日判例時報560号50頁…63
最判昭和44年7月8日判例時報567号49頁…258
最判昭和44年7月8日民集23巻8号1407頁
………………………………………………109
最判昭和44年9月12日民集23巻9号1654頁
………………………………………………346
最判昭和44年9月18日民集23巻9号1699頁
………………………………………………346
最判昭和44年11月18日民集23巻11号2079頁
………………………………………………244
最判昭和44年11月25日民集23巻11号2137頁…63
最判昭和44年11月27日民集23巻11号2265頁
………………………………………………337
最判昭和44年12月24日刑集23巻12号1625頁
………………………………………………194
神戸地伊丹支判昭和45年1月12日判例タイ
　ムズ242号191頁……………………………343
最判昭和45年2月26日民集24巻2号109頁…239
最判昭和45年4月21日判例時報595号54頁…258
仙台地判昭和45年6月3日判例タイムズ254
　号271頁………………………………………343
最判昭和45年6月19日民集24巻6号560頁…333
最判昭和45年7月16日民集24巻7号909頁…126
最判昭和45年7月24日民集24巻7号1177頁
………………………………………………275
最判昭和45年8月20日民集24巻9号1268頁
………………………………………………354
最大判昭和45年10月21日民集24巻11号1560頁

………………………………………………78
最判昭和45年12月18日民集24巻13号2151頁
………………………………………………178
最判昭和46年1月26日民集25巻1号126頁…345
最判昭和46年2月19日民集25巻1号135頁…132
最判昭和46年4月9日民集25巻3号241頁…63
最判昭和46年6月22日民集25巻4号566頁…243
最判昭和46年6月29日民集25巻4号650頁…282
福岡昭和46年7月9日下民集22巻7・8号
　779頁………………………………………343
最判昭和46年7月23日民集25巻5号805頁…334
新潟地判昭和46年9月29日下民集22巻9・10
　号別冊1頁…………………………………287
新潟地判昭和46年9月29日判例時報642号96頁
………………………………………………224
最判昭和46年9月30日判例時報646号47頁…258
最判昭和46年10月28日民集25巻7号1069頁…77
最判昭和46年11月9日民集25巻8号1160頁
………………………………………………344
最判昭和46年12月7日判例時報657号46頁…346
最判昭和46年12月21日判例時報658号32頁…242
大阪地判昭和47年1月13日判例タイムズ276
　号333頁……………………………………300
福岡地判昭和47年1月31日判例時報683号117頁
………………………………………………343
最判昭和47年3月21日判例時報666号50頁…353
最判昭和47年5月30日民集26巻4号898頁…347
最判昭和47年6月27日民集26巻5号1067頁
………………………………………………203
津地四日市支判昭和47年7月24日判例時報
　672号30頁……………………………207, 256
名古屋高金沢支判昭和47年8月9日判例時
　報674号25頁………………………………225
最判昭和47年9月7日民集26巻7号1327頁…52
最判昭和47年10月5日民集26巻8号1367頁
………………………………………………346
名古屋地判昭和47年10月19日判例時報683号
　21頁…………………………………………312
最判昭和47年11月16日民集26巻9号1633頁
………………………………………………183
福岡地判昭和48年1月30日判例時報707号81
　頁……………………………………………163
最判昭和48年2月16日民集27巻1号99頁…266

福岡地判決昭和48年3月20日判例時報696号
　15頁 ……………………………………287
最判昭和48年6月7日民集27巻6号681頁
　……………………………………221, 228
最判昭和48年7月12日民集27巻7号763頁…112
東京地決昭和48年9月22日判例時報716号30
　頁 ……………………………………204
最判昭和48年11月16日民集27巻10号1374頁
　…………………………………………337
徳島地判昭和48年11月28日判例時報721号7
　頁 ……………………………………157
最判昭和48年12月20日民集27巻11号1611頁
　…………………………………………344
最判昭和49年3月22日民集28巻2号347頁…231
最判昭和49年3月29日裁判民集111号493頁 183
最判昭和49年4月15日民集28巻3号385頁…274
最判昭和49年4月25日民集28巻3号447頁
　……………………………………228, 282
最判昭和49年6月28日民集28巻5号666頁…330
最判昭和49年7月16日民集28巻5号732頁…345
最判昭和49年7月19日民集28巻5号872頁…276
最判昭和49年9月26日民集28巻6号1243頁…98
最判昭和49年9月26日民集28巻6号1331頁…9
最判昭和49年10月22日交通民集7巻5号1245
　頁 ……………………………………243
最判昭和49年12月17日民集28巻10号2040頁
　…………………………………………321
最判昭和49年12月17日民集28巻10号2059頁
　…………………………………………333
最判昭和50年1月31日民集29巻1号68頁 …289
最判昭和50年5月29日判例時報783号107頁
　…………………………………………344
最判昭和50年7月25日民集29巻6号1136頁
　…………………………………………354
最判昭和50年9月11日判例時報797号100頁
　…………………………………………346
最判昭和50年10月21日判例時報799号39頁
　……………………………………276, 290
最判昭和50年10月24日民集29巻9号1379頁
　…………………………………………276
最判昭和50年10月24日民集29巻9号1417頁
　…………………………………………224
最判昭和50年11月4日民集29巻10号1501頁

　……………………………………………347
最判昭和50年11月28日民集29巻10号1818頁
　……………………………………345, 346
水戸地判昭和50年12月8日判例タイムズ336
　号312頁 ……………………………226
最判昭和50年12月26日民集29巻11号1890頁…14
最判昭和51年3月25日民集30巻2号160頁…297
東京地判昭和51年6月29日判例時報817号23
　頁 ……………………………………199
最判昭和51年7月8日民集30巻7号689頁…248
名古屋地判昭和51年9月3日判例時報832号
　9頁 …………………………………204
最判昭和51年9月30日民集30巻8号816頁…159
東京地決昭和52年2月28日判例時報859号54
　頁 ……………………………………204
最判昭和52年5月27日民集31巻3号427頁…292
最判昭和52年9月22日民集31巻5号767頁…243
最判昭和52年10月25日民集31巻6号836頁…292
最判昭和53年7月17日民集32巻5号1000頁 343
東京地判昭和53年8月3日判例時報899号48
　頁 ……………………………………157
東京地判昭和53年8月3日判例時報899号48
　頁 ……………………………………288
最判昭和53年11月2日判例時報913号87頁 …67
最判昭和53年12月8日民集32巻9号1617頁
　…………………………………………205
広島地判昭和54年2月22日判例時報920号19
　頁 ……………………………………260
東京高判昭和54年3月14日判例時報918号21
　頁 ……………………………………180
最判昭和54年3月30日民集33巻2号303頁…200
東京地決昭和54年3月30日判例時報922号67
　頁 ……………………………………204
最判昭和54年6月26日判例時報933号59頁…276
最判昭和54年9月7日判例時報954号29頁…329
最判昭和54年11月13日判例時報952号49頁…155
東京地判昭和55年4月28日判例時報972号68
　頁 ……………………………………300
最判昭和55年10月30日判例タイムズ429号88
　頁 ……………………………………183
最判昭和56年1月27日民集35巻1号35頁 …174
最判昭和56年2月17日判例時報996号65頁…297
大阪地判昭和56年3月30日判例時報1028号83

最判昭和56年 4 月16日刑集35巻 3 号84頁 …181
東京高判昭和56年 6 月25日東高(民)時32巻 6
号152頁……………………………………331
静岡地判昭和56年 7 月17日判例時報1011号36
頁……………………………………………180
東京地判昭和56年 9 月25日判例時報1034号
108頁…………………………………………70
最判昭和56年10月 8 日判例時報1023号47頁
………………………………………………276
東京地判昭和56年12月10日判例時報1028号67
頁……………………………………………70
最大判昭和56年12月16日民集35巻10号1369頁
………………………………………206,312,354
最判昭和56年12月22日民集35巻 9 号1350頁
………………………………………………279
最判昭和57年 3 月 4 日判例時報1042号87頁
………………………………………………263
最判昭和57年 3 月30日判例時報1039号66頁
………………………………………………155
最判昭和57年 4 月 1 日民集36巻 4 号519頁…353
最判昭和57年 7 月20日判例時報1053号96頁
………………………………………………155
大阪地判昭和58年 1 月27日判例時報1072号
126頁………………………………………163
最判昭和58年 2 月18日判例時報1073号65頁
………………………………………………277
最判昭和58年 2 月24日判例時報1076号58頁
………………………………………………233
最判昭和58年 9 月 6 日民集37巻 7 号901頁…145
最判昭和58年10月 6 日民集37巻 8 号1041頁
………………………………………………326
最判昭和58年10月20日判例時報1112号44頁
………………………………………………182
最判昭和58年11月11日判例時報1097号38頁
………………………………………………337
最判昭和59年 1 月26日民集38巻 2 号53頁…354
最判昭和59年10月 9 日判例時報1140号78頁
………………………………………………275
最判昭和60年 3 月26日民集39巻 2 号124頁…155
最判昭和60年 7 月16日民集39巻 5 号989頁…205
最大判昭和61年 6 月11日民集40巻 4 号872頁
………………………………………………308
最判昭和61年 7 月14日判例タイムズ606号99
頁……………………………………………312
最判昭和61年11月 4 日判例時報1216号74頁
………………………………………………276
最判昭和62年 1 月19日民集41巻 1 号 1 頁 …276
最判昭和62年 1 月22日民集41巻 1 号17頁 …253
最判昭和62年 2 月 6 日判例時報1232号100頁
………………………………………273,353
最判昭和62年 4 月24日民集41巻 3 号490頁…307
最判昭和62年 7 月10日民集41巻 5 号1202頁
………………………………………289,292
東京地判昭和62年 8 月28日判例時報1277号
135頁…………………………………………70
最判昭和63年 2 月16日民集42巻 2 号27頁 …193
最判昭和63年 4 月21日民集42巻 4 号243頁…300
最判昭和63年 7 月 1 日民集42巻 6 号451頁…264
最判昭和63年 7 月 1 日民集42巻 6 号477頁…111
最判平成元年 3 月28日判例時報1311号66頁
………………………………………………343
東京地判平成元年 9 月 7 日判例時報1342号83
頁……………………………………………301
東京地八王子支判平成元年11月 9 日判例時
報1334号209頁……………………………324
最判平成元年12月 8 日民集43巻11号1259頁
………………………………………………174
最判平成元年12月21日民集43巻12号2209頁
………………………………………………338
最判平成元年12月21日民集43巻12号2252頁
………………………………………………187
大阪地判平成元年12月27日判例時報1341号53
頁………………………………………180,324
最判平成 2 年 3 月 6 日判例時報1354号96頁
………………………………………………299
最判平成 2 年 3 月23日判例時報1354号85頁
………………………………………………275
東京高判平成 2 年 7 月24日判例時報1356号90
頁……………………………………………195
最判平成 2 年12月13日民集44巻 9 号1186頁
………………………………………………354
大阪地判平成 3 年 3 月 2 日判例時報1383号22
頁……………………………………………288
最判平成 3 年 3 月22日民集45巻 3 号322頁…112
東京高判平成 3 年 9 月26日判例時報1400号 3

頁 ……………………………………197
最判平成 3 年10月25日民集45巻 7 号1173頁
　……………………………………264
最判平成 3 年11月19日民集45巻 8 号1209頁…40
仙台地判平成 4 年 2 月28日判例時報1429号
　109頁……………………………………208
最判平成 4 年 6 月25日民集46巻 4 号400頁…302
東京高判平成 4 年12月21日判例時報1446号61
　頁 ……………………………………191
最判平成 5 年 2 月25日判例時報1456号53頁
　……………………………………354
最判平成 5 年 2 月25日民集47巻 2 号643頁
　…………………………………205, 312, 354
最大判平成 5 年 3 月24日民集47巻 4 号3039頁
　…………………………………………276, 290
静岡地判平成 5 年 3 月26日判例時報1504号
　111頁……………………………………164
最判平成 5 年 4 月 6 日民集47巻 6 号4505頁
　……………………………………316
最判平成 5 年 9 月21日判例時報1476号120頁
　……………………………………275
最判平成 5 年10月19日民集47巻 8 号5061頁
　……………………………………107
最判平成 5 年12月17日民集47巻10号5508頁
　……………………………………111
最判平成 6 年 1 月20日家月47巻 1 号122頁…336
最判平成 6 年 2 月 8 日民集48巻 2 号149頁…189
東京高判平成 6 年 3 月15日判例タイムズ876
　号204頁……………………………………70
最判平成 6 年 3 月24日判例時報1501号96頁
　……………………………………312
最判平成 6 年11月24日判例時報1514号82頁
　……………………………………266
最判平成 7 年 3 月10日判例時報1526号99頁
　……………………………………153
最判平成 7 年 6 月 9 日民集49巻 6 号1499頁
　……………………………………155
最判平成 7 年 7 月 7 日民集49巻 7 号1870頁
　…………………………………206, 312, 354
最判平成 7 年 7 月14日民集49巻 7 号2599頁
　……………………………………312
最判平成 7 年 9 月 5 日判例時報1546号115頁
　……………………………………190

最判平成 7 年 9 月19日民集49巻 8 号2805頁
　……………………………………127
大阪地判平成 7 年 9 月28日判例時報1557号
　124頁……………………………………192
最判平成 8 年 1 月23日民集50巻 1 号 1 頁 …158
最判平成 8 年 3 月26日民集50巻 4 号993頁…200
最判平成 8 年 4 月25日民集50巻 5 号1221頁
　……………………………………280
最判平成 8 年 5 月31日民集50巻 6 号1323頁
　……………………………………280
最判平成 8 年 7 月12日民集50巻 7 号1477頁
　……………………………………354
最判平成 8 年10月29日交通民集29巻 5 号1272
　頁 ……………………………………302
最判平成 8 年10月29日民集50巻 9 号2474頁
　……………………………………302
最判平成 9 年 1 月28日民集51巻 1 号78頁 …282
最判平成 9 年 2 月25日判例時報1606号44頁
　……………………………………112
最判平成 9 年 7 月11日民集51巻 6 号2573頁
　……………………………………273
最判平成 9 年 9 月 9 日判例時報1618号63頁
　……………………………………297
最判平成 9 年 9 月 9 日民集51巻 5 号3804頁
　……………………………………186
最判平成 9 年10月31日民集51巻 9 号3962頁
　……………………………………346
最判平成10年 3 月26日民集52巻 2 号513頁…112
最判平成10年 5 月26日民集52巻 4 号985頁 …90
最判平成10年 6 月12日民集52巻 4 号1087頁
　……………………………………338
大阪高判平成10年 7 月14日労働判例751号46
　頁 ……………………………………192
最判平成10年 7 月16日訟月45巻 6 号1055頁
　……………………………………312
最判平成10年 9 月10日民集52巻 6 号1494頁
　……………………………………266
最判平成11年10月22日民集53巻 7 号1211頁
　……………………………………276
最判平成11年12月20日民集53巻 9 号2038頁
　……………………………………280
最判平成12年 2 月29日民集54巻 2 号582頁…216
最判平成12年 3 月24日民集54巻 3 号1155頁

最判平成12年4月7日判例時報1713号50頁 ……………………………………………………303
最判平成12年6月27日民集54巻5号1737頁…56
最判平成12年9月7日判例時報1728号29頁 ……………………………………………………104
最判平成12年9月22日民集54巻7号2574頁 ……………………………………………………316
最判平成12年11月14日判例時報1732号83頁 ……………………………………………………176
最判平成12年11月14日民集54巻9号2683頁 ……………………………………………………276
最判平成13年3月13日民集55巻2号328頁…260
東京高判平成13年7月15日判例時報1760号93頁 ……………………………………………………191
東京地判平成13年8月27日判例時報1778号90頁 ……………………………………………………186
最判平成14年1月29日民集56巻1号185頁…183
最判平成14年1月29日民集56巻1号218頁 ……………………………………………………333, 334
最判平成14年3月8日判例タイムズ1091号71頁 ……………………………………………………183
最判平成14年9月24日判例時報1802号60頁 ……………………………………………………309
東京地判平成14年10月24日判例時報1805号96頁 ……………………………………………………346
京都地判平成14年12月13日判例時報1805号14頁 ……………………………………………………349
最判平成15年3月14日民集57巻3号229頁…191
最判平成15年3月25日判例時報1826号55頁 ……………………………………………………240
最判平成15年7月11日民集57巻7号815頁…262
最判平成15年9月12日民集57巻8号973頁…190
最判平成15年10月16日民集57巻9号1075頁 ……………………………………………………179
最判平成15年11月11日民集57巻10号1466頁 ……………………………………………………177
最判平成16年2月13日民集58巻2号311頁…197
最判平成16年4月27日民集58巻4号1032頁 ……………………………………………………353
最判平成16年7月15日民集58巻5号1615頁 ……………………………………………………188
最判平成16年10月15日民集58巻7号1802頁

判例索引　*371*

……………………………………………………353
最判平成16年10月26日判例時報1881号64頁 ……………………………………………………108
最判平成16年11月12日民集58巻8号2078頁 ……………………………………………………244
金沢地判平成17年5月30日判例時報1934号3頁 ……………………………………………………192
最判平成17年6月14日民集59巻5号983頁…275
最判平成17年7月11日判例時報1911号97頁 ……………………………………………………108
福岡地判平成17年10月14日判例時報1916号91頁 ……………………………………………………192
最判平成17年11月10日民集59巻9号2428頁 ……………………………………………………195
最判平成18年2月24日判例時報1927号63頁 ……………………………………………………232
最判平成18年3月30日民集60巻3号948頁…209
東京高判平成18年4月26日判例時報1954号47頁 ……………………………………………………197
最判平成19年3月18日民集61巻2号479頁…114
最判平成19年4月24日判例時報1970号54頁 ……………………………………………………297
東京地判平成19年6月25日判例時報1988号39頁 ……………………………………………………286
東京地判平成19年11月26日交通民集40巻6号1520頁 ……………………………………………………161
最判平成20年3月3日刑集62巻4号567頁…260
最判平成20年4月24日民集62巻5号1178頁 ……………………………………………………246
名古屋高判平成20年6月4日判例時報2011号120頁 ……………………………………………………11
最判平成20年6月10日判例時報2011号3頁…80
最判平成20年7月4日判例時報2018号16頁 ……………………………………………………297
最判平成21年4月24日民集63巻4号765頁…109
最判平成21年4月28日民集63巻4号853頁…339
最判平成21年7月10日民集63巻6号1170頁 ……………………………………………………113
東京地判平成21年11月24日交通民集42巻6号1540頁 ……………………………………………………162
最判平成22年3月15日刑集64巻2号1頁 …186
最判平成23年4月28日民集65巻3号1499頁 ……………………………………………………183

東京地判平成23年6月15日判例時報2123号47頁 …………………………………………324
最判平成24年2月2日民集66巻2号89頁 …198
最判平成24年3月23日判例時報2147号61頁 …………………………………………186

東京地判平成25年3月7日判例時報2191号56頁 …………………………………………162
最判平成25年4月12日民集67巻4号899頁…350
東京地判平成25年4月26日裁判所HP………199

著者紹介

清水　元（しみず　げん）
1972年　中央大学法学部卒業
1979年　早稲田大学法学研究科博士課程満期修了
　　　　その後、東北学院大学法学部専任講師，助教授，教授を
　　　　経て，中央大学法科大学院教授。法学博士
2014年12月13日　死去

主要著作

髙島平蔵(編)『民法入門』(共著，成文堂) [1991]
『叢書 民法総合判例研究・留置権』(一粒社) [1995]
『留置権概念の再構成』(一粒社) [1998]
『取引社会と民法』(北樹出版) [改訂版，2003]
『同時履行の抗弁権の判例総合解説』(信山社) [2004]
『新・民法学2物権法』(共著，成文堂) [第3版，2006]
『プログレッシブ民法 [物権法]』(成文堂) [第2版，2010]
『プログレッシブ民法 [債権総論]』(成文堂) [2010]
『基本講座 民法1 (総則・物権)』(共著，信山社) [2011]
『基本講座 民法2 (債権法)』(共著，信山社) [2012]
『プログレッシブ民法 [債権各論 I]』(成文堂) [2012]
『プログレッシブ民法 [担保物権法]』(成文堂) [第2版，2013]

プログレッシブ民法［債権各論 II］

2015年2月1日　初版第1刷発行

著　者　　清　水　　　元

発行者　　阿　部　耕　一

〒162-0041　東京都新宿区早稲田鶴巻町514番地
発行所　株式会社　成　文　堂
電話 03(3203)9201(代) Fax 03(3203)9206
http://www.seibundoh.co.jp

製版・印刷　藤原印刷　　　　　製本　佐抜製本
☆乱丁・落丁本はおとりかえいたします☆
© 2015 G. Shimizu　　　Printed in Japan
ISBN978-4-7923-2671-5　C3032

定価(本体3500円＋税)